自由の普遍的保障と
哲学的刑法理論

飯 島　暢 著

成 文 堂

Begründung der philosophischen Strafrechtstheorie
auf der Grundlage der allgemeinen Freiheitsgarantie

Mitsuru IIJIMA
Seibundo, 2016

はしがき

　本書は、私が今までに書きためてきた論文を集成したものである。所収の論文は、テーマ的には主に刑罰論と不法論に大別されるが、全ての論文の根幹にあるのは、自由の普遍的な保障を刑法において貫徹させるという問題意識である。それ故、伝統的な刑法学の枠組みにとらわれることなく、法哲学的な知見を可能な限り受容することに努めており、この点が本書の特徴をなしている。

　このような刑法と法哲学の中間領域を研究テーマにするように勧めてくださったのは、恩師である故宮澤浩一先生であり、それに沿う形でドイツでの留学先のお膳立てを全て整えてくださった。もう20年ぐらい前の話である。宮澤先生による師父のごときお導きがなければ、現在の私はたぶんいなかったであろう。

　今にして思えば、まさか6年間も留学することになるとは当初全く想像もしていなかった。だが、比較的長期に渡り、トリアー大学でライナー・ツァツィック教授の下で学べたことが、本書所収の論文の全てに結実している。ツァツィック教授を通じ、自由の普遍的な保障を刑法の領域で達成するために、ドイツ観念論法哲学、特にカントの法思想を現代的に再評価する動きがドイツで生じていることを知ることができ、更には、教授の師匠にあたる故エルンスト・アマデウス・ヴォルフ教授、同門のケーラー教授、カーロ教授、（ケーラー教授の弟子である）クレシェヴスキー教授、つまり、ヴォルフ学派と呼ばれる人々と知り合うことができた。こういった得難き経験の全てが、研究者としての今の私の存在を構成している。

　所収の論文の多くでは、Doktorvaterであるツァツィック教授の下で学んだことを自分なりに思考し直して、極力独自の見解を、つまりは、刑罰論や不法論の領域においてヴォルフ学派の教授陣が主張していない内容を示そうと試みている。この点が成功しているか否か、ヴォルフ学派の曲解になっていないかどうか、常に悩み続けている。毎年のように、今はボン大学におられるツァツィック教授を訪ね、自分が関心をもっているテーマについて対話を重ねて、自己の見解の検証に努めることにより、多少は心理的負担も軽減されている。それ故、SprechstundeもTerminも一切関係なく、いつも気さくに話に応じてくださる

ツァツィック教授には感謝してもしきれない。

　本書は、実はヤコブス説批判の書でもある。ボン大学にツァツィック教授を訪ねるうちに、自然とヤコブス教授とも話をするようになり、多くのことを学ばせていただいた。特に、人格と規範の関係やそれと関わる刑法（刑罰）のあり方に関するヤコブス説の内容は、大変魅力的であり、知的な好奇心を掻き立てるエスプリに富んだものである。でなければ、関西大学の同僚である川口浩一教授との共訳とはいえ、ヤコブス教授の著書を3冊も翻訳するなんてことは私だってしない。だが、似ている部分も確かにあるが、根本的なところでは、人格の自由の普遍的な保障を目指すヴォルフ学派の思想と相反する点があることは否定できない。そこで、刑罰や法的強制に関するヤコブス教授（及びその弟子であるパヴリク教授）の見解の意義を自分なりに考え、影響を受けるべき点はあえて受けながらも、批判すべきことがある場合には、本書所収の多くの論文でそれを的確に表現することに努めたつもりである。

　書きためた論文を本として出版するようにご助言くださったのは、博士課程のときから指導教授としてお世話になった井田良先生である。最初にお話をいただいたのは、私がまだ高松にいた頃であるから、もう何年も前になる。なかなかお約束を果たせないまま、時間だけが過ぎてしまった。全て怠惰な私の責に帰する。だが、井田先生はそんな私を見捨てることなく、常に温かく見守り続けてくださった。まがりなりにも本書が完成できたのは、先生とのお約束があったからである。

　前任校である香川大学の法学部で同僚だった先生方、現在勤めている関西大学法学部の同僚の先生方、全員のお名前を挙げることはできないが、これらの方々にも感謝しなければならない。理想的な研究・教育環境を享受できることは、ひとえに素晴らしい同僚の先生方のおかげである。

　最後になるが、出版事情の厳しい中、本書の出版を引き受けてくださった成文堂の阿部成一社長、編集担当の篠崎雄彦氏にも心より感謝申し上げたい。

平成27（2015）年11月

飯　島　　暢

〔付記〕本書は、平成27年度関西大学研修員研修費の助成を受けたものである。

目　次　iii

目　次

はしがき　(i)
収録論文初出一覧　　(vi)

第 1 部　刑法学における応報刑論のルネサンス

第 1 章　ドイツ刑法学におけるカント主義の再評価………3
　第 1 節　再評価の現状　(3)
　第 2 節　再評価の理由　(6)
　第 3 節　我が国への示唆　(16)

第 2 章　ドイツにおける規範的な応報刑論の展開…………21
　第 1 節　予防刑論に対する反省──応報刑論のルネサンス──　(21)
　第 2 節　ドイツにおける応報刑論の動向　(26)
　第 3 節　規範的な応報刑論の諸課題　(42)
　第 4 節　結　語　(58)

第 3 章　カント刑罰論における「予防」と「応報」………59
　　　　　──ヴォルフ学派のカント主義的な応報刑論に基づく一考察──
　第 1 節　応報刑論のルネサンス　(59)
　第 2 節　カント刑罰論を予防刑論として捉える見解　(62)
　第 3 節　批判的検討──規範的な応報刑論の立場から──　(74)
　第 4 節　結　語　(85)

第 4 章　刑罰の目的とその現実性………………………………87
　　　　　──自由の普遍的保障との関係──
　第 1 節　刑罰の目的　(87)

第2節　刑法の目的と法の目的　*(89)*
　第3節　従来の刑罰目的の問題点　*(94)*
　第4節　応報刑論のルネサンス　*(103)*
　第5節　刑罰における現実性の維持と自由の普遍的保障　*(119)*

第2部　自由の普遍的保障と刑法における不法概念

第1章　刑法上の不法概念の法哲学的基礎づけ ………… *127*
　第1節　問題の所在　*(127)*
　第2節　人格の相互承認的な法関係　*(130)*
　第3節　相互承認的な法関係に基づく法益の構成　*(134)*
　第4節　不法概念における法益侵害の意義　*(140)*
　第5節　行為不法と結果不法の関係　*(147)*
　第6節　具体的な問題──偶然防衛の処理──　*(149)*

第2章　正当防衛の基本原理 …………………………………… *153*
　第1節　二元主義的な構成　*(153)*
　第2節　法確証の原理の再検討──ドイツにおける最近の動向──　*(160)*
　第3節　若干の考察──一元主義的な構成の試み──　*(166)*
　第4節　結　語　*(172)*

第3章　救助のための拷問の刑法上の正当化 ………… *173*
　　　　──ドイツの議論を中心に──
　第1節　問題の所在　*(173)*
　第2節　ダシュナー事件　*(173)*
　第3節　ドイツ刑法学における通説的見解　*(177)*
　第4節　正当化を認める見解　*(182)*
　第5節　法的強制としての危険防御・正当防衛　*(204)*
　第6節　救助のための拷問における「人間の尊厳」の位置づけ　*(215)*
　第7節　結　語　*(220)*

第4章　保安監置制度の正当化 …………………………………… *223*
　　　──法的強制としての自由の剥奪？──
　第1節　問題の所在　（*223*）
　第2節　最近の動向
　　　　──ヨーロッパ人権裁判所判決を契機として──　（*225*）
　第3節　正当化の試み──ケーラー及びヤコブスの見解──　（*235*）
　第4節　結　語　（*242*）

〈付録〉フォイエルバッハの刑罰論が示唆するもの ……… *247*
　　　── Luís Greco, Lebendiges und Totes in Feuerbachs Straftheorie, 2009の紹介──
　第1節　はじめに　（*247*）
　第2節　グレコの著書の概要　（*249*）
　第3節　若干のコメント　（*263*）

収録論文初出一覧

「ドイツ刑法学におけるカント主義の再評価」香川法学29巻3・4号（2010年）23〜43頁

「最近のドイツにおける規範的な応報刑論の展開」香川法学26巻3・4号（2007年）95〜143頁

「カント刑罰論における予防の意義と応報の限界―ヴォルフ学派のカント主義的な応報刑論に基づく一考察―」香川法学28巻2号（2008年）1〜34頁

「刑罰の目的とその現実性―法の目的、法の原理としての自由の保障との関係―」川端博＝浅田和茂＝山口厚＝井田良編『理論刑法学の探究⑥』（2013年、成文堂）29〜69頁

「刑法上の不法概念の法哲学的基礎づけ」法学政治学論究（慶應義塾大学）48号（2001年）189〜219頁（本書に収録するにあたり、大幅に加筆・修正を行った。）

「正当防衛と法・権利の確証」井田良＝高橋則夫＝只木誠＝中空壽雅＝山口厚編『川端博先生古稀記念論文集［上巻］』（2014年、成文堂）67〜90頁

「救助のための拷問の刑法上の正当化について―ドイツにおける議論を中心に―」香川法学29巻3・4号（2010年）45〜102頁

「保安監置制度の正当化について―法的強制としての自由の剝奪の可能性？―」法学研究（慶應義塾大学）84巻9号（2011年）291〜320頁

「Luís Greco, Lebendiges und Totes in Feuerbachs Straftheorie, 2009の紹介」川端博＝浅田和茂＝山口厚＝井田良編『理論刑法学の探究③』（2010年、成文堂）221〜241頁

第1部

刑法学における応報刑論のルネサンス

第1章　ドイツ刑法学におけるカント主義の再評価

第1節　再評価の現状

　現代ドイツ刑法学においては、カント主義に対する再評価が少しずつではあるがなされるようになっている。ここでいうカント主義とは、人間（人格）の自律性を法の根幹に据えて法秩序のあり方を構想するリベラルな思想的立場である[1]。しかし、カント的な法思想に基づいて刑法（刑罰）の意義を理解しようとする方法論に対しては、クルークによって「カントとヘーゲルからの訣別[2]」が宣言されて以来、その形而上学的・観念論的な内容が忌避されるようになり、刑法学の分野では懐疑的な態度をとることがいわば常識とされてきたはずである。では、一体何故一種の反動ともとれる方向転換がなされるようになったのであろうか。

　実はドイツにおけるカント主義の復権は、刑法学だけに見られる特殊現象ではなく、公法、私法といった他の法分野についても確認できる事柄である[3]。つまり、実定法学のほぼ全ての領域において、人格の自律性の保障を念頭に置いた法の基礎づけを目指す研究が行われており、カントの法哲学はその際の重要な思想的基盤と見なされるようになっている。このようにドイツの実定法学全般でカン

---

[1] 自由な人格の存在から法（法秩序）の基礎づけを試みたカントの思想を簡潔に紹介するものとして、Rainer Zaczyk, Freiheit und Recht – Immanuel Kant zum 200. Todestag, JuS 2004, S. 96 ff., 98 f.

[2] Ulrich Klug, Abschied von Kant und Hegel, in: ders., Skeptische Rechtsphilosophie und humanes Strafrecht, Band 2, 1981, S. 149 ff.（＝久岡康成訳「カントとヘーゲルからの訣別」ユルゲン・バウマン編著・佐伯千仭編訳『新しい刑法典のためのプログラム』[1972年] 41頁以下）。

[3] 例えば、Kristian Kühl, Freiheitliche Rechtsphilosophie, 2008, S. 17 ff. では、実定法の諸問題にカント主義を応用する論者として、民法の領域ではメストメッカー（Ernst-Joachim Mestmäcker）、国家法及び国際法についてはクリーレ（Martin Kriele）、更には刑法の分野ではナウケ（Wolfgang Naucke）の名前が挙げられている。同書 S. 182 ff. に収められている諸論稿から明らかなように、キュール自身も刑法上の論点を考察する際にはカントの立場を常に意識している。また、基本法の諸原則のカント主義的な基礎づけについては、Winfried Brugger, Grundlinien der Kantischen Rechtsphilosophie, JZ 1991, S. 893 ff., 900も参照。

ト主義のルネサンスとも呼ぶべき動向が生じた背景には、そもそも法哲学の分野においてカント法哲学に対する再評価がなされるようになったという事情がある[4]。従来、カントの法哲学は、彼の批判哲学の体系全体の中では、その背骨に当たる批判主義的・超越論的方法論が徹底されていない異質のものであり、それ以前の時代の伝統的な自然法思想の影響に囚われてしまっているとの評価が法哲学の分野ではいわば通説として主張されていた[5]。このような否定的な評価が固定化されてしまい、カント法哲学の復権に対する桎梏となっていたのである。

カントの法哲学について上記のような消極的見解が流布した理由としては、法哲学に関する著作の内容が難解であったため読解を困難にさせてきたという事情が特に挙げられるが[6]、ドイツでは大まかにいって1970年代以降から当該のテキストに対する綿密な解釈を通じて活発な議論がなされるようになり、遅くとも80年代以降では、カントの法哲学も批判主義的・超越論的な性格を有しているとする見解が有力になっている[7]。こうして、カントの法哲学は批判哲学の体系における異質物などではなく、むしろ自律的な人格性の実現という彼の哲学上の主題を法の領域で論じたものとして肯定的に理解する素地が出来上がり、実定法上の諸問題にカント法哲学を応用する道が開かれたのである。その際には、ドイツの

---

4 但し、Eric Hilgendorf, Zur Lage der juristischen Grundlagenforschung in Deutschland heute, in : Winfried Brugger u. a. (Hrsg.), Rechtsphilosophie im 21. Jahrhundert, 2008, S. 113 は、ドイツにおける基礎法学の研究は1965年から1985年の間に形而上学の伝統から離れ、その後いわゆる法理論の分野に関心を向けるようになったとしている。

5 詳細については、松本和彦「カント法哲学の超越論的性格—F・カウルバッハの所論を中心として—」法学政治学論究(慶應義塾大学)7号(1990年)357頁以下参照。ドイツにおけるカント法哲学の再評価については、同「カント法哲学の批判的性格—K・H・イルティングの所論を中心として—」法学研究(慶應義塾大学)64巻6号(1991年)24頁以下、同「カント法哲学の超越論的性格—W・ケルスティングの所論を中心として—」法学研究(慶應義塾大学)65巻12号(1992年)345頁以下、同「カント法哲学の超越論的性格—所有権論の超越論哲学的基礎づけ—」北陸法学法学部開設記念号(1993年)329頁以下も参照。

6 例えば、ショーペンハウアーは、法哲学に関するカント晩年の著作である『人倫の形而上学』の「法論」を老衰によってもたらされた首尾一貫性を欠いた誤謬の絡み合ったものでしかないと見なしていた(Arthur Schopenhauer, Die Welt als Wille und Vorstellung, in: Sämtliche Werke, textkritisch bearbeitet und herausgegeben von Wolfgang Frhr. von Löhneysen, 1960, S. 459)。テキストの難解さをカントの老衰に帰せしめる偏見もカント法哲学に対する消極的評価を後押ししたものと推察される。ショーペンハウアーによる上記の批判は、特にカントの所有権論に向けられたものであるが、カント刑罰論に対する彼の批判については、同書 S. 474 ff., 707 f. を参照。

7 松本「カント法哲学の超越論的性格—W・ケルスティングの所論を中心として—」(前掲注5)348頁は「定説」としている。

大学の法学部では実定法学者が法哲学の授業を担当しているという事情も実定法学への応用を促進させる要因となった[8]。

今のところ、実定法学の具体的な諸問題にカント主義を応用しようとする見解は、かつての新カント派のように一世を風靡する具体的な思潮を形成するには至っていない。何故なら、そこにはカント法哲学に対する統一的な理解があるわけではなく、論者ごとの異なる関心に基づいたカント解釈に関する重点の相違も否定できないからである[9]。しかし、カント主義に依拠する実定法学者の間には一つの共通点が明白に存在している。つまり、カント法哲学を人格の自律性の保障を念頭に置きながら法秩序のあり方を構想したリベラルな思想と見なし、それに基づいて実定法秩序を批判的に考察するという視点である。全ての実定法の領域についていえることであるが、法は個人の自由を保障すると同時にその自由を一定の範囲で制限するという一見すると矛盾した要請に直面せざるを得ない。この二律背反性を備えた困難な課題を果たすためには、法における自由の制限がどのような意味で同時に自由の保障と結び付くのかを明らかにする必要がある。つまり、ある個人の自由に対する制限が同時にその者の自由の保障の達成にとって必要不可欠であることを基礎づけなければならない。何故なら、さもなくば、当該個人が自分の自由は法によって保障されないにもかかわらず、一方的に（例えば、他人の自由の保障のための犠牲として）自由の制限を甘受せざるを得なくなる事態も否定できなくなるからである。

法における人格の自律性（自由）の普遍的保障を基礎づけようと試みたカントの法哲学は、法秩序の全ての構成員の自由に対する制限を当該自由の普遍的保障と結び付けるための手がかりをまさに提示する思想的立場として多くの論者から評価されており[10]、それ故に、カントの法概念を自由の普遍的保障に適った「あるべき法のモデル」として想定し、それを実定法の諸分野に応用することを通じ

8　この点を明確に指摘するのは、Kühl, Freiheitliche Rechtsphilosophie（前掲注3）S. 9.
9　Kühl, Freiheitliche Rechtsphilosophie（前掲注3）S. 19.
10　1980年代当時の研究状況を評価して、法哲学の領域において小さいながらも新たな形でのカント主義の勃興を認める Wolfgang Naucke, Literaturbericht: Rechtsphilosophie(Teil I), ZStW Bd. 97, 1985, S. 542 ff. は、多くの者がカント主義に惹きつけられる理由として、法的な諸問題の全てがカントによって重視された三つの観点、つまり神、自由、不死性の観点に還元されるという事情を挙げている（S. 548）。しかし、決定的に重要となるのは、二つめの自由の観点であろう。また、現代のヨーロッパにおいては自由の保障が法の機能として重視されていることを指摘するものとして、Kurt Seelmann, Rechtsphilosophie, 4. Aufl. 2007, §3 Rn. 16.

て、現実の実定法秩序が個人の自由の不当な制限につながらないものであるのか否かを判断するための「正当化基準」の獲得が様々な領域で目指されているのである[11]。このような状況は、法治国家性の観点を重視する刑法についても当然に当てはまる事柄であるが[12]、実は刑法の領域には、他の実定法の分野以上にカント主義の立場に積極的に依拠して自由の保障を強調しなければならない特別な事情が存在している。

第2節　再評価の理由

そもそもクルークが「カントとヘーゲルからの訣別」を宣言したのは、ドイツ刑法の改正草案である1962年草案の根底にあった伝統的な応報思想を批判し、同草案に対して提示されたいわゆる対案（Alternativentwurf）が依拠する予防の観点、つまり、刑法（刑罰）の目的を犯罪予防として捉える考えを促進させるためであった。1962年草案の内容は、あまりにも保守的であり、形而上学的な刑罰論に基づいて、応報と贖罪の観念に固執していた[13]。そこでは、刑法（刑罰）が現

---

[11] つまり、カント主義に依拠して得られた基準に合致する実定法秩序のみが正当なものという評価を受けるのである。カント自身、実定法に対して正しい法に関する（経験的な諸要素に左右されない）普遍的な諸原理を提示し、それを通じて実定法の立法に基礎を付与する点に法律学の役割を見出していた。ヴァイシェーデル版（Werke in 12 Bänden, hrsg. von Wilhelm Weischedel, 1968）の Immanuel Kant, Die Metaphysik der Sitten, AB 31, 32, A 33 /B 33, 34（＝樽井正義・池尾恭一訳「人倫の形而上学」［岩波書店版カント全集11、2002年］47頁以下）を参照。また関連する最近の研究として、Bernhard Jakl, Recht aus Freiheit, 2009, S. 93 ff., 97 ff. を参照。確かにこのようなカント主義的正当化基準は、いわば超法規的な基準として実定法に対して批判的な機能を有することになるが、批判の目は実定法の立法だけでなく、それを解釈して適用する場面にも注がれなければならないであろう。現在において、（刑）法学の役割を明確にそのように規定するのは、Michael Köhler, Strafrecht Allgemeiner Teil, 1997, S. 7 f., 52である。ケーラーからすれば、刑法学とは「刑法に関わる定言的な諸原理」を提示する学問領域に他ならない。
[12] Winfried Hassemer, Strafen im Rechtsstaat, 2000, S. 70 f., 76 f., 79は、現在の法治国家的刑法の（法）哲学的源泉をヨーロッパ啓蒙思想に求めながら、刑法解釈学上の重要問題の多くは（カント法哲学に代表される）ドイツ観念論法哲学に基づいた基礎づけを必要とすると主張している。ハッセマーからすれば、刑法における法哲学的な考慮の意義は、刑法に正しい方向性を示す点に見出される（S. 85）。つまり、実定法レベルでの刑法は、超法規的な法哲学上の基準に合致して初めて正当化されるのである。また、後述するヴォルフ学派の代表的論者であるケーラーは、どちらかというとヘーゲルの法哲学に重点を置いているが、前注で引用した刑法総論教科書を見る限り、彼の刑法理論のベースにもカント主義があることは明白である。例えばKristian Kühl, Die Bedeutung der Rechtsphilosophie für das Strafrecht, 2001, S. 23も、ケーラーの刑法総論教科書について「今日の刑法の出発点をカントに見出している」との評価を下している。

実の社会に対してもたらす作用、効果、帰結には関心が払われず、刑罰の目的についても応報と贖罪以外の点に関しては考察がなされなかったため、刑罰制度が抱える様々な問題点も省みられることなく放置されていた。このような事情から、1960年代半ば以降には、対案の内容の方が多くの支持者を得るようになり、実際上も刑法の改正に多大な影響を与えたのである。対案によって強調された予防の観点は、現在に至るまでドイツの刑法を根本から規定するパラダイムとなっている[14]。

　対案が予防の観点に傾注したのも、人々の自由を保障するためであったはずである。対案では、予防の観点の中でも特に再社会化を目指す積極的特別予防の観点が刑罰の目的として重視されていたが[15]、そこに犯罪者の自由を保障し、それを実現するという考えがあったことは明白である[16]。また、そもそも犯罪予防の観点自体が、犯罪の被害に遭わずに人々が自由を享受できるために刑法（刑罰）を効果的に運用することを要請するものに他ならない。しかし、1960年代において対案の登場と共に始まった刑法における予防の観点の考慮は、ドイツではその後70年代、80年代と時代を経るに連れて、刑事立法の場面でより過剰な形で追求されるようになり、90年代以降に至っては自由の保障とは相反する帰結を招いてしまっている。つまり、現在のドイツにおける刑事立法では、たとえ法治国家的な諸原則のくびきから自らを解き放つことになったとしても、刑法を効果的な犯罪対策の手段として用いて治安の確立を図るために、広範囲且つ早期の段階での処罰を可能にする規定が好まれるようになっているのである。

　こうして、刑法はもはや断片性という拘束具で縛られた最後の手段ではなくなり、治安対策のための効果的な装置として、いわば条件反射的に投入されてしま

13　この点を指摘するものとして、例えば Claus Roxin, Franz von Liszt und die kriminalpolitische Konzeption des Alternativentwurfs, in: ders., Strafrechtliche Grundlagenprobleme, 1973, S. 36 ff., 46. またハンス・シュルツ（中川祐夫訳）「対案による刑法改正」ユルゲン・バウマン編著・佐伯千仭編訳『新しい刑法典のためのプログラム』（1972年）3頁は、カントやヘーゲルから影響を受けた古典的刑罰理論が1962年草案の代父であると明言している。

14　特に Winfried Hassemer, Strafrechtswissenschaft in der Bundesrepublik Deutschland, in: Dieter Simon (Hrsg.), Rechtswissenschaft in der Bonner Republik, 1994, S. 276 ff.

15　Roxin, Franz von Liszt und die kriminalpolitische Konzeption des Alternativentwurfs（前掲注13）S. 38 ff., 45参照。

16　Roxin, Franz von Liszt und die kriminalpolitische Konzeption des Alternativentwurfs（前掲注13）S. 59では、対案も法治国家的な諸原則を当然に考慮していた点が指摘されており、S. 62では「自由の擁護」が対案の根底にある基本的な立場の一つとされている。

う。このような刑罰積極主義の動向が今後も継続していくとすると、何らかの歯止めがかけられない限り、かつては法治国家的諸原則によって保障されていた市民の自由も不当な制限に晒されてしまうことは、火を見るよりも明らかとなる。しかし、そもそもの出発点である予防の観点は、現代的な動向に対して歯止めとなる自己制約の論理を内在するものなのであろうか。

　現代のドイツにおける刑事立法の動向を分析するハッセマーは、治安を確立するために予防の観点が過剰に追求されてしまった背景には、社会規範の浸食及び危険社会という現代社会に特徴的な二つの事柄があるとしている[17]。現代社会では価値観が多様化し、かつては自明のものとして人々の行動様式を規定していた社会規範がその効力を喪失するに至っている[18]。そこでは、人々は日常的に行動規律の弛緩を体験し、常識という名の価値基準の崩壊に直面する。その結果、他人がどのような行動をしてくるのかがわからないという不安感に苛まれてしまう。また、複雑化した現代社会は、一度実現してしまうともはや制御できない程の甚大な被害をもたらしてしまう危険で満ち溢れた危険社会であるため、人々は危険が実現するかもしれないという言い知れぬ恐怖に常に囚われ続けてしまい、フラストレーションを溜め込んでいく。こうして、現代社会はいわば「不安社会[19]」となり、人々は国家に対して効果的に刑法を投入して危険を制御するように過度な形で要求するようになる。但し、その際に法治国家的な保障などは、危険のコントロールを通じた治安の確立にとって専ら障害にしかならないため等閑視されてしまう。そして、上記のような要求は、メディア等の影響を受けて現実の犯罪動向とは専ら無関係に形成される、犯罪に対する感覚的な不安感を通じて

---

[17] 以下については、Hassemer, Strafen im Rechtsstaat（前掲注12）S. 79 ff.; ders., Strafrecht. Sein Selbstverständnis, seine Welt, 2008, S. 39 f., 48 ff., 220 ff., 243 ff., 248 ff., 258 ff., 261参照。
[18] 対案の根底には、刑法規範と他の社会規範を連携させて犯罪予防を図る発想があった。このような考えからすると、刑法以外の他の領域で犯罪予防を達成できる場合には、刑法を用いる必要もなくなり、刑法の二次的性格をうまく基礎づけることが可能となる。しかし、社会規範の浸食が生じる時代においては、刑法の領域は必然的に拡張されてしまいかねない弱点も備えている。Ernst Amadeus Wolff, Das neuere Verständnis von Generalprävention und seine Tauglichkeit für eine Antwort auf Kriminalität, ZStW Bd. 97, 1985, S. 800 Fn. 32（＝飯島暢・川口浩一監訳・中村悠人訳「一般予防についての最近の理解と犯罪への応答に関するその適格性(1)」関西大学法学論集62巻3号［2012年］428頁注32)）は、まさに現代社会ではこの弱点が前面に出てしまっていると指摘する。
[19] 松原芳博「国民の意識が生み出す犯罪と刑罰」世界2007. 2、53頁以下は、現代社会を「不安社会」として特徴づけている。

益々先鋭化されていく。

　ハッセマーによれば、現在のドイツにおける刑事立法はまさに当該の要求に応える形で行われるようになっており、批判すべき特徴として挙げられる早期段階での処罰を可能にするための抽象的危険犯の処罰規定の増加、法定刑の引き上げ及び刑の幅の拡大、大衆迎合主義的な象徴的立法等もその帰結に他ならない[20]。人々が安定した法秩序、確立された治安を求めるのも、犯罪被害に遭わない安全な状況下で自己の自由を享受したいからである。言い換えれば、治安の維持とは自由を実現するための一つの条件にしかすぎない。しかし、ドイツにおける刑事立法の現状は、治安の確立に執着するあまり予防の観点を過剰に追求してしまい、本来の趣旨である自由の保障とは相反する方向へ進んでいる。国民に向けられた刑法による規範的な方向づけ、即ち行動のコントロールも本来は自由を制限しながらも、同時に自由の普遍的な保障に資する性格を備えていなければならないはずである。そのためには、法治国家的な諸原則に適った形での方向づけが不可欠となる。当該諸原則による制限を緩めて刑法が投入されることにより、仮に治安が維持・確立されたとしても、本来的な意味での自由の保障は失われてしまうだろう。実態は見掛け倒しの自由の保障にしかならないからである。

　治安対策として刑法を活用する刑事立法の現状に対して、そもそもの出発点であった予防の観点が歯止めとなる論拠を提示できるのかというと、それは否定的に解さざるを得ない。予防の観点の追求が刑法の任務として捉えられる限り、犯罪に対する過激な闘争へと刑法が駆り立てられていくことは、むしろ必然的な帰結ですらある[21]。何故なら、予防の観点それ自体は、厳罰化の動向を制限する契機を内在的には有していないからである。予防の観点に基づいて刑法（刑罰）を構想する場合に決め手となるのは、予防効果の達成に関する見込みでしかなく、そのような基準は、経験的な諸条件に左右されざるを得ないため不明確な形で刑

20　ドイツにおける刑事立法の特徴については、特に井田良『変革の時代における理論刑法学』（2007年）27頁以下、同「ドイツ刑法の現状と比較刑法研究の今日的意義」ジュリスト No. 1348（2008年）176頁以下参照。また第6次刑法改正法に対する批判として Rainer Zaczyk, Zum Strafrecht, Mainzer Runde '98, 1998, S. 5, 12 f. も見よ。

21　Winfried Hassemer, Objektivität und Einschätzung in Kriminologie und Kriminalpolitik, in: Horst Schüler-Springorum u. a. (Hrsg.), Blick über den Tellerrand, 2008, S. 47（＝小名木明宏訳「犯罪学及び刑事政策における客観性と評価」川端博・安部哲夫監訳『ドイツ刑事法学の展望』［2009年］43頁）参照。また Köhler, AT（前掲注11）S. 44は、刑法における予防論が犯罪に対する闘争を直接的に目指す考えに他ならないことを断言する。

罰の有無と程度を規定することになってしまう[22]。例えば、特別予防の観点についていえば、その際に念頭に置かれるのは、当該の犯罪者が再び犯罪を行う危険性の有無・程度とその者に対する刑罰の感銘力の有無・程度の相関関係であり、危険性に関する判断が経験的な諸事情に依拠するため不明確にならざるを得ない以上、必然的に刑罰の感銘力についての判断も不安定なものとなる。その際に危険性の程度に照らしてなされる刑罰の程度に関する判断が、特別予防の観点をできる限り効果的に達成させるという目的の下では、より重く処罰しておこうとする傾向を際限なく示してしまうことは否定できない。特別予防の観点そのものは、当該傾向に歯止めをかけるための内在的な限界を有していないからである。換言すれば、現代における刑事立法の特徴である重罰主義の傾向も特別予防の観点から導き出される一つの帰結として評価できるのである[23]。

また、(消極的)一般予防の観点についても同様のことが当てはまる。そこでは、刑罰の有無・程度を決定する際に重視されるのは、処罰の対象となる犯罪行為を将来実行する危険性がある(実際に行われた犯罪行為から影響を受ける可能性がある)潜在的犯罪者に対して思い留まるように働きかける必要性の有無と程度である。しかし、このような必要性についても判断材料となるのは、経験的な諸事情に左右される不安定なものでしかない。従って、刑罰の有無・程度の判断も必然的に不明確になってしまい、上記の必要性がある程度認められる場合には、一般予防の観点を可能な限り効果的に達成させるという目的の下、できるだけ広く、早く、重く処罰しようとする傾向をもたらしてしまう(少なくともそれに歯止めをかけることはできない)のである。

そもそもドイツでは、予防論の根底には法、国家、刑罰といった諸概念の関係を道具的な観点から捉える思想、具体的にいえば、犯罪対策を通じた治安維持のための道具として刑罰を用い、更には刑法の対象として把握される人間の存在をもそのための手段と見なしてしまう考えがあるとの指摘がなされている[24]。つまり、刑法が予防の観点に純粋に依拠する限りは、法秩序に服する全ての人間は刑法の他律的な働きかけを通じて操作され得る一種の危険源としか見なされないた

22　Köhler, AT(前掲注11)S. 44 ff. 参照。
23　また、改善の必要性がある犯罪者は早期に刑法の対象として扱うべきとする考えも十分に成り立ち得る。つまり、特別予防の観点は処罰の早期化とも結び付くことになる。
24　例えば、E. A. Wolff, Das neuere Verständnis von Generalprävention(前掲注18)S. 791 ff.(邦訳491頁以下);Köhler, AT(前掲注11)S. 45.

め、刑法は治安維持のために他律的に作用する強制的な権力装置になってしまい、法秩序の構成者であるはずの市民の主体性・自律性も等閑視されてしまうのである[25]。

予防の観点の過剰な追求によってもたらされた刑事立法の現代的な動向を批判するハッセマーは、治安の確立もあくまで法治国家的諸原則に則った刑法の運用を通じて図られなければならないとして、当該動向に歯止めをかけようとしている。つまり、予防の観点を根幹に据える限り、複雑化した現代社会においては、刑法が治安の確立を自己の目的とするのは当然のことではあるが、それはあくまでも法治国家的な諸原則から制限を受けなければならないというのである。特にハッセマーは、当該諸原則の源泉であるヨーロッパ啓蒙期の法哲学の意義を強調し、その要諦である人格主義的な傾向を現代でも考慮すべきと主張しているが[26]、具体的には応報の観点に基づく罪刑の均衡性[27]を刑法の制限枠として捉えて[28]、人間の手段化・客体化をもたらす現代的な動向を抑制し、人間の主体性・自律性の保障を図ろうとしている。ハッセマーの見解は、刑法に対する過剰な期待が元々の出発点とは相反する状態をもたらしてしまっており、それにより本来

---

25 積極的な刑法の投入を通じた治安の確立を求める多くの市民からすれば、その際に犯罪者の主体性が多少配慮されなくなるのも仕方がないと感じられるかもしれない。しかし、予防の観点（より効果的な治安の観点）に依拠する刑罰積極主義の動向は、原理上際限なく進行するものであり、早期且つ広範囲な形での処罰が当該秩序においてより過剰に目指される場合、その構成者である市民の大多数も他律的な権力装置の対象として捕捉されてしまうため、多くの弊害を被らざるを得なくなる。つまり、犯罪者だけでなく、全ての市民が治安確立のための道具・手段・客体として取り扱われ、その主体性が等閑視される危険性は回避できないのである。治安の確立に対する過度な要求は、自分自身にはね返ってくるものであることを自覚する必要がある。

26 Hassemer, Strafen im Rechtsstaat（前掲注12）S. 86.

27 Hassemer, Strafrecht. Sein Selbstverständnis, seine Welt（前掲注17）S. 263は、罪刑の均衡性を法治国家的な制限枠の内容としているが、同 S. 55では、この点につき「犯罪に対する応報（Tatvergeltung）」という表現が用いられている。

28 Hassemer, Strafrecht. Sein Selbstverständnis, seine Welt（前掲注17）S. 236 ff. では、実定刑法に対して制限的に作用する法治国家的な諸原則は、具体的な法文化（Rechtskultur）の中に取り込まれる形で効力を発揮するものであるとされている。ハッセマーがこのように主張するのも、伝統的な自然法の観念に対する否定的な態度があるからであろうが、法文化は、その性質上時代的及び場所的な諸条件の影響を受けざるを得ないため、そもそも安定的な効力を発揮できるものではない。ある法文化の内容が刑法のあり方に関する正当化の基準を提示できるとしても、法文化の内容そのものが決定的なのではなく、やはり当該内容の正当性を更に背後で基礎づけている正当化基準の存在を重視する必要があると思われる。やはり、そのような背後にある正当化基準は、全ての法文化に普遍的に妥当するものとして、時間的及び空間的な諸条件から超越する（しかも伝統的な自然法論とは異なる）形で基礎づけられなければならないであろう。

刑法に課せられるはずの自由を制限すると同時にその制限を自由の保障と結び付けるという役割も機能不全に陥っている現状を明確に意識しながら、社会の危機的状況に対して投入が要求されている刑法の解決能力を正当な対応手段の範囲に限定することによって控えめに捉え、問題の処理をむしろ他の政策領域に委ねるものに他ならない。

　このような考えは、まさに正当なものであると思われるが、法治国家的な保障のために応報の観点に基づく制限枠を設定したとしても、刑法のあり方を構想する上で予防の観点があくまでベースとされている限りは、制約として機能する応報の枠組みも異質な要素に留まらざるを得ず、外部から接木を足すようなものにしかならない[29]。そもそも、応報の観点そのものは否定的に解されていたのであるから、何故いきなりそれが予防の観点に対する制約として機能して、現代的な動向において軽視されがちな法治国家性の保障、人間の主体性・自律性の保障に寄与できるのかを基礎づけなければならないはずである。つまり、応報の観点それ自体が刑法において法治国家的な保障を担い、人間の自律性の維持に資する肯定的な意義を有するものであることを明らかにする必要がある。さもなければ、応報の観点を制限枠として援用するにしても、それは単なる便宜的なものにしかすぎなくなってしまうであろう。応報の観点を自律性の保障と結び付けるためには、タリオの法として伝統的に理解されてきた応報概念から離れて、人間（人格）の自律性を基礎に応報の観点を再構成しなければならないが、あくまでも予防の観点を基盤とするハッセマーの見解には、そのような応報の観点に対する詳細な省察が欠けているのである。

　以上から明らかなように、予防の観点の過剰な追求に基づく治安の確立の代償として犠牲にされている主体性・自律性の保障を再び取り戻すためには、刑法のあり方を応報の観点から改めて考え直す必要性を強調せざるを得なくなる。実は現代のドイツ刑法学では、人格の自律性を基礎に据えて法概念を構想したカントの見解が、まさにそのような問題意識との関連で再び重視されるようになっている。確かに従来からカントの刑罰論、特にその応報思想は否定的に捉えられてきたが、そもそもカントは法を基礎づける際に人格の自律性を出発点としていたのであるから、カントが主張した応報刑論も本来的には現代において求められる自

29　Hassemer, Strafrecht. Sein Selbstverständnis, seine Welt（前掲注17）S. 263も、応報の観点に基づく罪刑の均衡性が異質な要素として外部から継ぎ足されるものであることを明言している。

律性の保障と結び付き得るものであると考えなければ不自然である。そこで、カントの法概念に依拠して刑法（刑罰）のあり方を構想する論者の多くが、自律性を保障する意図の下、予防の観点ではなく、応報の観点を自己の見解のベースにしようとしている[30]。このような立場は、現代のドイツ刑法学において一定数の支持者を集めながら、（E. A. ヴォルフとケーラー、ツァツィック、カーロ、クレシェヴスキーといった彼の弟子達等を構成員とする）ヴォルフ学派と呼ばれる研究者集団を形成し注目を集めている[31]。

　カントの法思想に依拠するヴォルフ学派の立場に対しては、200年以上も前の哲学者の見解を用いて現代社会の諸問題を解決しようとする一種のアナクロニズムではないかとの疑問が提起されるかもしれない。しかし、ヴォルフ学派もカントの考えをそのまま無批判に受け入れているわけではない点に注意すべきである。同学派によってあくまで重視されているのは、カントはどのようにして法における自由の意義を思考し、人格の自律性の普遍的な保障と強制の装置たる国家的な法秩序を結合させようとしたのかという、法における自由の基礎づけに関するカントの思考形式であり、そこから導き出された具体的な内容を伴う帰結そのものではない。つまり、法における人格の自律性を基礎づける際にカントが辿った思考の道筋を明らかにして、それを現代の刑法の文脈の中で貫徹させることが目指されているのである。刑事立法の動向からも明らかなように、法秩序の構成員たる市民の主体性・自律性は、既にかなり以前から危機に晒されてしまっている。ヴォルフ学派が人格の自律性の保障に関するカント的な方法論を意図的に採用するのも、まさにそれが上記の動向に歯止めをかけるための一つの戦略として有効であるからに他ならない。従って、ヴォルフ学派によるカント主義への依拠も時代錯誤的にカントの権威をただ単純に妄信するものではなく、現代的な問題

---

[30]　例えば、E. A. Wolff, Das neuere Verständnis von Generalprävention（前掲注18）S. 805（邦訳433頁）は、刑罰論では実践的な理性として表れ出る人格の自律性を考慮しなければならず、そのために「絶対説」の観点を採用すべきとする。

[31]　ヴォルフ学派に対しては、例えば Bernd Schünemann, Kritische Anmerkungen zur geistigen Situation der deutschen Strafrechtswissenschaft, GA 1995, S. 224 ff.; ders., Aporien der Straftheorie in Philosophie und Literatur, in: Cornelius Prittwitz u. a. (Hrsg.), Festschrift für Lüderssen, 2002, S. 327 ff.; Kühl, Die Bedeutung der Rechtsphilosophie für das Strafrecht（前掲注12）S. 23; Luís Greco, Lebendiges und Totes in Feuerbachs Straftheorie, 2009, S. 461 ff. に見られるように、批判的なものであるにせよ一定の関心が向けられている事実は否定できない。また、E. A. ヴォルフの人柄を好意的に紹介する日本語文献としては、宮澤浩一「外国の法律家の印象──西ドイツの刑法学者──」ジュリストNo. 700（1979年）328頁がある。

意識に裏付けられた確固たる主張であるといえるだろう。

　ヴォルフ学派は、カントによって試みられた法における人格の自律性の普遍的な保障を首尾一貫した形で追求し、それに基づいて刑法（刑罰）のあり方を構想するが、その際にはカント本人が示した具体的な見解とは異なる結論をとることも辞さない態度を見せている。いわばカントをカント主義の立場から批判するわけである。ヴォルフ学派によって刑罰論の基礎に置かれる応報の観点も、もはや物理的な同害報復などではなく、法秩序において自由の保障に係る規範の効力の回復と維持を刑罰に担わせる考えとして再構成されている[32]。同学派では、法秩序における規範は人格であるその構成員達の自律性（外的な自由）を普遍的に保障するものとして基礎づけられるが、刑罰は、犯罪によって各人の自由と当該規範の効力が侵害された場合に犯罪者にその侵害に相応した自由の制限を課すことを通じて、規範の効力と（それによって保障される）各人の自由を回復させて継続的に存続させていく役割を果たすものとして捉えられるのである[33]。また、その際には、予防の観点も一定の範囲で応報の観点の内在的な要素として同時に考慮されている。

　このように、ヴォルフ学派はまず主眼を刑罰論の領域に定め、予防の観点の過剰な追求がもたらした主体性の等閑視に警鐘を鳴らすために、応報の観点の再評価を提唱している[34]。しかし、刑法において自律性の普遍的な保障を首尾一貫し

---

[32] カント以前の応報刑論の根底には、伝統的な自然法論に基づいて人間存在を他律的に規定する法秩序観があったことを示唆するものとして、E. A. Wolff, Das neuere Verständnis von Generalprävention（前掲注18）S. 794 f. ヴォルフ学派の刑罰論の内容については、拙稿「法概念としての刑罰」法学政治学論究（慶應義塾大学）54号（2002年）55頁以下、同「最近のドイツにおける規範的な応報刑論の展開」香川法学26巻3・4号（2007年）95頁以下（同論文は、本書21頁以下に所収されている）、同「カント刑罰論における予防の意義と応報の限界」香川法学28巻2号（2008年）1頁以下（同論文は、本書59頁以下に所収されている）を参照。

[33] ドイツでは、ヤコブスが積極的一般予防の内容を規範的に理解し、刑罰の役割を法秩序における規範妥当の回復として捉える見解を主張している（拙稿「最近のドイツにおける規範的な応報刑論の展開」［前掲注32］103頁以下参照）。例えば、E. A. Wolff, Das neuere Verständnis von Generalprävention（前掲注18）S. 802（邦訳430頁）に見られるように、ヴォルフ学派もヤコブスの見解を結論的には正しいとするが、そこで前提とされている法秩序及びその規範に関するヤコブスの理解には異議を唱えている。つまり、Diethelm Klesczewski, Strafrecht Allgemeiner Teil, 2008, §1 Rn. 12において指摘されているような、ヤコブス説では法秩序及びその規範も人格との関係では他律的に構成されているのではないかという批判である。

[34] 主体性の保障という観点からは、いわゆる積極的特別予防の是非が問題となる。犯罪者を社会に立ち返らせるということは、当該犯罪者に多大な利益をもたらすはずである。しかし、首尾一貫した主体性の保障を念頭に置いて応報の観点に優位性を認める立場からすれば、そのような犯

て推し進めようとする同学派の意図は、刑罰論だけに留まるものではない。刑罰権が発動される前提としては犯罪が実行されなければならないのであるから、同学派からすれば、そもそも犯罪自体も一つの法概念として人格の自律性の普遍的な保障という見地に基づいて基礎づけられる必要がある。こうして、ヴォルフ学派によるカント主義の現代的な応用は、刑罰論を超えて犯罪論の分野にまで及ぶのである[35]。

　勿論ヴォルフ学派からしても、治安の維持乃至は回復を刑法の目的として捉える点については異存などないはずである。しかし、人格に認められる主体性・自律性を現実の法秩序において普遍的に保障させるカント主義の見解に依拠して応報の観点が採用される限りは、刑法による治安の維持と回復も一定の制限の下に服さざるを得ない。つまり、「治安」は各人格の自由が現実の法秩序において規範を通じて普遍的に保障されている状態を意味するものとして理解され[36]、刑法

　　罪者本人のためになるものであったとしてもまず最初に考慮することは許されない。何故なら、利益とは、あくまでも人格が自己の主体性乃至は自律性（自由）を実現するための一つの条件にしかすぎないからである。つまり、主体性が保障されて初めてその者の利益に関する考慮も意義を有するのであり、その逆は成り立たない。従って、いくら犯罪者当人の利益につながるものであっても、応報の範囲を超える形での再社会化の観点に依拠した処罰を考えてみれば明らかなように、それが主体性の保障に反する場合には認められないことになる。但し、応報の観点に基づいた主体性の保障に抵触しない限りでは、刑罰によってもたらされる利益も考慮の対象となり得るであろう。

35　その集大成が既に何度も引用したミヒャエル・ケーラーの刑法総論教科書における犯罪論である。その他、不法論については Ernst Amadeus Wolff, Die Abgrenzung von Kriminalunrecht zu anderen Unrechtsformen, in: Winfried Hassemer（Hrsg.）, Strafrechtspolitik, 1987, S. 137 ff.を、責任論については Rainer Zaczyk, Schuld als Rechtsbegriff, ARSP Beiheft 74, 2000, S. 103 ff.（＝宮澤浩一・飯島暢訳「法概念としての責任」法学研究［慶應義塾大学］74巻10号［2001年］97頁以下）を、未遂犯論については ders., Das Unrecht der versuchten Tat, 1989を、不作為犯論については Michael Kahlo, Das Problem des Pflichtwidrigkeitszusammenhanges bei den unechten Unterlassungsdelikten, 1990; ders., Die Handlungsform der Unterlassung als Kriminaldelikt, 2001を、共犯論については Bettina Noltenius, Kriterien der Abgrenzung von Anstiftung und mittelbarer Täterschaft, 2003を参照。また Katrin Gierhake, Begründung des Völkerstrafrechts auf der Grundlage der Kantischen Rechtslehre, 2005も見よ。更に最近の研究として、Rainer Zaczyk, Über den Grund des Zusammenhangs von personalem Unrecht, Schuld und Strafe, in: Gerhard Dannecker u. a.（Hrsg.）, Festschrift für Harro Otto, 2007, S. 191 ff.; ders., Was ist Strafrechtsdogmatik?, in: Michael Hettinger u. a.（Hrsg.）, Festschrift für Wilfried Küper zum 70. Geburtstag, 2007, S. 723 ff.; ders., Das Subjekt der objektiven Zurechnung und die Lehre von Günther Jakobs, in: Michael Pawlik u. a.（Hrsg.）, Festschrift für Günther Jakobs, 2007, S. 785 ff. も挙げておく。

36　治安の概念を規範的に捉える点については、あまりにも形式的な理解ではないかとの疑念がもたれるかもしれない。しかし、刑法学の役割は正当な刑法のあり方を提示するものとして規定さ

による治安の回復もあくまで犯罪が実行されたことを前提にして、当該犯罪によって侵害された既存の法秩序における規範の効力の回復（及びその意味での維持）という点だけに限定されるのである[37]。言い換えれば、刑法の役割は、犯罪によって侵害された法秩序における規範の効力の回復と（それを通じた）各人の自由の回復だけに限られるのであり、法秩序が現実的に機能している状態そのものの創出はあくまでも他の社会政策の領域に委ねられなければならない。こうして、刑法による治安の回復については、規範的な観点からの限界が設定されるが、そもそも経験的な観点からしても、刑法によって治安の回復を完璧に図ることなどは不可能である。刑法の役割には規範的にも経験的にも限界がある。この点を明確に自覚しなければ、危機的状況の解決を全面的に刑法に委ねようとする無謀な試みに対する反省も不可能になるであろう。

第3節　我が国への示唆

　上記のように、現在のドイツでは様々な形でカント主義の再評価がなされている。特に刑法学の分野では、予防の観点の過剰な追求がもたらした法治国家的諸原則の解体に歯止めをかけるために、応報の観点が再評価されるようになり、それがヴォルフ学派によってカント主義に基づく自由な人格の主体性の保障と結び付けられている。このようなカント主義の再評価は、我が国の刑法学も参考にすべきものであろう。何故なら、刑法を積極的に投入して治安の維持を図ろうとする動向はグローバルな潮流となって全世界を席捲しており[38]、我が国の刑事立法

　　れるのであるから、刑法的な対応の正当な対象として治安の概念は把握されなければならない。つまり、治安も単に事実的なものとしてではなく、まずは規範的な観点から理解されざるを得ないのである。
[37]　拙稿「カント刑罰論における予防の意義と応報の限界」（前掲注32）15頁以下、25頁注(5)において指摘したように、ヴォルフ学派はカント主義的な立場から刑法規範による人格に対する行動のコントロールを基礎づけている。治安の「維持」をどのように定義するかの問題になるが、行為規範による働きかけを通じて既存の法秩序が侵害されないようにするという意味での治安の維持であれば、刑法によって追求できる正当なものとして捉え得ると思われる。従って、従来の法定刑の範囲では十分な行動のコントロールができないという事情が現実に認められるのであれば、法定刑の引き上げ（そして、それを通じた治安の維持）も許されるのであろうが、当該事情が明確には認められないにもかかわらず、現代的な動向では安易な重罰化がもたらされているのである。
[38]　ロイック・ヴァカン（＝森千香子・菊池恵介訳）『貧困という監獄』（2008年）、日本犯罪社会学

第 3 節　我が国への示唆

等にもその暗い影を落としているからである[39]。勿論我が国でも、ヴォルフ学派の哲学的刑法理論に対しては、極度に抽象度の高い概念からの演繹によって具体的な問題を全て解決しようとするものであり、「それはカントの誤読だ」といった本題を外れた議論になりかねないとの疑問が提起されていることも事実である[40]。また、刑事法の現代的な動向の特徴である重罰主義は非合理的且つ非生産的な応報思想の現れに他ならないとし、ヴォルフ学派における応報の観点の再評価をその延長線上で捉えようとする意見も表明されている[41]。しかし、場合によってはカント自身の見解に対する批判すら辞さないヴォルフ学派からしてみれば、刑法を基礎づける際に人格の自律性（自由）の保障を徹底化させることがあくまでも重要なのであり、カントの原典そのものを金科玉条とするわけではない。また、自律性（自由）の保障の徹底化という考えも、全ての具体的な諸問題を抽象的な上位概念からの演繹的な操作によって、いわば固定的に解決しようとするものではなく、自由の保障が保たれる範囲内では刑法上の具体的な価値判断も当然に許容している[42]。そして、少なくともヴォルフ学派による応報思想のルネサンスに限っていえば、それを現代的な動向である応報的な刑罰積極主義に結び付けてしまうのは、同学派の問題意識に対する誤解でしかない。

　確かに、自律性（自由）の保障という観点が非常に抽象的なものであることは否定し難いと思われる。しかし、むしろ具体的な内容からまずは距離を置いたそ

　　会編『グローバル化する厳罰化とポピュリズム』（2009年）等を参照。特に、「グローバル化と刑罰国家の到来」との副題が付されたヴァカンの著書では、社会福祉政策を放棄した国家によるその穴埋めのための刑罰制度の意図的な拡大がアメリカ及びその影響を受けたヨーロッパの惨状として描き出されている。社会福祉政策と刑事政策の間での役割分担の解消、これも法治国家解体の危険性を孕んだ刑罰積極主義の動向を促進させている要因の一つである。
39　井田良「刑事立法の活性化とそのゆくえ」法律時報75巻2号（2003年）4頁以下、同『変革の時代における理論刑法学』（前掲注20）11頁以下、108頁以下、同「最近の刑事立法をめぐる方法論的諸問題」ジュリスト No. 1369（2008年）54頁以下、同「刑事立法の時代」犯罪と非行 No. 160（2009年）6頁以下参照。
40　井田『変革の時代における理論刑法学』（前掲注20）80頁、91頁参照。
41　井田「ドイツ刑法の現状と比較刑法研究の今日的意義」（前掲注20）178頁。また、同『変革の時代における理論刑法学』（前掲注20）13頁以下、同「最近の刑事立法をめぐる方法論的諸問題」（前掲注39）59頁、同「刑事立法の時代」（前掲注39）13頁以下も参照。松原芳博「刑事立法と刑法学」ジュリスト No. 1369（2008年）71頁も「報復感情の満足という素朴な応報思想の強まり」を「近時の立法の背後にある刑罰観」の一つとして挙げている。
42　特にケーラーの刑法総論教科書を見てみれば明らかなように、ヴォルフ学派の犯罪論体系においても、井田『変革の時代における理論刑法学』（前掲注20）78頁等が重視する具体的な問題解決のための「中規模理論」は様々に考慮されている。

の抽象性、言い換えれば形式的な性格故に、自律性（自由）の保障は、現代社会における刑法のあり方を考えるに当たって大きな意義を有しているといえるだろう。

　人々が日常的に不安感に苛まれ、刑法の積極的な投入による治安の確立を過剰に求めてしまう理由としては、価値の多元化という現代社会に特有の事情も挙げることができる。これは当然に我が国にも当てはまる状況であろう[43]。従来の共通の常識が崩壊し、様々な価値観が許容される時代にあっては、他人の行動に関する予測可能性は大幅に限定されてしまう。その穴埋めのために、社会生活への積極的な介入を通じた刑法規範による新たな共通の行動準則の確立が求められるわけである。このような刑法による介入への欲求は、危険社会という現代社会の特徴を通じて更に促進されるが、ここで根本的に重要となるのは、価値観に関する多元主義であると思われる。現代社会のように価値の多元化が一度受け入れられてしまうと、以前のような単一的な価値観に基づいた社会への回帰は現実的には困難である。現代社会において刑法のあり方を考察するときに、様々な価値観が競合している現実を無視するという選択肢はあり得ない。現代社会にあって人々が刑法による治安の確立を希求するのも、犯罪によって他者から侵害されることなく、自己の独自の価値観に基づいて生活を展開して自由な生を享受したいからに他ならない。しかし、刑法的手段の投入を通じた治安の確立が過度の干渉を招き、人々の自由を不当に制限してしまうのであれば、それは本末転倒でしかない。既に述べたように、刑法において予防の観点を基礎にする限りは、当該観点の過剰な追求に対する抑制は原理上不可能となり、価値多元主義の社会を守るために期待された刑法の投入も自己矛盾的に出発点そのものを脅かしてしまう。

　やはり様々な価値観の競合を許容するためには、刑法規範に基づいた行動コントロールの対象者の主体性乃至は自律性の保障がそもそも必要不可欠となるであろう。つまり、多元主義という社会的な現実に関わらざるを得ない刑法のあり方を考える際には、自由の保障こそが重要となるのである。まさにカント主義に依拠するヴォルフ学派は、人格の自律性（自由）の保障のために応報の観点に着目して刑法の基礎づけを試みているが、そこでは「自由」はあくまでも理念的なもの、換言すれば具体的な内容を伴わない形式的な概念として捉えられている。

43　井田『変革の時代における理論刑法学』（前掲注20）20頁参照。

ヴォルフ学派の理解によれば、（刑）法秩序において各人の自由を普遍的に保障するためには、他者の自由の領域に対する侵害を禁じる規範に基づいた自由の相互制限が必要となる。そして、当該の保障の下で各人は自己の自由の領域を他者から侵害される（同時に他者の自由の領域を侵す）ことなく自己の価値観に適した独自の生を展開できるようになると考えられている。確かに、ここでは法秩序の規範によって相互的に制限される各人の自由は形式的に理解されることになるが、実はこれには理由があり、自由の具体的な内容をどう盛り込むかは、法に反しない限りで道徳の領域に属する問題として各人にまかされているからである。従って、ヴォルフ学派によって提示されるカント主義的な刑法理論、つまり、人格の自律性の保障に基づく刑法秩序の構想については、まさに現代社会において特徴的な価値観に関する多元主義の要請に適ったものとして評価できるのである。

　主体性乃至は自律性の保障への再考を促しながら、現代社会において本来あるべき刑法の姿[44]を我々に示そうとするヴォルフ学派の哲学的刑法理論は、ドイツと同様に過剰な刑罰積極主義の動向を見せている我が国の刑法の現状に対しても有益な批判的視座を提供してくれる。カント主義の哲学的色彩を強く帯びたその理論内容は確かに難解であるかもしれない。しかし、最近の我が国の刑法学に関しては法哲学にまで踏み込んだ研究の欠落が指摘されているのも事実である[45]。今がまさに我が国の刑法学に「刑法の基礎についての制約なき思考[46]」が求められている時代だとすると、むしろカント主義を再評価するヴォルフ学派の哲学的刑法理論も大いに参考にすべきなのではなかろうか。

---

[44] ヴォルフ学派によって構成されるカント主義的な「あるべき刑法」の姿形は、時間的及び空間的な制約を超越して、つまり、国別の違いを超えて妥当するものとして基礎づけられている。それ故、当然に自由の保障を念頭に置くべき我が国の刑法からしても、それは「あるべき姿」となるのである。
[45] 団藤重光「日本刑法学会の五〇周年を祝う」刑法雑誌39巻2号（2000年）4頁以下参照。
[46] 井田『変革の時代における理論刑法学』（前掲注20）25頁、108頁以下。

第2章　ドイツにおける規範的な応報刑論の展開

第1節　予防刑論に対する反省——応報刑論のルネサンス——

　最近のドイツ刑法学において、刑罰の基礎づけに関して応報刑論を積極的に再評価する立場が登場している。まさにシューネマンが絶対的応報刑論のルネサンス[1]と呼ぶところのこのような状況が生じた背景には、いわゆる予防刑論（目的刑論）が内包する、刑罰の正当化理論としての弱点が意識されるようになった事情があると考えられる。しかし、従来から、刑罰の正当化根拠として刑罰の犯罪予防効果に着目する予防刑論は、伝統的な応報刑論が正義の実現という抽象的で形而上学的な論拠を持ち出してくるのに対して、刑法が果たすべき法益保護の任務に合致するものとして、「今日において主張可能な刑罰理論の出発点」[2]であるとの評価さえ受けていたはずである。つまり、刑罰が犯罪予防を目的として追求することは、それによって法益の保護を図ることになるので正当なものであるが、形而上学的な正義の理念の実現を刑罰という国家制度が図ることは、あくまで自由で平和な人間の共同生活を保障することに限定されるべき現代の国家の任務として相応しくないとされていたのである[3]。

　そこで、まず、このように肯定的に解されてきた予防刑論について、一体どのような理論的な弱点がそこにあると明確に意識されるようになったのかが問題となる。確かに、以前からも、予防刑論が刑罰の正当化根拠の根幹に置く「予防の効果」というものが果たして本当にあるのか否かについて経験的に検証できないという弱点は意識されていた[4]。予防刑論は、応報刑論が現実世界から遊離した、

1　Bernd Schünemann, Aporien der Straftheorie in Philosophie und Literatur, in: Cornelius Prittwitz u. a. (Hrsg.), Festschrift für Klaus Lüderssen, 2002, S. 327.
2　Claus Roxin, Strafrecht Allgemeiner Teil, Band I, 4. Aufl. 2006, §3 Rn. 37.
3　例えば、Roxin, AT（前掲注2）§3 Rn. 8.
4　刑罰の予防効果に関する最近の文献として、Bernd-Dieter Meier, Strafrechtliche Sanktionen, 2. Aufl. 2006, S. 27 ff. を参照。マイアーによれば、刑罰が有する威嚇と再社会化の効果は、あくまで

正義の実現という形而上学的な目的を追求するものであると批判し、それに対する刑罰正当化理論としての自己の特色を現実の社会における犯罪予防効果に見出すのであるから、経験的に証明可能な成果を示さなければならないのは当然といえる[5]。しかし、そのような明確な成果を示すことができないというジレンマに同理論は陥っていたのである。また、消極的一般予防、つまり威嚇予防の「威嚇」という表現にあるネガティヴなイメージが批判に結び付くこともあった[6]。

しかし、予防刑論全般に対する批判として最大のものは、同理論が、刑罰によって追求される目的である犯罪予防効果に着目するあまり、その効果の最適化に相応しい刑量による科刑を端的に許容し[7]、犯罪の大きさと不均衡な刑量さえも理論上肯定することに至らざるを得ないという批判ではないかと思われる[8]。

　限られた範囲においてのみ経験的に確証されるものである（S. 29, 33 を見よ）。そして、Heinz Schöch, Empirische Grundlagen der Generalprävention, in : Theo Vogler u. a. (Hrsg.), Festschrift für Hans-Heinrich Jescheck zum 70. Geburtstag, Zweiter Halbband, 1985, S. 1103 f. は、刑法の一般予防機能は経験的に根拠づけられるものであるとする。Thomas Weigend, Resozialisierung - die gute Seite der Strafe?, in: Henning Radtke u. a. (Hrsg.), Muss Strafe sein?, 2004, S. 186 f. も再社会化の効果が皆無であるとする主張は誤りであるとしている。また、いわゆる積極的一般予防論は、刑罰の効果を、規範妥当に関する一般人の信頼を維持乃至回復させることに見出す見解であるが、そもそも法秩序に対する信頼の形成は、社会的な様々な要素の影響を受けるものであるため、それが刑罰の効果からの帰結か否かを経験的に検証することは最初から困難であることを前提とせざるを得ない。但し、この問題については、特に Michael Baurmann, Vorüberlegungen zu einer empirischen Theorie der positiven Generalprävention, GA 1994, S. 376 ff. も参照。

5　再社会化の効果に関するものであるが、Winfried Hassemer, Darf der strafende Staat Verurteilte bessern wollen?, in: Cornelius Prittwitz u. a. (Hrsg.), Festschrift für Klaus Lüderssen, 2002, S. 235 f. の叙述を参照。

6　例えば、Georg Wilhelm Friedrich Hegel, Grundlinien der Philosophie des Rechts oder Naturrecht und Staatswissenschaft im Grundrisse (in: Werke in 20 Bänden, hrsgg. von Eva Moldenhauer und Karl Markus Michel, 1986, Band 7), S. 190（§ 99 Zusatz ＝ 藤野渉・赤沢正敏訳『ヘーゲル法の哲学 I』［2001年］274頁以下）における犬に向かって杖を振り上げて脅かすのと同じではないかとの批判を想起せよ。ヘーゲルは、このような脅かしによる刑罰の根拠づけは、人間を自由な存在として扱うものではないと批判していた。但し、例えば Heinz Koriath, Zum Streit um die positive Generalprävention - Eine Skizze, in: Henning Radtke u. a. (Hrsg.), Muss Strafe sein?, 2004, S. 65 ff., 70 のように、消極的一般予防論を肯定的に評価する見解もある。

7　例えば、Michael Pawlik, Person, Subjekt, Bürger. Zur Legitimation von Strafe, 2004, S. 21; ders., Kritik der präventionstheoretischen Strafbegründungen, in: Klaus Rogall u. a. (Hrsg.), Festschrift für Hans - Joachim Rudolphi zum 70. Geburtstag, 2004, S. 214 は、予防刑論からすれば刑罰システムは技術的な最適化の問題に狭められてしまうことになるとして、同理論を批判している。

8　つまり、予防刑論のロジックからすると、刑量を規定する基準は、想定される予防効果の達成に相応しいか否かという視点からのみ得られることになり、その際に、犯罪、言い換えれば、不法と責任の量が刑量の規定根拠として考慮されることはないのである。Hassemer, Darf der strafende Staat Verurteilte bessern wollen?（前掲注 5 ）S. 226 f. 参照。ハッセマーも、このよう

そもそも、刑罰が犯罪に対する反作用としての制裁である限り、その刑罰の前提にある、つまり、反作用の根拠である犯罪との関係性を等閑視したまま刑罰制度の正当化を論じることは許されないはずである。しかし、予防刑論は、刑罰の効果に着目するばかりであり、このような刑罰の正当化問題に不可欠であるはずの刑罰と犯罪の関係性を配慮する契機を理論上有していない。刑罰の正当化根拠を現実の社会における犯罪予防効果にだけ見出す予防刑論からすると、犯罪行為そのものは、確かに、刑罰賦課の前提とされるかもしれないが、それ自体としてはあくまで単に事実上の前提とされるに留まるだけであり、刑罰賦課の法的な根拠とは決して見なされないのである[9]。

まさにこれこそが、予防刑論に見られる理論上の最大の弱点である。そこで、例えばロクシンのように、応報思想の根幹にある責任主義の観点を刑量に対する外在的な制限枠として持ち込み、犯罪の大きさに見合った刑罰の量を維持しようとする論者もいるわけである[10]。しかし、このような立場は、予防刑論を出発点としながら、本来否定されるべきはずの応報の観点を便宜的に持ち込むものであり、統一的な視点から理論的に説明のつくものではない[11]。そこで、そもそも応報の観点に、便宜的な形で刑罰の量を制限する消極的な機能だけを認めるのでは

な予防刑論のロジックは法治国家的に耐え難いものであるとし、応報刑論に基づく罪刑均衡性を積極的一般予防論に結び付ける形で援用している（S. 227 Fn. 35, S. 239 参照）。

9 特に、Heiko H. Lesch, Zur Einführung in das Strafrecht: Über den Sinn und Zweck staatlichen Strafens (2. Teil), JA 1994, S. 596 を参照。いうなれば、予防刑論が刑罰を正当化する際に着目する犯罪予防目的とは、あくまで規範システムの外に在る、現実の社会への影響力だけを念頭に置くものであり、その際、規範システムの内に在る規範侵害としての犯罪行為そのものは等閑視されてしまうのである。これについては、Pawlik, Person, Subjekt, Bürger（前掲注7）S. 12 f. を参照。そもそも一般予防目的であれ、特別予防目的であれ、刑罰の効果を考慮する場面においても、科刑の対象はあくまで犯罪を惹き起こした者なのであるから、そのような科刑の対象者が犯罪を発生させたことがまずは前提とされなければならない。つまり、このような「応報の論理」は、予防刑論の立場からも否定できないものである。

10 Roxin, AT（前掲注2）§ 3 Rn. 51. ff. また、拙稿「法概念としての刑罰」法学政治学論究（慶應義塾大学）54号（2002年）73頁以下注（6）で挙げられている文献も参照。

11 ロクシンの見解に対する最近の批判としては、例えば、Michael Pawlik, »Der Täter ist um der Gemeinschaft willen verpflichtet, die Strafe auf sich zu nehmen« Überlegungen zur Strafbegründung im Anschluss an Claus Roxin, GA 2006, S. 345 ff. を参照。また、Lesch, Über den Sinn und Zweck staatlichen Strafens (2. Teil)（前掲注9）S. 595 も見よ。再社会化という積極的特別予防効果に関するものであるが、Hassemer, Darf der strafende Staat Verurteilte bessern wollen?（前掲注5）S. 237 も、予防目的に罪刑均衡性という外在的な制限を課すことは理論的には不整合なものであることを認めている。

なく、応報思想の内容そのものを見直すことを通じて、刑罰の正当化を積極的に担う役割を認めるべきではないかという主張[12]が、ドイツにおいてはなされるようになっている。

更に最近では、威嚇予防に比べてポジティブな意味合いがあるとされ、比較的好意的に受け取られてきた積極的一般予防や再社会化を念頭に置く積極的特別予防を重視することに対しても批判の目が向けられるようになっている。積極的一般予防とは、犯罪者の処罰を通じて、社会にいる一般人の規範意識乃至は規範への信頼を覚醒・強化させる、いわば社会教育的なものであると一般的に理解されている。しかし、最近では、このような内容の積極的一般予防とは、実は威嚇が説得の形に姿を変えただけであって、犯罪者の処罰を通じて一般人に対して犯罪に出ないように感銘を与えるという介入的なモメントはいまだあり[13]、一般人の規範への信頼を高めるために当該犯罪者を処罰する、つまり、当該犯罪者を社会教育という目的のための単なる手段として扱う点において、実は威嚇予防と変わらないものであるとの批判がなされている[14]。また、仮に、積極的一般予防にお

---

12 Pawlik, Person, Subjekt, Bürger（前掲注7）S. 45 ff.; ders., Kritik der präventionstheoretischen Strafbegründungen（前掲注7）S. 215 を参照。

13 Winfried Hassemer, Variationen der positiven Generalprävention, in: ders., Strafen im Rechtsstaat, 2000, S. 214 を参照。ハッセマーは（S. 214 ff.)、刑法各則の禁止・命令規範に対する信頼の覚醒のみを念頭に置く積極的一般予防のバリエーションを「統合予防」と呼び、その実体は威嚇予防と変わらないと批判する。そして、このような統合予防とは異なり、刑法各則の行為規範だけではなく、刑法総則の諸規範、刑法上重要な法治国家的な諸原則（例えば、罪刑均衡性の原則、責任主義、無罪推定の法理その他）をも刑罰を通じて一般人に伝達するような刑罰論、換言すれば、犯罪者を人権保障の配慮の下で法治国家的に取り扱うという法文化としてのあるべき姿を示すような刑罰論こそが真の積極的一般予防論であるとする。確かに、このような形で積極的一般予防論を構成する方が、一般市民の賛同を得やすく、結果として法秩序への信頼の維持・強化という目指すべき刑罰の効果も達成しやすいものになるかもしれない。しかし、犯罪者の処罰を通じて一般人への社会教育効果が目指される場合、いくらそこで犯罪者に対する法治国家的な取り扱いが要請されたとしても、そのような取り扱いは、ハッセマーの見解において専ら一般人を納得させるためのものでしかなく、当該犯罪者は、やはりいまだ目的を達成するための単なる手段としてのみ扱われてしまう危険性があるように思われる。ハッセマーの見解については、松宮孝明『刑事立法と犯罪体系』(2003年) 20頁以下も参照。

14 つまり、犯罪者は、処罰を通じて法秩序への信頼の維持・強化という目的達成のための単なる手段・客体とされてしまい、その法における主体性が等閑視されてしまうのではないかというカント的な批判である。これについては、特に、Michael Köhler, Über den Zusammenhang von Strafrechtsbegründung und Strafzumessung, 1983, S. 40 ff.; ders., Strafrecht Allgemeiner Teil, 1997, S. 44 ff. を参照。周知の如く、カントは、刑罰が市民社会の善を促進させるための手段にすぎない場合、犯罪者は物権の対象と混同されてしまうと批判していた。Immanuel Kant, Die Metaphysik der Sitten, A 197/B 227（＝樽井正義・池尾恭一訳「人倫の形而上学」［岩波書店版カ

ける犯罪者の処罰を通じた規範意識の覚醒・強化を、刑罰が追求すべき効果ではなく、事実上一般人がそのような刑罰の行使を受け入れ、法秩序への信頼を自発的に滋養するということを意味するだけのものとして捉えたとしても、それでは、もはや刑罰のあるべき姿を示す規範的な正当化の論拠を提供することにはならず、社会における事実上の刑罰の機能を単に外部の視点から記述しているにすぎないことになるとの指摘もなされている[15]。

そして、積極的特別予防に対しては、犯罪者の社会復帰を助けるという人道主義的な意味合いが強調され、ポジティブに評価されることも多いが、そもそも強制的な刑罰の効果として再社会化の働きかけが要請されるという、受刑者の拒絶を許さない強制のモメントと結び付くものがそこにはあるはずであり、犯罪者個人の利益ではなく、むしろ犯罪者を改善させて社会復帰後は犯罪を行わないような人間に変えるという社会の側の公の利益を考慮するものであることを否定できないのではないかとの疑問が提起されている[16]。

ント全集11、2002年〕178頁）参照。以下では、本書をMdSと略すことにする。また、カントの著作については、ヴァイシェーデル版（Werke in 12 Bänden, hrsg. von Wilhelm Weischedel, 1968）を定本とした。

[15] 特に、Pawlik, Person, Subjekt, Bürger（前掲注7）S. 40 ff. を参照。但し、このような規範意識乃至は規範への信頼の覚醒・強化を刑罰の「事実上の効果」として捉えること自体は、後に述べるように正当なものである。

[16] つまり、積極的特別予防においても、犯罪者の処罰は、あくまで社会の側の利益を達成するための手段でしかなく、その意味で犯罪者は目的のための単なる手段とされてしまう虞があるわけである。例えば、Lesch, Über den Sinn und Zweck staatlichen Strafens (2. Teil)（前掲注9）S. 593 f. は、再社会化の働きかけにおいて、犯罪者は自由な人格ではなく、社会の多数派にとって好ましい生活の形態を強制される対象としてしか取り扱われず、そのような強制の達成のために国家による干渉の最大化を要請することになる再社会化の理念は、リベラルな伝統に基づくものではないとする。また、Pawlik, Person, Subjekt, Bürger（前掲注7）S. 29 ff.; ders., Kritik der präventionstheoretischen Strafbegründungen（前掲注7）S. 219 ff. は、犯罪者の処罰を通じて社会の一般人に働きかけて犯罪の減少を図るという社会の側の利益を強調する威嚇予防と比べて、実は働きかける対象が社会の一般人ではなく犯罪者本人になっただけであり、社会の側の利益に着目する点で、積極的特別予防の実体は威嚇予防と変わるものではなく、あくまで社会政策的に有用な戦略を配慮したものでしかないとする。そもそも、積極的特別予防の擁護者も社会の側の利益がそこにあることを認めている（例えば、Dieter Dölling, Zur spezialpräventiven Aufgabe des Strafrechts, in: ders. (Hrsg.), Jus humanum. Grundlagen des Rechts und Strafrecht. Festschrift für Ernst-Joachim Lampe zum 70. Geburtstag, 2003, S. 607 f.）。社会の側の利益の過度の強調から、犯罪者個人の利益を守るためには、応報刑論の根幹にある罪刑均衡性の枠内で再社会化を追求するしかないが、そのような制限枠は、予防刑論の出発点からするとあくまで外在的な便宜上のものに留まらざるを得ないことになる。また、再社会化の効果を刑罰の目的とする場合において、再社会化のための働きかけの際に受刑者側の任意性を前提とすべきか否かという問

以上のような予防刑論に対する反省が強まっている状況下において、応報刑論の再評価に目が向けられるようになったことは十分理解できるが、ただ同時に、応報刑論のルネサンスを積極的に主張するためには、同理論に対して従来なされてきた否定的評価を払拭するだけの、新たな視点からの理論的な再構成が必要になるはずである。そこで、最近のドイツにおいて主張されるようになった応報刑論の多くは、かつての応報思想を見直し、もはや抽象的な正義の実現などではなく、むしろ個人の自律性や自由の保障の達成を刑罰の目的としながら、従来の予防刑論の観点をも一定の範囲で理論的に取り込もうとしているのである。

 以下の叙述は、このようにして登場したドイツにおける最近の応報刑論の特徴を明らかにし、そこでいまだ十分には解明されていないと思われるいくつかの問題点について検討を試みるものである。

第2節　ドイツにおける応報刑論の動向

1　フォン・ヒルシュ（ハーシュ）とヘルンレの応報刑論

 まず最初に挙げるべきなのが、応報思想を人間社会の道徳に関する集合的確信に合致するものとして捉えるフォン・ヒルシュとヘルンレの見解である[17]。彼らは、ストローソンからの影響を受けながら、法的に是認されない行為に対して非難(Tadel)を伴って科されるような制裁、つまり、非難に見合った応報刑こそが道徳的に正当なものであると主張する[18]。彼らからすると、人が自由で道徳的な自己決定をなし得る人格(Person)として承認されるためには、その人が他者に対して害を加えた場合、非是認(Missbilligung)の判断を伝達されること、つまり、非難を受けることが、それと当然に結び付かなければならない。従って、犯罪者の是認されない行為に対して、非難を向けることなく、威嚇や改善で対応するこ

　　　題については後に言及する。
[17]　以下については特に、Pawlik, Person, Subjekt, Bürger（前掲注7）S. 48 ff. 参照。また、鈴木晃「非難と制裁－アンドリュー・フォン・ヒルシュの見解を中心として－」社会科学研究19巻1号（1998年）119頁以下、同「量刑と非難」社会科学研究20巻1号（2000年）41頁以下、小池信太郎「量刑における犯行均衡原理と予防的考慮(1)」慶應法学6号（2006年）69頁以下も参照。
[18]　特に、Andrew von Hirsch, Positive Generalprävention und Tadel（zusammen mit Tatjana Hörnle), in : ders., Fairness, Verbrechen und Strafe : Strafrechtstheoretische Abhandlungen, 2005, S. 29 ff. ; ders., Begründung und Bestimmung tatproportionaler Strafen, in : Wolfgang Frisch u. a. (Hrsg.), Tatproportionalität, 2003, S. 52 ff. 参照。

とは、猛獣に対する取り扱いと同じことになってしまい、道徳的な能力を有する存在である人格に対する制裁としては許されないことになる[19]。

このように、フォン・ヒルシュとヘルンレからすると、刑罰は、犯罪者を自由な人格として見なすという道徳的な立場を根拠とした、非難としての「非是認の判断表明」ということになるが、ただ、このような説明だけでは、何故刑罰が口頭による単なる「有罪の宣告」だけにつきず、実際上、執行され、場合によっては受刑者に害悪・苦痛を与えること(hard treatment)になるのかについて説明ができないことになる。そこで、フォン・ヒルシュは、刑罰には非難の機能と並んで、二次的に(威嚇)予防的な機能があり、これを果たすために刑罰は害悪の賦課を通じて非是認の判断表明を行わなければならないと主張する[20]。また、ヘルンレは、フォン・ヒルシュの考えに基本的に賛同しながらも、害悪の賦課の根拠づけを刑罰の(威嚇)予防の機能に依拠させることは、あくまで相対的に軽微な一定の犯罪類型に妥当するものでしかなく、殺人や性犯罪のような予防に対して耐性がある(präventionsresistent)犯罪類型には当てはまらないと主張する[21]。そして、ヘルンレは、このような犯罪類型に関する害悪賦課の根拠づけを社会文化的な慣習に基づかせている。つまり、一定の価値判断を真摯なものとするために、それを目に見える形で補完することは、我々の社会文化的なコンテクストにおいて慣習となっているのであり、それが刑罰の表現的な機能(expressive Funktion)、つまり、非難としての非是認の判断表明にも当てはまるというのである。従って、ヘルンレによれば、一定の重大な犯罪類型に対して、刑罰は具体的に執行され、しかも害悪の賦課と結合しなければならないが、あくまで社会文化的な慣習こそがその根拠ということになり、それを無視してしまうと、刑罰の表現的な機能もうまく働かなくなるというのである[22]。

---

19 von Hirsch, Positive Generalprävention und Tadel（前掲注18）S. 31 ; ders., Begründung und Bestimmung tatproportionaler Strafen（前掲注18）S. 54 参照。

20 特に、von Hirsch, Begründung und Bestimmung tatproportionaler Strafen（前掲注18）S. 54 ff. 参照。フォン・ヒルシュは、あくまで非難の機能が中心的な役割を果たすのであり、威嚇による予防的な機能は、非難の機能の枠内でのみ作用すると主張している（S. 57）。しかし、フォン・ヒルシュは、刑法上の制裁である刑罰と他の領域の制裁を区別するメルクマールとして刑罰の予防的側面を挙げており（S. 55 参照）、彼の理論においては、むしろ予防的機能（とそれに基づく害悪の賦課）こそが、刑罰の構成的な要素になるはずである。では、何故そのような刑罰についてむしろ構成的である（本質的な）要素が、非難の機能の制約下に服することになるのであろうか。フォン・ヒルシュは、この点を十分には根拠づけていないように思われる。

21 Tatjana Hörnle, Tatproportionale Strafzumessung, 1999, S. 121 ff. 参照。

以上のように、フォン・ヒルシュとヘルンレは応報刑論の正当性を根拠づけようとしているが、その論拠は、やはり一定の道徳的な立場に関する、人間社会の集合的な確信に基づくものでしかない。つまり、あくまで集合的な確信（慣習）という経験的な事実上の論拠から、人間社会においては非難としての非是認の判断表明の伝達こそが、自由な人格に対する刑罰としての名に値すると主張するものでしかなく、確かに、応報刑論の正当性を人間の自由を保障する立場に関連づけようとはしているものの、それを規範的に根拠づけたとはいい難いのである。また、刑罰における害悪賦課の根拠づけに関して見られたように、フォン・ヒルシュとヘルンレは、刑罰が有する予防の機能乃至は社会的な慣習というものを、その正当性を論証することなく、害悪賦課の根拠づけのための論拠としてしまっている。やはり、この点からも、彼らの立場は刑罰の規範的な正当化理論としては不十分なものであると思われるのである。
　次に、より規範的に、刑罰の役割を「規範妥当の回復」と捉えながら応報刑論の根拠づけを試みる立場を見てみよう。

2　ヴォルフ学派の規範的な応報刑論

　ヴォルフ学派の応報刑論とは、エルンスト・アマデウス・ヴォルフとその弟子達（ケーラー、ツァツィック、カーロ、クレシェヴスキー等）によって主張されている見解であり、各人の間に重点の置き所の相違はあるものの、基本的にカント、フィヒテ、ヘーゲルに代表されるドイツ観念論法哲学の立場に依拠しながら、人間の自由・自律性の保障を（刑）法の課題として捉え、それに基づいて応報刑論の現代的な再評価を行っている学派である。彼らの刑罰論に関する主張をまとめると、以下のようになる[23]。各人が現実の社会において自己の自由を享受するた

22　Hörnle, Tatproportionale Strafzumessung（前掲注21）S. 123 f.; dies., Die Rolle des Opfers in der Straftheorie und im materiellen Strafrecht, JZ 2006, S. 956 参照。

23　以下については、Ernst Amadeus Wolff, Das neuere Verständnis von Generalprävention und seine Tauglichkeit für eine Antwort auf Kriminalität, ZStW Bd. 97, 1985, S. 786 ff.（＝飯島暢・川口浩一監訳・中村悠人訳「一般予防についての最近の理解と犯罪への応答に関するその適格性（１）、（２・完）」関西大学法学論集62巻3号［2012年］413頁以下、同62巻6号［2013年］326頁以下）; ders., Die Abgrenzung von Kriminalunrecht zu anderen Unrechtsformen, in: Winfried Hassemer (Hrsg.), Strafrechtspolitik, 1987, S. 162 ff., 185 ff.; Köhler, Über den Zusammenhang von Strafrechtsbegründung und Strafzumessung（前掲注14）S. 11 ff.; ders., Der Begriff der Strafe, 1986, S. 44 ff.; ders., Strafbegründung im konkreten Rechtsverhältnis, in: Wilfried Küper u. a. (Hrsg.), Festschrift für Karl Lackner zum 70. Geburtstag am 18. Februar 1987, 1987, S. 11 ff.; ders.,

めには、まず他者との間で相互的に相手を自由な人格として認め合う相互承認関係を形成し、互いの自由な領域というものを尊重し合わなければならない[24]。そして、この相互的な承認関係は、いわゆる社会契約を通じて国家の段階へと拡張され、国家的な法秩序において規範的に普遍的な効力を保障されることになる[25]。犯罪とは、他者の自由な領域の侵害を通じた相互的な承認関係の破壊であり、同時にその関係を保障している法秩序の規範の効力の否定でもある。刑罰は、このように犯罪によって侵害・否定された、相互承認関係を普遍的に保障している法秩序の規範の効力を回復（この回復は、被害者を含む各人に認められる自由

AT（前掲注14）S. 37 ff.; Rainer Zaczyk, Staat und Strafe – Bemerkungen zum sogenannten „Inselbeispiel" in Kants Metaphysik der Sitten, in: Götz Landwehr (Hrsg.), Freiheit, Gleichheit, Selbständigkeit, 1999, S. 73 ff.; ders., Sieben Thesen zur Begründung von Strafe, in: Peter Siller u. a. (Hrsg.), Rechtsphilosophische Kontroversen der Gegenwart, 1999, S. 139 f.; ders., Zur Begründung der Gerechtigkeit menschlichen Strafens, in: Jörg Arnold u. a. (Hrsg.), Menschengerechtes Strafrecht. Festschrift für Albin Eser zum 70. Geburtstag, 2005, S. 207 ff.（＝拙訳「人間的な刑罰における正義の根拠付けについて」香川法学25巻1・2号［2005年］113頁以下); Michael Kahlo, Die Handlungsform der Unterlassung als Kriminaldelikt, 2001, S. 176 ff., 224 ff.; Diethelm Klesczewski, Die Rolle der Strafe in Hegels Theorie der bürgerlichen Gesellschaft, 1991, S. 232 ff. 参照。また、拙稿「法概念としての刑罰」（前掲注10）55頁以下も参照。

24 承認の対象となるのは、現実の世界において他者が自由な存在であり、その者には独自の自由の領域が認められているということである。つまり、ここでは現実の実体化された自由に関する相互的な関係性が問題となる。また、承認するということは、単に口頭で「他者を自由な存在として承認する」と宣言するだけでは足りず、実際に他者をそのような存在として外的な活動を通じて取り扱うことが必要となる。

25 Pawlik, Person, Subjekt, Bürger（前掲注7）S. 71, 73 f. は、ヴォルフとケーラーの見解を検討し、彼らが、刑罰によって回復されるべき法秩序の中核を犯罪者と被害者の二者間の関係として捉えていると批判する。何故なら、パヴリクにしてみれば、刑罰はあくまで個々の被害者の損害回復のためではなく、法秩序全体の回復のために科されるはずだからである。確かに、ヴォルフ学派の理論においては、人格二者間の相互承認関係が法の根拠づけの出発点とされているが、それは社会契約を通じて、国家段階という普遍的な法秩序へと拡張されているのであり、犯罪は、具体的な被害者の自由の侵害であると同時にその自由を普遍的に保障する法秩序の規範の効力侵害（否定）を含意するものとして捉えられている。つまり、ヴォルフ学派からすれば、刑罰によって回復されるのは、常に、法秩序の規範の効力それ自体とそれによって保障されている被害者の自由なのである（勿論、以上は具体的な被害者を想定できる個人的法益に対する犯罪に関する場合であり、社会的法益、国家的法益に対する犯罪については一定の修正が必要となる。詳しくは、特に Rainer Zaczyk, Das Unrecht der versuchten Tat, 1989, S. 198 ff. 参照)。そもそも、法秩序を個々の人格から構成されているものとして捉える限り、法秩序の回復を個々の人格の側面から切り離して論じることはできないはずである。故に、ヴォルフ学派の見解に正当な視点が含まれていることは否定できないと思われる。ヤコブス学派に属するパヴリクの問題意識は、刑罰を通じた法秩序の回復を論じる際に、法秩序そのものを重視すべきか、それとも法秩序を構成している個々の人格同士の関係性に重点を置くべきかという考え方の相違に基づくものであるが、ここにヤコブス学派とヴォルフ学派の間にある一つの隔たりを見て取ることができる。

の領域の保障の回復でもある）するために犯罪者に対して科されるものであり、その程度は、犯罪を通じて惹き起こされた「被害者の自由の領域の侵害の程度」並びに「法秩序における規範の普遍的な効力の否定の程度」に価値的に相応したものでなければならない。そして、刑罰は普遍的に保障されている他者の自由を侵害し、不当に自己の自由を拡張してしまった犯罪者に対する「自由の制限」という形で現れる[26]、つまり、執行されるものである。

　このように、ヴォルフ学派の理解における刑罰とは、犯罪の程度に価値的に相応する「自由の制限」としての応報刑であり、それは自由を保障する法秩序の普遍的な規範の効力を回復するために科されるものである。つまり、規範の効力の回復を念頭に置いた規範的な応報刑論である。刑罰を通じて、自由を普遍的に保障する法秩序の規範の効力が回復されれば、その結果として、各人に認められる外的な自由の領域も再び保障されることになる。また、ヴォルフ学派においては、犯罪者も犯罪を行う以前は法秩序の構成者の一人として理性的で自由な人格であったことが、刑罰を法概念として根拠づける上での前提とされるため、刑罰の執行の際にも犯罪者の（生得的な）人格性が配慮され、受刑者を予防目的達成のための単なる手段、道具としてしまうことは退けられることになる。

　確かに、ヴォルフ学派も、フォン・ヒルシュやヘルンレと同様に、犯罪者を含む全ての人間を自律的な人格と見なす立場に依拠している。しかし、それは単なる事実上の社会文化的な確信に基づくものではなく、正しい法（刑法も法の一つである）を構想する際に前提とされるべき、経験的な根拠から離れて形而上学的に基礎づけられた、人間存在に対する一つの哲学的な立場である。即ち、ヴォルフ学派における法の根拠づけは、人間の自由・自律性を出発点としているが、それは歴史的・文化的に規定された経験的な諸根拠とは無関係に妥当するものである。しかし、だからといって、ヴォルフ学派における法の根拠づけ（刑法の根拠づけ、つまり、刑罰論をも含む）が現実社会から遊離したものであると結論づけるのは、早計である。ヴォルフ学派においては、あくまで普遍的な法の根拠づけを

26　例えば、Zaczyk, Staat und Strafe（前掲注23）S. 85; ders., Zur Begründung der Gerechtigkeit menschlichen Strafens（前掲注23）S. 216 f.（邦訳123頁）は、刑罰概念の内容を人格に保障される法的地位の低下（Minderung）として捉えている。ヴォルフ学派の立場からすれば、各人格には法秩序において自由が法的に保障されているのであるから、ここでの法的地位とは自由が保障されている地位のことをさす。つまり、法的地位の低下とは、自由の制限に他ならないことになる。これについては、拙稿「法概念としての刑罰」（前掲注10）65頁以下も参照。

行うために、その本性としては不安定なものである歴史的・文化的な要因から影響を受けない形而上学的な立場が前提とされているのであり、そのようにして根拠づけられる法は、現実の社会における実定法秩序に対して、いわばあるべき法としての正当化基準を提供するものである。言い換えれば、形而上学的に根拠づけられる法とは、それだけで完結するものではなく、現実の実定法秩序に対して正当化基準として適用されることが常に想定されているのであり、その内容も、決して現実社会から遊離した空理空論などではなく、現実的な妥当性を示し得るものであることを前提にして構想されているのである[27]。

3 ヤコブス学派の規範的な応報刑論

ヤコブスは、我が国において、いわゆる積極的一般予防論の主張者として一般的に理解されているかもしれない。確かに、彼の刑法総論教科書(第二版)においては、刑罰は全ての人間に対して向けられる「規範承認(Normanerkennung)」の習熟(Einübung)という効果のために科されるとされ、刑罰の社会教育的な効果が重視されていた[28]。しかし、現在のヤコブスは、既にこのような見解を心理主義的すぎるとして後退させ[29]、刑罰の意義を犯罪者による規範の効力の否定に対する異議申し立て(Widerspruch)として理解する一種の応報刑論を主張している。以下では、彼の現在の刑罰論の内容を、主としてヘーゲルの刑罰論から多大な影響を受けている、論稿「応報の目的」[30]並びに著書『国家刑罰―その意義と目的―』[31]を中心にしながら見てみよう。

---

[27] これについては、Rainer Zaczyk, Über Begründung im Recht, in: ders. u. a. (Hrsg.), Festschrift für E. A. Wolff zum 70. Geburtstag am 1. 10. 1998, 1998, S. 521 ff. 参照。この論稿においてツァツィックは、単に経験に基づくだけの法の理論は頭脳を欠くものであるが、純粋な原理からのみ成り立つ法は手足を欠いている (S. 523) と述べている。また、彼はその後の業績である ders., „Fiat iustitia, pereat mundus" – Zu Kants Übersetzung der Sentenz, in: Maximilian Wallerath (Hrsg.), Fiat iustitia. Recht als Aufgabe der Vernunft. Festschrift für Peter Krause zum 70. Geburtstag, 2006, S. 660 ff. においても、法が全ての人間に自由を保障することを念頭に置きながら現実の世界を形成する原理であることを強調している。

[28] Günther Jakobs, Strafrecht Allgemeiner Teil, Studienausgabe, 2. Aufl. 1993, 1/15. また、ders., Über die Behandlung von Wollensfehlern und von Wissensfehlern, ZStW Bd. 101, 1989, S. 517 も参照。

[29] Günther Jakobs, Zur gegenwärtigen Straftheorie, in: Klaus-M. Kodalle (Hrsg.), Strafe muss sein! Muss Strafe sein?, 1998, S. 39 参照。

[30] Günther Jakobs, Der Zweck der Vergeltung. Eine Untersuchung anhand der Straftheorie Hegels, in: Kotsalis (Hrsg.), Festschrift für Nikolaos K. Androulakis, Athen 2003, S. 251 ff.

ヤコブスの法秩序モデルにおいては、自己の利益状態に関心を置き、快苦の枠組み（Schema）に基づいて活動する個人（Individuum）が、法規範に従う義務を社会における役割として受け入れることによって、法秩序の構成員である市民、即ち、権利と義務の担い手である自由な人格（Person）となる[32]。犯罪者とは、この人格でありながら法規範の効力を無視して、独自の法則（行動基準）から自己の行為を規定し、犯罪を実行してしまう者である。ここで、いわば犯罪は「法規範は自分には妥当しない」という犯罪者の主張として捉えることができ、このような犯罪をそのまま放置しておくと、法規範の効力が不安定になってしまう[33]。そこで、法秩序は、法規範の効力がいまだ妥当し、一般市民は法規範にだけ従って自己の行動を方向づけることができ、犯罪者の法則はそのような接続可能性（Anschlussfähigkeit）が欠けたそれ自体で無効なものであることを、刑罰という反作用によって明示しなければならないとヤコブスは主張するのである[34]。

　ヤコブスは、このような論理をヘーゲルの『法の哲学』の§97から§99にかけての叙述を参考にしながら展開し、ヘーゲルのいう法の回復（Wiederherstellung des Rechts）を目指す応報刑は、法の概念の論理からの帰結であるとしている[35]。

31　Günther Jakobs, Staatliche Strafe: Bedeutung und Zweck, 2004（＝飯島暢・川口浩一訳『国家刑罰－その意義と目的－』〔2013年〕）。
32　特に、Günther Jakobs, Norm, Person, Gesellschaft. Vorüberlegungen zu einer Rechtsphilosophie, 2. Aufl. 1999, S. 29 ff.; ders., Individuum und Person, ZStW Bd. 117, 2005, S. 255 ff. 参照。また、ders., Strafbegründung und positive Generalprävention, in: Peter Siller u. a.(Hrsg.), Rechtsphilosophische Kontroversen der Gegenwart, 1999, S. 136 f. も見よ。ヤコブスの見解において法秩序を構成するのは人格（Person）としての人間である。しかし、同時にその個人（Individuum）の側面も法秩序の規範の効力に関して間接的ではあるが重要な役割を果たしている。
33　ここで、法規範の効力が不安定になるということは、法秩序の他の構成員達にとって今後も法の法則を妥当する行動基準として扱い、それに自己の活動を方向づけてよいか否かが不明確になってしまうことを意味するものである。特に、Jakobs, Der Zweck der Vergeltung（前掲注30）S. 264 参照。
34　Jakobs, Staatliche Strafe（前掲注31）S. 24 ff.（邦訳33頁以下）参照。ここでは、犯罪と刑罰はそのコミュニケーション的な意義において捉えられ、いわば両者の関係は、対話または二つの世界観の衝突として描き出されることになる。そして、刑罰によって、犯罪という犯罪者の主張は退けられ、社会の他の構成員に対して、法規範は行為を方向づける基準として今後も妥当するということが明示されることになる。また、Lesch, Über den Sinn und Zweck staatlichen Strafens (2. Teil)（前掲注9）S. 598 も見よ。
35　Jakobs, Der Zweck der Vergeltung（前掲注30）S. 263. 刑罰の意義を規範の効力の確証として規定するヤコブスの見解は、ヘーゲルの法哲学のいわゆる抽象法の段階における犯罪と刑罰の捉え方から影響を受けたものであるが、同時にルーマンの規範的予期と認知的予期を区別する考えからの影響もあること（S. 264 f.）を明記しておかなければならない。認知的予期の違背に対する

このように、ヤコブスは刑罰の意義を犯罪者による規範妥当の否認に対する異議申し立てであると理解し、それを通じて、犯罪者によって答責的に発生させられた規範の効力の危殆化を相殺し、一般市民に対する方向づけの模範としての規範の効力を維持・確証することが刑罰の任務であるとする。そして、規範の効力・妥当性が維持されることを通じて、個々の市民が規範への信頼や法に対する忠誠的な心情を強化することは望ましい結果ではあるが、それは単なる派生物（Derivate）[36]でしかないとし、かつて重視していた規範承認の習熟という社会教育的な刑罰効果の意義を後退させるのである。

以上のように、ヤコブスは規範の効力の維持を刑罰の任務として捉えるが、更にここから重要な帰結を導き出す。ヤコブスは、法の規範的効力はその社会的な効力に依拠するというアレクシーの見解[37]から特に影響を受け、法秩序における規範が、犯罪者によって惹き起こされた危殆化を相殺させ、市民に対する方向づけの効力を現実的に維持するためには、刑罰によって、その妥当性が規範的に確証されるだけではなく、認知的な補強（kognitive Untermauerung）がなされなければならないと主張する[38]。つまり、刑罰による反作用は、犯罪者の独自の法則は

　　場合とは異なり、例えば、人格は法的に振舞うべきという規範的予期の違背に対しては、規範の安定性を維持するために、そのような規範に対する期待が誤っていたのではなく、あくまで違背した者の過ちによって期待が破られただけであるとして、その規範がいまだ行動基準として信頼に値するものであることを明示する必要がある。犯罪に対する刑罰の意義とはこのようなものに他ならない。ルーマンの見解については、Niklas Luhmann, Rechtssoziologie 1, 1972, S. 40 ff.、53 ff. 参照。また、ヤコブスによれば、人格によるコミュニケーションにおいてのみ規範的予期が問題となる。認知的なものである道具的コミュニケーションと権利と義務の関係によって構造化される人格的コミュニケーションとの関係については、Günther Jakobs, Das Strafrecht zwischen Funktionalismus und „alteuropäischem" Prinzipiendenken, ZStW Bd. 107, 1995, S. 867 ff.（＝松宮孝明・金尚均訳「機能主義と古きヨーロッパの原則思考の狭間に立つ刑法・はたまた『古きヨーロッパ』刑法との決別か？」立命館法学247号［1996年］452頁以下）参照。

36　Jakobs, Zur gegenwärtigen Straftheorie（前掲注29）S. 39.
37　アレクシーの見解については、Robert Alexy, Begriff und Geltung des Rechts, 2002, S. 139 ff. 参照。アレクシーは、法秩序全体としての法の効力の有効性については、内容的な正当性よりもその社会的な実効性（Wirksamkeit）の方が決定的に重要であるとし、法秩序に属する個々の規範の効力も、その規範が極端に不法な内容を有しない限りは（故に、多少不法な内容であっても良い）、それが属する法秩序が社会的な実効性の観点から有効なものであることを根拠として、有効なものになると主張している。つまり、法秩序全体、そして個々の規範の双方の効力の有効性に関して社会的な実効性が重視されているわけであるが、このような考えがヤコブスの見解に影響を与えているのである。
38　Jakobs, Staatliche Strafe（前掲注31）S. 28 ff.（邦訳40頁以下）参照。この認知的な補強（kognitive Untermauerung）は、ヘーゲルの法哲学における道徳（Moralität）の段階に位置づけ

社会のコミュニケーションにおいて接続不可能であり、法の効力こそが妥当し続けると単に宣言するだけでは足りず、現実に一般人が認知的に納得する形で犯罪者からコミュニケーションの手段が剥奪され、更には、刑罰を通じた苦痛（Strafschmerz）が賦課されなければならないことになる[39]。ヤコブスによれば、例えば、殺人者は相手を殺すと宣言しただけではなく、実際に相手を殺しているのであるから、それに対して刑罰を通じて単なる異議申し立てを宣言するだけでは、規範による方向づけの効力を維持しようとする刑罰の働きも、客観化の度合いが釣り合わないために一般人から真摯なものとは受け取られず、結局のところ規範の効力は現実の社会において維持されなくなってしまうのである[40]。そして、規範の効力が現実的に維持されているといえるためには、一般人が規範の効力を真摯に信頼でき、自分は犯罪被害者になることもないと納得できる状況が刑罰を通じて生じなければならないが、その前提として、「行為者の役割において自己を方向づける者達（die sich in der Täterrolle Orientierende）」[41]に、犯罪を行ったら処罰されるという洞察または恐怖心（Angst）を生じさせて、犯罪の実行を思い止まらせなければならないとヤコブスは主張する[42]。つまり、恐怖心を与え

られるものである（S. 29 Fn. 142）。また、認知的な補強は、いわゆる敵刑法（Feindstrafrecht）論の文脈で重要な役割を果たすと思われるが、ヤコブスにおいては、既に人格に対する刑罰、つまり、市民刑法の領域でも考慮されているのである。また、川口浩一「敵に対する刑法と刑罰論」法律時報78巻3号（2006年）14頁以下も参照。敵刑法論については、拙稿「刑法における敵としての例外的な取扱い」刑法雑誌53巻1号（2013年）109頁以下を参照。

39　Jakobs, Staatliche Strafe（前掲注31）S. 29 f.（邦訳41頁以下）; ders., Individuum und Person（前掲注32）S. 261 f. 但し、ders., Der Zweck der Vergeltung（前掲注30）S. 266 では、人格としての犯罪者を現実的にコミュニケーションの名宛人から排除することが要請されているのみであり、刑罰を通じた苦痛に関する直接的な言及はない。また、ders., Zur gegenwärtigen Straftheorie（前掲注29）S. 36 では、「身体的活動の手段の剥奪」が刑罰の内容として挙げられていた。身体的活動とはまさに外的自由の行使のことを指すはずであるから、ここでは刑罰の内容として外的自由の剥奪だけが念頭に置かれていたと思われる。後に述べるように、外的自由の制限が刑罰概念を構成する要素として法的に重要なものであるとしても、苦痛の賦課という要素は、刑罰概念にとり法的には無意味なものなのではないかと思われる。

40　例えば、Jakobs, Zur gegenwärtigen Straftheorie（前掲注29）S. 36; ders., Norm, Person, Gesellschaft（前掲注32）S. 105 f.; ders., Individuum und Person（前掲注32）S. 257 f.

41　これは、犯罪者が打ち立てた法則（例えば、窃盗を禁止する規範は自分には妥当しないので他人のものを盗んでも良いとする法則）に従う者のことであろう。つまり、これから犯罪者の模倣をしようとする者、一種の模倣犯のような存在が念頭に置かれているのではないかと思われる。

42　Jakobs, Staatliche Strafe（前掲注31）S. 32 f.（邦訳44頁以下）。但し、ヤコブスは、このような消極的一般予防を間接的なものとして捉えている。つまり、あくまで刑罰の名宛人は社会における法に対して忠誠的な不特定多数の人格であるが、彼らが規範への信頼を現実的に維持するため

第2節　ドイツにおける応報刑論の動向　35

るということは威嚇を意味するのであるから、この限りで消極的一般予防が考慮されることになる。

こうして、ヤコブスは、刑罰による規範の効力の現実的な維持のためには認知的な補強が必要であり、その具体的な内容として苦痛の賦課を伴う自由の剥奪と（間接的な）消極的一般予防を挙げるが、このような理解から、規範の効力の認知的な保障こそが刑罰の目的であるとしている。まとめてみると、犯罪行為に対する反作用として異議申し立てを行うことが刑罰の意義であり、そこで犯罪者によって答責的に惹き起こされた規範の効力の危殆化・不安定化に見合った刑罰の量（苦痛賦課の量）を（場合によっては）威嚇予防をも考慮しながら定め[43]、そして実際に科すことにより、規範の効力の危殆化を相殺し、それを将来に向けて認知的に保障していくことが、刑罰の目的ということになる[44]。

以上のようなヤコブスの刑罰論が、応報刑論なのか、それともいまだ積極的一般予防論の範疇に属するものなのかが問題となる。ヤコブス自身は、刑罰によって、消極的な単なる威嚇ではなく、行動を方向づける模範としての規範の効力の維持が図られるのであるから積極的なものであり、規範への忠誠[45]の維持という目的が刑罰によって目指される[46]のであるから予防論であるとして、自己の理論

　に、当該犯罪者の影響を受けてその法則に従う者に対して恐怖心を生じさせる威嚇が刑罰の間接的な効果として要請されるのである。刑罰の主たる関心は、あくまで規範の効力（に対する信頼）の現実的な維持であり、その範囲内で消極的一般予防も間接的に考慮されるにすぎないことになる。

43　Jakobs, Staatliche Strafe（前掲注31）S. 31 f.（邦訳43頁以下）は、刑量は当該犯罪行為が社会、つまり、法秩序全体に対して有する重大性に依拠するとし、具体的に、（1）違反される規範の重要性とその違反の程度、（2）当該規範の認知的な保障の状況、（3）犯罪者の答責性という三つの基準を挙げている。

44　Jakobs, Staatliche Strafe（前掲注31）S. 29 f.（邦訳41頁以下）参照。

45　この規範への忠誠（Normtreue）の維持というものは、当該犯罪者の影響を受けて、将来模倣的に行動する潜在的犯罪者に対して問題となる。ヤコブスにおいては、規範への忠誠（Normtreue）と規範への信頼（Normvertrauen）という文言が区別されて用いられていることに注意を要する（例えば、ders., Staatliche Strafe［前掲注31］S. 33［邦訳45頁］参照）。つまり、刑罰によって一般人の規範への信頼を維持するための前提として、潜在的犯罪者における規範への忠誠の維持が問題となるのである。

46　この文脈においては、かつてのような社会教育的な効果によって人々の法に対する信頼を強化するというニュアンスは、もはやないと思われる。つまり、いま現に在る一般人の規範への信頼を犯罪前の状態のレベルで維持することしか問題にはならないのである。ヤコブス自身、犯罪前の状態のレベルを超えて、法の効力の程度を刑罰を通じて改善する必要はないと主張している（ders., Staatliche Strafe［前掲注31］S. 34［邦訳46頁］）。

はいまだ積極的一般予防論といえると主張しているが[47]、同時に、刑罰は、法の効力の危殆化を以前の状態に戻すことを目的として、答責的にそれを惹き起こした犯罪者に対して強制的に科される損害賠償（Schadensersatz）の一種であるとし、応報と予防の観点は自己の刑罰論においては合一するともいっている[48]。また、ヤコブスの弟子であるレシュは、認知的な補強については直接的には言及していないものの、ほぼ同じ内容の刑罰論を「機能的応報論（funktionale Vergeltungstheorie）」と呼んでいる[49]。こうなると、やはりヤコブスの見解も、規範の効力の回復を念頭に置いて構想された規範的な応報刑論の一種として評価できると思われる[50]。

　ヤコブスの弟子のパヴリクは、著書『人格、主体、市民・刑罰の正当化について』において、ヤコブスから影響を受けながら、相互承認関係の侵害として犯罪を捉えるヴォルフ学派の見解をヘーゲルの思想に依拠して批判的に発展させて、他者の承認要求に対する侵害である不法を人格の不法、主体の不法、市民の不法の三段階に分け、刑罰は市民の不法に対する制裁であると結論づける[51]。パヴリクによれば、各人は、現実の社会において自由を享受するために、自由を現実化させる諸条件の存続に関して共同責任を負わなければならず、それは、法秩序に対して忠誠（Loyalität）を示すという市民の役割を受け入れることによって達成されるものである[52]。何故かというと、各人が自己の生（Leben）を独自の意味づ

47　Jakobs, Staatliche Strafe（前掲注31）S. 31（邦訳43頁）参照。但し、ders., Zur gegenwärtigen Straftheorie（前掲注29）S. 39 f. も参照。

48　Jakobs, Staatliche Strafe（前掲注31）S. 33 f.（邦訳45頁以下）。また、ders., Der Zweck der Vergeltung（前掲注30）S. 266 f. 参照。

49　Lesch, Über den Sinn und Zweck staatlichen Strafens（2. Teil）（前掲注9）S. 596 ff., 598 f.

50　但し、松宮孝明「法定刑引き上げと刑罰論」法律時報78巻3号（2006年）10頁は、ヤコブスの刑罰論を、「絶対的」刑罰論との混同を回避するために「積極的一般予防論」の一つとして扱っている。また、同「刑罰目的と刑事立法」広渡清吾他編『小田中聰樹先生古稀記念論文集民主主義法学・刑事法学の展望下巻』（2005年）75頁は、積極的一般予防について、「社会の規範を安定させてその規範的アイデンティティーを維持することを『予防』と呼ぶものである」が、「この場合の『予防』は、法の否定としての犯罪を刑罰で否定するというヘーゲル流の『応報刑論』に近いものになる」として、80頁注（15）においてヤコブスの見解を参照している。なお、その後ヤコブスは、ders., System der strafrechtlichen Zurechnung, 2012, S. 15において、自己の刑罰論の名称について、「妥当維持的な一般予防」であるとしながら、これは「社会の状態と結び付き、それ故に相対的である応報」と同様のものであると主張するに至っている。

51　Pawlik, Person, Subjekt, Bürger（前掲注7）S. 20, 75 ff., 88 ff. 参照。このパヴリクの見解において、ヘーゲルの法哲学からの影響は明らかである。また、同書に対する辛辣な書評として、Norbert Hoerster, GA 2006, S. 710 ff. があるが、その内容はあまりにも皮相的な批判でしかない。

けに基づいて構想し、それを他人から邪魔されることなく実現できるためには、そもそも法的なもの（Rechtlichkeit）が普遍的に保障されている状態が前提とされなければならず、しかもその状態の維持は、法秩序に対して市民が示す忠誠に依存しているからである[53]。法秩序に対して忠誠を示すという市民の役割を引き受けた段階においては、各人は市民として、法秩序が要請する行動基準に適った形で他の市民と接しなければならず[54]、それに反するような、例えば、他人の個人的法益を侵害する行為などは、具体的な被害者に対する侵害行為というだけではなく、法秩序全体に対する市民としての忠誠義務の不履行になる。パヴリクの見解において、刑罰という制裁の対象となる市民の不法とは、以上のようなものである。つまり、犯罪として評価される市民の不法は、具体的な被害者が被った侵害だけを含意して、犯罪者と被害者の二者間だけの葛藤に留まるものではなく、法秩序全体に対する忠誠義務の不履行という意味を有しているのである。このことをヘーゲル流に表現すれば、市民の不法としての犯罪によって、まさに法は法として侵害されることになる[55]。

　そもそも、各人は市民として法秩序への忠誠を示して、つまり、法の基準に適った行動によって他者と接することにより、共同的に自由を保障する秩序の構成に参加して初めて自己の自由を安心して享受できたはずである。いわば、パヴリクの見解における法秩序への忠誠は、平和と自由を享受するための代償という

52　Pawlik, Person, Subjekt, Bürger（前掲注7）S. 82 ff. 参照。
53　Pawlik, Person, Subjekt, Bürger（前掲注7）S. 81, 83 f.
54　Pawlik, Person, Subjekt, Bürger（前掲注7）S. 90. パヴリクによれば（S. 82 f.）、市民は法秩序に対する関係において二重の地位を有することになる。つまり、まず市民は法秩序が課してくる義務の受取人（Destinatär）としての地位に立ち、法秩序が要請する法に適った行動基準に従って他の市民と接しなければならない。この場面では、まさに目の前にいる具体的な他の市民に対する義務の履行が問題となる。そして、同時に市民は、法秩序の共同の担い手（Mitträger）としての地位を有し、自由を現実に保障する法秩序の存続のためには、自分を含めた全ての市民が共同で、法秩序が課してくる義務（具体的にいえば、先の法に適った行動で他者と接する義務）を履行すべきことを認識しなければならない。この場面では、法共同体に結合している他の市民全体、つまり、法秩序全体に対する義務の履行が問題となる。以上から、ある市民が犯罪行為を行う場合には、まさに二重の意味で法秩序における市民としての義務を果たさないことになるわけである。
55　Pawlik, Person, Subjekt, Bürger（前掲注7）S. 86, 87. パヴリクは、同書 S. 86 Fn. 44 において、以上のような彼の見解はカント並びにヘーゲルの立場と一致すると述べているが、実は、ヴォルフ学派における犯罪の捉え方とも重点の置き所の相違があるだけで、結論的にはそれ程の違いはない。実際、パヴリクも同書 S. 87 Fn. 46 において、自説と類似の見解の論者の一人として、ヴォルフ学派のツァツィックの名前を挙げている。但し、前掲注25も参照。

ことになる[56]。それにもかかわらず、犯罪者は、市民の義務に反する行為である市民の不法を行って、他者の自由を侵害し、自分だけ法秩序への忠誠を示さないで不当に自由を享受してしまう存在である。そこで、刑罰こそが、不当に自由を享受している犯罪者から自由を剥奪することを通じて[57]、自由の享受と法秩序に対する忠誠的な行動をとる義務の履行が分かち難く結合していることを確証しながら、法を法として回復させるものであるとパヴリクは主張する[58]。そして、犯罪者もいまだ市民であるので、市民としての法秩序の維持に関わる義務もまだ存続しており、それは法を回復させるための受刑を甘受する義務として現れることになる[59]。つまり、市民として法秩序の基準に適った行動を通じて忠誠を示す義務（一次的な市民の義務）に違反することによって、犯罪者には受刑甘受義務という二次的な市民の義務が課せられることになる。

　以上のようなパヴリクの刑罰論は、忠誠義務の履行と自由の享受の牽連性（Konnexität）を明らかにして、自由を保障する法秩序の規範的な効力を維持・安定化させるために、市民の不法に対して、彼自身の言葉を用いれば、「応報する（vergelten）」[60]ことを目指すものであるから、まさに規範的な応報刑論であるといえよう。

4　ヴォルフ学派とヤコブス学派の相違

　以上紹介してきたヴォルフ学派とヤコブス学派双方の規範的な応報刑論の間には、法秩序の根拠づけに関して、更には、その際における規範と個々人との間の関係づけに関して大きな考え方の相違があることは否定できない[61]。ヴォルフ学派においては、基本的に個々人は生得的に自由で理性的な人格と見なされてお

56　Pawlik, Person, Subjekt, Bürger（前掲注7）S. 90. また、Jakobs, Strafbegründung und positive Generalprävention（前掲注32）S. 136 も同旨である。
57　自由の剥奪の程度、つまり、刑罰の量は市民の不法の程度に対応する。パヴリクによれば（S. 91 f.）、具体的被害者が受けた自由の侵害の程度と法秩序全体に対する非忠誠の程度の双方が市民の不法の程度を量る基準となる。また、パヴリクは、刑罰という制裁に関しては一定の激烈さ（Drastik）が不可避であるとして（S. 91）、害悪の賦課を刑罰の内容としている（S. 89 参照）。
58　Pawlik, Person, Subjekt, Bürger（前掲注7）S. 90 f., S. 97.
59　Pawlik, Person, Subjekt, Bürger（前掲注7）S. 90 f. 参照。
60　Pawlik, Person, Subjekt, Bürger（前掲注7）S. 95.
61　両学派の間にある相違と類似点については、特に、Tudor Avrigeanu, Ambivalenz und Einheit. Eine Untersuchung zur strafrechtswissenschaftlichen Grundlagendiskussion der Gegenwart anhand ihrer Bezüge zu Kants Philosophie, 2006, S. 52 ff. 参照。また、前掲注25も参照。

り、他者を自己と同等の自由な人格として扱って相互承認関係を形成することを要請する法的法則の内容も、あくまで各人の内にある理性が自らに対して課してくる自己立法(Selbstgesetzgebung)として把握されている。いわば、各人は、自由で理性的な存在として自発的に、他者との間で法的な相互承認関係を形成することを、経験的には必ずしもそのような行動をとらないかもしれない自らに対して行動原則として課すことができるのであるから、そうすべきであるとされ、そして、このような理性的な自発性に基づくべき法に適った行動原則は、更には社会契約を通じて国家段階に拡張されて普遍的な効力を保障され、法秩序における様々な法規範となって登場することになる[62]。つまり、ヴォルフ学派においては、法秩序における規範並びに法秩序それ自体は、あくまで個々の人格の理性に由来するものとされているのであり、個々人は法秩序とその規範に対して自律的な関係に立つことが、強調されることになる。

　他方で、ヤコブス学派においては、法秩序は人格(Person)によって構成されるものとして捉えられているが、ここでの人格という概念に付与される意味内容は、ヴォルフ学派とは大きく異なっている。つまり、ヤコブス学派においては、快苦の枠組みで行動する個人(Individuum)が、社会において法に適って行動するという役割を受け入れて初めて、法秩序の構成者である人格(Person)となるが、法秩序におけるこの人格は、自らがその構成に関与できない(unverfügbarな)規範によって、生(なま)の個々人としての主体的な自律性とは無関係にいわば客観的に規定される存在とされているのである[63]。確かに、ヤコブス学派の理論構成において、個人(Individuum)は、法秩序における人格(Person)となって初めて[64]、快苦の枠組みという経験的な規定根拠から解放され、人格としての義務を

62　特に、拙稿「法概念の基礎としての相互承認関係」法学政治学論究(慶應義塾大学)47号(2000年)158頁以下、同「刑法上の不法概念の法哲学的基礎づけ」法学政治学論究48号(2001年)192頁以下(同論文は、本書127頁以下に所収されている)、同「法概念としての刑罰」(前掲注10)59頁以下参照。つまり、各人が法の原則に適った行動を自発的にとることが、法秩序のそもそもの出発点ということになり、そのためには、全ての人間は法に適った正しい行動に自発的に出ることができる能力を有していなければならないことになる。カントの実践哲学は、そのような能力が生得的に全ての人間に備わっていることをまさに前提としているが、このことはヴォルフ学派においても同様である。例えば、Zaczyk, „Fiat iustitia, pereat mundus"(前掲注27) S. 659, 660 f. を見よ。

63　例えば、Jakobs, Norm, Person, Gesellschaft (前掲注32) S. 42参照。

64　但し、ヤコブスの理論においては、既に人格(Person)によって構成されている法秩序が現存することが前提とされるため、個人(Individuum)と人格(Person)のどちらの存在が時間的に

負う見返りに「自由」を獲得することができるようになる[65]。しかし、そこでの個人（Individuum）は、あくまで快苦の枠組みに囚われながらいわば不自由な判断しかできないはずであり、そのような存在は、そもそも何が自由なのか、自由が一体何を意味するのかを理解できないため、自由になるために自発的に人格（Person）としての役割を引き受けることなどは不可能なはずである[66]。従って、ヤコブス学派の理論構成において、たとえ法秩序の構成者としての「自由な人格」というものが想定されたとしても、やはりそれは、生(なま)の個々人の自発的な主体性から分離させられたままの客観的に規定される存在でしかないと思われるのである[67]。言い換えれば、個々人は法秩序における「自由な人格」となるために、法秩序が他律的に課してくる規範を受け入れなければならず[68]、そこでは

先行するのか、またはどちらの存在が基本となるものか、といった問いはあまり重視されていない。例えば、Jakobs, Norm, Person, Gesellschaft（前掲注32）S. 49 参照。
65 Jakobs, Individuum und Person（前掲注32）S. 261.
66 特に、Walter Kargl, Das Recht der Gesellschaft oder das Recht der Subjekte?, GA 1999, S. 66; Fritz Loos, Literaturbericht: Rechtsphilosophie, ZStW Bd. 114, 2002, S. 674 を見よ。
67 ヤコブスにおいて、人格（Person）と個人（Individuum）は一人の人間の内で結び付いているため、その個人の側面は、法秩序において完全に等閑視されてしまうわけではなく、後に本文内でも言及するが、認知的な補強（kognitive Untermauerung）の観点に見られるように一定の意義が与えられている（ders., Individuum und Person［前掲注32］S. 256)。また、快苦の枠組みに囚われた個人が、法秩序が課してくる義務の遵守を自己の役割として受け入れる前提として、それはあくまで個人にとって折り合い（Auskommen）を付けられるものでなければならないとされており（ders., Norm, Person, Gesellschaft［前掲注32］S. 46 f.)、その限界を超える役割の賦課は、法秩序を現実において機能させなくしてしまうことになる（Individuum und Person, S. 260 参照)。この意味でヤコブスにしてみれば、個人にとって満足できるものが法秩序において保障されなければ、個人が人格としての義務・役割を引き受けることもないのであるから、個人（Individuum）と人格（Person）の間には一定の関係性があることになる（Norm, Person, Gesellschaft, S. 98)。しかし、個人が快苦の枠組みに囚われた存在とされる限り、法秩序が課してくる役割の範囲が個人との折り合いを考慮したものであったとしても、場合によっては、結局それは法秩序への参加を勧誘するために個人の快楽の側面におもねることにしかならず（但し、Norm, Person, Gesellschaft, S. 48 も参照)、個人（Individuum）という存在に対するこのような形での配慮も、所詮は、生(なま)の個々人を自律的な存在と見なし、その主体性を考慮することから大きく掛け離れたものでしかない。ヴォルフ学派においては、本来的に個々人は自由な存在であることが前提にされ、その自律性をより強固なものとするために、社会契約を通じて法秩序が構成されることになる。これに対して、ヤコブス学派においては、法秩序における役割を受け入れた人格だけが自由で答責的な存在として扱われる。しかし、それはあくまで、規範による方向づけの効力を維持するために人格に対して規範を配慮する義務を課す前提として、本来的に自由であるかどうかは不明にしたまま、その者には規範を配慮することを欲する自由があると便宜的に取り扱うことを意味するだけであり、結局のところ、たとえ「自由な人格」について語ることができたとしても、それは、規範的な法秩序における単なる約束事にしかすぎないのではないかと思われるのである。また Individuum und Person, S. 260 Fn. 43, 263 f. も参照。

個々人の自律性の契機を見出し難いのである。

　ヴォルフ学派とヤコブス学派の間には、以上のように、背景にある法秩序とその構成者の捉え方について基本的な相違があるものの、両者の見解は共に、応報を、害悪である犯罪に対して刑罰という更なる害悪を同害報復的に賦課することとして理解するものではない。両学派における応報刑論とは、犯罪によって侵害され、不安定にさせられた、法秩序を規定する規範の効力を刑罰によって回復させ、それを将来に渡って存続させていこうとするものであり、回顧的な視点と共に展望的な視点を有している、つまり、応報と予防を統合する可能性を示す刑罰論として評価できるものである。そして、ここでいわば刑罰の目的として観念される法秩序の回復というものは、単なる抽象的な正義の実現ではなく、あくまで「自由」の保障と結び付いた現実の法秩序における規範妥当の回復、維持、安定化を念頭に置くものである。故に、両学派の規範的な応報刑論は、かつて現実の社会との有益な関係性を見出せないとして批判されてきた古い応報刑論とは根本的に内容を異にすることになる。そもそも刑罰が一つの法概念である以上、外界における自由の保障という法に固有の目的から拘束を受けて、それを自己の目的としても取り入れるべきことは当然の事柄であろう。ただ、このような規範妥当の回復を内容とする規範的な応報刑論を積極的に主張していくためには、まだいくつか考察すべき問題があると思われる。それを以下で検討してみよう。

68　ヤコブスの見解では、社会契約論的な法秩序の構成は消極的に解されており、いわば事実としての法秩序の存在が前提とされている（例えば、ders., Norm, Person, Gesellschaft［前掲注32］S. 40 f., 48 f. 参照）。個人（Individuum）は、そのような事実として存在する法秩序から規範を配慮する義務・役割を課されて人格（Person）となるわけであるが、やはり自己がその構成に関与していない法秩序からの義務の賦課は、他律的な性格のものであるといわざるを得ないように思われる。例えば、ヤコブスは、ders., Individuum und Person（前掲注32）S. 265, 266 において、個人（Individuum）は子供のようなもの（kindlich）であり、法秩序からの役割の賦課を通じた社会教育的なプロセスを経て自己を人格（Person）として意識するようになるとしており、やはり、法秩序が上から他律的に義務を賦課してくるというイメージが、ヤコブスの理論には見受けられるのである。また、パヴリクも、社会契約論のように法秩序の成り立ちを重視するのではなく、各人の自由への要求に安定性を付与するという法秩序の効果に着目してその正当性を論じるべきとするアウトプット型思考を提唱しているが、そこではあくまで法秩序が支配的・他律的な性格を有することが前提とされている。これについては、特に、Michael Pawlik, „Selbstgesetzgebung der Regierten": Glanz und Elend einer Legitimationsfigur, in: Jan C. Joerden u. a. (Hrsg.), Recht und Politik, ARSP Beiheft 93, 2004, S. 128 ff. 参照。

第3節　規範的な応報刑論の諸課題

1　「犯罪に規範的（価値的）に相応する刑罰」の意義

　刑罰の役割（目的）は規範妥当の回復であると考える規範的な応報刑論からすると、刑罰の量は、まず、犯罪者が答責的に規範違反の行為を通じて惹き起こした具体的な被害者の自由の侵害の程度、そして、それによって法秩序全体が被った規範の効力の危殆化の程度に対応するものであると考えられる[69]。つまり、刑罰の量は、規範の効力の否定（危殆化）としての犯罪の量に規範的・価値的に相応するものとなる[70]。しかし、これでは単なる抽象的な言明にすぎない。そもそも、応報の基準を単なる抽象的な観点に依拠させて経験的考慮から離れた形式的なものとして捉えるだけで、その具体化は専ら実務にまかされている[71]とするわけにはいかないはずである。何故かというと、ヴォルフ学派においてもヤコブス学派においても、刑罰によって回復されるべき規範の効力とは、「現実的な法秩序」におけるものであることが想定されていたからであり、それ故、規範的な応報刑論も現実の法秩序の規範妥当の回復を念頭に置いた実質的な基準を示す必要

---

[69] 但し、ヤコブスの刑罰論においては、具体的な被害者が受けた被害（その者が被った自由の侵害）の程度は刑量に関係しないと思われる。前掲注43参照。これに対して、ヴォルフ学派の見解、ヤコブス学派でもパヴリクの見解では、具体的な被害者における自由の侵害の程度も刑量に影響することになる。パヴリクの見解については、特に Pawlik, Person, Subjekt, Bürger（前掲注7）S. 92 を見よ。

[70] 一般的にカントは「目には目を、歯には歯を」という物理的な同害報復の主張者として理解されている。しかし、カント自身は、犯罪者には、彼が他人に対して犯したものが、文字通りの同害報復ではなく、刑罰法則の精神に従って応報されると主張しており（MdS, B 172, 173［邦訳219頁］参照）、「あなたが人から盗めば、あなた自身から盗むことになる」とカントが述べている内容も、物理的な同害報復を意味するものではなく、窃盗によって窃盗行為を禁止する規範が不安定にさせられてしまい、今度は窃盗犯人自身が窃盗の被害者になるかもしれないという形で犯人自身に被害が立ち返ってくることを表していると解することができる（MdS, A 198, 199/B 228, 229［邦訳180頁］参照）。このように、カントも犯罪を法秩序における規範の効力を不安定にさせるものとして捉えていたのであり、彼の刑罰論も規範妥当を回復させるための規範的な応報刑論の先駆として評価できると思われる。ドイツにおいても、上のような意味でカント刑罰論の内容を捉える見解が有力となっている。詳しくは、拙稿「法概念としての刑罰」（前掲注10）81頁注（74）で挙げられている文献を参照。

[71] 例えば、Heiner Bielefeldt, Strafrechtliche Gerechtigkeit als Anspruch an den endlichen Menschen, GA 1990, S. 119; Otfried Höffe, Gibt es ein interkulturelles Strafrecht? Ein philosophischer Versuch, 1999, S. 81.

性があるからである。

　そこで、犯罪と刑罰の価値的相応性を具体化する実質的な基準というものが問題となる。この点につき、ヘーゲルは『法の哲学』の§218において、市民社会の安定度によって犯罪の質と量は規定され、社会が安定している場合には、重大な犯罪に対しても比較的軽い刑罰が科され、これに対して、社会が動揺している場合には、些細な犯罪に対しても重い刑罰が科されると主張しているが[72]、このようなヘーゲルの見解を犯罪と刑罰の価値的相応性を具体化するための基準として、規範的な応報刑論の主張者達が受け入れているのである。

　例えば、ケーラーは、犯罪行為の重大性は、全体としての法の普遍性（Rechtsallgemeinheit）が有する効力の具体的な安定性の程度に依存するとし、特定の種類の犯罪行為が頻繁に発生している状況下において同種の犯罪行為を行うことは、その犯罪行為を禁止する規範の効力が不安定になっていることから、それだけ社会全体に対する規範侵害としては不法の程度が重く評価され、当該規範の効力が安定している社会状況下と比べて重く処罰されることになると主張している[73]。このように、ケーラーの見解では、法秩序における規範妥当の安定性の具体的な程度に応じて、犯罪と刑罰の価値的相応性の程度・内容も変化することになる[74]。そもそも、ヴォルフ学派に属するケーラーからしてみれば、刑罰は相互承認的な法関係の侵害を通じて不安定にさせられた現実の法秩序の普遍的な効力を回復させるためにある[75]のであるから、当該法秩序における規範妥当の安定性

72　Hegel, Grundlinien der Philosophie des Rechts（前掲注6）S. 371 ff.（§218 m. Anm. ＝藤野渉・赤沢正敏訳『ヘーゲル法の哲学Ⅱ』［2001年］160頁以下）参照。ヘーゲルは、市民社会にとっての危険性が犯罪の質と量を規定する基準の一つになるとし、市民社会の「状態いかんによっては、二、三銭の窃盗ないしは一株の蕪の盗みに死刑が科せられることも是認されるし、こうした有価物の百数倍にもなる窃盗に軽い刑が科せられることも是認される」としている。このヘーゲルの見解については、特に、松生建「ヘーゲルの市民社会論における犯罪と刑罰（二・完）」海上保安大学校研究報告44巻2号（1999年）32頁以下参照。

73　Köhler, Über den Zusammenhang von Strafrechtsbegründung und Strafzumessung（前掲注14）S. 53 ff., 59 f.; ders., AT（前掲注14）S. 582 f., 599, 602参照。

74　ケーラーが依拠する『法の哲学』におけるヘーゲルの叙述に関しては異なる理解も提起されている。例えば、松生「ヘーゲルの市民社会論における犯罪と刑罰（二・完）」（前掲注72）37頁以下は、応報における価値的相応性を犯罪によって直接の被害者が被った侵害と刑罰との間での均衡性と解し、法秩序の安定性の程度に基づく重罰化は、価値的相応性の原則を超えて一般予防の観点と結び付いてしまうものであると批判している。つまり、法秩序における規範妥当の安定性の程度は、ケーラーの見解とは異なり、犯罪と刑罰の応報的な価値的相応性を具体化するための基準とは解されていないのである。

の程度に具体的な刑量を依拠させるのは当然のことといえよう。また、同じくヴォルフ学派に属するクレシェヴスキーとヤコブス学派のパヴリクも同様の立場をとっている[76]。

　ヤコブスも刑罰の量を規定する一つの要因として、侵害される規範の認知的な保障の状況というものを挙げ、社会の安定度によって同一の犯罪に対する刑量も異なって評価されるとするヘーゲルの考えを正当なものと見なしているが、ケーラー達とは異なり一定の制限をそこに課している[77]。つまり、ヤコブスによれば、犯罪者に対する刑罰を通じて回復されるべき規範妥当の範囲は、あくまで犯罪者によって答責的に惹き起こされた範囲に限定されるべきであり、例えば、当該犯罪行為と無関係に同種の犯罪が頻発しているような状況を考慮して重罰化を肯定するのは、当該犯罪者の答責性が及ばない事情である他の潜在的犯罪者の存在を威嚇するための重罰化に他ならず、これでは、犯罪予防という社会政策のための単なる手段として当該犯罪者を扱うことになってしまい不当だとするのである[78]。そこで、ヤコブスによれば、あくまで当該犯罪者が答責的に惹き起こした規範妥当の危殆化からの帰結として生じる潜在的犯罪者、つまり、「行為者の役割において自己を方向づける者達（die sich in der Täterrolle Orientierende）」の存在のみが規範の認知的保障を不安定にさせる要因となり、場合によっては彼らに対する威嚇予防を考慮して、当該犯罪者に対する刑量を重く評価することが許されることになる[79]。おそらくヤコブスからすれば、上のような潜在的犯罪者の存在は、当該犯罪者が答責的に惹き起こした規範妥当の危殆化の内に含まれているのであり、彼らに対する威嚇予防を考慮して重罰化を行ったとしても、答責性の範囲内において刑罰を通じて規範妥当を回復させるという応報の枠組みはいまだ維持されることになるのであろう。

　以上から、ケーラーの見解では、当該犯罪以前に既に発生している同種の犯罪行為の存在が規範の効力を不安定にし、当該犯罪（の不法の程度）を重く評価する（つまり、重罰化する）要因となるが、ヤコブスの見解では、当該犯罪以降にそ

75　例えば、Köhler, AT（前掲注14）S. 51.
76　Klesczewski, Die Rolle der Strafe in Hegels Theorie der bürgerlichen Gesellschaft（前掲注23）S. 333 f. m. Fn. 8; Pawlik, Person, Subjekt, Bürger（前掲注7）S. 94 m. Fn. 66 参照。
77　Jakobs, Staatliche Strafe（前掲注31）S. 35 f.（邦訳49頁以下）参照。
78　Jakobs, Staatliche Strafe（前掲注31）S. 33（邦訳45頁）参照。
79　特に、Jakobs, Staatliche Strafe（前掲注31）S. 32, 34（邦訳45頁以下）。

の影響を受けて登場する同種の犯罪傾向を有する潜在的犯罪者の存在しか刑量には影響しないことになる。このようにヤコブスが法秩序における規範妥当の安定性の程度を考慮することを制限的に解している理由は、やはり、いくら当該犯罪以前に同種の犯罪行為が頻発していたとしても、それを当該犯罪の刑量を規定する際に考慮してしまうと、当該犯罪者の答責性が及ばない事情を考慮の対象とすることになってしまい、それでは責任主義の要請に反する虞が生じてしまうからであろう[80]。

確かに、当該犯罪者が、彼の全くあずかり知らぬところで同種の犯罪行為が頻発していることを理由に重く処罰されるのでは、責任主義の要請に反する虞があるといえる[81]。しかし、規範の効力が不安定になっている状況を考慮する場合、

---

[80] 特に、Jakobs, Staatliche Strafe（前掲注31）S. 36（邦訳50頁）。また、Günter Stratenwerth, Was leistet die Lehre von den Strafzwecken?, 1995, S. 8 f.（＝真鍋毅訳「シュトラーテンヴェルト『刑罰目的の理論は何を為すのか』」佐賀大学教養部研究紀要29巻［1996年］52頁）は同種の批判をケーラーに対して行っている。

[81] Pawlik, Person, Subjekt, Bürger（前掲注7）S. 94 Fn. 66 において、行為者は一定の安定性を伴った具体的な社会状況に立ち入る形で犯罪を行うのであり、その行為者の市民としての役割から見て、当該社会における当該犯罪行為の意義に内容を与える、上のような社会全体の安定性というコンテクストから、行為者は離れることができないとされている。犯罪者に対しても法秩序を維持する役割は課せられたままなのであるから、法秩序の具体的な安定性の状況に応じて、場合によってはより多くの負担がその役割に関して課せられるのは当然であるということなのだろう。しかし、問題となるのは、そのような安定性の状況の変化が当該行為者にとって全く予想もつかなかった場合である。ここで国家的法秩序における刑罰制度を単純に消極的な配分的（negativ-distributiv）正義の観点から捉えてしまうと（例えば、Köhler, AT［前掲注14］S. 7 f., 53, 582. 但し、ケーラーが以下のような結論をとる者ではないことは勿論である）、仮に当該行為者に予想がつかなかった場合でも、彼に対してより多くの負担を課すことが許されないわけではないという結論を導き出せてしまう。配分的正義とは簡単にいえば、各人の間にある不平等状態を法秩序全体の観点から是正するものであり、税金制度に見られるように、より多くの富を有する者からより多くの税金を徴収し、例えばそれを福祉の形で全体に再配分することがこれに当たる。そこで、ある共同体の経済状態が極度に悪化した場合には、より多くの富を有する者がたとえその悪化について責任がなかったとしても、その者から、経済状態が安定していた時期と比較してより多額の税金を徴収することも許されるであろう。刑罰制度をこのような税金制度の裏返しとして消極的な配分的正義の観点から考えた場合、犯罪者とは違法行為を通じて不当により多くの自由を獲得した者であり、法秩序全体における自由の平等状態を回復するために、刑罰を通じて当該犯罪者から自由を剝奪することが許されるわけであるが、その法秩序において自由を保障する規範の効力の安定性が悪化している状況下においては、それが安定している時期と比べて、たとえ当該犯罪者にそのような悪化に関して責めを負わせられるような事情が全くなかったとしても、より多くの自由の剝奪、つまり、重罰化を認めてもさしつかえないことになってしまう。勿論、税金制度と刑罰制度ではその負担の性質が異なるため、完全に裏返しの問題として捉えることができないのは当然である。ただ、そう主張できるためには、正義論の観点から刑法（刑罰）制度に特有の性質（例えば、責任主義）を詳細に規定し、他の国家制度との相違を明らかにする

ヤコブスのように、それを当該犯罪以降の潜在的犯罪者の存在に限定する必要性はないと思われる。そもそも、当該犯罪者にとって、自分の犯罪行為の影響を受けて潜在的犯罪者が発生するかどうかなどは通常予想できない事柄なのであるから、仮にそのような限定を行ったとしても責任主義の要請を本当に満たせるのかどうかは疑問である。そして、当該犯罪以降に同種の犯罪行為を行う可能性がある潜在的犯罪者がどの程度発生するのかという判断も、当該犯罪以前から継続している具体的な社会情勢を考慮することなしには実際上困難なものであり、当該犯罪以降に限定するか、それともそれ以前も含めるのかという区別自体が貫徹できるものではないと思われる。このように考えると、ヤコブスのように、当該犯罪以降の潜在的犯罪者の存在だけに限定して法秩序における規範妥当の安定性を量る必要もなく、たとえ同種の犯罪行為が当該犯罪以前に既に頻発していたとしても、当該犯罪者がそのような社会が動揺している状況を特に利用する形で犯罪を行った場合（例えば、同種の犯罪行為が頻発し、警察力が分散している状況を見越して、犯罪を行った場合）などでは、当該犯罪者の犯罪行為を規範的に重く評価して重罰化を認めても責任主義の要請に反しないのではないかと思われる[82]。

2　「苦痛（害悪）の賦課」としての刑罰？

　規範的な応報刑論からすると、刑罰は、犯罪によって不安定にさせられた規範の効力を回復・確証するために科せられることになる。しかし、そのような規範妥当の回復・確証のため、何故に犯罪者に対して刑罰が執行されなければならないのかを説明しなければならない。というのも、規範妥当を回復・確証するための手段として、刑罰ではなく、例えば、被害者に対する民事的な損害賠償を想定することも一応可能だからである[83]。そして、民事的な損害賠償を超えた刑罰制

必要性があると思われる。
- [82] 実は、このような結論こそがケーラーの真意であると思われる。何故なら、Köhler, Über den Zusammenhang von Strafrechtsbegründung und Strafzumessung（前掲注14）S. 60 において、社会の変化に基づく犯罪行為の重大性に関する意義の変動を個々の行為者に帰せしめることは、彼の行為がこのように変化した犯罪行為の意義を自己の内に取り入れる（in sich einbeziehen）限りにおいて、責任の観点からも正当なものであると主張しているからである。
- [83] 例えば、Klaus Lüderssen, Opfer im Zwielicht, in: Thomas Weigend u. a. (Hrsg.), Festschrift für Hans Joachim Hirsch zum 70. Geburtstag am 11. April 1999, 1999, S. 889 ff., 892 f. 参照。また、民事的な制裁による刑罰の代替に関しては、Kurt Seelmann, Schwierigkeiten der Alternativendebatte im Strafrecht, in: Henning Radtke u. a. (Hrsg.), Muss Strafe sein?, 2004, S. 152 ff. 参照。ゼールマンは、既遂犯の領域に限定しているが、民事的な制裁を刑罰の代わりとすることを一応

度に基づく制裁を想定したとしても、何故に実際上の刑罰の執行までもが要求され、単なる有罪宣告だけでは不十分なのかを検討する必要がある。例えば、ギュンターは、刑罰のシンボリックで表現的な意義（symbolisch-expressive Bedeutung）を重視し、規範違反の行為に対する反作用としては、有罪宣告（Schuldspruch）を公に示すことだけで十分であるとしているのである[84]。

しかし、犯罪とは、ヴォルフ学派においてもヤコブス学派においても、犯罪者と被害者との間での単なる二者間の葛藤ではなく、法秩序全体の侵害という意義を有するものであった。それ故、犯罪に対する制裁である刑罰も、被害者が被った損害の回復だけにつきるものではなく、法秩序全体との関係で、そこで否定された規範の効力を回復させるものでなければならないはずである。ここから、刑罰を被害者に対する損害賠償に置き換えることは不当であることが明らかとなる[85]。そして、規範的な応報刑論が刑罰の目的とする規範妥当の回復とは、現実の社会における規範の効力を念頭に置くものであるから、その回復の作用は、外界において形を伴って立ち現れるものでなければならない。

のところ肯定している（S. 155）。

84　Klaus Günther, Die symbolisch-expressive Bedeutung der Strafe, in: Cornelius Prittwitz u. a. (Hrsg.), Festschrift für Klaus Lüderssen, 2002, S. 206 f., 219. 特にギュンターは、犯罪に対する非是認のリアクションに含まれるシンボリックで表現的な意味内容を伝達する手段としては、害悪の賦課と結び付いた刑罰の執行を不必要なものであるとしている。また、ギュンターによるヴォルフ学派並びにヤコブス学派の刑罰論の背景にある基本思想に対する批判として、ders., Jenseits von idealistischer und rollenfunktionaler Strafbegründung, in: Peter Siller u. a. (Hrsg.), Rechtsphilosophische Kontroversen der Gegenwart, 1999, S. 141 ff. も参照。

85　特に、Pawlik, Person, Subjekt, Bürger（前掲注7）S. 88 f. 但し、パヴリクは、社会の安定期においては、刑罰による制裁を重大犯罪に対する場合だけに限定して良く、それ程重大ではない犯罪については、行為者に損害回復を義務づけることを通じた対応等で市民の不法に対する十分なリアクションになり得るとしている（S. 96 f.）。ここで当該行為者に損害回復を義務づける主体として想定されるのは、国家的法秩序のはずである。そもそも犯罪と刑罰を法秩序全体の観点から捉えるパヴリクにしてみれば、当該行為者が私的な形で損害回復を行うだけでは足りず、やはり国家によるコントロールの下での損害回復でなければならないのであろう。また、ケーラーも軽微な犯罪の場合に限って、被害者に対する損害回復に処罰の減軽、更に場合によっては不処罰の効果というものを認めているが、そこでは行為者の自発性・任意性が重視されている（Köhler, AT［前掲注14］S. 669 参照）。つまり、損害回復はあくまで自律的な性質を有していなければならず、それは犯罪後に私的な形で相手方に直接的に行われることで十分とされているのである。このようなパヴリクとケーラーの間に見られる見解の相違は、前掲注25で指摘したように、刑罰の作用を考える際において生じる、犯罪者と被害者という個々の人格同士の関係性を法秩序の内部でどのように位置づけるのかという問題に対する考え方の違いに由来するものであると思われる。これについては、特にPawlik, Person, Subjekt, Bürger（前掲注7）S. 89 Fn. 50 を参照。

例えば、ヴォルフ学派からすれば、法秩序において、各人は平等的な相互承認関係に在ることが普遍的に保障され、各人は互いを尊重し合いながら平等的に自由を享受すべきであったのに、犯罪者は被害者に保障されている自由の領域を現実的に侵害して不当に多くの自由を獲得してしまう。そこで、平等的な法関係を保障する規範の効力を現実的に回復させるためには、単なる有罪宣告だけでは足りず、実際上、不当に獲得した分の自由を刑罰によって犯罪者から剥奪して平等的な関係性を改めて作り出すことが必要となるわけである。この点につきヤコブス学派のパヴリクも、規範妥当の確証は、法秩序への忠誠義務に反した行為者から自由の一部を剥奪することによってなされると主張しているが、刑罰には一定の激烈さが不可避であるとして、害悪の賦課という要素を自由の剥奪と結び付けていた[86]。

そして、ヤコブス自身は、刑罰の意義を規範妥当の回復のためになされる、犯罪という規範の効力の否認に対する異議申し立てとして捉えながら、同時に法秩序における規範の効力の認知的な補強（kognitive Untermauerung）の観点から、自由というコミュニケーションの手段が実際上犯罪者から剥奪され[87]、それが犯罪に見合った苦痛の賦課として法秩序の他の構成員達から納得されるものでなければならないとするのである[88]。そこで、問題となるのが、刑罰が実際上犯罪者に対して執行されるにしても、自由の剥奪を超えて害悪乃至は苦痛の賦課である必要性があるか否かである。確かに、刑罰による規範妥当の回復は、現実の社会における規範の効力を対象とする以上、一定程度その時々の社会状況に左右されざるを得ないものであるのかもしれない。しかし、刑罰の内容を不安定な経験的要素に大幅に依拠させてしまうとしたら、やはりそれに対しては疑念を抱かざるを得ない。

ヤコブスの刑罰論において、苦痛の賦課の必要性は規範妥当を認知的に補強（保障）することから導き出されているが、それは、現にいま在る社会における

---

86 前掲注57参照。
87 また、ヴォルフ学派の立場からすると、ヤコブスのように自由の剥奪を認知的な補強の観点に結び付ける必要性はない。何故なら、外界における自由の普遍的な保障を回復するために犯罪者から自由を剥奪することは、カント的にいえば、（法的な）実践理性の観点からいわば既に規範的に要請されるものであり、それは現実社会の一般人が納得するかどうかとは関係がないからである。勿論、このような哲学的な前提に依拠することが、外界における自由の剥奪に関する刑罰論の根拠づけとして十分なものであるのか否かは、一つの問題となろう。
88 前掲注39とそれに関する本文を参照。

第3節　規範的な応報刑論の諸課題　49

一般人が納得する形でもって刑罰は執行されなければならないということに他ならない。そして、ここでの一般人とは、ヤコブスの見解からすると、人格（Person）ではなく、個人（Individuum）としての人間であると思われる。何故なら人格に対しては規範的な確証だけで十分であり、認知的な補強などは必要ないからである[89]。しかし、個人は、快苦の枠組みで行動し、判断を行うという経験的な諸条件に囚われたいわば非理性的な存在[90]のはずであり、そのような存在の判断に刑罰の内容が左右されてしまう[91]ことは不当であるといわざるを得ない。そもそも、一般人が犯罪者に苦痛を与えることを望んでいるから、それを刑罰の内容として無批判に取り込むべきというのでは、刑罰に「害悪の賦課」が結合することは社会的な慣習であるとする、先に検討したヘルンレの見解と変わらないことになってしまう[92]。

　刑罰論は、法概念としての刑罰のあるべき姿を提示するものであり、いくら現実のいま目の前に在る社会における一般人が苦痛の賦課を望んでいるとしても、無批判にそれを刑罰概念の内容とするわけにはいかない[93]。刑罰が各人の自由を

---

[89]　例えば、Jakobs, Norm, Person, Gesellschaft（前掲注32）S. 53 において、認知的な補強を欠いた実存的な財（existentielle Güter）の規範的保障は、人格（Person）には全てのものを与えるが、通常、個人（Individuum）には不満足しかもたらさず、そのような状況においては、規範とそれに基づく社会が現実のものになることも殆どないとされている。つまり、認知的な補強は、人間における個人の側面を対象とするものなのである。

[90]　認知的な補強の名宛人は、既に法秩序の構成者なのであるから、個人（Individuum）の側面と同時に人格（Person）の側面を有していることになる。しかし、人格の側面が個人の側面に浸透し、法秩序においては個人も理性的な判断を行えるということは、ヤコブスの理論ではあり得ない（例えば、ders., Norm, Person, Gesellschaft［前掲注32］S. 49 は、人格と個人の関係において「いずれにせよ世界に関する互いに結び付き合うことのできない二つの解釈の枠組みが問題となる」としている）。もし個人に対して理性的な判断を期待するのであれば、その者には生得的に理性の能力が、少なくとも潜在的には備わっていることを前提としなければならないことになる。まさにそのような前提に依拠するのがヴォルフ学派の基本思想である。

[91]　結局のところ、いわゆる法感情、国民感情といったものに刑罰の内容が左右されると主張するのと同じことになってしまうと思われる。

[92]　このような批判として、Pawlik, Person, Subjekt, Bürger（前掲注7）S. 68. 但し、前掲注57で示したように、パヴリク自身、害悪の賦課を刑罰の内容としているが、その根拠づけはかなり不明確なものである。ヘルンレの見解については、前掲注22とそれに関する本文を参照。

[93]　勿論、刑罰論が法概念としての刑罰のあるべき姿を提示し、現状を批判する基準を提供するものであるとしても、現行法秩序における現実の刑罰が、苦痛乃至は害悪の賦課と結び付いていることは否定できない事実であるのかもしれない。しかし、だからといって、苦痛・害悪の賦課を無批判に刑罰の内容に取り込むのでは、現状を単に分析・記述するだけの立場に留まることになってしまう。やはり、刑罰を法概念として規範的に構想するということは、現状分析を超えて、それを批判する基準を提供するものでなければならないはずである。そして、現状の刑罰制度を

普遍的に保障する法秩序の効力を回復させる役割を担う限りは、あくまで自由を不当に拡張した犯罪者から自由を実際に剥奪することに刑罰概念の内容を留めるべきではないかと思われる[94]。確かに、刑罰の執行の対象者である犯罪者本人からすれば、自由の剥奪は苦痛として感じられるものであるかもしれない。しかし、それは犯罪者の主観の問題でしかなく、本来あるべき刑罰概念の内容とは関係がないのである[95]。

　　批判する基準を提供するといっても、それが全く実現不可能な理想的で高尚すぎるものであっては意味がなく、あくまで現実の法秩序において実現可能な代替案を示すものでなくてはならない。実は、このような前提に立つのが、ヴォルフ学派の刑罰論における基本思想である。ヴォルフ学派が依拠する哲学者の一人であるカントの歴史哲学に基づけば、現状の刑罰制度を理性的なあるべき姿に少しでも近づけ、その姿に適った形の刑罰制度の実現に向けて努力すべきことは、いつか達成できるものであることを前提とした、人類に課せられた使命ということになり（これについては、Immanuel Kant, Idee zu einer allgemeinen Geschichte in weltbürgerlicher Absicht, A 395 ff.［＝福田喜一郎訳「世界市民的見地における普遍史の理念」［岩波書店版カント全集14、2000年］10頁以下］参照）、その達成度に応じて、その法秩序がどの程度理性的なものであるかが測られることになる。つまり、ヴォルフ学派においては、このようなカントの歴史哲学的な立場を踏まえながら、刑罰論を展開する際にも、その内容の漸次的な実現可能性が常に理論上の前提とされているのである。また、ヤコブス学派の立場からしても、例えば、社会の啓蒙化が進み、苦痛（害悪）の賦課がなくても認知的な補強（保障）として十分であると一般人が納得できるような「進歩的」な時代が仮に将来やって来たら、自由の剥奪だけが刑罰の内容とされることになるのであろう。従って、ヴォルフ学派、ヤコブス学派のどちらにおいても、結局のところ歴史の進歩が刑罰概念の内容を規定する上で一定の重要な役割を果たすことになる。

94　自由の剥奪とは、法秩序によって保障された、外的自由の行使に関する法的地位の剥奪のことであるが、しかし、これは完全に剥奪されるものではなく、そのような法的地位の一定の低下乃至は限定化に留まるものでなければならない。これについては、拙稿「法概念としての刑罰」（前掲注10）65頁以下参照。刑罰によって、自由を行使できる法的に保障された地位を失うのであるから、確かにそれを「害悪」として捉えることも可能であるかもしれない。しかし、あくまでもそれは法的な意味での自由の制限を表すものでしかなく、身体的な苦痛までも内容的に含む必要はないのである。

95　Zaczyk, Zur Begründung der Gerechtigkeit menschlichen Strafens（前掲注23）S. 216 f.（邦訳123頁）は、自由の剥奪に基づく「ある人格の法的地位の低下（Minderung）」が「『害悪』として感じられることは、刑罰の結果ではあるが、しかし、その根拠ではない」としている。また、ders., „Hat er aber gemordet, so muss er sterben" Kant und das Strafrecht, in: Manfred Kugelstadt (Hrsg.), Kant‐Lektionen. Zur Philosophie Kants und zu Aspekten ihrer Wirkungsgeschichte, 2008, S. 252 において、刑罰によって賦課されるのは法的な意味での自由の損失であり、身体的な苦痛ではないことが強調されている。更に、Koriath, Zum Streit um die positive Generalprävention（前掲注6）S. 55 も、刑罰は単に主観的な意味において害悪といえるだけであり、客観的な意味においてはそうではないと主張する。

3　他の刑罰目的との関係

　規範的な応報刑論は、刑罰によって規範妥当を回復させ、それを展望的に維持・継続させていくものである。規範妥当の維持・継続のために刑罰が科されるのであるから、まずは規範妥当を回復させる（そして、それによって各人の自由を回復させる）ことこそが、刑罰の目的ということになる。このように規範的な応報刑論においても刑罰が追求すべき目的を観念できることになるが、ここから、従来から主張されてきた予防刑論が着目する他の刑罰目的との関係が問題となる。一般市民の規範への信頼を高める社会教育効果を刑罰の目的として追求する積極的一般予防の観点について、例えば、ケーラーやヤコブスは、あくまでそれを規範妥当の回復を目指す刑罰における経験的な事実上の派生効果に留めている[96]。そして、犯罪者に対する再社会化の効果を刑罰の目的とする積極的特別予防については、それを強制を伴う刑罰概念の内容に含めることにヤコブスは否定的であるし[97]、ケーラーも、再社会化のための働きかけを、あくまで強制的ではない再社会化プログラムへ任意に参加するように受刑者に対して申し出るという内容に留めている[98]。

　確かに、一般市民の規範への信頼を高めるような社会教育効果を単なる事実上の効果に留めておき、その追求を刑罰概念の内容に含めないことは、正当であると思われる。何故なら、そのような社会教育効果のために犯罪者を処罰することは、犯罪者が答責的に惹き起こした規範妥当の危殆化を相殺させて、当該犯罪以前における規範の効力を回復させるという範囲を超え出る形で、法秩序の規範妥当状態の改善を目指すことに他ならず、まさにカント風にいえば、犯罪者は、そのような彼の答責性とは関係のない社会政策的な目的のための単なる手段とされてしまうからである。犯罪者もいまだ法秩序の構成者の一人である人格と見なされる限り[99]、刑罰を通じて追求することが許されるのは、あくまで犯罪者が答責的に惹き起こした規範妥当の危殆化を相殺し、規範の効力を当該犯罪以前と同様の

96　ヤコブスについては、前掲注36とそれに関する本文を参照。ケーラーについては、ders., AT（前掲注14）S. 50; ders., Über den Zusammenhang von Strafrechtsbegründung und Strafzumessung（前掲注14）S. 62 参照。
97　例えば、Jakobs, Staatliche Strafe（前掲注31）S. 37（邦訳52頁）。
98　Köhler, AT（前掲注14）S. 633 参照。また、ヤコブス学派のレシュ（ders., Über den Sinn und Zweck staatlichen Strafens (2. Teil)［前掲注9］S. 595）も任意の参加を勧めることに留めるべきとする。
99　このことは、ヴォルフ学派においても、そしてヤコブス学派においても前提とされていた。

レベルで回復させることに留まるものでなければならない。

但し、刑罰が犯罪者から自由を剥奪すること自体が、たとえ答責的に惹き起こされた規範妥当の危殆化の範囲に限られたとしても、法秩序の回復という目的のためにその犯罪者を手段として扱うことを表しているのも事実である。この意味で、犯罪者を特定の目的のための手段とすることは、そもそも刑罰を考える際には不可避の事柄であるといえる。しかし、後に再社会化との関連で述べるように、法秩序の回復を目指す規範的な応報刑論の論理からすれば、ここでは処罰を通じて犯罪者は単なる手段ではなく、同時に目的として扱われるため、物権の対象と混同されることもなく、法秩序の構成者である人格としての地位を保持できることになる。また、答責性の及ぶ危殆化の範囲に法秩序の回復を限定することは、いわば消極的な形ではあるが、答責性の観点を通じて犯罪者の人格性を考慮することを意味するものである。従って、犯罪者は、あくまで答責的に惹き起こした規範妥当の危殆化の範囲でのみ、人格として保障された法的地位を部分的に喪失し、その限りでのみ一時的に法秩序の回復という目的のための「手段」とされるだけであり、その範囲を超える手段化は、そもそも犯罪者も人格であり続ける限り許されることではないという結論になる[100]。もし仮に、一般市民に対する社会教育効果を通じた規範妥当状態の改善のような犯罪者の答責性の範囲を超える目的が、刑罰を通じて追求されてしまう場合には、その犯罪者も犯罪を実行する以前は当然に法秩序の構成者の一人であったはずなのに、もはや（完全に）人格ではない物権の対象、つまり、目的のための単なる手段として扱われてしまい、その結果、当該犯罪者だけが法秩序の構成者である人格の範疇から排除されてしまうことになる。しかし、それでは、各人（その中には当該犯罪者も含まれてい

---

[100] この点につき、カントは「裁判による刑罰は、……市民社会にとって、別の善を促進する手段にすぎないということはけっしてありえず、つねにもっぱらその人が犯罪を犯したがゆえにその人に課されるのでなければならない。というのも、人間が他の人の意図のための手段としてのみ扱われること、物権の対象と一緒にされることはできないのであり、市民的人格であることを剥奪する判決が下されても、生得的人格であることが、そうした扱いからその人を守るからである」（MdS, A 197, B 227［邦訳178頁］）と主張していた。つまり、犯罪者は答責的に惹き起こした規範妥当の危殆化の範囲でのみ市民的人格性を喪失し、その限りでのみ法秩序回復のための一時的な「手段」とされるが、その範囲を超える処罰は、犯罪者もいまだ生得的人格性を有していることから、許されないことになる。このように考えると、許される処罰の範囲をそれが許されない範囲から絶対的に区別して、許される範囲の限界を確定するためには、そもそも全ての人間には生得的な人格性が備わっているとするヴォルフ学派の基本思想が正しいように思われるのである。また前掲注90も参照。

た)を自律的な人格として扱い、その自由を保障していた法秩序を回復させるための刑罰概念とは、もはやいえなくなってしまうのである。

　また、ヤコブスが規範の効力の認知的な補強(保障)という観点から一定の範囲で消極的一般予防を考慮していることは、既に述べた通りである。しかし、特に認知的な補強という観点から刑罰概念の内容に威嚇の要素を持ち込むことは、刑罰を苦痛の賦課とすることが問題であったのと同様に、そもそも非理性的な一般人の処罰欲求を刑罰概念の内容に含めることになってしまうため、疑問であるといわざるを得ない。仮に潜在的犯罪者に対して、違法行為を行えば処罰されることになるという恐怖心や洞察を呼び起こす働きかけが、当該犯罪者の処罰を通じてなされるとしても、あくまでそれは事実上の効果に留まるべきである。何故なら、やはりそれを目的として刑罰概念を構成してしまうと、当該犯罪者は彼の答責性の範囲とは関係のない[101]消極的一般予防の効果を達成するための単なる手段とされてしまいかねないからである[102]。確かに、当該犯罪者の処罰を見た他の市民が、違法行為からの帰結を洞察して犯罪行為に出ることを思い留まるとすれば、それは望ましい事態である。しかし、あくまでそれは、刑罰法規の行為規範としての性格に基づく一般人への働きかけと同様のもの[103]でしかなく、当該犯罪者を処罰することから直接的に生じる法的な効果として追求して良いものではないと思われる。

　受刑者に対する再社会化の働きかけを、強制を伴う刑罰概念の直接的な内容としないで、せいぜいのところ任意参加の申し出に留めることについては、規範的な応報刑論の論者の間でも大まかな意見の一致が見られる。このような理解の背景には、再社会化を行刑の目標として掲げるドイツ行刑法2条[104]、再社会化に

101　確かに、ヤコブスにおいては、刑罰による威嚇の追求の前提として当該犯罪者の答責性が一応考慮されていた。しかし、既に本文内で言及したように、それが責任主義の要請に合致するものとして十分といえるかどうかは疑問がある。

102　確かに、ケーラーにおいては、同種の犯罪が頻発している状況が、場合によっては、当該犯罪者に対する刑量の規定に影響することになる。しかし、既に述べたように、それは、他の潜在的犯罪者に対する威嚇を考慮したものではなく、あくまで当該犯罪行為の違法性がより重く評価されることからの帰結であり、しかも責任主義に適った形で(前掲注82参照)犯罪に相応しい刑罰を要請する応報の理念を具体化したものである。

103　勿論、厳密にいえば、このような作用は、行為規範による働きかけと同じものではない。何故なら、それは裁判規範によって媒介されるものであるし、処罰という帰結の確実度に関しても働きかけの影響力が異なるからである。

104　ドイツ行刑法2条第1文では、「自由刑の執行にあたり、受刑者は、将来において社会的な答責

適った形での行刑の執行を求める基本法上の権利、精確にいえば、基本法1条1項（人間の尊厳の保障）と結び付いた同法2条1項（人格の自由な発展を求める権利の保障）に基づく上のような権利を受刑者に認めた連邦憲法裁判所の判決[105]に依拠して、再社会化の働きかけを提示することは、あくまで国家の側の義務であるとする立場があるように思われる。つまり、受刑者の側には国家が行刑において義務の履行として再社会化の手助けをするように求める権利があるだけで、いわば国家からの働きかけに服する義務はなく、再社会化のための行刑プログラムに参加するか否かは、あくまで権利行使の問題として受刑者にとって任意のものでしかないということである[106]。しかし、こうなると、再社会化の働きかけを拒絶する受刑者に対しては何もできないことになってしまう[107]。この点につき、ヤコブス学派のパヴリクは、受刑者も市民としての地位を保持しているのであるから、国家はその市民としての地位を配慮して行刑を執り行わなければならず、受刑者の側にも、自己が将来において市民としての義務を果たすことができるようになるための手助けを法共同体である国家に対して求める権利があるとするが[108]、同時に受刑者は、市民の役割を課せられたままなのであるから、自己を再社会化させる行刑に参加するように義務づけられていると主張する[109]。つまり、パヴリクからすると、再社会化の働きかけを受け入れるように促すことを、受刑者に対する義務づけという形で、刑罰に固有の性質である強制の側面と結び付けて説明することが可能となるのである。

性の下、犯罪行為を行わないで生活を送ることができるようになるべきである」と規定されており、再社会化が行刑の目標とされている。

105 例えば、Urteil v. 1. 7. 98, BVerfGE 98, 169.
106 ドイツ行刑法4条1項は、「受刑者は自己に対する取り扱いの具体化（Gestaltung）並びに行刑目標の達成に関与する。受刑者のそれへの準備は呼び起こされ、促進されるべきである」として受刑者の地位を規定している。ここからも、再社会化のための行刑プログラムへの受刑者の参加は強制的なものであってはならず、あくまでも受刑者の自発性に依拠すべきことが導き出されるのであろう。
107 例えば、Hassemer, Darf der strafende Staat Verurteilte bessern wollen?（前掲注5）S. 237は、受刑者に対して積極的な関与を求め、それがうまくいかなくても冷静に対応できる解放的な社会治療のようなものを、再社会化に関する行刑の内容として推奨している。
108 Pawlik, Person, Subjekt, Bürger（前掲注7）S. 94; ders., »Der Täter ist um der Gemeinschaft willen verpflichtet, die Strafe auf sich zu nehmen«（前掲注11）S. 349.
109 Pawlik, Person, Subjekt, Bürger（前掲注7）S. 95参照。パヴリクからすれば、ドイツ行刑法4条1項において受刑者の自発性を促すことが前提とされているのは、あくまでもその方が再社会化の効果を達成しやすいというプラグマティックな理由があるからにすぎない。

そもそも、規範的な応報刑論からすると、刑罰を通じて犯罪者から自由を剥奪することは、それ自体に意味があるわけではなく、あくまで、法秩序を犯罪以前の状態に回復させるためになされるものである。そうなると、刑罰を通じて、犯罪行為を行う以前のような、法秩序の規範に従って生活していた市民・人格の状態に当該犯罪者を立ち返らせてこそ、刑罰によって法秩序は回復されたといえるのではなかろうか。このように考えると、刑罰を執行するに際して、犯罪者が自発的に望む場合は当然のことであるが、仮に拒絶する場合であったとしても、国家（法秩序）は、再社会化の行刑プログラムに強制的に服させることによって当該犯罪者を社会に立ち返らせて、法秩序の回復を追求すべきであると思われる。つまり、再社会化の働きかけを拒絶する犯罪者もそれに服する義務があることになる。ただ、ここでは、拒絶する犯罪者には一方的に義務があるだけではなく、一定の範囲で再社会化の働きかけに関して権利も当然に認められなければならない。そもそも、国家が当該犯罪者に対して法秩序の回復の一環として再社会化の働きかけを、拒絶された場合には強制的にでもなすべきであるのは、まずは犯罪者以外の法秩序の構成員達こそが国家に対して犯罪の被害に遭うことなく安全に生活できるように求める権利を有していて、それに対応する義務が国家の側にあるからであると思われる。しかし、このような再社会化の働きかけが、犯罪者によって答責的に惹き起こされた、具体的な被害者の自由の侵害及び規範妥当の危殆化の範囲を超えた形で過度になされないように配慮することを求める権利というものも、当該犯罪者の側に人間の尊厳の保障に基づいて認められなければならないはずである[110]。つまり、ここでの犯罪者の権利とは、強制的な再社会化の働きかけに関して、構成的ではない、あくまで制限的な意義しか有しないものといえよう。これに対して、最初から自発的に再社会化の援助を国家に対して求める権利も、同様に人間の尊厳の保障に基づいて犯罪者には認められると思われるが、この場合には、犯罪者の権利は再社会化の働きかけに関して構成的な意義を有することになる。再社会化の働きかけに関する犯罪者の義務と権利は、以上のように想定することができるであろう。

　しかし、ここで注意すべきなのは、刑罰が一つの法概念である限り、再社会化の働きかけも法概念に特有の制約の下に服さざるを得ないということである。つ

110　特に、Weigend, Resozialisierung - die gute Seite der Strafe?（前掲注4）S. 190 f. 参照。

まり、刑罰の執行に伴う再社会化の働きかけは、当該犯罪者が内心の動機はどのようなものであれ外面的には法規範に従った生活を送るようになることしか目標として設定することはできないし、犯罪者も、自らが答責的に惹き起こした法秩序の侵害を回復させるために、少なくともそのような外面性の領域の範囲だけで再社会化の働きかけに服する義務があるにしかすぎないのである。結論としては、再社会化という効果の追求は、外面性の領域に限定される範囲において強制の側面を伴う刑罰概念の内容に含めて良いことになるが、このように外面性の範囲に制限される理由は、刑罰も一つの法概念として、内心における動機の内容ではなく行為の外面性に着目するという法に特有の性質を備えていなければならないからである[111]。つまり、当該犯罪者が再社会化の働きかけを受けた結果、仮に内心では法規範の内容を動機とすることがなくても、少なくとも外面上は法規範に従った生活を送れるようになれば、再社会化という積極的特別予防効果の達成としては十分ということになり[112]、その範囲に限っては、そのための働きかけを

---

[111] このように法に特有のメルクマールを外面性に求める見解の思想的背景として重要なのが、カントにおける合法性（Legalität）と道徳性（Moralität）の区別である（MdS, AB 15 ff.［邦訳33頁以下］参照）。カントによれば、法における義務は外的な義務でしかなく、内心において義務の内容を動機とすることは必要ではない。合法性と道徳性の区別については、特に Rainer Zaczyk, Einheit des Grundes, Grund der Differenz von Moralität und Legalität, Jahrbuch für Recht und Ethik, Band 14 (2006), S. 311 ff. 参照。

[112] 再社会化の働きかけにおいては、受刑者に社会の側が正当と見なす価値観を伝達するプロセスが問題となるとされている（例えば、Hassemer, Darf der strafende Staat Verurteilte bessern wollen?［前掲注5］S. 236 f.）。人々の価値観が多様化している現代社会において、確かに特定の内容と結び付く価値観を受刑者に対して押し付けることは慎まれなければならない。しかし、本稿の立場からすると、社会の多数派だけが好むような特定の価値観を受刑者の内面に対して押し付けることは問題とならない。何故なら、ここでは、あくまで外面的な範囲において、他者を侵害することなく社会生活を営めるようにする働きかけだけが要請されるからである。他者を侵害しないで社会生活を送るということも一つの価値観かもしれないが、それに異論を唱える者はいないであろう。確かに、ここでも外面的な範囲とはいえ、価値観の植え付けのようなものが問題にはなるが、その内容は人間社会において普遍的に妥当する、自由を保障する法秩序の回復・維持にとって不可欠のものである。また、外国人受刑者に対する再社会化の働きかけの際には、当該犯罪地の社会への立ち返りか、または出身地の社会への立ち返りのどちらかを念頭に置くべきかということが問題となる。特に、出身地の社会への復帰だけを念頭に置いて、その地域的文化的な特徴を過度に考慮した再社会化の働きかけだけを行う場合には、何故それが当該犯罪地の法秩序の回復と結び付くのかという疑念が生じるかもしれない。しかし、再社会化の働きかけが、どのように具体化されようとも、上で示したような、地域的文化的な差異を超えて普遍的に妥当する、自由を保障する法秩序の回復という核心部とのつながりを維持している限りは、たとえ出身地への立ち返りを念頭に置いた再社会化の働きかけであったとしても、当該犯罪地の法秩序の回復に結び付くことは可能となろう。

拒絶する犯罪者に対しても再社会化のための行刑プログラムへの参加を強制することが可能なのである[113]。これに対して、犯罪者の内心への強制的な働きかけは、刑罰が道徳と厳格に区別される法概念の一つである限り、到底許されることではない[114]。

ここでは、犯罪者は法秩序の回復という目的のために（答責性の範囲内で）再社会化の働きかけを受けるのであるから、確かに、目的のための手段として扱われることになる。しかし、単なる手段ではない。何故なら、犯罪者の法秩序への立ち返りを通じて法秩序の回復を図るということは、当該犯罪者もその法秩序の構成者としての自由な人格・市民の地位を再び完全に獲得することが目指されることに他ならず、当該犯罪者は、常に同時に目的としても扱われることになるからである[115]。つまり、積極的一般予防や消極的一般予防におけるような「単なる手段化」という問題がここで生じることはない。従来、応報の観点は、正しい応報こそが法秩序への信頼を維持・強化できるという形で、積極的一般予防と親和性

---

[113] たとえ外面的な範囲であったとしても、再社会化の働きかけが強制的になされる場合、確かにその効果の達成の点では問題がなくはなかろう。そこで、強制的な働きかけであっても、実際上その内容の具体化にあたっては、自発性を促すことが試みられるべきかもしれない。しかし、そのような促しは、パヴリクが指摘したように（前掲注109参照）、実用論上のものでしかないと思われる。

[114] しかし、再社会化の働きかけがこのような限定を受ける以上、完全な再社会化の効果などというものは、そもそもあまり期待できないことになる。何故なら、受刑後、当該犯罪者が再び犯罪を行う可能性は、彼が（道徳的に）自由な存在である限り否定できないからである。例えば、カントは、法または不法という区分にとって最上位の区分概念は、自由な選択意志（Willkür）の作用一般であるとし（MdS, AB 14 Anm*. [邦訳32頁] 参照）、いわば自由な意思が不法をなすことを肯定していた。つまり、人間が自由な存在である限り、常に不法への自由があることは否定できないのである。この意味で、松宮「刑罰目的と刑事立法」（前掲注50）76頁以下が、「行為者に選択の『自由』があったのなら、彼は、刑罰を受けても、なお、犯罪行為を選択する『自由』を失わないということになろう。刑罰を受けようが受けまいが、彼は自由に犯罪へと意思決定できるのでなければ、彼は『自由』であったとはいえない」とするのは正当な指摘である。しかし、以上のような悲観的な見通しは、再社会化の働きかけが法概念としての刑罰に伴うものであることからの不可避的帰結である。ここに法の限界の一つがあるのかもしれない。

[115] 再社会化の働きかけの対象者を法秩序の構成者としての主体的な地位に立ち返らせること自体が、再社会化の働きかけの目的でもあるから、ここではその対象者が法秩序回復のための単なる手段とされることはないのである。この点につき、カントの定言命法は、「自分の人格のうちにも他の誰もの人格のうちにもある人間性を、自分がいつでも同時に目的として必要とし、決してただ手段としてだけ必要としないように、行為しなさい。」(Immanuel Kant, Grundlegung zur Metaphysik der Sitten, BA 67 [＝平田俊博訳「人倫の形而上学の基礎づけ」[岩波書店版カント全集7、2000年] 65頁]) といっていた。つまり、理性的存在者である人格は、単なる手段とされることなく、それ自身常に目的として扱われるものでなくてはならないのである。

を有するものとして意識されてきたかもしれない。しかし、むしろ再社会化という積極的特別予防こそが、応報刑論の内容と結び付き得る。つまり、自由な法秩序の回復を目指す規範的な応報刑論の立場からすれば、一定の範囲では再社会化という積極的特別予防効果を刑罰の目的とすることが許されるのである。

第4節　結　語

　以上、最近のドイツにおいて応報刑論を再評価する見解を検討してきたが、特にヴォルフ学派並びにヤコブス学派の見解に見られたように、その主たる特徴は、応報刑論の内容を、従来のイメージのように「目には目を」という物理的な同害報復として捉えることなく、むしろ現実の法秩序の回復を念頭に置いた規範的な刑罰論として理解する立場である。更に、そこでは、もはや抽象的な正義の実現などではなく、法秩序における規範妥当の回復・維持を通じた、その法秩序の構成者達の自由・自律性の保障こそが刑罰の機能・役割であるとする共通認識も一応見受けられる。既に論じてきたように、いまだ検討課題は多く残されてはいるものの、応報刑論を再評価し、それを積極的に展開していくためには、応報の内実を規範的に理解するこのような方向で今後も議論を進めていく必要があろう。

第3章　カント刑罰論における「予防」と「応報」
──ヴォルフ学派のカント主義的な応報刑論に基づく一考察──

第1節　応報刑論のルネサンス

　最近のドイツの刑法学において応報刑論に対する再評価がなされている。従来、応報刑論は、現実社会との接点を見出すことのできない、抽象的な正義の実現を目指す空虚な理論として否定的に捉えられてきたはずである。応報刑論のルネサンス[1]とも呼ぶべき揺り返しが生じた背景には、応報刑論の対案である予防刑論が、犯罪予防という効果を達成するために最適な刑罰の種類と量を要請するため、原理上犯罪行為と均衡性を有しない過酷な刑罰を肯定せざるを得なくなるという問題点が意識されてきた事情がある[2]。

　ドイツにおける応報刑論のルネサンスを代表する見解としては、ヴォルフ学派の応報刑論を挙げることができる。これは、エルンスト・アマデウス・ヴォルフとその弟子達等（ケーラー、ツァツィック、カーロ、クレシェヴスキー等）によって主張されている見解であり、カント、フィヒテ、ヘーゲルのドイツ観念論法哲学に依拠しながら応報刑論の再評価を試みるものである。学派内部でも論者によって重点の置きどころに相違はあるものの、あくまで基本に置かれるのは、全ての人間が人格として自由（自律性）を有することを前提として踏まえながら、それを現実の法秩序において普遍的な視点から保障することを法の課題として捉えたカントの法思想である。いわば刑法の分野におけるカント主義の現代的再評価ともいえるヴォルフ学派の応報刑論であるが、その具体的な内容は以下のようなものである[3]。

1　Bernd Schünemann, Aporien der Straftheorie in Philosophie und Literatur, in: Cornelius Prittwitz u. a. (Hrsg.), Festschrift für Klaus Lüderssen, 2002, S. 327参照。
2　拙稿「最近のドイツにおける規範的な応報刑論の展開」香川法学26巻3・4号（2007年）96頁以下参照（同論文は、本書21頁以下に所収されている）。
3　ヴォルフ学派の見解については、拙稿「最近のドイツにおける規範的な応報刑論の展開」（前掲注2）101頁以下参照。

カントにおける法の普遍的な原理[4]は、人格の外的な自由の相互的な保障を普遍的な観点から目指すものであり、そのために、各人には普遍的な法的法則[5]に適った方法で自らの自由を外界において行使することが要請される。法的法則に適った外的な自由の使用とは、相互に他者の自由を配慮しながら自己の自由を制限することである。ここから、ヴォルフ学派は、法における自由とは外界において相互制限を通じて調和された自由に他ならないとし、そのために各人は互いに他者を自己と同等の自由な人格として取り扱いながら、各人に独自のものとして認められるべき外界における自由の領域を承認し合う間主体的な法関係[6]を形成する必要があることを導き出す。しかし、この相互承認的な法関係は、自然状態の下では個人間のレベルで保障されるにしかすぎないため、社会契約を通じて国家的な法秩序を形成し、その国家が担い手となる確実な規範的保障の下に服さなければならない。つまり、法の普遍的原理に適った各人の自由の保障は、国家という法秩序において初めて普遍的な保障を受けることが可能となる。何が法的法則に適った（法的な規範に適った）行為であるのかという判断は、もはや各人にまかされるのではなく、国家が客観的な立場から規定することになるし、その違反も国家による規制の対象となる。

　ヴォルフ学派によれば、刑法で問題となる犯罪と刑罰の概念も以上のような国家的法秩序における自由の普遍的保障の観点から特徴づけられることになる[7]。

---

[4] Immanuel Kant, Die Metaphysik der Sitten, A 33/B 33, 34（＝樽井正義・池尾恭一訳「人倫の形而上学」［岩波書店版カント全集11、2002年］49頁）。以下では、本書をMdSと略すことにする。また、カントの著作については、アカデミー版を参照した講義録や遺稿レフレクシオーネンを除きヴァイシェーデル版（Werke in 12 Bänden, hrsg. von Wilhelm Weischedel, 1968）を定本とした。アカデミー版からの引用についてはAAと表記し、その後にローマ数字で巻号を記載する。

[5] カントの普遍的な法的法則の内容は、「あなたの選択意志の自由な行使が、だれの自由とも、普遍的な法則に従って両立できるように、外的に行為しなさい」（MdS, A 34, 35/B 35［邦訳49頁］）というものであり、そこで目指されるのは、普遍的法則に基づく行為者の自由と他者の自由の調和である（MdS, A 7［邦訳245頁］参照）。この法的法則は、他者の自由を配慮するように求める形で各人の行為を規制する一種の行為規範である。刑法上の行為規範、例えば殺人の禁止規範も、生命法益という他者の自由の基盤を侵害しないように求めるものであり、この普遍的な法的法則の具体化として捉えることができる。

[6] いわゆる相互承認関係は、フィヒテ、ヘーゲルにおいてより積極的に展開された概念であるが、既にカントにおいてもその萌芽は認められる。実際カントは、各人は隣人に対して配慮を求める相互的な権利があると主張している（MdS, A 139, 140［邦訳350頁］）。

[7] 以下については、拙稿「法概念としての刑罰」法学政治学論究（慶應義塾大学）54号（2002年）64頁以下も参照。

第1節　応報刑論のルネサンス　　61

つまり、犯罪は、他者の自由な領域の侵害を通じた相互承認的な法関係の破壊であると同時に、そのような関係性を国家的な法秩序において保障している規範の効力に対する否定乃至は侵害として捉えられることになる。そして、刑罰には、犯罪によって否定された国家的な法秩序の規範の効力を回復させ、それを通じて被害者を含む各人の自由の領域の保障を元の状態に戻し、更に将来に向けて存続させていく役割が課されることになる。このように捉えられる刑罰は、自由を保障する法秩序の規範の効力及び各人の自由そのものを犯罪以前のレベルに回復させることを目的とするものであり、具体的な被害者における自由の領域の侵害の程度と法秩序の規範の効力に対する否定の程度に価値的に相応した「自由の制限」という形で犯罪者に対して執行されることになる[8]。

このようなヴォルフ学派の応報刑論は、もはや単なる物質的な同害報復を意味するものではなく、あくまで犯罪に価値的に相応した自由の制限を内容とする規範的に構成された応報刑論である[9]。そこでは、法秩序の規範の効力及びそれによって保障された各人の自由の回復が応報刑の目的として想定されるため、その目的に合致する場合には予防刑論の一定の内容も応報の内在的な要素として取り込むことが可能となる。以上のような応報刑論をカントの法思想から導き出すヴォルフ学派の見解は、まさにドイツにおける応報刑論のルネサンスを代表するものである。

しかし、最近これに対抗するように、むしろカントから積極的に予防刑論を導き出す研究が公刊されている。本稿は、このようなカントと予防刑論を結び付ける最近の動向を批判的に検討しながら、ヴォルフ学派の応報刑論の内容がいまだ維持し得るものであるのか否かを探るものである。

---

[8] 犯罪者は、いわば不当に自由を拡張し、法秩序において自己を例外的な存在として位置づけている。法秩序の規範の普遍的な効力を回復させるためには、この例外的な状態が除去されなければならない。そこで、刑罰は、自由の不当な拡張に価値的に見合った制限を課すことによって例外状態の解消を図るわけである。しかし、自由の制限は、実際上の自由の剥奪を常に意味するわけではない。さもないと、裁判で必ず実刑判決が下されなければならず、執行猶予や刑の免除は認められないことになってしまう。自由の剥奪を伴わなくても有罪判決である限り、場合によってはそれも自由の制限として捉える必要がある。

[9] カント自身も、応報刑の内容は文字通りではなく、刑罰法則の精神に従って規定されるとして価値的な相応性という観点を示唆していた（MdS, B 172, 173 [邦訳219頁]）。

第2節　カント刑罰論を予防刑論として捉える見解

1　一般予防を重視する見解

　カントの立場からフォイエルバッハと同様の威嚇予防論を導き出すのがアルテンハインである[10]。一般に心理強制説に基づくフォイエルバッハの威嚇予防論は、カントの応報刑論に対置するものとして理解されているが、アルテンハインは、実は両者の間には見落とすことのできない共通点があると主張する。つまり、カントとフォイエルバッハは、共に人間の外的自由を共同生活において調和させながら保障することを国家的法秩序の任務として捉えながら、それとの関連で刑罰論を構想していたというのである。

　確かに、フォイエルバッハの見解は非常にカント的なものであった。例えばフォイエルバッハは、カントと同様に、人間の自由の保障のためには、他者の外的な自由を配慮することを内容とする法の法則に適った形で行動することが各人に対して求められると主張しながら、このような法の法則を外的な自由の保障のための必然的な法則[11]として捉えていたし、外的自由を相互的に認め合う市民社会へと「市民契約」を通じて結合することは、「理性の要請」であるとさえしていた[12]。フォイエルバッハからすれば、市民社会という国家的な法秩序においては外的自由を保障するための法の法則も強制力を伴って貫徹されることになり、その一つの現れが、法定刑を示しながら他者に対する権利侵害を禁止する公的な法の法則である刑法ということになる。ここで、国家は外的自由を保障するために設立されたものであるから、外的自由の侵害を意味する権利侵害（犯罪）を発生させないことを自己の目的としなければならない[13]。人間が専ら理性的な存在

10　Karsten Altenhain, Die Begründung der Strafe durch Kant und Feuerbach, in: Gedächtnisschrift für Rolf Keller, hrsg. von den Strafrechtsprofessoren der Tübinger Juristenfakultät und vom Justizministerium Baden-Württemberg, 2003, S. 1 ff.

11　Paul Johann Anselm von Feuerbach, Revision der Grundsätze und Grundbegriffe des positiven peinlichen Rechts, Teil 1, 1966（Neudruck der Ausgabe Erfurt 1799), S. 26. しかも、同書 S. 48では、犯罪者は物とは区別される人格であるとするカント的な立場が表明されている。

12　Paul Johann Anselm Feuerbach, Anti-Hobbes, 1967（Neudruck der Ausgabe Gießen 1797), S. 19 ff. 参照。

13　Anselm Ritter von Feuerbach, Lehrbuch des gemeinen in Deutschland gültigen peinlichen Rechts, 13. Aufl., mit vielen Anmerkungen und Zusatzparagraphen hrsg. von C. J. A. Mittermaier, 1840, §. 8. a), §. 9.

であれば、刑法の規範に違反することもないのであろうが、フォイエルバッハからすると、人間は同時に感性的な（sinnlich）存在でもあり、自己の快（Lust）の追求のために他者の権利を侵害する可能性を否定することはできない。そこで、国家は、犯罪の不発生という目的を達成するために、犯罪者の感性的な衝動に働きかけて犯罪行為の実行を思い止まらせる心理的な強制を行使すべきとする心理強制説をフォイエルバッハは主張する[14]。つまり、犯罪者に対して、犯罪行為の放棄によって生じてくる自己の快を達成できないという不快よりも更に大きな刑罰という害悪が犯罪行為には必然的に伴うことを事前に提示し、それによって犯罪行為に出ようとする犯罪者の感性的な衝動を解消すべきというわけである。法定刑の提示による感性的衝動への働きかけは、まさに威嚇を意味することになるが、これも全ての者の相互的な自由を法秩序において保障するためである。

こうしてフォイエルバッハは、法定刑の提示を通じた威嚇に基づく一般予防論を主張するのであるが、実は刑罰を実際に賦課する段階では、カント的な応報の論拠を用いていることを忘れてはならない。確かに、フォイエルバッハは法定刑の提示による威嚇に実効性を与えることを刑罰の賦課及び執行の理由としていた。しかし、同時に彼は、カントと同様に、刑罰法則（Strafgesetz）である刑法は一つの定言命法であるとし[15]、刑罰は「犯罪がなされたが故に（quia peccatum est）」賦課されると主張していたのである[16]。つまり、フォイエルバッハの威嚇予防論は、あくまで法定刑の提示の段階を主として念頭に置いていたということになるであろう。

アルテンハインは、以上のようなフォイエルバッハの心理的な強制による威嚇予防をカント刑罰論の延長線上にあるものとして位置づけている[17]。何故ならアルテンハインによれば、カントにおいても、他者の自由を配慮しながら自己の自由を外的に行使することを要請する普遍的な法的法則は、国家的法秩序において

---

14 Feuerbach, Lehrbuch（前掲注13）§. 13 ff.
15 Feuerbach, Revision（前掲注11）S. 141 Fn*, 143.
16 Feuerbach, Revision（前掲注11）S. 54, 61参照。しかも、同書では、法定刑の量を定める基準の一つとして「侵害される権利の状態」というものが考慮されている（S. 294）。つまり、犯罪行為によって侵害されることが想定される権利（法益）の状態によって法定刑の量が規定されるわけであるから、いわば応報的な限界が法定刑による威嚇の段階で既に設定されていることになる。
17 Altenhain, Die Begründung der Strafe durch Kant und Feuerbach（前掲注10）S. 10. これに対して、カントとフォイエルバッハの間には根本的な相違があることを指摘するものとして、Wolfgang Naucke, Kant und die psychologische Zwangstheorie Feuerbachs, 1962, S. 62 ff., 74 ff.

公的な法則として普遍的な効力を保障されるものであり、他者の自由の侵害である犯罪を行うことを法定刑を提示しながら禁止する刑法規範も、その具体的な形態の一つとして理解することができるからである[18]。そして、フォイエルバッハが人間における理性的存在性と感性的存在性の相違に着目したように、カントも本体人（homo noumenon）と現象人（homo phaenomenon）を区別していたのであるから[19]、現実の世界においては、カントが主張する公的な法則としての刑法規範も後者を名宛人として想定し、法定刑による威嚇を通じた一般予防という行動制御を行うべきだからである。こうしてアルテンハインは、外的自由の保障を念頭に置きながら刑罰論を構想したカントの立場からも、実際に刑罰が賦課される段階において応報の論拠が用いられるのとは別に、法定刑の提示を通じた威嚇による行動制御の意味での一般予防が導き出されるべきであるとの結論に達する[20]。そもそも、外的自由の保障のために禁止される犯罪行為の内容とそれに伴う法定刑を提示しておくことは、罪刑法定主義の要請として国家による処罰行為の前提となるものであるから、アルテンハインからすれば、法定刑による威嚇それ自体は「処罰の法的根拠」を意味することになる[21]。

　アルテンハインと同様の問題意識から出発し、一般予防論とカント刑罰論を更に緊密に結び付けるのがタファーニである[22]。まず彼女は、カントにおける法的法則とは外界における自由の相互的な保障を達成するために各人の選択意志（Willkür）に働きかけて、その内容に適った行動をとることを要請するものであると理解する。このように法的法則に適った行動が要請されることによって、自由の普遍的な保障が目指されるのであるが、カントからすると、この普遍的に保障されるべき自由への妨害に対する強制は、普遍的に保障されるべき自由と論理的に調和するため、各人に法的に認められる権限である[23]。つまり、他者の自由を配慮しながら、まさに法的法則に適う形で自由を外的に行使している者に対し

18　カントの刑罰法則自体は、裁判官を名宛人とする裁判規範であるが、一般人を名宛人とする行為規範の役割はカントにおいて公の法的法則が果たすことになる。
19　Kant, MdS, A 203/B 232, 233（邦訳183頁）。
20　同様の見解として、B. Sharon Byrd/Joachim Hruschka, Kant zu Strafrecht und Strafe im Rechtsstaat, JZ 2007, S. 959. また Heinrich Wilms, Das Vergeltungsprinzip bei Immanuel Kant, ZRph 2005, Heft 2, S. 80.
21　Altenhain, Die Begründung der Strafe durch Kant und Feuerbach（前掲注10）S. 11参照。
22　Daniela Tafani, Kant und das Strafrecht, Journal der Juristischen Zeitgeschichte, 1/2007, S. 16 ff.
23　Kant, MdS, A 34, 35/B 35, AB 36（邦訳50頁）。

て、他者がその自由の行使を妨害してくる場合には、強制力を用いてそれに抵抗することが法的に認められるのである。ここでの他者は、法的法則の違反という不法な形で自己の自由を行使していることになるが、このような他者に対して法的に認められる強制を向けることは、その他者の選択意志に対して不法な行為を控えるように（つまり、法に適った行動をとるように）強制的に働きかけることを意味する。こうして、カントの法的法則は、自由の相互的な保障の観点の下での相互的な強制の法則としても把握されることになる。

　タファーニによれば、カントにおけるこのような法的法則と法的強制の権能の結び付きは、当然に刑法の領域でも認められなければならない。何故なら、法的法則は国家的な法秩序において客観的な効力を伴う公的な法則となって自由の普遍的な保障を目指すことになるが、その一つの現れが刑法規範だからである。国家的法秩序における刑法は、公の法的法則として他者の自由を配慮しながら行動することを各人に要請するが、その実効性を担保するために違反に対して刑罰が科せられることを示している[24]。つまり、法定刑を伴う形で法益という自由の基盤を侵害する行為を禁止する行為規範としての性格を刑法規範は有しているが、タファーニの理解によれば、そもそもここで刑罰の存在を示すことは、法的法則と結び付く法的強制の提示に他ならず、法に適った行動をとるように選択意志に働きかける作用がその際に意図されている。刑罰は、法的法則の拘束力に実効性を付与するための法的強制の手段であり、その意義は、犯罪行為に出ることなく法に適った行為を行うように国民の行動を制御するための法的な規定根拠を示すところに見出されるのである。

　以上のような理解に基づいて、タファーニは、カントにおける刑罰の存在を正当化するための論拠を予防刑論と結び付ける[25]。彼女の見解に従えば、カントが主張する国家制度としての刑罰は、あくまで犯罪行為を禁止する刑法規範に実効性を与えるために存在するのであり、それは「犯罪を実行させないために（ne peccetur）」という予防的観点から基礎づけられることになる。タファーニからすれば、法定刑の段階であれ、具体的な犯罪者に対する宣告刑の段階であれ刑罰である限り、それは犯罪行為を実行しないように一般人に働きかけるものでなけれ

---

[24] カントも、刑罰は法則に対して配慮をなさしめるための強制手段であると主張していた（Refl. 8026, AA, XIX, S. 585）。

[25] Tafani, Kant und das Strafrecht（前掲注22）S. 18.

ばならない[26]。何故なら、予防的な観点に基づく強制の手段としての刑罰の基礎づけのみが、自由の外的な使用である各人の行為を法的法則に適う形で統制し、自由の普遍的な保障を達成するという「法の本質[27]」に合致するからである。

　こうして、カントにおける刑罰制度の存在そのものは、予防の論拠によって基礎づけられることになるが、周知の如くカント自身は、刑罰の種類と量の規定に関しては応報の論拠を持ち出していた。つまり、カントは現実の国家における刑罰が予防刑であることを肯定しながら、それを正義の観点から応報刑の範囲に限定していたのである[28]。カントがこのように予防的な論拠の考慮を応報の範囲に限定する理由は、犯罪者にもいまだ生得的な人格性が保障されるため、その者を予防的な目的の追求のための単なる手段として扱うことは許されないからである[29]。やはり、カントからすれば、具体的な犯罪者に対する宣告刑だけではなく、そもそも刑法上の行為規範に伴う法定刑の種類と量も応報の観点から規定されることになるのであろう。

　しかし、タファーニは、刑罰制度の正当化論拠（予防）と刑罰の種類と量を規定する論拠（応報）をカントが分離させていることに疑問を呈している。何故なら、応報の範囲に留まる刑罰によって、犯罪行為に出ないように行動を制御するという、刑法規範が法的法則として目指すべき犯罪予防の目的が達成されるのであれば問題はないが、応報の論拠によって制限された刑罰では場合によっては（潜在的犯罪者から見たら）軽すぎて、本来果たすべき犯罪予防効果を発揮できない事態も想定できるからである。そもそも公の法的法則である刑法規範に伴う強制手段としての刑罰は、法的な規定根拠を示して犯罪予防を図りながら各人の自由を普遍的に保障することを自己の正当化根拠としていたはずである。しかし、応報の論拠による制限を受ける結果、刑罰が本来果たすべき犯罪予防効果を発揮で

26　ここでタファーニが、一般人に対する「威嚇」までを積極的に認めるのかどうかは定かではない。カントは、自己の利益に関係した格率に対抗するものとして強制は必要であり、それによって処罰が確実であるとの「恐れ」を抱かせることになると主張していた（Metaphysik der Sitten Vigilantius, AA, XXVII, S. 522参照）。

27　Tafani, Kant und das Strafrecht（前掲注22）S. 24参照。

28　カントは、刑罰的正義（Strafgerechtigkeit）と刑罰的賢慮（Strafklugheit）の論拠を区別し、後者に基づく刑罰は実用的な予防刑であるとしている（MdS, B 171 Anm.＊［邦訳219頁］）。そして、現実の国家における全ての刑罰は、この予防刑であるとしながらも、それを前者である刑罰的正義に基づく応報刑の範囲に服せしめている（Metaphysik der Sitten Vigilantius, S. 551; Praktische Philosophie Powalski, AA, XXVII, S. 150; Refl. 8029, 8030, S. 586 ; Refl. 8041, S. 589）。

29　Kant, MdS, A 197/B 227（邦訳178頁）参照。

きない場合には、タファーニからすれば、そのような刑罰はもはや正当化根拠を欠くことになってしまうのである。そして、予防的考慮を応報の範囲に服せしめるという要請についても、あくまで応報刑の範囲内であっても当該刑罰によって十分に犯罪予防効果を発揮できることが暗黙の前提になっていると喝破しながら、タファーニは、そのような前提が崩れる場合をカント刑罰論におけるアポリアであるとしている[30]。

以上のようなタファーニの見解は、刑罰の存在を専ら予防論的な論拠のみから正当化しようとするものであり、カント自身が重視した応報の観点には、あくまで刑罰に対する外在的な制限枠の意義しか与えられないことになる[31]。そして、このような理解に基づけば、応報の制限枠内の刑罰では犯罪予防目的を達成できず、刑罰の正当化根拠が失われてしまうような場合には、応報の枠を超える重罰化こそが本来求められるべき正当な刑罰であるとの結論に至ることになるのであろう[32]。

2 特別予防を重視する見解

カントの法概念の内容を検討し、それに一番合致する刑罰論は、応報刑論などではなく、むしろ再社会化を中心とする特別予防論であると主張するのがメルレである。彼によれば、カントの法概念については二通りの解釈が可能である。つまり、①カントの法概念は、現実の法秩序において国民の外的な自由を調和させるものであるが、その際に各人の内面に干渉することを意図しないリベラルなも

---

30 Tafani, Kant und das Strafrecht（前掲注22）S. 22 Fn. 74参照。但し、カントは予防と応報の双方の観点が矛盾する事態を明確に意識していた（Refl. 8042, S. 589参照）。そのような場合には、カントからすれば、あくまで応報の観点が優先され、それに反する予防のための刑罰は不当なものということになる。

31 Michael Pawlik, Strafe als Verhinderung eines Hindernisses der Freiheit?, Journal der Juristischen Zeitgeschichte, 1/2007, S. 26によれば、タファーニの見解は、刑罰論の中で応報の論拠が有する体系上の意義を減殺するものである。

32 Tafani, Kant und das Strafrecht（前掲注22）S. 22 は、カントとの対比でフィヒテに言及している。フィヒテは、処罰の唯一の目的、刑罰の量の唯一の尺度は公共の安全の可能性であるとし、応報刑では刑罰として軽すぎて威嚇にならず、十分な安全性が保障されない場合には、より重く処罰すべきであると主張していた（Johann Gottlieb Fichte, Grundlage des Naturrechts nach Prinzipien der Wissenschaftslehre, 1979 (Neudr. auf d. Grundlage d. 2. von Fritz Medicus hrsg. Aufl. von 1922), S. 258 f.［＝藤澤賢一郎訳「知識学の原理による自然法の基礎」『フィヒテ全集第6巻自然法論』（1995年）311頁以下］参照）。

のであるとする解釈と、②カントの法概念は、その正当化を狭義の道徳の領域に依存させているため、各人の内面との関わりも本来的には無視し得なくなるとする解釈の二つである。こうして、カントの法概念の内容について二通りの理解があり得ることになるが[33]、メルレによれば、応報刑論はそのどちらにも合致しないのである。

まずメルレは、カントの法概念が外界における自由の保障に特化したものであるとする①の解釈の立場から応報刑論が主張可能であるのか否かを検討する。メルレによれば、カントは、刑罰の種類と量を規定する原理の意味で応報の論拠（ius talionis）を提示したが、刑罰の基礎づけ自体に関しては功利主義を否定しているだけであり、積極的に応報の論拠に依拠しているわけではない。何故なら、「法論」においては、裁判による刑罰は専ら犯罪がなされたことを理由にして科されるものでなければならないと主張されていたが[34]、これは予防刑論の立場からも当然の前提とされる事柄だからである。そして、そもそもカント自身、刑罰の種類と量を規定する原理としても実は応報の論拠を貫徹させておらず、一定の例外を認めてしまっている。例えば、緊急権に関して、カントはいわゆるカルネアデスの板の事例を挙げ、その場合に公の法的法則である刑法規範によって提示

---

[33] Jean-Christophe Merle, Strafen aus Respekt vor der Menschenwürde, 2007, S. 15 ff. 参照。メルレ自身は、『人倫の形而上学』の「法論」における叙述を前提とする限り②の解釈、つまり、カントの法概念は狭義の道徳と密接に結び付いたものであるとする解釈が妥当なものであるとしている（S. 33参照）。メルレによれば、狭義の道徳における定言命法が要請する行為の内で外的に強制可能なものの全てが法の対象となる（S. 18 ff.）。狭義の道徳の領域において定言命法に適った行為を行う際には、その行為の正当性を直接的な動機づけの内容とすることが要請されるが（道徳性［Moralität］の問題）、法の領域では、動機は何であれ単に外面的に定言命法に適った行為を行えば十分とされてしまう（合法性［Legalität］の問題）。つまり、狭義の道徳の領域で本来的に要請される動機の内容は、法において等閑視されることになる。この意味でメルレは、法を道徳の弱められた形態として捉えている（S. 24）。しかし、このような法の捉え方は、外界において自由を普遍的に保障するために法が有している独自の意義を過小評価するものでしかないと思われる。カント哲学の体系上、外界における具体的な他者との関係を念頭に置いて自由の外的な使用を要請する法といわば理性的な自由の内的な使用を一人の個人の内面において要請する狭義の道徳との関係は、優劣を付けることのできるものではない。法と道徳は、人間の自由の保障についてそれぞれ異なる同等の役割を果たすものである。詳しくは拙稿「法概念の基礎としての相互承認関係」法学政治学論究（慶應義塾大学）47号（2000年）169頁以下。そして、Rainer Zaczyk, Einheit des Grundes, Grund der Differenz von Moralität und Legalität, Jahrbuch für Recht und Ethik, Band 14, 2006, S. 311 ff.、318 ff. を見よ。また、先に挙げたメルレの著書に対する痛烈な批判として Michael Pawlik, Buchbesprechungen, ZStW 120（2008）, S. 131 ff. も参照。

[34] Kant, MdS, A 197/B 227（邦訳178頁）。

される死刑による生命剥奪の可能性は、溺死によって生命を失う可能性よりも確実とはいえないのであるから、刑法規範は意図した効果を全く持ち得なくなり、それ故に死刑を科すことはできない（unstrafbar）と主張していたし[35]、謀殺犯について、カントはその共犯者も死刑にすべきとしながら、共犯者の数が多すぎて全員を死刑にしていたら国民の大部分がいなくなってしまうような場合には、自然状態への逆行を防ぐために、主権者は、恩赦によって死刑を追放刑（Deportation）などに減刑して国民の数を維持し、法秩序を消滅させないようにすべきであるとしていたのである[36]。この点から、メルレはカントにおいても応報の論拠が絶対的なものとされていなかったことを確認し、特に後者の事例を、カントにおける刑罰が単純な応報ではなく、法秩序の維持と調和する限りにおいて意義を有することを示すものとして捉えている[37]。

　カントの法概念において目指されるのは、各人を同等の自由な法主体として扱いながら、法秩序において各人の自由を普遍的に保障することである。ここでの各人の中には当然に犯罪者も含まれている。しかし、カント自身は、応報の論拠を用いた帰結として犯罪者を法秩序の構成者の地位から放逐してしまっている[38]。この点もメルレからすれば、カントの応報の論拠が彼自身の法概念に合致しないことの証左である。そこで、メルレは、カントが刑罰の基礎づけの際に市民的人格性と生得的人格性を区別し、犯罪者が処罰を通じて単なる手段として扱われて物権の対象と混同されることを禁止する理由として、当該犯罪者にも後者の生得的人格性が保障される[39]としていたことに注目し、この生得的人格性の観点から再社会化を中心とする特別予防論を導き出す[40]。つまり、メルレからすると、自由の相互的な保障を普遍的に達成させようとするカントの法概念に基づく

35　Kant, MdS, AB 41, 42（邦訳55頁）.
36　Kant, MdS, A 201, 202 f. /B 231 ff.（邦訳182頁）。
37　Merle, Strafen aus Respekt vor der Menschenwürde（前掲注33）S. 47は、カントの主張の中で維持可能な「応報」の内容は、確固とした法秩序が存在する場合にのみ犯罪者は処罰されるべきであるということでしかなく、それをわざわざ「応報」と表現する必要はないとする。メルレからすれば、それはそもそも予防刑論においても前提とされているからであろう。
38　カントは、謀殺犯人に対して死刑を認めていた。また、その共犯者が多すぎる場合の減刑として追放刑を容認していたし（前掲注36）、獣姦については市民社会から永久追放すべきとしていた（MdS, B 172, 173〔邦訳219頁〕）。これらの刑罰は、メルレからすれば犯罪者から法秩序の構成者の地位を奪ってしまうものであり、カントの法概念の内容とは合致しない。
39　Kant, MdS, A 197/B 227（邦訳178頁）.
40　Merle, Strafen aus Respekt vor der Menschenwürde（前掲注33）S. 52 ff. 参照。

限り、他者の自由を脅かす犯罪者に行動の自由を認めることはできない。そこで市民的人格性は剥奪されるわけであるが、処罰を通じても生得的人格性を喪失しないということは、当該犯罪者について他者の自由を脅かす危険性がもはやなくなったと認められる場合には、法秩序の構成者として再び自由を獲得する可能性をその者に保障しなければならないことを意味する。換言すれば、生得的人格性を有する犯罪者には、国家に対して将来再び国家の構成員に戻れる可能性を保障するように求める権利があることになる。

こうして、国家に対して再社会化のための働きかけを求める権利を受刑者に認めるという形で再社会化を内容とする積極的特別予防論が導き出されることになるが、メルレによれば、そのような権利を行使してこない受刑者に対しても強制的な再社会化のための働きかけは可能である。カントは、子供に対する教育を強制として捉えていたが[41]、メルレは、このような子供の法的地位と犯罪者のそれを同列に扱う。つまり、犯罪者も子供と同様に他者の自由を配慮することを内容とする法的法則に十分に適った形で行動することができない存在であり、法秩序による刑罰という強制的な教育を受けて法的法則に則して行動できる能力を養わなければならないというのである。

以上により、刑罰には再社会化のための犯罪者の改善という内容が与えられることになる。十分に法的法則に服する能力が養われれば、犯罪者を社会に立ち返らせてもかまわないが、その段階に達するまでは他者の自由をいまだ脅かす可能性を否定できないため、法秩序の治安の観点から自由を制限して拘束しなければならない[42]。この期間の間、法秩序は当該犯罪者による再犯の可能性から守られることになるので、いわゆる隔離予防(消極的特別予防)の要請も満たされることになる。このような特別予防論は、メルレによれば、カントが批判した功利主義

---

41 Immanuel Kant, Über Pädagogik, A 4, 5は、教育をまず規律（Disziplin）を守らせることとして捉えながら、その際に対象者を人間性の法則に強制的に服させることが肝要であると主張する。

42 Merle, Strafen aus Respekt vor der Menschenwürde（前掲注33）S. 175において、犯罪者の自由が制限される理由は、過去において犯罪行為を行ったことではなく、十分に再社会化されていない段階で社会に戻った場合には他者の自由を脅かす危険性があることに求められている。カントの法概念は、他者の自由を相互的に配慮することを求めているため、それに反して他者の自由を脅かしかねない場合には、自由を制限すべきとする理解がそこにはあると思われる。しかし、過去の犯罪行為自体、法秩序における他者の自由（これは具体的な被害者の自由に限定されるものではない）の普遍的な保障を不安定にするものであり、メルレの理解からしても当然に当該犯罪者の自由を制限する根拠となるはずであるが、応報の論拠を否定するメルレは、この点を無視してしまっている。

の観点に基づくものではなく[43]、犯罪者を法秩序に立ち返らせることを通じて、犯罪によって侵害された法秩序を回復させる[44]ことだけを刑罰の目的とするものであり、全ての人格の自由の普遍的な保障というカントの法概念の要請に合致する刑罰論である[45]。

次にメルレは、カントの法概念を狭義の道徳と結び付ける②の解釈の内容と応報刑論が合致するのか否かを検討する。実は、カント自身の応報刑論に関する叙述の中には狭義の道徳の文脈で語っているのではないかと思えるものが多くある。例えば、応報としての罪刑の均衡性は、謀殺犯人について「その内面の悪意」に専ら釣り合うものとして死刑判決が下されることから明らかになるとカントは主張していた[46]。ここでは、内心の悪辣さという犯罪者の内面の要素が、罪刑均衡性という応報的判断の対象とされている。しかし、内面性を考慮することは、本来的には狭義の道徳の領域で要求される事柄なのではないかとの疑念が当然に生じてこよう。そもそもカントは『実践理性批判』において、道徳法則の違反が「可罰性（Strafwürdigkeit）」を表すことは実践的な理性の要請であるとし、この点から道徳法則の違反には物理的な害悪としての刑罰が必然的に結び付かなければならないと主張していた[47]。まさに刑罰の根拠として道徳法則の違反がまずなされなければならないのであるから、刑罰を応報の論拠に基づいて基礎づけていることになるが、ここでカントによって想定されていたのは、可罰性を「最

---

[43] カントが刑罰法則を定言命法として捉えていたことについて、メルレはその内容を各人の自由を普遍的に保障するというカントの法概念と結び付けている（S. 49, 174参照）。つまり、メルレからすると、犯罪者を法秩序に立ち返らせ、自由を普遍的に保障する法秩序を回復させることは、定言命法としての刑罰法則が無条件で果たすべき事柄であり、功利主義的に基礎づけられるものではないのであろう。

[44] メルレの見解では、法秩序の回復は当該犯罪者を法秩序に戻すこととして捉えられているが、その際に法秩序を回復させなければならなくなったそもそもの原因である犯罪行為の意義は、不当にも軽視されている。そのため、メルレの理論構成では、自由の制限は法秩序の回復＝犯罪者の再社会化の達成に必要である限りで要請され続けてしまい、原理上の限界が設定され得ないことになる。自由の制限に限界を設定するためには、犯罪行為が法秩序に与えた侵害の程度を考慮する応報の観点を採用するしかない。

[45] Merle, Strafen aus Respekt vor der Menschenwürde（前掲注33）S. 59. 再社会化を重視するメルレの見解からすると、死刑は刑罰としては認められない。但し、威嚇による一般予防効果は刑罰の望ましい副次的な効果として容認されている。また、刑量の規定に際して罪刑の均衡性は、原理上放棄されることになる（S. 61. また S. 169も参照）。

[46] Kant, MdS, A 200/B 230（邦訳181頁）。

[47] Immanuel Kant, Kritik der praktischen Vernunft, A 66（＝坂部恵・伊古田理訳「実践理性批判」［岩波書店版カント全集7、2000年］177頁）。以下では、本書を KpV と略すことにする。

高善（das höchste Gut）」の裏返しとして捉える立場である。

　カントによれば、最高善とは幸福と徳の一致であり、（狭義の）道徳法則に適った振る舞いに見合った形で幸福が配分されることを意味している[48]。しかし、そのような幸福の配分を行える主体は、人間の内面まで見据えて道徳性を判断できる全知全能の神のみであり、可罰性が最高善の裏返しである限り、同様に道徳法則の違反に見合った刑罰を科すことができるのも神のみということになる。『実践理性批判』においてカントが可罰性の概念によって基礎づけようとした応報刑は、対象者の内面をも判断対象としながら道徳性を評価する神の存在を念頭に置いた、いわば叡智界に位置づけられるものということになる。それ故、カントは、現実の法秩序における人間の存在を専ら理性法則に基づいて考察する場合には、最高の道徳的立法者である神以外の者には刑罰を科す権限はないことになるとも主張したのである[49]。ここで応報刑を必然的なものとするのは、神的な刑罰的正義の理念であり、その必然性について人間が直に認識することは不可能ということになる[50]。このような応報刑論の内容は、カントからすれば、現実の法秩序における刑罰としては直接用いることはできず[51]、あくまでその正当化の論拠として援用できるものでしかない[52]。

　このように、カントは狭義の道徳の文脈で応報刑論を基礎づけており、これはカントの法概念を狭義の道徳と結び付いたものとする②の解釈の内容と親和性を有するといえるが、メルレは、可罰性の概念を前提とする道徳的な応報刑をそれが叡智界に属することを理由に退けている[53]。おそらくは②の解釈の立場からしても、現実の法秩序において適用可能な刑罰論でない限り、カントの法概念の内容に合致するとはいい難いからであろう[54]。そこで、メルレは道徳法則の違反に

48　Kant, KpV, A 198, 199 ff.（邦訳284頁以下）。
49　Kant, MdS, A 136, 137（邦訳348頁）参照。
50　Kant, MdS, A 186, 187（邦訳386頁以下）参照。また、Metaphysik der Sitten Vigilantius, S. 552.
51　Paul Menzer(Hrsg.), Eine Vorlesung Kants über Ethik, 1924, S. 67 f. によれば、全ての刑罰は、警告的か応報的なものであり、道徳性（Moralität）の基準に従って行為を処罰する存在（神）による刑罰のみが応報的な刑罰である。これに対して、現実の法秩序における刑罰は警告的なものであるとされている。
52　カントは、1792年12月21日付のエアハルト宛の書簡において、（道徳法則の）違反と可罰性の概念の結び付きは、支配者にとって法律の条文の内容として用いることのできるものではなく、あくまでその正当化のために資するものでしかないと書いている（Kant's Briefwechsel, AA, XI, S. 398 f.参照）。
53　Merle, Strafen aus Respekt vor der Menschenwürde（前掲注33）S. 72参照。

刑罰を結び付けるという可罰性の概念における応報的側面から目を転じ、そもそも可罰性が最高善の裏返しであることに着目する。つまり、最高善が幸福を付与するものであるとすれば、可罰性に基づく刑罰は、幸福の反対物を与えることになる。カントは、幸福を理性的存在者にとって全ての事柄がその意志（Wille）と希望の通りになる状態として定義しているが[55]、そこでは理性的存在者の目的・意志の規定根拠が自然と一致する形で世界において現れることが念頭に置かれていた。刑罰は、その反対を意味するのであるから、犯罪者が有する悪意を実現させないことを内容とすることになる[56]。メルレは、このような可罰性の概念から導き出される道徳的な刑罰の内容であれば、現実の法秩序においても適用可能であるとして、それを自己の見解である特別予防論と結び付けて理解している[57]。こうして、②の解釈に基づくカントの法概念の内容に相応しいのは、応報刑論ではなく、特別予防論であるとする結論が導き出されることになる。

以上から、①と②のどちらの立場をとるかに関係なくカントの法概念に一番合致する刑罰論は、再社会化を中心とする特別予防論ということになるが、メルレからすれば、これは全ての人格の自由を法秩序において普遍的に保障することを目指すカントの法概念からの当然の帰結となる。何故なら、犯罪によって法秩序が侵害された場合、それを可及的速やかに回復させることは、カントの法概念か

---

54 特に Wolfgang Schild, Die staatliche Strafmaßnahme als Symbol der Strafwürdigkeit, in: Rainer Zaczyk u. a. (Hrsg.), Festschrift für E. A. Wolff, 1998, S. 438参照。カントの刑罰論が「法論」の他の部分とは異なる起源（神の存在）に由来するものであることを指摘するものとして、Adolf Dyroff, Zu Kants Strafrechtstheorie, in: Friedrich von Wieser u. a. (Hrsg.), Kant-Festschrift, 1987 (Neudruck der Ausgabe Berlin-Grunewald 1924), S. 196 f., 208. また、カントが応報刑をあくまで叡智界の領域で妥当させたにすぎず、現実の法秩序における刑罰としては積極的に基礎づけていないとする批判として、Andreas Mosbacher, Kants präventive Straftheorie, ARSP Vol. 90, 2004, S. 210 ff., 218; ders., Kant und der „Kannibale", Jahrbuch für Recht und Ethik, Band 14, 2006, S. 486 ff.

55 Kant, KpV, A 224, 225（邦訳303頁）.

56 Merle, Strafen aus Respekt vor der Menschenwürde（前掲注33）S. 68.

57 Merle, Strafen aus Respekt vor der Menschenwürde（前掲注33）S. 70 f. 参照。悪意を実現させないということは、自由を制限する、社会からの隔離を直接的には意味することになるが、メルレは、カントの宗教論の検討に基づいて、道徳的な刑罰を悪人が善人に生まれ変わるための産みの苦しみとして捉えている。それ故、隔離予防に留まらない再社会化の側面も可罰性の概念からの帰結に含まれると理解しているのであろう（特に S. 69 f. 参照）。しかし、ここでの刑罰は、あくまで狭義の道徳の文脈で語られているものであり、個人がその内面において自発的に受け入れるべきことが前提となるはずである。このような刑罰概念をそのまま法の領域に移して強制の側面と結び付けることは、困難であると思われる。

ら要請されるが⁵⁸、メルレは、この法秩序の回復の核心を刑罰による当該犯罪者の社会復帰に求めているからである。しかし、彼によれば、応報刑論は犯罪行為に見合った刑罰の量を回顧的に規定する論拠に基づくものでしかなく、可及的速やかな法秩序の回復という観点を内容として有していない。つまり、そもそも何故に刑罰が犯罪発生の後に可能な限り速やかに執行されるべきであるのかということは、説明できなくなってしまう⁵⁹。それ故、応報の論拠に基づいて刑罰論を構成することは、人間の自由を将来に渡って継続的に法秩序において保障していくことを目指すカントの法概念には合致しないとメルレは主張するわけである。

第3節　批判的検討——規範的な応報刑論の立場から——

1　検討すべき問題点

以上のようなカントと予防刑論を結び付ける最近の動向に対して、カント刑罰論を一種の規範的な応報刑論として捉えるヴォルフ学派の見解がいまだ維持可能なものであるのか否かを考察しなければならない。まず検討すべき点は、最近の研究動向によって明らかにされたカント刑罰論の予防論的な側面をヴォルフ学派がどの程度受容できるのかどうかである。そして、最近の動向は、カントにおける応報の意義を減殺し、それを現実の法秩序で主張するには、場合によっては限界があることを示唆するものであった。そこで、次にヴォルフ学派の立場からしても、応報の概念には一定の限界があることを認めざるを得ないのではないかということを検討しなければならない。

2　カントにおける予防の意義

カントにおける公の法的法則が行為規範としての性格を有し、刑法の領域で法定刑を提示しながら犯罪を実行しないように各人の行動を制御するという観点は、カントに依拠して法秩序における自由の普遍的保障を自己の理論的基盤とするヴォルフ学派の立場からしても当然に正当なものである。法的法則は、各人に

58　Merle, Strafen aus Respekt vor der Menschenwürde（前掲注33）S. 49 f., 173 f., 176参照。メルレは、ここで法秩序の可及的速やかな回復を要請する根拠として、カントが永久平和論で言及した許容法則を挙げている。Immanuel Kant, Zum ewigen Frieden, BA 15 ff. Anm.＊（＝遠山義孝訳「永遠平和のために」[岩波書店版カント全集14、2000年] 259頁以下）参照。

59　特に Merle, Strafen aus Respekt vor der Menschenwürde（前掲注33）S. 7 f.参照。

他者の自由を配慮しながら自己の自由を使用することを要請するが、その具体化の一つが犯罪行為を禁止する刑法規範である。全ての者が刑法規範に適った行動をとるのが理想であるが、現実には自己の自由を濫用して犯罪を行う者もいるため、強制の手段として法定刑の提示が必要となる。この法定刑の提示によって刑法規範の現実的な効力が保障されることになる。しかし、このような法定刑の提示による行動の制御の際に、フォイエルバッハ的な「威嚇」の要素は、確かに事実上認められるかもしれないが、法的に正当なものとして見なされるものではない。何故なら、全ての者を自由な人格として扱うカント的な立場では、現実の法秩序における人間は、経験的諸条件に囚われながらも自己の行為を理性によって方向づけ得る能力を有していることが前提とされるからである[60]。法定刑の提示に威嚇され、処罰されることへの恐怖から犯罪行為を控えるように行動する者は、事実上存在するかもしれない。しかし、恐怖に基づいてただ強制されただけの行動は自由なものとはいえまい。カントの立場からは、法定刑の提示という強制手段を伴って禁止の対象とされている犯罪行為が自由の相互的な保障という法秩序の要請に反することを理性的に洞察して、内心の動機づけの内容は何であれそれを控えることのできる人間像があくまでも前提とされなければならない[61]。それ故、アルテンハインのようにフォイエルバッハ的な威嚇による一般予防を法的に追求すべき正当な刑罰の目的として認めることはできないと思われる。

そもそも、ここでの行動の制御は、行為規範である法的法則が追求すべきものとしてカントの法概念から要請される事柄であり、刑罰そのものが本来的に直接担うわけではない。従って、それを「一般予防論」として刑罰論の文脈に結び付けることにも疑問がある[62]。一般予防の問題として捉えられてしまうと、タ

---

[60] Kant, MdS, A 65（邦訳288頁）によれば、感性界における人間の行為は、原因としての彼の理性によって規定され得るものである。またKpV, A 67, 68（邦訳178頁）も参照。

[61] 特にRainer Zaczyk, Schuld als Rechtsbegriff, ARSP-Beiheft Nr. 74, 2000, S. 109（＝宮澤浩一・飯島暢訳「法概念としての責任」法学研究［慶應義塾大学］74巻10号［2001年］103頁）参照。フォイエルバッハは、人間存在の感性的側面のみを過度に重視していたといえるであろう。このことを正当にも指摘するものとして、Felix Maultzsch, Bemerkungen zum Wandel in Feuerbachs Strafverständnis, ARSP-Beiheft Nr. 87, 2003, S. 92 f. また、カントの見解をフォイエルバッハ的な威嚇予防論に結び付ける最近の動向に対する批判として、Wolfgang Naucke, Feuerbachs Lehre von der Funktionstüchtigkeit des gesetzlichen Strafens, in: Eric Hilgendorf u. a. (Hrsg.), Der Strafgedanke in seiner historischen Entwicklung, 2007, S. 112 ff., 120 f.

[62] 刑罰論における一般予防という概念は、あくまで具体的な犯罪者に対する科刑に伴う効果・目的との関連で取り扱うべきであると思われる。

ファーニの見解に見られたように、あくまでも行動制御の最適化の観点から法定刑の種類と量が規定されることにもなりかねないのである。やはり、犯罪を防止するための刑法規範による行動制御が正当であることとは別に、法定刑を規定する原理は、刑罰概念そのものから導き出されなければならないであろう。ヴォルフ学派は、犯罪を通じて惹き起こされた法秩序の侵害の程度(具体的な被害者が被った自由の侵害の程度を含む)に見合った自由の制限として刑罰を応報的に捉え、それによって法秩序の規範の効力(及びそれを通じて保障される各人の自由)を回復させることを刑罰の役割としている。このような理解に基づく限り、法定刑も、保護されるべき各人の自由の基盤である法益が侵害された場合に法秩序における規範の効力がどの程度侵害されるのかを予想して[63]、つまり、いわば応報の観点を先取ることによって規定されなければならない。応報の観点を無視して行動制御の最適化だけを考慮する場合、結局のところ法定刑の範囲は不明確になってしまうし、最終的には法定刑そのものを撤廃せよということにもなりかねない[64]。しかし、そのような行動制御では、カント的な法的法則が本来目指した各人の自由の保障ではなく、自由の不当な制限にしか至らないであろう。法定刑の提示に基づく行動の制御も、その効果性については、応報の観点からの制限を受けざるを得ないのである。

行為規範である公の法的法則の名宛人たる各人は、法的法則に従って他者の自由を配慮する法的な格率を行為原則として採用し、それに基づいて行動しなければならない。その際カントの立場からしても、法的な格率を内心で有しながらなすべき行為を行うことが行為者に対して求められる。何故なら、法的な行為について要求されないのは、法的な格率を内心で有するに至った動機づけが道徳性 (Moralität) の基準に適っているということだけだからである。カントは、法的な

---

[63] ヴォルフ学派の理解からすれば、犯罪もまずは法益侵害として規定されるが、法益は、各人が自由を展開するための基盤として法秩序において普遍的に保障されており、そのために法益侵害を禁止する行為規範が公の法的法則として普遍的効力を伴って定立されている。それ故、法益侵害としての犯罪は、法的法則の違反であると同時に、法秩序の普遍的効力そのものを侵害していることになる。

[64] 応報の論拠を否定し、再社会化を重視するメルレの見解も法定刑の枠組みを撤廃するという結論に至らざるを得ないように思われる。確かに、窃盗犯人は通常再社会化に10年の歳月を必要とすると考えることによって再社会化の観点を先取りして、法定刑の範囲を規定することは可能であるが、再社会化の程度というものは個々具体的に異なり、そもそも一般化できる基準ではない。やはり法定刑で上限を画することは、再社会化の目的には合致しない制約にしかならない。

行為についてはその外面性に着目すべきであり、法的な格率を有するに至った内心の経過も合法性（Legalität）の基準に合致していれば十分であると主張していたが、これは行為者の主観面を法の領域において等閑視することを意味するものではない[65]。つまり、法に適った行為については、その内容が正しいと信じることを動機づけにして法的な格率を内心で形成し、その行為に出ることを（法的な強制を通じて）要請できないだけであり、法的な格率を内心で有すること自体が求められないわけではないのである。従って、法定刑の提示を通じて法に適った行動へと制御する刑法規範も、内心で法的な格率を形成して犯罪行為に出ないことを（道徳性の基準を要求しない限りで）求めることができる。

　犯罪者は、本来内心に有することが求められる法的な格率ではなく、いわば不法の格率[66]に基づいて犯罪行為を行っている。そこで、その不法の格率に至る内心の誤った経過を責任非難の対象として評価し、それに基づいて犯罪（法秩序の侵害）の程度を量ることは可能である[67]。カントは、法則によって要求されるよりも以下のことを行う場合に有責性（Verschuldung）を認め、有責性の法的な効果が刑罰であると主張していた[68]。つまり、有責性は犯罪者が内心で有している不法の格率がどの程度本来要求されるべき法的な格率から乖離しているのかによって判断されるものであり、その判断の際に、不法の格率に至った内心の経過は評価の対象になると考えることができる[69]。例えば、金銭を得る目的で殺人を行った場合、人を殺してよいとする殺人の格率を有するに至った内心の経過を金銭の取得目的が支配していたことが、有責性を判断する際の対象となり、その程

---

[65] Kant, MdS, AB 15（邦訳33頁）参照。
[66] Kant, MdS, A 179/B 209 Anm.（邦訳166頁）は、悪い行いを自己の行為原則とすることに言及しており、それを「犯罪者の格率」と呼んでいる。
[67] 特に Zaczyk, Schuld als Rechtsbegriff（前掲注61）S. 110 ff.（邦訳105頁以下）参照。Michael Köhler, Strafrecht Allgemeiner Teil, 1997, S. 348 ff., 361 f. も不法の格率への決定のプロセスを有責性の内容として捉えている。
[68] Kant, MdS, AB 29, 30（邦訳44頁以下）参照。カントは、「有責性」の前に「道徳的（moralisch）」という形容詞を付けているが、これは狭義の道徳に限定された意味だけを表すものではない。
[69] 不法の格率に至る内心の経過がやむを得ない事情に支配されていた場合には、もはや責任非難はできない。法的な格率を内心で形成することについて、いわゆる期待可能性が欠けるからである。カントにおけるカルネアデスの板の事例などは、このような事情に該当するであろう。但し、ヴォルフ学派に属する Köhler, Strafrecht Allgemeiner Teil（前掲注67）S. 329 ff. は、同事例においては法秩序によって保障されるべき殺人の禁止規範の普遍的な効力そのものが維持され得ないとし、結論として違法性の阻却を認めている。

度を決めることになる。ここで金銭の取得目的を理由に重く処罰しても、それは道徳性の基準に従って殺人の禁止規範を守らせることにはつながらない。カントは、「内面の悪意」を応報刑を規定する際の基準にしていたが、以上のような意味で捉えるのであれば、それは法の領域においても主張可能なものであると思われる[70]。

　ヴォルフ学派におけるカント主義的な応報刑論は、メルレが批判するような回顧的な論拠だけに基づくものではなく、法秩序の規範の効力（及びそれによって保障される各人の自由）を回復させ、将来に向けて継続的に存続させていく展望的な視点を有している。そして、予防の観点も法秩序の回復という応報刑の役割に合致する限りでは、その内在的な側面として捉えることが可能となる。しかし、その際には、カントが犯罪者にも生得的な人格性を保障し、他者の単なる手段として扱われてはならないと主張していた点が重要となる。犯罪によって法秩序の規範の効力が侵害された場合、国家（法秩序）は、刑罰権を発動してその回復を目指すわけであるが、ここでは刑罰を行使する主体である法秩序が現に存在していることがあくまでも前提となる。何故なら、仮に犯罪によって法秩序が完全に消滅させられてしまう場合には、刑罰権行使の主体である国家はもはや存在しないため、国家制度としての刑罰を語る意味がなくなってしまうからである。つまり、刑罰権発動の前提として、犯罪による法秩序の侵害は、あくまでも部分的なものに留まり、法秩序の大部分は確固として現存していることが必要となる。カント的な理解からすれば、このように現存している法秩序の範囲では、犯罪者もその構成者である人格としての地位をいまだ有しているため、それは法秩序によって保障されなければならない。

　犯罪に見合った応報的な自由の制限が強制的に科されるということは、市民的人格性の喪失を意味するが、生得的人格性は保障されるため、その自由の制限も一時的なものでなければならない。つまり、犯罪者から法秩序の構成者としての地位を完全に奪うことは、刑罰の内容としては許されないのである。そして、生得的人格性の保障から、刑罰の役割はあくまでも犯罪によって侵害された法秩序の回復に限定され、刑罰によって規範の効力レベルを犯罪以前よりも強化するこ

70　Dieter Hüning, Kants Strafrechtstheorie und das jus talionis, in: ders. u. a. (Hrsg.), Festschrift für Manfred Baum, 2004, S. 357 f. は、犯罪者の内面の悪意がカントにおける裁判官による刑罰を判断する際の基準になることを認めている。

とは許されないという結論も導き出されてくる。規範の効力を犯罪発生以前よりも強化するということは、当該犯罪とは無関係な形での重罰化（自由の制限の拡大）につながることに他ならず、それはまさに当該犯罪者を規範の効力の強化という目的のための単なる手段として取り扱うことになってしまうからである。

　以上のような生得的人格性の保障は、予防の観点を応報刑の内在的な要素として捉える際に当然に考慮されなければならない。そして、ここから応報刑の範囲内で法的に正当なものとして追求することが許される予防の観点と事実上のものとしてしか認めることができない予防の観点を区別することが可能となる[71]。

　まず、他の無関係な潜在的犯罪者を威嚇する消極的一般予防や一般市民の規範への信頼を高める積極的一般予防は、当該犯罪者を応報的に処罰する際に事実上認められる刑罰の効果でしかない。何故なら、それらを法的に正当なものとして刑罰で追求することは、当該犯罪とは無関係な事情を考慮して規範の効力の強化を志向し、犯罪者をそのための手段とすることに他ならないものであり、たとえ応報刑の範囲内であったとしても、犯罪者に生得的な人格性が保障される限り認められるものではないからである。また、法秩序の回復のために、犯罪者には刑罰の内容として自由の制限が科せられる結果、その期間中、法秩序は当該犯罪者から守られることになるが、このような消極的特別予防（隔離予防）の観点も事実上認められる効果でしかない。あくまで刑罰によって追求することが許されるのは、法秩序における規範の効力と各人の自由の回復だけであり、自由の制限としての刑罰もそれとの関係でのみ法的な意義を有するからである。刑罰による社会防衛的な観点の追求は、法秩序の回復とは直接的には関係がないと思われる。

　以上の諸観点とは異なり、積極的特別予防（再社会化）の観点は、応報刑の枠内で正当なものとして追求することが許される。刑罰の役割は法秩序の回復であるが、当該犯罪者を再び犯罪以前のような法秩序の構成者の地位に立ち返らせてこそ、法秩序は回復されたといえるからである。従って、生得的人格性が保障される犯罪者には、将来において再び法秩序の構成者の地位に復帰する権利が認められるため、当該犯罪者が求める場合は勿論のこと、また仮に拒絶してきたとし

71　以下については、拙稿「最近のドイツにおける規範的な応報刑論の展開」（前掲注２）116頁以下参照。カント自身の叙述（例えば、Refl. 8029, 8030, S. 586）は、応報の枠内である限り、一般予防と特別予防の双方の観点をそのまま認めるかのように読めるものであるが、本稿のような解釈を排斥するものではないであろう。

ても、応報刑の範囲内で再社会化のための働きかけを国家が犯罪者に対して（強制的に）行うことは、法秩序の回復という刑罰の役割に合致するものとして許されることになる。但し、刑罰も法概念である限り、追求すべき再社会化の程度も当該犯罪者が合法性（Legalität）の基準に従って法に適った行動ができるようになることで十分である。法秩序の回復を通じて当該犯罪者がその構成者の地位に立ち返ることは、仮にそれが強制的になされるものであったとしても、結果として法によって普遍的に保障される自由を再び享受することが可能となるのであるから、そもそも当該犯罪者自身が理性的に追求すべき目的ともいえるものである。つまり、ここで当該犯罪者は、他者の目的のための単なる手段として扱われることにはならない。それ故、積極的特別予防の観点は、生得的人格性を配慮する要請には抵触しないものとして、応報刑の範囲内で追求することが許されるのである。

　しかし、メルレの見解のように、いくら再社会化の必要性が認められるとしても、応報の範囲を超えて刑罰によってそれを追求することは許されない。何故なら、刑罰の役割は、あくまでも犯罪以前の状態に法秩序を回復させることにすぎないのであり、当該犯罪者に対する働きかけも犯罪行為を行う時点よりも前の状態に立ち返らせることに限られるからである。犯罪行為を行うよりも以前の状態において、既に当該犯罪者は潜在的な犯罪傾向を有していたかもしれないが、合法性の基準に従って犯罪を起こさずに法に適った行動をしていたのであれば、そのような犯罪傾向を刑法が問題にする必要はない。つまり、応報の範囲を超えて再社会化を追求することは、犯罪行為に直接現れていない犯罪者の犯罪傾向を不当にも考慮することになってしまう。犯罪者の犯罪傾向を完全に消滅させることは、確かに望まれる事柄ではあるが、それは刑罰の役割ではない。

3　カントにおける応報の限界

　ヴォルフ学派の理解に基づくカント主義的な応報刑は、現実の法秩序における自由の普遍的保障を回復させるために、犯罪者に対して彼の犯罪行為に価値的に見合った自由の制限を科すものである。ここでは法秩序における規範の効力及び各人の自由の回復を刑罰の目的として想定することができる。このように役割が規定される刑罰は、あくまで現実の法秩序において適用されることが前提になっているため、一定の制約の下に服さざるを得ない。カントは、応報刑の基礎とな

る刑罰法則を「ある一つの定言命法（ein kategorischer Imperativ）」であるとしていた[72]。しかし、狭義の道徳の領域における本来の定言命法は唯一つしかないものとされており、それがあたかも複数あるかのような事態は、想定されていなかったはずである[73]。この点から、カント自身も法の領域における定言命法たる刑罰法則は、本来の定言命法とは異なるものであること、つまり一定の制約を受けざるを得ないことを意識していたと思われるのである。

　メルレは、応報の観点が犯罪に見合った刑量を提示するだけであり、同観点からは、侵害された法秩序が刑罰を通じて可及的速やかに回復されるべきことが基礎づけられないままになると批判していた。しかし、法秩序の回復を刑罰の役割と考えるヴォルフ学派の応報刑論には、この批判は当たらない。不法の格率に基づく犯罪行為は、いわば自由の誤った使用であり、それによって犯罪者は、法秩序内部で自分だけを例外的な立場に置いて、他者の自由とそれを保障する規範の普遍的効力を侵害してしまう。既に述べたように、ここでは法秩序は部分的に侵害されるだけであり、大部分は確固として現存しているため、完全に自然状態に戻ってしまうわけではない。こうして、犯罪が発生した法秩序は規範の普遍的効力に関して例外状態という不安定な要素を抱え込むことになるが、犯罪者には生得的人格性が保障されているため、犯罪自体にも、潜在的には自由で理性的である主体によってなされたものという意味での法的な性格が付与されることになる。

　ヴォルフ学派のツァツィックは、このような犯罪の法的性格をカントがいう自然状態における暫定的な占有[74]と類似のものとして捉え、犯罪には消極的な意味で法的に暫定的な性格が認められると主張している[75]。カントは、暫定的な権利関係を確定的なものとするために、自然状態を離れて法的な状態へ移行する公法の要請を認め、市民状態に結合することが理性に適った各人の義務であるとして

---

[72] Kant, MdS, A 197/B 227（邦訳179頁）。

[73] Immanuel Kant, Grundlegung zur Metaphysik der Sitten, BA 52（＝平田俊博訳「人倫の形而上学の基礎づけ」［岩波書店版カント全集7、2000年］53頁）．以下では、本書を GMS と略すことにする。この GMS において、定言命法は複数の定式化を通じて表されている。しかし、これは同一の定言命法を異なる表現で言い換えているだけである。

[74] Kant, MdS, AB 74 ff.（邦訳81頁）参照。

[75] Rainer Zaczyk, Zur Begründung der Gerechtigkeit menschlichen Strafens, in: Jörg Arnold u. a. (Hrsg.), Festschrift für Albin Eser, 2005, S. 218 f.（＝拙訳「人間的な刑罰における正義の根拠付けについて」香川法学25巻1・2号［2005年］124頁以下）参照。

いた[76]。犯罪にも法的には暫定的な性格が認められるのであれば、これとパラレルに考えて、犯罪を通じて発生した部分的な例外（自然）状態を刑罰によって解消し、法秩序における規範の普遍的な効力（及びそれによって保障される自由）を回復すること（換言すれば、改めて完全な市民状態に結合すること）もカント的な公法の要請から基礎づけられることになる。つまり、ヴォルフ学派の理解によれば、犯罪者に対して自由の制限という刑罰が科され、法秩序が回復されるべきことは、法的な実践理性[77]の要請として自由の普遍的保障のために、いわば規範的に求められるのである[78]。そして、法秩序の回復は、犯罪者を含む法秩序の全ての構成員に向けられる要請であるから、犯罪者が自己の犯罪に見合った範囲で刑罰を甘受しなければならない義務もここから導き出されてくることになる。このような規範的に要請される法秩序の回復は、理由なく遅滞を許すものではなく、当然に可及的速やかに実現されなければならない。

　刑罰は、犯罪によって侵害された法秩序を回復するために行使されるが、その権限の主体は法秩序そのものである。それ故、既に述べたように、犯罪による法秩序の侵害は、あくまで部分的なものでなければならず、刑罰の主体である法秩序の大部分は現存していることが、応報の観点の前提となる。そして、実はここから、応報の観点における一つの限界が導き出されてくる。何故なら、当該犯罪者も生得的人格性が保障され、そのように現存している法秩序の範囲ではその構成者としての地位を潜在的にはいまだ有しているため、彼から法秩序の構成者の地位に立ち返る可能性を完全に剥奪することは、応報刑の内容としては許されな

76　Kant, MdS, AB 157 f.（邦訳148頁以下）。

77　カント自身、「法的な実践理性(rechtlich-praktische Vernunft)」という表現を用いている（MdS, AB 71, 72［邦訳79頁］）。

78　この意味で刑罰法則は、狭義の道徳の領域におけるものとは異なるが、一つの定言命法である。刑罰が現実の法秩序を対象とし、その規範の効力と各人の自由を回復することを目的とするため、厳密な意味での定言命法といえるかどうかは問題となるが、もし仮言命法であるのであれば、法秩序の回復のために何が最適な手段であるのかという観点から、刑罰の内容は規定されることになってしまう。しかし、ヴォルフ学派の理解によれば、刑罰の内容である自由の制限は、自由を普遍的に保障する法秩序を回復させるのに必然的なものとして、最適性の観点とは無関係に要請される事柄である。それ故、刑罰法則を仮言命法として捉えることはできないであろう。但し、カントは前掲注52で挙げたエアハルト宛の書簡において、道徳的な原理に基づいて神によって支配される世界における刑罰は定言的に必然的なものであるが、人間の世界においては刑罰の必然性は仮言的なものでしかないと主張していた。定言命法と仮言命法の違いについては、Kant, GMS, BA 40 ff.（邦訳43頁以下）参照。

いからである。それ故、カント自身の主張とは異なることになるが、そのような可能性の完全な剥奪を意味する死刑は到底認められないことになる[79]。

また、刑罰が法秩序の回復を目的とするものである限り、その前提として刑罰執行後も継続的に法秩序は現存していなければならない。この前提も応報の観点に対して一つの限界を設定するものである。カント自身もそのような限界を意識し、謀殺犯人の共犯者があまりにも多すぎて、その全員を死刑にしていたら国家が消滅しかねない場合には、法秩序を維持するために「減刑」を認めるべきであると主張していた[80]。但し、死刑は応報刑の内容としては認められないのであるから、ここでは、ある犯罪の共犯者が極端に多すぎて全員を自由刑によって刑務所に収監してしまったら、国民の殆どがいなくなるという事例に修正すべきである。そもそも刑罰が回復すべき法秩序とは、抽象的なものではなく、その構成者達が法的法則に適った形で現実に外界において活動し、相互に自由を保障し合う法的な関係がそこに認められるような具体的なものでなければならないはずである。それ故に、刑罰の執行によって国民のほぼ全員が刑務所に収監されてしまう場合には、具体的な法秩序はもはや現存せず、刑罰によって法秩序は消滅させられたといえるであろう。このような事態は、法秩序の回復を目的とする刑罰にとって自己矛盾を意味する。ここで法秩序を消滅させる形で共犯者全員に自由刑を科すことは、応報の観点に内在する限界を超えるものでしかない[81]。このような場合には、執行猶予を認めるなどの何らかの方法で法秩序を維持する必要があろう。

応報刑の内容は、犯罪である法秩序の侵害に価値的に相応した自由の制限であるが、どの程度の自由の制限が価値的に相応したものであるのかは、立法者や裁

---

[79] 生命の剥奪によって、自由の行使は不可能となるのであるから、死刑も形式的に見れば「自由の制限」に当てはまるかもしれない。しかし、本文で述べた理由により、犯罪に価値的に相応する自由の制限として死刑を選択することは、最初から排斥されることになる。

[80] 前掲注36参照。少なくともこれにより、カントが抽象的な正義の実現だけを根拠として応報刑を基礎づけているという一般的なイメージは、誤りであることになる。そのようなイメージと結び付けられて批判されることが多い、いわゆる「島の事例」（MdS, A 200/B 230［邦訳181頁］）についても、実は回復すべき具体的な法秩序の存在を市民社会の解散後にも想定することは可能である。これについては、拙稿「法概念としての刑罰」（前掲注7）68頁参照。

[81] それを認めることが、まさに「世界が滅びようとも正義は行われなければならない」という主張になってしまうが、カントの真意がそのようなものではないことを詳細に論証する論稿として、Rainer Zaczyk, „Fiat iustitia, pereat mundus" – Zu Kants Übersetzung der Sentenz, in: Maximilian Wallerath（Hrsg.）, Festschrift für Peter Krause, 2006, S. 649 ff.

判官が判断しなければならない[82]。しかし、カントが本来的には応報刑を狭義の道徳の領域における可罰性の概念に依拠して基礎づけながら[83]、人間の心の内までを完全に見通すことのできる全知全能の神によって司られるものとして叡智界に位置づけていたことは否定できない。現実の法秩序における立法者や裁判官は、生身の肉体を持った存在であり、神のように完璧な応報的判断を下すことは、彼らには不可能である。つまり、カントにおける神的な刑罰的正義に基づく応報刑は、現実の立法者・裁判官にとって到底手の届かない高嶺の花でしかないのである。しかし、そのような叡智界における応報刑を彼らが司る現実の応報刑に対して正当なモデルを提示する一種の理念として理解することは可能であろう[84]。勿論、法の領域の問題なのであるから、現実の法秩序における応報刑では、対象者の内面については合法性の基準に従って判断することで十分であるが、これにより立法者・裁判官に対しては、できる限り価値的な相応性を満たす形で自由の制限の程度を確定することが求められるのである。但し、やはり経験界における生身の彼らの判断に基づく内容であるから、それが完璧なものとなることはあり得ず、理念としての応報刑との関係では、せいぜいのところ常に近似値に留まるものでしかないであろう[85]。この点も、応報が現実の法秩序における

---

[82] 立法者・裁判官による実務的な活動の意義は、自由の普遍的な保障という法の課題を現実の法秩序において実現する局面において見出されることになる。法における理論と実務の関係については、特にRainer Zaczyk, Über Theorie und Praxis im Recht, in: Gunter Widmaier (Hrsg.), Festschrift für Hans Dahs, 2005, S. 33 ff., 38 ff. を参照。

[83] カントの可罰性の概念を狭義の道徳の領域に限定することなく、自由を保障するための実践法則に基づく行為の帰責性という、法と狭義の道徳に共通する問題として捉える見解として、Hariolf Oberer, Über einige Begründungsaspekte der Kantischen Strafrechtslehre, in: Reinhard Brandt (Hrsg.), Rechtsphilosophie der Aufklärung, 1982, S. 401.

[84] エアハルト宛の書簡におけるカントの主張（前掲注52）は、このような意味で捉えることができると思われる（またHüning, Kants Strafrechtstheorie und das jus talionis ［前掲注70］S. 360も参照）。同書簡において、道徳的な応報の観点（poena vindicativa, poena mere moralis）は、可罰性のシンボルとして現実の刑罰の中に現れなければならないことが言及されている。言い換えれば、現実の刑罰は、可罰性のシンボルと見なせるような内容を有する場合にのみ、正当なものとして評価されることになる。

[85] 近似値しか導き出せないからといって、現実の立法者・裁判官の判断に基づく応報刑を否定的に解する必要はない。全ての人間は理性的に自由な人格であるとするカント的な法概念の前提に基づけば、まさに彼らにも潜在的には法的な実践理性の要請に応える能力が認められるからである。つまり、立法者・裁判官には、理念としての応報に接近できる能力が認められるため、彼らの現実的な応報刑の判断は完璧ではないし、誤りが生じることも否定できないが、理念への到達に向けられた前進として一応のところ評価することは可能なのである。

刑罰概念を構成する要素である限り、不可避的に生じてくる限界の一つである。

第4節　結　語

　カント刑罰論を予防刑論として解釈する最近の動向に対して、規範的な応報刑論としてそれを捉えるヴォルフ学派の立場を維持することは、いまだ可能であると思われる。しかし、同学派に依拠して刑罰概念を理解したとしても、一定の予防的観点を考慮すべきこと、更に応報の観点そのものには内在的な限界があることが以上の検討から明らかとなった。このような結論は、相対的応報刑論と呼ばれる見解に関する一般的なイメージに対して反省を促すものである。相対的応報刑論では、応報の枠内である限り全ての予防的観点が一律的に取り扱われてしまい、応報の観点は、予防との関係で制限枠を設定するだけのものとされてしまい、応報の観点そのものに内在的な限界があることは意識されてこなかった。

　しかし、いくら応報の枠内であったとしても、法的に正当なものとして追求することが許される予防的観点とあくまで事実上のものとしか認められない予防的観点を厳密に区別しなければならない。そして、刑罰を現実の法秩序においてその回復を担うものとして捉える限り、予防に対して制限枠を設定する応報の観点自体にも内在的な限界があることを認めなければならない。

　以上の結論は、全ての人間を自由な人格と見なしながら、法秩序においてその自由の普遍的保障を目指すカントの立場に基づくものであり、ヴォルフ学派が依拠するカント主義的な応報刑論からの帰結である。

第4章　刑罰の目的とその現実性
―――自由の普遍的保障との関係―――

第1節　刑罰の目的

　刑罰の正当化をめぐる議論は、伝統的に応報と予防（目的）の観点を軸にして展開されてきた。前者は「罪が犯されたが故に処罰する（punitur, quia peccatum est）」、後者は「罪が犯されないように処罰する（punitur, ne peccetur）」という文言によって表される。つまり、刑罰が追求する目的（或いは、刑罰によってもたらされる効果）とは無関係に、犯罪が行われたことだけを理由にして刑罰を正当化するのが応報の観点であり、これに依拠する刑罰正当化論は、絶対的応報刑論とも呼ばれてきた。これに対して、将来における犯罪の予防という有用な目的を追求する点、或いはそのような効果を発揮する点に刑罰の正当化論拠を求めるのが、予防（目的）の観点に依拠する立場であり、伝統的に目的刑論と呼ばれてきた。

　但し、応報の観点を完全に度外視して、目的刑論の主張を貫くことは不可能である。何故なら、刑罰である限り、犯罪が行われたことは論理的に前提とされなければならないはずであり[1]、専ら将来の犯罪予防の観点だけから刑罰が正当化されるというのでは、犯罪が過去に行われることは、必然的に要求される事柄ではなくなるからである[2]。この意味で、刑罰の正当化をめぐる応報刑論と目的刑

1　このように刑罰と犯罪が密接不可分の関係にあることからは、両者に関する理論（刑罰論と犯罪論）も統一的な観点から結合される必要があることが導き出されてくる。例えば、Michael Pawlik, Das Unrecht des Bürgers, 2012, S. 52 ff., 57（＝飯島暢・川口浩一監訳・拙訳『市民の不法(3)』関西大学法学論集63巻5号［2014年］232頁以下、238頁）は、刑罰論に関する態度決定こそが犯罪論を構想する際の出発点になることを強調している。
2　髙橋直哉「刑罰の定義」駿河台法学24巻1・2合併号（2010年）104頁は、「過去の犯罪と何の関連も有しない措置を刑罰と呼ぶことは困難であろう」と主張するが、それは刑罰の概念規定の問題でしかなく、正当化の問題としては、過去の犯罪の存在を要求するのと同時に展望的な理由を持ち出すことは排斥されないとする。但し、111頁以下、同「刑罰論と公判の構造」駿河台法学22巻1号（2008年）8頁以下による限り、刑罰の正当化の問題としても、「非難」という応報的な観点が重視されている。

論の間での長い論争は、実は応報の観点をどのように捉えるかについての争いの歴史だったともいえるであろう。つまり、過去に犯罪が行われたことを刑罰の正当化根拠（法的な根拠）とするか、或いは刑罰の正当化根拠ではないが、事実的な根拠とするのか[3]という見解の相違であったと評価できるのである。換言すれば、法的な意味での内容を希薄化させたとしても、応報の観点を完全に無視することは不可能であった。例えば、我が国の論者の多くが、相対的応報刑論という形で、応報の観点と予防（目的）の観点のどちらに軸を置くかの相違はあるにせよ、両者を同時に考慮する見解を主張していること[4]もこの点の証左となるであろう。

そもそも、目的刑論はどのような論拠に基づいて自己の立場を主張しているのであろうか。この点を的確にまとめていると思われるのが、ロクシンによる以下のような主張である。「応報の理念は、法益保護の諸根拠から刑罰が不要である場合にも、刑罰を要請する。……だが、それにより刑罰は、もはや刑法の任務に資するものではなくなり、その社会的な正当性を喪失してしまう。換言すれば、正義の形而上学的な理念を実現することは、人間によって設立された国家が行えるものではないし、国家にはその権限もない。市民の意思は、国家を平和と自由における人間の共同生活の保障へと義務づけるのであり、国家［の役割：訳者記す］は、このような保護の任務へと限定されている。ある害悪（犯行）を更なる害悪（刑罰の苦痛）の賦課を通じて清算或いは廃棄できるという思想は、単に一つの信仰に基づくものでしかなく、国家の権力が神ではなく、国民から導き出されるようになってから後は、国家がそのような信仰を義務づけることは、何人に対しても許されないのである[5]。」つまり、応報による刑罰の基礎づけは、現実の社会との結び付きを欠いた観念的なものでしかなく、法益の保護という刑法の任務に適合するためには、犯罪予防目的を追求する形での現実社会に対する刑罰の作用を出発点にして刑罰論を構想しなければならないとする思想である。単純化して表現すれば、（犯罪予防を通じた）現実社会との結び付きという刑罰の現実性[6]

---

3 例えば、内藤謙『刑法講義総論（上）』（1983年）125頁以下は、「応報」は「経験的事実ないし存在の問題」であるとし、「犯罪行為をしたこと」は刑罰の「前提条件」でしかないとしている。
4 井田良『講義刑法学・総論』（2008年）544頁注10）参照。
5 Claus Roxin, Strafrecht Allgemeiner Teil, Band I, 4. Aufl. 2006, §3 Rn. 8.
6 現実性という言葉の意味についてであるが、本稿ではドイツ語の Wirklichkeit を念頭に置いている。これは物質的な意味での客観性に限定されるものではなく、人間の精神的な活動を含む現

を重視する立場に他ならない。このような見解は、我が国でも一般的に受け入れられているといってよいであろう[7]。

しかし、ロクシンは、目的刑論こそが今日において主張可能な刑罰論の出発点であるとしながらも[8]、最終的には、応報思想の根幹にある責任主義の観点から、刑罰を過去になされた犯行に見合った量に制限しようとする[9]。やはり、応報の観点が否定されることはないのである。だが、本来批判されていたはずの応報の観点が、責任主義という形での制限枠とはいえ、とうとつに持ち出されてくるのでは、やはり便宜的であるとの感を拭えない。このように考えてみると、そもそもの出発点であった犯罪予防という目的には、修正を余儀なくされるような何か欠陥が実はあるのではないかとすら思えてくる。この点を再点検するためにも、刑法の目的、そして更にはより根源的な法の目的に遡る形で改めて刑罰の目的を検討する必要がある。

第2節　刑法の目的と法の目的

刑罰の目的は、刑法の目的と一致しなければならない。刑法の目的は、刑法の

実存在〔定在〕(Dasein) に関係する概念である。この点については、特に Neues Handbuch philosophischer Grundbegriffe, begründet v. Hermann Krings u. a., neu hrsg. v. Petra Kolmer u. a., Band 3, 2011, S. 2540 ff.; Philosophisches Wörterbuch, hrsg. v. Walter Brugger, 16. Aufl. 1981, S. 470 f. 参照。

7　例えば、山口厚『刑法総論[第2版]』(2007年) 2頁以下は、「刑罰の目的・正当化根拠については、……合理的な犯罪対策を志向する現代の国家においては、……犯罪予防・抑止の立場から理解されなければならない」とする。そもそも（後に本文でも述べるように）刑法の機能として、一般的に規制的機能、保護的機能（法益保護機能）、保障的機能（人権保障機能）の三つが挙げられることが多いが（例えば、山中敬一『刑法総論[第2版]』[2008年]16頁以下等）、前二者の内容をまとめれば、規範による行動統制を通じた、現実の社会における法益を保護する機能ということになるであろう。行動統制・法益の保護という観点を現実社会との接点を欠いたまま主張しても無意味である。つまり、この意味で刑法は「社会的機能」（大谷實『刑法講義総論新版第4版』[2012年] 7頁) を発揮しなければならない。このような立場からすれば、「カントやヘーゲルのような形而上学的な応報刑論は説得力を欠く」(前田雅英『刑法総論講義[第5版]』[2011年] 21頁) ことになるのかもしれない。だが、最近のドイツにおいては、ドイツ観念論哲学に基づく刑法理論の復権が見受けられることを看過してはならない。これについては、拙稿「ドイツ刑法学におけるカント主義の再評価」香川法学29巻3・4号 (2010年) 23頁以下を参照（同論文は、本書3頁以下に所収されている）。

8　Roxin, AT（前掲注5）§3 Rn. 37参照。
9　Roxin, AT（前掲注5）§3 Rn. 51 ff. 参照。

機能との関連で述べられることが多い。刑法の機能として想定されるのは、規制的機能、保護的機能（法益保護機能）、保障的機能（人権保障機能）の三つであり、機能とは、ある目的を想定して、それを追求するための働きのことをいうのであるから、その際に念頭に置かれる刑法の目的とは、まずは行動統制を通じた現実社会における法益の保護であり[10]、但し、人権保障への配慮が留保されたものということになるであろう[11]。しかし、ここで既に刑罰の目的と刑法の目的の間には、一定のズレがあることを意識しなければならない。刑法の目的では、行動統制を通じた法益の保護（或いは、更に法益の保護を通じた社会秩序の維持）がまず想定されるも、人権保障機能の観点から、当該の目的の追求には「謙抑性」という制限が加えられている。つまり、刑法の目的（の追求）は、最初から内在的な制約の下にあるのである。これに対して、一般予防にしろ、特別予防にしろ、刑罰の予防目的については、目的刑論の論理に従う限り、そのような内在的な制約を認めることは困難である。そして、当該の刑罰目的を追求する際には、刑法の目的との齟齬を回避するために、外在的な制限枠（責任主義或いは応報の枠組み）が要求されるというのでは、やはり犯罪予防という刑罰の目的（或いは目的刑論の論理そのもの）を見直す必要があることにならざるを得ないはずである。

　それでは、法の目的との関係では、刑罰の目的はどのように評価されるのであろうか。刑法も法の一種である限り、刑法の目的は法の目的と一致しなければならない。そして、刑法の目的を媒介することにより、論理上、刑罰の目的も同様に法の目的の規制下にある。「目的こそが全ての法の創造者」であるとして、法の目的を生活に関する人間の欲求の充足と結び付けたのは、イェーリングであった[12]。彼は、社会功利主義的な観点に基づいて、法の目的を「社会における生活の諸条件の保障[13]」として捉え、現実の社会の存立と福祉のために必要と判断さ

10　平野龍一『刑法の基礎』（1966年）115頁は、「市民的安全（保護）の要求」と結び付けながら、刑法の「主たる目的は、……個人の生命、身体、自由、財産の保護にある」とする。
11　我が国の多くの教科書では、人権保障機能は最後に置かれるか、少なくとも法益保護機能の後に置かれている。このような順位には何の優劣もなく、全ての機能を同等のものとして扱うことが当然の前提とされているのかもしれない（例えば、佐久間修『刑法総論』[2009年] 5頁）。しかし、人権保障の要請のために責任主義による応報的な枠が「妥協点」として課せられるとする態度（例えば、井田『講義刑法学・総論』[前掲注4]13頁）の背後には、あくまでも本来の刑法の機能は、行動統制に基づく法益保護であるとする思想があるように思えてならない。
12　Rudolf von Jhering, Der Zweck im Recht, 1877. 本稿では、Thomas Vormbaum (Hrsg.), Moderne deutsche Strafrechtsdenker, 2011, S. 199 ff. の抜粋から引用する（同書では原著の頁数も記されている）。

れる、目的主体の生活財の保障を重視していた[14]。このような法の目的の捉え方からすれば、犯罪の予防を通じて現実の社会における法益の保護を図るという刑罰目的論は、至極妥当なものであるように思われてくる。

しかし、法の目的には二つの意味があり[15]、イェーリング的な「自然主義的な解釈の次元」での法の目的だけに留まることはできない[16]。法の目的には、イェーリングが主張したような経験的な実際上の目的の他に、法を形成する際の指導原理となる「法の理念」としての意味があり、いわば実定法レベルでの法の実践に対して正当性の基準を提供する意義が含まれている。その際には、そのような法の目的を通じて実現されるべき基本的な価値（実質的な正義の内容）を確定することが必要となるが、それは究極的には、尊厳を有する自律的な主体として自己を実現する権利を全ての諸個人に認める点に求めざるを得ないと解される[17]。つまり、法の目的にとって重要となるのは、法を通じた各人の（相互的な）自由の平等的保障であり、実定法レベルでの法の実践（刑罰による刑法の実践も当然に含まれる）では、自由の保障の実現が常に腐心されなければならないことになる[18]。

具体的な法秩序において追求されるべき自由の保障は、例外なく妥当するものとして普遍的であることが求められる。そして、法秩序の構成者達の（法的な意

13　Jhering, Der Zweck im Recht（前掲注12）S. 443.
14　特に、加藤新平「法の目的」尾高朝雄他編『法哲学講座第一巻・法の基本理論』（1956年）51頁以下、55頁参照。
15　加藤新平『法哲学概論』（1976年）428頁以下参照。
16　Heinrich Henkel, Einführung in die Rechtsphilosophie, 2. Aufl. 1977, S. 312における批判を見よ。
17　加藤『法哲学概論』（前掲注15）470頁、564頁以下参照。また同「法の目的」（前掲注14）101頁、105頁、106頁も見よ。Helmut Coing, Grundzüge der Rechtsphilosophie, 5. Aufl. 1993, S. 195は、自由と平等は法を設定する際に配慮されるべき基準であり、特に自由の保障は、ヨーロッパの法文化では古代以来、法秩序によってなされなければならないことであった点を強調する。また、Kurt Seelmann, Rechtsphilosophie, 5. Aufl. 2010, §3 Rn. 16は、現代のヨーロッパにおいて、自由の保障が法の機能として重視されていることを指摘する。自由の保障を法の理念として捉えることは、西洋法を継受した我が国の法文化にも（まさに理念として）当てはまると思われる。なお、田中成明『現代法理学』(2011年）329頁以下も、「法の支配」を「法による正義の実現の中心的目的」として捉え、「自由公正な市民社会の円滑な作動を確保するために、権力の恣意専断を抑止し、不当な自由の制限や理不尽な格差を排除することが『法の支配』の核心的要請」(333頁）であるとしている（傍点は筆者による）。
18　Pawlik, Das Unrecht des Bürgers（前掲注１）S. 99（＝飯島暢・川口浩一監訳・安達光治訳『市民の不法(4)』関西大学法学論集63巻６号［2014年］296頁）も「自由の理念なしには、哲学的及び社会理論的に満足のいく刑法論を定式化できない」ことを強調している。

味での)自律性が保障されなければならないのであるから、法秩序の存在は、その者達に対して他律的な関係に立つのではなく、彼らを尊厳ある主体である人格として認め、その自律性を維持するものでなければならない。従って、法は強制的な権限と結び付いているため[19]、具体的な法秩序では当然に強制力による様々な干渉が各人に対してなされるが、このような強制的な干渉(国家による刑罰権の行使も含まれる)も、各人から見て自己の自律性と調和するものでなければならないのである(さもなければ、不当なものとして排斥される)。

　法の目的を究極的に自由の保障に求める思想からすれば、以上のような帰結に至ることになるが、ここで注意しておかなければならないのは、具体的な法秩序において初めて、その構成者達の人格としての自律性は普遍的な形で法的な保障を受けるが、自律性そのものは、法秩序の存在よりも以前の段階で既に各人に認められる(生得的な)能力と見なされて、まさにそのような権利として保障される必要があるという点である[20]。何故なら、既に自律的な主体である各人が自発的に法秩序に参加するという構成[21]をとらなければ、いくら結果として法秩序において各人の自律性が保障されることになったとしても、それは他律的な契機に基づいた(各人の自律性との結び付きを欠いた法秩序による)保障にしかすぎなくなってしまい、自由の普遍的な保障の達成という法の目的にそぐわなくなるからである。つまり、法秩序よりも前に自律的な主体は存在し、その自律性(自由)は、既に一定の保障(配慮)を受けるべきであるが、当該の自由は法秩序におい

19　特に、「法は強制の権能と結び付いている」とする Immanuel Kant, Die Metaphysik der Sitten, A 34, 35 f./B 35 f.(＝樽井正義・池尾恭一訳「人倫の形而上学」[岩波書店版カント全集11、2002年]50頁)を参照。以下では、本書を MdS と略すことにする。なお、本稿ではカントの著作については、ヴァイシェーデル版(Werke in 12 Bänden, hrsg. v. Wilhelm Weischedel, 1968)を底本とする。また、カントの原文から引用を行う場合、可能な限り上記の岩波書店版カント全集の訳を参考にしたが、基本的には独自に翻訳を行った。

20　Kant, MdS, AB 45は、「自由……は、それが他の誰との自由とも普遍的な法則に従って調和し得る限りにおいて、唯一の根源的な、人間であることに基づいて、全ての者に帰属する権利であり、生得的な平等性……である」(邦訳58頁も参照)として、このような思想を明確に示している。カント刑罰論においては、国家刑罰権によっても剥奪され得ないものがあるという限界を設定するために(剥奪できるのは、あくまで市民的人格性のみである)、生得的人格性の保障が重視されているが(MdS, A 197/B 227)、その背景にあるのは、自由を生得的な権利と見なす思想に他ならない。

21　いわゆる社会契約論である。本稿とは基本的な立場は異なるが、最近では、鈴木健『なめらかな社会とその敵』(2013年)211頁以下の「構成的社会契約論」が社会契約論の現代的な可能性を提示している。

てより強固な形で普遍的な保障を享受するのである。このような意味で、自由は法の根拠（出発点）であると同時にその目標であるといえるであろう[22]。法の目的を自由の保障に求める思想は、自由の保障を法の基礎づけ全般に妥当する法原理として捉える立場に他ならないのである。

犯罪予防という刑罰の目的も、実は現実社会における自由の保障を目指すものである。何故なら、犯罪の予防とは、（潜在的）被害者に法益侵害が発生しないように努めることであり、法益が自由の現実的な基盤として捉えられる限りでは[23]、それは犯罪予防を通じて自由の保障を図るのと同じことだからである。例えば、生命、身体、（法益としての）自由、財産といった個人的法益が各人に保障されて初めて、各人はそれに基づいて自己の自由を様々な形で社会の中で展開し、実現していけると考えることは可能である。この意味で、法益は「人格の自由の定在（Dasein）」を具体的に表現するものである[24]。社会的法益、国家的法益についても、同様の事柄が当てはまるであろう[25]。法益は、単にその主体から切り離されて存在する利益（或いは財）ではない。自由の保障に資するからこそ、法によって守られるべき利益とされるのである[26]。犯罪予防という形での法益の

22　Ernst Amadeus Wolff, Das neuere Verständnis von Generalprävention und seine Tauglichkeit für eine Antwort auf Kriminalität, ZStW Bd. 97, 1985, S. 809（邦訳331頁）参照。本論文の邦訳は、飯島暢・川口浩一監訳・中村悠人訳「一般予防についての最近の理解と犯罪への応答に関するその適格性（１）、（２・完）」関西大学法学論集62巻３号（2012年）413頁以下、同62巻６号（2013年）326頁以下である。また、Rainer Zaczyk, Die Notwendigkeit systematischen Strafrechts, ZStW Bd. 123, 2011, S. 700（＝拙訳「体系的な刑法の必然性」関西大学法学論集62巻６号［2013年］369頁）も参照。

23　Rainer Zaczyk, Das Unrecht der versuchten Tat, 1989, S. 165参照。ツァツィックは、法益を自由の定在の諸要素（Daseinselemente）としている。あくまで自由の定在の「要素」とされているのは、法そのものこそが「実現された自由の定在」（S. 178）として想定されるからである。

24　Michael Köhler, Strafrecht Allgemeiner Teil, 1997, S. 26, 30参照。

25　社会及び国家が個々の人格から構成されていると想定する場合には、社会的法益と国家的法益についても各人の自由の基盤として捉えることが可能となる。

26　法益については、法秩序における自由の（規範的な）保障と結び付いた概念であるため、規範的な構成物として捉えざるを得ない。特に、Zaczyk, Das Unrecht der versuchten Tat（前掲注23）S. 198 f.; Köhler, AT（前掲注24）S. 24 f., 26参照。なお、拙稿「刑法上の不法概念の法哲学的基礎づけ」法学政治学論究（慶應義塾大学）48号（2001年）197頁以下も挙げておく（同論文は、本書127頁以下に所収されている）。ケーラーに対する（法益概念をいまだ堅持している点に関する）批判としては、Pawlik, Das Unrecht des Bürgers（前掲注１）S. 140 f. Fn. 792（＝飯島暢・川口浩一監訳・森永真綱訳『市民の不法(6)』関西大学法学論集64巻５号［2015年］207頁注792））が重要である。本テーマに関する最近の文献としては、Günther Jakobs, Rechtsgüterschutz? Zur Legitimation des Strafrechts, 2012（＝川口浩一・飯島暢訳『法益保護によって刑法は正当化でき

保護を通じて、自由の保障を目指す目的刑論の立場は、このように考えてみると、法の目的には適っているように思われてくる。自由の保障という法の目的は、実定法レベルでの法的実践を通じて、現実化されることが要請される。現実の社会で法益侵害が生じないように努めるのが刑罰の目的なのであるから、この点でも法の目的と合致しているように感じられる。しかし、刑法の目的とのズレから分かるように、刑罰の目的それ自体には、人権保障機能に付託される自由の保障の観点が欠けているというのが一般的な理解であろう。それ故に、目的外の応報の枠による制限が要請されていたわけである。つまり、目的刑論の論理に内在する、犯罪予防目的の追求による形での法益の保護という自由の保障では、やはり法の目的である普遍的な自由の保障（の実現）としては不十分ということになるのであろう。一体どのような意味で不十分なものなのであろうか。以下では、目的刑論に対する批判を概観しながら、この点をより深く考察してみたい。

第3節　従来の刑罰目的の問題点

　従来から主張されてきた刑罰の目的は、犯罪予防のために働きかけを行う際のその対象者の違いから、一般予防と特別予防の二つに区別することができる。一般人に対する働きかけを通じて犯罪予防目的を追求するのが一般予防であり、この一般予防については、更に次のような区別が可能である。まず、①法定刑の提示による一般人へ向けた刑罰の効果と②具体的な犯罪者への刑罰賦課を通じた一般人への刑罰の効果という区別である。そして、犯罪予防を達成するための手段として、刑罰によって③威嚇を通じた恐怖心を惹起するか（消極的一般予防）、或いは④規範意識（法的忠誠、法秩序への信頼）に働きかけを行い、それを維持・強化するのか（積極的一般予防）、という区別である。

　従って、消極的一般予防については、①と③或いは②と③の結合の二つの場合があり、積極的一般予防についても、①と④或いは②と④の二つの結合を想定することが可能となる[27]。特に①と③の結合を重視したのが、フォイエルバッハの

　　るか？』［2015年］）がある。また ders., System der strafrechtlichen Zurechnung, 2012, S. 18 f. Fn. 15も見よ。
[27]　例えば、井田良『刑法総論の理論構造』（2005年）10頁以下の「規範による一般予防」（規範的一般予防論）は、①と④の結合の一バリエーションといえるであろう。

第3節　従来の刑罰目的の問題点　95

心理強制説であった。フォイエルバッハについては、古くは「犬に対して杖を振り上げる」のと同じであり、「人間はその名誉と自由からではなく、犬のように取り扱われる」とするヘーゲルからの批判[28]があったように、威嚇の対象者である一般人を、感性的な衝動だけに突き動かされて自己の快（Lust）を追求する存在、つまり、正当な事柄を洞察する理性的な能力を欠いた自律的ではない存在として捉えているとの批判が当てはまる。この点は、自由の普遍的な保障を目指す法の目的からして問題があるといわざるを得ない[29]。確かに、刑罰の目的では、犯罪の予防を通じて自由の基盤である法益に対する侵害を回避させて、法益の担い手（潜在的被害者）の自由を保障するという観点は考慮されているのかもしれない。しかし、法の目的としての自由の保障は、普遍的なものであり、被害者側だけでなく、（潜在的な）犯罪者側の自由も射程に含んでいる。つまり、法秩序の全ての構成者の自由が保障されなければならないのである。従って、法の目的に適った形で刑罰を正当化するためには、威嚇の対象者をも自律的な存在として捉える立場が前提とされなければならない。

　また、②と③が結合する場合、フォイエルバッハの主張からすれば、実際の刑罰賦課の対象となる具体的な犯罪者の自律性（主体性）も等閑視されざるを得なくなる。何故なら、刑罰による威嚇は、実際に犯罪を実行した者との関係では、その者は威嚇されなかったわけであるから、「遅すぎた」ものでしかなく、その者に対しては、他の潜在的犯罪者を威嚇するためだけに刑罰が賦課されることになるからである[30]。これでは、当該の者は、専ら他者の威嚇のためだけの道具とされてしまい、まさにカントが批判したように「物権の対象と混同されて[31]」、法秩序の自律的な構成者としての地位を喪失してしまう[32]。

28　Georg Wilhelm Friedrich Hegel, Grundlinien der Philosophie des Rechts oder Naturrecht und Staatswissenschaft im Grundrisse (in: Werke in 20 Bänden, hrsg. v. Eva Moldenhauer und Karl Markus Michel, 1986, Band 7), S. 190（§ 99 Zusatz＝上妻精・佐藤康邦・山田忠彰訳『法の哲学　上巻』［岩波書店版ヘーゲル全集9a、2000年］164頁）.

29　拙稿「カント刑罰論における予防の意義と応報の限界」香川法学28巻2号（2008年）15頁参照（同論文は、本書59頁以下に所収されている）。

30　Michael Pawlik, Staatlicher Strafanspruch und Strafzwecke, in: Eva Schumann (Hrsg.), Das strafende Gesetz im sozialen Rechtsstaat, 2010, S. 65 u. Fn. 25; ders., Das Unrecht des Bürgers（前掲注1）S. 69 u. Fn. 329（中村悠人訳『市民の不法(3)』252頁）参照。

31　Kant, MdS, A 197/B 227（邦訳178頁）.

32　E. A. Wolff, Das neuere Verständnis von Generalprävention（前掲注22）S. 798（邦訳426頁）参照。ヴォルフによれば、犯行を行った具体的な犯罪者は、法定刑による威嚇の対象であったとい

このように自由の普遍的な保障という法の目的から考察する場合、フォイエルバッハの見解には問題が多い。これは、消極的一般予防論全般に当てはまる。但し、フォイエルバッハ自身の意図は、国家的な法秩序において「全ての市民の相互的な自由」を保障する点にあり、国家の目的は「そこにおいて全ての者が自己の諸権利を完全に行使でき、様々な毀損（Beleidigung）から安全でいられる状態」の達成であるとされていた[33]。フォイエルバッハが、人間の感性的な側面に着目して心理強制説を構想したのも、法と道徳を厳格に分離して、人間の理性的な側面は道徳の領域に属する内心の事柄であると捉えたからに他ならない[34]。つまり、法の対象をあくまで外的な自由の保障に限定することにより、道徳の問題である（内的な自由に関わる）道徳法則との内面上の一致については、法的な強制の可能性を排除しようとしたのである[35]。そこで、実はフォイエルバッハも自己の刑罰論が対象者の自由を損ねないようにする工夫を施している。彼は、心理強制説をあくまでも刑罰の（法定刑の形態での提示による）威嚇に関する論拠に限定しており、具体的な刑罰の賦課については、犯罪者の推断的な同意という別の根拠に依拠するのである[36]。つまり、自分がどのような行為をすれば、どのように処罰されるのかを分かっていて犯行を行うのであるから、その者の自由を損ねることにはならないという理屈である。しかし、このような同意による論拠については、様々な問題点が指摘されており[37]、実際フォイエルバッハも後にこれを放棄

う意味では、法的な関係の中に取り込まれているが、それは専ら「法的な形態」を示す取り扱いでしかなく、内容的には他者を威嚇するための手段とされてしまうことになる。

33　Paul Johann Anselm von Feuerbach, Revision der Grundsätze und Grundbegriffe des positiven peinlichen Rechts, Teil 1, 1966（Neudruck der Ausgabe Erfurt 1799）, S. 39. また、フォイエルバッハとカントの類似性については、拙稿「カント刑罰論における予防の意義と応報の限界」（前掲注29）4頁以下も参照。

34　Paul Johann Anselm Feuerbach, Ueber die Strafe als Sicherungsmittel vor künftigen Beleidigungen des Verbrechers, 1800, S. 25 ff. 参照。本稿では、Thomas Vormbaum (Hrsg.), Moderne deutsche Strafrechtsdenker, 2011, S. 82 ff. の抜粋から引用する（同書では原著の頁数も記されている）。

35　E. A. Wolff, Das neuere Verständnis von Generalprävention（前掲注22）S. 797 f.（邦訳425頁）参照。Günther Jakobs, Rechtszwang und Personalität, 2008, S. 12（＝川口浩一・飯島暢訳『法的強制と人格性』［2012年］9頁）は、「フォイエルバッハの意図は、法と道徳を分離させて、道徳的な諸規範に関しては強制的な貫徹を否定することにある」としている。

36　Feuerbach, Revision（前掲注33）S. 53 f. 参照。

37　詳細については、Günther Jakobs, Staatliche Strafe, 2004, S. 20 ff.（＝飯島暢・川口浩一訳『国家刑罰』［2013年］28頁以下）; Pawlik, Staatlicher Strafanspruch（前掲注30）S. 66 f.; ders., Das Unrecht des Bürgers（前掲注1）S. 70（中村訳『市民の不法(3)』253頁以下）参照。

してしまい、刑罰賦課の法的な根拠として、端的に「法律によって威嚇が先行的になされたこと」だけを挙げるようになっている[38]。

そもそもフォイエルバッハは、全ての市民の相互的な自由を保障するためには、「国家において毀損が全く生じないようにすること」が必要であるとしていた[39]。しかし、このような事柄は、現実の社会においてはおよそ実現不可能であるといわざるを得ない。つまり、最初から失敗を運命づけられた、現実社会との接点という目的刑論の特性を活かすことができない刑罰目的に他ならず、その追求は、現実の社会で自由を普遍的に保障するという法の目的にも反する帰結に至ってしまうものでしかない。何故なら、そのような完全なる治安の維持を刑罰の目的として心理強制説によって追求する場合には、威嚇を効果的に達成するために、犯行によって得られる快楽よりも大きな不快を法定刑の形で際限なく示すことを通じて、大規模な監視の体制に至らざるを得なくなり[40]、本来は保障の対象であったはずの全市民の自由が不当な制限に晒されてしまうからである。

以上、消極的一般予防論の問題点をフォイエルバッハの心理強制説を例にして、特に法の目的である自由の普遍的な保障との関係で概観してみた。そして、消極的一般予防を刑罰目的として追求する場合には、威嚇の対象となる潜在的犯罪者、具体的な刑罰賦課の対象者、全市民の自由が保障されなくなるという受け入れ難い帰結に至ることが明らかとなった。実は同様の問題点は、積極的一般予防論にも見受けられる。同理論は、威嚇による刑罰への恐怖心の惹起を通じた犯罪予防ではなく、法（秩序）に対する市民の基本的な信頼の維持・強化を通じた法秩序の安定化を刑罰の目的とするものであり[41]、消極的一般予防論と比較してマイルドなものであるというイメージと明らかに結び付いている。また、刑罰による作用の対象は、潜在的犯罪者に限られず、法秩序を信頼して生活している遵

---

38 Paul Johann Anselm Feuerbach, Lehrbuch des gemeinen in Deutschland gültigen peinlichen Rechts, 14. Aufl., mit Anmerkungen und Zusatzparagraphen hrsg. von C. J. A. Mittermaier, §17参照。本稿では、Thomas Vormbaum (Hrsg.), Moderne deutsche Strafrechtsdenker, 2011, S. 99 ff. の抜粋から引用する（同書では原著の頁数も記されている）。
39 Feuerbach, Revision（前掲注33）S. 39.
40 E. A. Wolff, Das neuere Verständnis von Generalprävention（前掲注22）S. 799 Fn. 25（邦訳427頁注25））; Jakobs, Staatliche Strafe（前掲注37）S. 23, 27（邦訳31頁、39頁）参照。
41 但し、現在のドイツで広く普及している積極的一般予防論の内容は非常に多義的である。これについては、中村悠人「刑罰の正当化根拠に関する一考察（１）」立命館法学341号（2012年）290頁以下参照。

法意識を有した市民であり、その規範意識の維持・強化の追求が刑罰の目的なのであるから、仮に犯罪を行う者がいたとしても、威嚇による一般予防目的の場合のように、即座に予防の失敗ということにはならない。いわば刑罰の目的を通じて達成すべき事柄が抽象的に設定されているため、フォイエルバッハが主張したような「国家において毀損が全く生じないようにすること」と比べれば、相対的に達成が容易なのである。但し、現実社会との接点という目的刑論の特性には、その抽象性故にそぐわなくなってしまう[42]。

積極的一般予防論において刑罰による働きかけの対象者となるのは、威嚇の対象とされるわけではない、遵法意識を既に備えた市民である。このような市民の自律性が、同理論において十分に配慮或いは保障されているのかというと、必ずしもそうではない。刑罰が積極的一般予防効果を発揮して、法秩序の安定化をもたらすためには、対象者である市民が有する刑罰観に合致する形で実際の刑罰制度を運用する必要がある。しかし、その際に、市民が有する刑罰観は、正当な理性的洞察に基づくものとして尊重されているわけではない。あくまでも法秩序の安定化に資するという理由から運用の標準とされているにすぎず、目的を達成するための道具でしかない[43]。やはり、積極的一般予防論そのものには、対象者の自律性の尊重につながる理論的な要素は内在していないのである。また、犯行を行って実際に刑罰を賦課される具体的な犯罪者についても同様であり、他の市民達の法秩序への信頼を維持・強化するための手段として、当該の犯罪者の処罰がなされることは否定し難いと思われる。つまり、積極的一般予防論も、実は消極的一般予防論と同じように、対象者を道具とする理論でしかなく、自由の普遍的な保障を目指す法の目的の観点からすれば、問題があるといわざるを得ない[44]。

---

42 やはり目的刑論として現実社会との接点を維持するためには、積極的一般予防効果の達成に関する経験的な検証は不可欠となる。この点の困難さについては、中村「刑罰の正当化根拠に関する一考察（1）」（前掲注41）321頁以下参照。

43 例えば、ある法秩序の市民の多くが応報に基づく刑罰観を有する場合、法秩序の安定化をもたらすためには、応報刑論の正当性とは関係なしに、応報に適った刑罰の運用が求められることになる。このような場合、目的刑論による予防の追求に対して応報の観点（例えば、責任主義）を外在的な制限枠として課する見解とは異なり、応報刑論は積極的一般予防論の内部に取り込まれ、そこに内在化するかのように思われてくる。しかし、その際に、応報刑論はあくまでも積極的一般予防目的を達成するために便宜的に援用されているにすぎず、やはり外在的なものに留まるのである。

44 積極的一般予防に対する批判としては、E. A. Wolff, Das neuere Verständnis von Generalprävention（前掲注22）S. 799 ff.（邦訳427頁以下）; Pawlik, Staatlicher Strafanspruch（前掲注30）

第 3 節　従来の刑罰目的の問題点　99

この点を回避するためには、刑罰によって法秩序の安定化を追求する前提として、具体的な犯罪者を含む全ての市民の自律性がその際に保障される理論的枠組みの基礎づけが必要となるが、当然にこれは積極的一般予防論の理論内容を超えるものである。

　実際に犯行を行った犯罪者に対する刑罰の効果を通じて犯罪予防目的を追求するのが特別予防である。特別予防については、再社会化の観点と結び付いて、積極的特別予防として好意的に捉えられる傾向も見受けられるが[45]、特別予防の論理それ自体は、一般予防の場合と同様にあくまでも犯罪予防を通じた治安の維持を図るものに他ならず、対象者の人格の自律性を保障し、尊重することを必然的に含むものではない。

　いわゆる近代学派を基礎づけたリストは、イェーリングからの明白な影響の下、その目的思考を刑法の領域に適用する形でマールブルク綱領と呼ばれる刑法を改革するためのプログラムを明らかにしたが[46]、その際に重視したのが特別予防目的であった。リストは、国家の刑罰権を目的思考に服させることが刑罰的正義の理念に他ならないとして、特別予防を通じて追求される法益の保護のために必然的な刑罰がそのまま正当な刑罰になるとする[47]、刑罰的正義と合目的性を一致させる見解を主張し[48]、更に特別予防の下位目的として、①改善能力があり且つ改善が必要な犯罪者の改善、②改善が不要な犯罪者の威嚇、③改善能力がない犯罪者の無害化という三つの目的を提示していた[49]。つまり、リストの見解から明らかなように、特別予防目的が本来第一に目指すのは、将来的な危険性を示す犯罪者から法益を保護する形で、社会の安全の水準を高めることであり、再社会化という改善目的もそれに適うという理由から要請されるにすぎず、あくまでも

　　S. 72 ff.; ders., Das Unrecht des Bürgers（前掲注1）S. 77 ff.（中村訳『市民の不法(3)』262頁以下）参照。また、中村悠人「刑罰の正当化根拠に関する一考察（2）」立命館法学342号（2012年）222頁以下も見よ。

45　例えば、伊東研祐「責任非難と積極的一般予防・特別予防」福田雅章他編『刑事法学の総合的検討・福田平大塚仁博士古稀祝賀（上）』（1993年）309頁以下、312頁以下、317頁以下参照。また同『刑法講義総論』（2010年）14頁も見よ。

46　Franz von Liszt, Der Zweckgedanke im Strafrecht (1882/83). Mit einer Einführung von Michael Köhler, 2002, S. 20は、イェーリング的な目的思考を受け入れて初めて、刑罰は法的なものになると明言している。

47　Liszt, Der Zweckgedanke im Strafrecht（前掲注46）S. 37.

48　Köhler, Einführung（前掲注46）S. IX.

49　Liszt, Der Zweckgedanke im Strafrecht（前掲注46）S. 39 ff., 42.

社会政策的に有用な戦略の一つとして想定されるものでしかないのである[50]。このような思想においては、具体的に処罰される犯罪者の自律性が必然的に配慮されるわけではないのは当然であり、当該の犯罪者は、むしろ社会全体の治安を維持する目的のための手段として取り扱われてしまうことになる[51]。

　また、特別予防目的を貫徹させる形で社会の治安維持を図る場合、将来的な危険性を示す者に対しては、当該の者が有責的な犯行を通じてどのような社会的な損害を実際に発生させたのかとは無関係に[52]、可能な限り効果的に対処することが原理上要請されてしまう。しかし、これでは、危険性判断に不可避的につきまとう不明確さや、危険性を示す者がいるかどうかを過度に監視する体制が求められてしまう点が理由となり、個別の市民の行動の自由を殆ど予測できない方法で脅かすという帰結に至ってしまう[53]。つまり、特別予防においても、一般予防の場合と同様に、社会における市民全般の自由が保障されなくなる事態が想定されざるを得ないのである。こうして、特別予防目的も自由の普遍的な保障を要請する法の目的には適合しないことになる。

　リスト自身は、特別予防の原理的な追求がいわゆる法治国家原理に反する結論に至ることを意識しており、市民の自由を保障するための制約を国家刑罰権に課そうとしていた[54]。しかし、このような制約を求めるリストの主張は、責任主義或いは応報の枠を目的刑論の外在的な制限と捉える今日見受けられる見解と同種のものであり、その本来の理論的な基礎とは整合しない[55]。やはり、法の目的に

50　Pawlik, Staatlicher Strafanspruch（前掲注30）S. 69; ders., Das Unrecht des Bürgers（前掲注1）S. 73 f.（中村訳『市民の不法(3)』257頁以下）参照。また Köhler, Einführung（前掲注46）S. XII f. も同様の指摘を行っている。

51　Köhler, Einführung（前掲注46）S. XV f. は、人格の自己規定性の核心部にまで及ぶ侵害に至ってしまうと批判する。また Jakobs, Staatliche Strafe（前掲注37）S. 37（邦訳52頁）の批判も見よ。

52　Günther Jakobs, Strafrecht als wissenschaftliche Disziplin, in: Christoph Engel u. a. (Hrsg.), Das Proprium der Rechtswissenschaft, 2007, S. 120参照。

53　このような批判として、Pawlik, Staatlicher Strafanspruch（前掲注30）S. 71; ders., Das Unrecht des Bürgers（前掲注1）S. 76（中村訳『市民の不法(3)』261頁）参照。

54　Franz von Liszt, Ueber den Einfluss der soziologischen und anthropologischen Forschungen auf die Grundbegriffe des Strafrechts, in: ders., Strafrechtliche Aufsätze und Vorträge, 2. Bd., 1905, S. 80 f. は、刑法においては個人の自由を全体の利益に対して擁護しなければならず、そのために「刑法典は犯罪者のマグナカルタ」であり、「刑法は刑事政策にとって乗り越えることのできない制約である」とする。なお同 S. 86 f. も見よ。

55　E. A. Wolff, Das neuere Verständnis von Generalprävention（前掲注22）S. 795（邦訳423頁）

第 3 節　従来の刑罰目的の問題点　*101*

適う形で自由の保障を維持するためには、特別予防目的においても、刑罰による働きかけの対象となる具体的な犯罪者、そして、その他の市民全般の自律性が保障される理論的な前提が、内在的に基礎づけられなければならないはずである[56]。この点がないまま、社会全体の利益の保護を、その構成員達の自律性と切り離したまま刑罰の目的として追求してしまうと、その者達の客体化は避けられなくなる[57]。

　以上から、一般予防及び特別予防という刑罰目的の追求が、本来の法の目的である理念としての自由の普遍的保障に反する帰結に至ることが明らかとなった。犯罪予防を刑罰の目的として追求する際には、社会の中で法益侵害を発生させないようにするという方法で、あくまで潜在的な被害者の自由の基盤の保障が図られるのみであり、刑罰賦課の対象となる犯罪者自身の自律性（自由）の保障は、原理上含まれていない[58]。この点が、法の目的から見てまず問題となる。何故なら、法の目的の内容である自由の普遍的な保障とは、処罰される具体的な犯罪者の自由もその対象とするものだからである。しかし、問題点はこれだけには留まらない。何故なら先に示したように、犯罪予防を追求する目的刑論は、一般予防であれ、特別予防であれ、最終的には社会における一般人の自由全般を脅かす事

　　は、リストの理論が統合不可能な形でリベラルな要素と部分的に結合している点を指摘する。このように、リストの見解には不整合さがあることを認めるのが、ドイツにおける一般的な見解であろう。これに対して、海老原明夫「リストの刑法学方法論」西川洋一他編『罪と罰の法文化史』(1995年) 237頁以下は、リストの刑事政策論にある目的思考とその刑法解釈学の概念法学的体系性の間には矛盾はないとする。しかし、その際には、「刑法における目的思考は、……刑罰権発動を刑罰の目的たる法益保護の観点から正当化し、制御するものであった」(237頁、なお235頁も見よ) として、法益を保護する目的の追求それ自体が、極めて単純に、刑罰権を制御するリベラルな要素とされてしまっている。しかし、犯罪予防を追求する目的刑論それ自体は、犯罪との闘争を直接的に目指す考えに他ならないのであるから (Köhler, AT [前掲注24] S. 44参照)、いくら法益の保護に刑罰目的が限定されたとしても、刑罰効果の対象者の自律性を保障する理論的枠組みが前提とされない限り、その者は法益保護のための単なる道具とされてしまい、刑罰権を行使する国家は、法益の保護を追求する他律的な権力装置になってしまう。法益概念は、刑法による保護の対象が狭義の道徳ではない点を明らかにする上では有用であるのかもしれないが、これによって刑法の制約的な側面の全てが説明できるわけではない (同 S. 25参照)。

56　また、現実社会との接点という目的刑論の特性の点でも、(積極的) 特別予防には問題がある。その現実的な効果或いは有用性の点での行き詰まりが、一般予防の再評価につながる一因であったことは否定できないからである。これについては、中村「刑罰の正当化根拠に関する一考察 (1)」(前掲注41) 272頁以下参照。

57　Köhler, Einführung (前掲注46) S. XIII の批判が示唆に富む。

58　Köhler, AT (前掲注24) S. 44 ff. 参照。

態の招来にも至り得るからである。

やはり目的刑論が根底に据えた刑罰の目的は、刑法の目的と比較する場合、自由の保障を図る点で非対称性を示している。既に述べたように刑法の目的では、法益の保護の追求によって生じる不都合を制限する要素が、人権保障機能を介する形で、たとえ留保条件のようなものであったとしても一応内在的に考慮されていた。これに対して、刑罰の目的では、そのような役割は専ら外在的な応報の枠による制限に期待されている。つまり、刑罰による犯罪予防目的の追求には原理上歯止めがないため、厳罰化の動向に制限を課すことができないので[59]、（本来は批判されるべき）[60]応報思想の枠組みの（非難に見合った、或いは罪刑が均衡した）範囲内での処罰に留めて、処罰の対象者の自律性を配慮し、更にこのような制限に基づいて、社会にいる市民全般の自由に対する過度の干渉を回避しようとする論理である。このような考えが、我が国でも広く支持を集めている相対的応報刑論の根底にあることは否定できないであろう。

確かに、応報思想は、責任主義と結び付くものであり、応報による処罰は犯行を行った者の答責性を前提とする。つまり、犯行もその者の自律性の（誤った）表れに他ならないとするのであるから、その範囲内に処罰を留めることは、その者の自律性の保障につながる。しかし、法の目的からして一番重要であるはずの自由の普遍的な保障が、応報の観点という外在的な要素によって制限的な形でしか図られないというのでは、理念としての法の目的との整合性の点では不十分であるといわざるを得ない。また、応報の枠によって制限をかけることにより、実際に刑罰が賦課される者との関係で、その自律性を侵害しないですんだとしても、そのまま自動的に他の市民達の自律性の保障につながるわけではない。例えば、応報の枠内で威嚇による一般予防が追求される場合には、やはり他の市民達は自律的な人格として扱われることにはならないはずである。

従って、自由の普遍的保障という法の目的に適った刑罰制度を構想する際には、犯罪予防目的の追求に対して応報的な制約を外在的に課すだけではなく、犯罪者、被害者、その他の市民達全員が、刑罰権を行使する国家という法秩序の自

59　拙稿「ドイツ刑法学におけるカント主義の再評価」（前掲注7）31頁以下参照。
60　例えば、Pawlik, Das Unrecht des Bürgers（前掲注1）S. 85（安達光治訳『市民の不法(3)』272頁）は、「財保護の思想を首尾一貫させた予防モデルの枠内では、責任非難の思想が認められる余地はない」（強調は原著でなされている）としている。

律的な構成者の地位を維持できる理論的枠組みが必須とならざるを得ない。そして、次に紹介するように最近のドイツでは、そのような理論的枠組みを提供するのは、実は従来継子的に人権保障の機能を負わされてきた応報の観点であるとする考えが強く主張されるようになっている[61]。このような応報思想の復権に基づく刑罰論の構想については、法の目的に適合するものであるのかどうかを検証する必要がある。つまり、まず①自由の普遍的な保障のための理論的な枠組みを十分に基礎づけているかどうかが問題となる。そして更に、目的刑論にあった利点、すなわち②現実社会との接点の維持ということを、この点で問題があった犯罪予防目的の追求とは違う形で達成できているかどうかが吟味されなければならない。

第4節　応報刑論のルネサンス

1　ドイツにおける最近の動向

以下では、行き詰まりを見せた目的刑論に代わる対案として、最近のドイツにおいて主張されるようになった応報刑論のルネサンスと評し得るヴォルフ学派の刑罰論、ヤコブス及びパヴリク（新ボン学派）の刑罰論を紹介し、検討の対象としたい。これらを選択したのは恣意的な理由からではない。そうではなく、上のそれぞれの立場は、現在のドイツ刑法学における主要な学派の刑罰論に他ならず[62]、今後のドイツ刑法学の潮流を形成していく基本思想であるといっても過言

---

[61] 既に E. A. Wolff, Das neuere Verständnis von Generalprävention（前掲注22）S. 805（邦訳433頁）が、1985年の時点で、刑罰論は自律性を不可避の基礎としなければならず、そのためには絶対説の諸観点を受け入れる必要があると明言していた。

[62] ヤコブスは、インターネット上の法律雑誌でのインタビューに答えて（Mathias Schmoeckel, David von Mayenburg, Ein Gespräch mit Herrn Professor Dr. Günther Jakobs (Artikel vom 24. Oktober 2008), http://www.forhistiur.de/zitat/0810schmoeckel_mayenburg_jakobs.htm の Rn. 78 ff. を参照）、現在のドイツ刑法学には三つの学派があると述べている。すなわち、ロクシンを中心とする「トピカーの学派（Schule der Topiker）」、ヴォルフとその弟子達等からなる「ヴォルフ学派（Wolff-Schule）」、ヤコブス自身が属する、機能主義を基調とする「新ボン学派（Neue Bonner Schule）」の三つである。従って、ヴォルフ学派とヤコブス学派の刑罰論だけでなく、本来はロクシン学派の刑罰論も本稿での検討の対象とすべきなのかもしれない。例えば、ロクシンの弟子であるグレコは、応報刑論のルネサンスにいわば対抗して、フォイエルバッハ的な目的刑論の再評価を主張している（Luís Greco, Lebendiges und Totes in Feuerbachs Straftheorie, 2009）。グレコの意図は、フォイエルバッハの刑罰論の根底にあった「リベラルな思想」を首尾一貫させながら、市民の自由を保障する点にあり、その際には責任と予防に関するロクシンの見解

ではないため、我が国の刑法学からしても当然に検討の対象とすべきだからである。

2　ヴォルフ学派の応報刑論

　ヴォルフ学派の応報刑論は、エルンスト・アマデウス・ヴォルフとその弟子達等（ケーラー、ツァツィック、カーロ、クレシェヴスキー等）によって主張されている見解であり、カント、フィヒテ、ヘーゲルのドイツ観念論法哲学に依拠しながら応報刑論の再評価を試みるものである。学派内部でも論者によって重点の置きどころに相違はあるものの[63]、あくまで基本となるのは、全ての人間が人格として自由（自律性）を有する点を踏まえながら、それを現実の法秩序において普遍的に保障することを法の課題とする、ドイツ観念論に見受けられた法思想である。つまり、自由に基づく法の基礎づけを出発点にして、これを刑法の領域に適用し、法の原理である自由の普遍的な保障に適った刑罰論としては目的刑論はその任に耐えないと批判して、応報刑論を再評価するわけである。

　ヴォルフ学派の応報刑論の主張をまとめてみると、その具体的な内容は以下のようになる[64]。カントにおける法の普遍的な原理[65]は、人格の外的な自由の相互

　　からも影響を受けている（同 S. 247 f.）。やはり、このグレコの刑罰論についても、本稿の関心事である法の目的との合致という点から、本当に自由の普遍的な保障につながるものであるのかどうかを検討すべきなのかもしれないが、本稿では詳しい考察は割愛したい。結論からいえば、グレコの刑罰論は、市民の自律性（自由）の保障の点では不十分なものであると思われる。詳細については、拙稿「Luís Greco, Lebendiges und Totes in Feuerbachs Straftheorie, 2009の紹介」川端博他編『理論刑法学の探究③』（2010年）238頁以下を参照（本書247頁以下所収）。また、重要な批判として、Pawlik, Das Unrecht des Bürgers（前掲注１）S. 85 f. Fn. 448（安達訳『市民の不法(3)』272頁以下注448））も見よ。上記のグレコの著作に関するドイツでの書評として、Tatjana Hörnle, RW – Heft 4, 2010, S. 426 ff.; Michael Pawlik, ZIS 4/2011, S. 262 f.; Armin Engländer, GA 2013, S. 70 ff. も挙げておく。また、グレコの他にも、応報刑論の復権に対抗して（カント的な思想から）目的刑論を主張する論者として、アルテンハイン、タファーニ、メルレがいる。彼らの見解の詳細については、拙稿「カント刑罰論における予防の意義と応報の限界」（前掲注29）４頁以下を参照。

63　つまり、カント的な思考を基本にするか（ヴォルフ、ツァツィック、カーロ）、ヘーゲル的な発想を基礎に据えるか（ケーラー、クレシェヴスキー）の相違があるが、カントかヘーゲルかという二者択一的な発想ではなく、カント、フィヒテ、ヘーゲルの共通の問題意識は法における自由の普遍的な保障にあったと捉え、そのような自由の基礎づけに関する彼らの思考形式を現代の刑法の文脈の中で貫徹させることが図られている。但し、やはり出発点となるのは、各人に生得的に自律性を認めるカントの法思想である。例えば、Rainer Zaczyk, Die Bedeutung der Strafbegründung für den Strafvollzug, in: Hendrik Schneider u. a. (Hrsg.), Festschrift für Manfred Seebode, 2008, S. 596は、法を自由の定在（Dasein）と捉えるためには、カント法哲学と結び付ける形でヘーゲル法哲学を解釈する必要性があることを主張している。

的な保障を普遍的な視点から目指すものであり、そのために、生得的な人格性を備えた各人には、普遍的な法的法則（Rechtsgesetz）[66]に適った方法で自らの自由を外界において行使することが要請される[67]。法的法則に適った外的な自由の使

64 ヴォルフ学派の刑罰論については、既に紹介し検討を加えた。詳細については、拙稿「最近のドイツにおける規範的な応報刑論の展開」香川法学26巻3・4号（2007年）101頁以下（同論文は、本書21頁以下に所収されている）、同「カント刑罰論における予防の意義と応報の限界」（前掲注29）2頁以下、同「ドイツ刑法学におけるカント主義の再評価」（前掲注7）163頁以下参照。なおヴォルフ学派の刑罰論の主要な文献として、E. A. Wolff, Das neuere Verständnis von Generalprävention（前掲注22）S. 786 ff.（邦訳413頁以下、326頁以下）; Michael Köhler, Über den Zusammenhang von Strafrechtsbegründung und Strafzumessung, 1983; ders., Der Begriff der Strafe, 1986; ders., Strafbegründung im konkreten Rechtsverhältnis, in: Wilfried Küper (Hrsg.), Festschrift für Karl Lackner, 1987, S. 11 ff.; Rainer Zaczyk, Staat und Strafe － Bemerkungen zum sogenannten „Inselbeispiel" in Kants Metaphysik der Sitten, in: Götz Landwehr (Hrsg.), Freiheit, Gleichheit, Selbständigkeit, 1999, S. 73 ff.; ders., Sieben Thesen zur Begründung von Strafe, in: Peter Siller u. a. (Hrsg.), Rechtsphilosophische Kontroversen der Gegenwart, 1999, S. 139 f.; ders., Zur Begründung der Gerechtigkeit menschlichen Strafens, in: Jörg Arnold u. a. (Hrsg.), Festschrift für Albin Eser, 2005, S. 207 ff.（＝拙訳「人間的な刑罰における正義の根拠付けについて」香川法学25巻1・2号［2005年］113頁以下）; ders., Über den Grund des Zusammenhangs von personalem Unrecht, Schuld und Strafe, in: Gerhard Dannecker u. a. (Hrsg.), Festschrift für Harro Otto, 2007, S. 191 ff.; ders., Die Bedeutung der Strafbegründung für den Strafvollzug（前掲注63）S. 589 ff.; ders., „Hat er aber gemordet, so muß er sterben". Kant und das Strafrecht, in: Manfred Kugelstadt (Hrsg.), Kant － Lektionen. Zur Philosophie Kants und zu Aspekten ihrer Wirkungsgeschichte, 2008, S. 241 ff.; ders., Demokratieprinzip und Strafbegründung. Eine Erwiderung auf Klaus Ferdinand Gärditz, Der Staat, Bd. 50, 2011, S. 295 ff.; Diethelm Klesczewski, Die Rolle der Strafe in Hegels Theorie der bürgerlichen Gesellschaft, 1991; Michael Kahlo, „Die Weisheit der absoluten Theorien", in: Felix Herzog u. a. (Hrsg.), Festschrift für Winfried Hassemer, 2010, S. 383 ff. を挙げておく。

65 Kant, MdS, A 33/B 33, 34（邦訳49頁）.

66 カントの普遍的な法的法則の内容は、「あなたの選択意志の自由の行使が、誰の自由とも、普遍的な法則に従って両立できるように、外的に行為しなさい」（MdS, A 34, 35/B 35［邦訳49頁］）というものであり、そこで目指されるのは、普遍的法則に基づく行為者の自由と他者の自由の調和である（MdS, A 7［邦訳245頁］）。この法的法則は、他者の自由を配慮するように求める形で各人の行為を規制する一種の行為規範である。刑法上の行為規範もこの普遍的な法的法則が国家段階において具体化されたものである。

67 権利と義務の主体たり得る生得的な人格性は、法秩序の形成よりも以前の段階にあるものとして既に前提とされる。中村「刑罰の正当化根拠に関する一考察（2）」（前掲注44）280頁のように、法秩序に前置された生得的人格性に対しては批判もある。しかし、個々の主体性或いは自律性を法の出発点とする限りは、法秩序において初めて構成されるのではない人格性の核心部分というものを想定せざるを得ない。法秩序から与えられたものではないからこそ、国家という法秩序との関係で、任意に剥奪され得ないものとして保障されるのである。同「刑罰の正当化根拠に関する一考察（4・完）」立命館法学344号（2012年）188頁、207頁等は、行動統制予防というタイプの刑罰理論を批判するが、各人が国家による行動統制の客体に貶められないためには、生得的な人格性を有するという理論構成こそが必要となるはずである。ヴォルフ学派の理解によ

用とは、相互に他者の自由を配慮しながら自己の自由を制限することである。ここからヴォルフ学派は、法における自由とは外界において相互制限的な形で調和された自由に他ならず、そのために各人は互いに他者を自己と同等の自由な人格として取り扱い、各人に独自のものとして認められるべきである外界における自由の領域を承認し合う間主体的な法関係[68]を形成する必要があることを導き出す。しかし、この相互承認的な法関係は、自然状態の下では個人間のレベルで保障されるにしかすぎないため、社会契約を通じて国家的な法秩序を現実に形成し、その国家が担い手となる確固たる規範的保障の下に服さなければならない[69]。つまり、法の普遍的原理に適った各人の自由の保障は、国家という法秩序において初めて普遍的な効力を得ることが可能となる[70]。

こうして、何が法的法則に適った（規範に適った）行為であるのかという判断は、もはや各人にまかされるのではなく、国家が客観的な立場から規定することになるし、その違反も国家による規制の対象となる。ヴォルフ学派によれば、刑法で問題となる犯罪と刑罰の概念も、以上のような現実の国家的法秩序における自由の普遍的保障の観点から特徴づけられることになる。つまり、犯罪は、他者の自由な領域の侵害（具体的には法益の侵害）を通じた相互承認的な法関係の破壊であると同時に、そのような関係性を現実の国家的な法秩序において保障している規範の効力に対する侵害として捉えられるのである。そして、刑罰には、犯罪によって否定された国家的な法秩序の規範の効力を現実に回復させ、それを通じ

　　　れば、カント自身の主張とは異なるが、この生得的人格性が理由となって、死刑は法的な刑罰としては認められないことになる。
[68]　いわゆる相互承認関係は、フィヒテ、ヘーゲルにおいてより積極的に展開された概念であるが、既にカントにおいてもその萌芽は認められる。実際カントは、各人は隣人に対して配慮を求める相互的な権利があると主張している（MdS, A 139, 140［邦訳350頁］）。また Gerhard Luf, Freiheit als Rechtsprinzip, 2008, S. 157 も、相互承認に基づく自由の概念は、カントの実践哲学から体系的に導き出されるものであることを明言している。
[69]　自由を出発点にして法及び法秩序を基礎づける際には、（国家的な）法秩序と個々の人格の結び付きを維持するために社会契約論的な構成が必要となる。ヴォルフ学派と同様に応報刑論を再評価する Gunnar Duttge, Menschengerechtes Strafen, in: Eva Schumann (Hrsg.), Das strafende Gesetz im sozialen Rechtsstaat, 2010, S. 11 も社会契約論的に基礎づけられるべき諸人格の結合を自己の刑罰論（「所為の正当な清算」としての刑罰）の前提としている。但し、社会契約論に対しては批判も強い。例えば、クルト・ゼールマン（＝拙訳）「ヘーゲルの刑罰論とその相互承認の構想」ノモス23号（2008年）47頁以下参照。
[70]　Rainer Zaczyk, Freiheit und Recht - Immanuel Kant zum 200. Todestag, JuS 2/2004, S. 98 f. 参照。

て被害者の自由の領域そのものを回復させる役割が課される。換言すれば、このように捉えられる刑罰は、犯行がなされたことをその（法的）根拠として、自由を保障する現実の国家的法秩序[71]の規範の効力を犯罪以前のレベルに回復させて、それを通じて、最終的には本来被害者に保障されていた自由の領域を回復させることを目的とするものであり[72]、具体的な被害者における自由の領域の侵害の程度と法秩序における規範の効力の否定の程度に価値的に相応した「自由の制限」として犯罪者に対して執行されるものである[73]。

このようなヴォルフ学派の応報刑論は、もはや単なる「目には目を、歯には歯を」といった実体的な同害報復を意味するものではなく、あくまで犯罪に価値的に相応した自由の制限を内容とする規範的に構成された応報刑論である[74]。そこでは、個々人の自由の領域を保障する法（秩序）の回復（不法の清算）が応報刑の目的として想定されるため、その目的に合致する限りでは、目的刑論が志向していた犯罪予防の諸観点も応報に内在するものとして取り込むことが可能となる。以上のようなヴォルフ学派の見解は、まさにドイツにおける応報刑論のルネサンスを代表するものである。

---

[71] カントも、ヘーゲルと同様に実は現実の法秩序を念頭に置いて刑罰論を構想しており、自らの理念的な応報刑論が一定の制限を受けざるを得ないことを認めていた。詳細については、拙稿「カント刑罰論における予防の意義と応報の限界」（前掲注29）22頁以下参照。

[72] つまり、刑罰の目的は法秩序の規範妥当の回復だけには限定されないことになる（おそらくは、この点に後に述べるヤコブスの刑罰論との大きな相違がある）。これについては、特にZaczyk, Die Bedeutung der Strafbegründung für den Strafvollzug（前掲注63）S. 597参照。ヴォルフ学派からすれば、あくまでも法秩序の規範は、各人に認められるべき自由の領域を保障するためにある。従って、刑罰によって回復されるべきなのは、突き詰めれば、個別の自由の領域そのものでなければならない。例えば、殺人犯に対して自由の制限という形での刑罰の賦課がなされた結果、まず殺人を禁止する規範の効力が回復するが、それによって、殺害された被害者に認められていた生命に関する自由の領域が回復するのである。ここでは、自由の領域の回復を物質的に観念することはできない（被害者は死亡しているからである）。従って、回復するのは、侵害された生命法益の規範的な側面、つまり、被害者が生前有していた生命に対する権利であると構成せざるを得ないであろう。

[73] 犯罪者は、いわば不当に自由を拡張し、本来は平等的なものである法秩序において自己を例外的な存在として位置づけている。法秩序の規範の普遍的効力を回復させるためには、この例外状態がまず除去されなければならない。そこで、刑罰は、自由の不当な拡張に価値的に見合った制限を犯罪者の自由に対して課すことによって、例外状態の解消を図るわけである。但し、前掲注67で述べたように、生得的な人格性の保障が根拠となり、生命の剥奪は自由の制限の選択肢からは最初から除外される。

[74] カント自身、応報刑の内容は文字通りではなく、刑罰法則の精神に従って規定されるとしており、価値的な相応性という観点を示唆していた（MdS, B 172, 173[邦訳219頁]）。

3　ヤコブス及びパヴリクの刑罰論

　ヤコブスは、一般的に積極的一般予防論の主張者であると理解されてきた。しかし、現在の彼は、犯罪行為と刑罰の関係をコミュニケーション的に捉える一種の規範的な応報刑論を唱えている[75]。ヤコブスは『国家刑罰』において、応報と予防（目的）という二つの観点をめぐって争われてきた過去の刑罰論の歴史を振り返り、その内容を（犯罪との関係で刑罰の適切さを論じる）規範的アプローチと（利益の追求を刑罰の目的とする）認知的アプローチ（及びこれと結び付く刑罰の社会的な側面）という新たな観点から再構成して、自らの刑罰論を構想している[76]。

　ヤコブスの法秩序モデルでは、自己の利益状態に関心を有し、快苦の図式に基づいて活動する個人（Individuum）が、法規範に従う義務を社会における役割として受け入れることによって、法秩序の構成員として扱われ、権利と義務の担い手である自由な人格（Person）となる[77]。犯罪者は、このような人格でありながら、独自の法則（行動基準）に基づいて犯罪を行い、法秩序の規範は妥当しない旨の主張を行う存在である。これに対して、法秩序は、法規範はいまだ妥当し、一般市民は法規範だけに従って自らの行動を方向づけることができ、犯罪者の法則は接続可能性が欠けたそれ自体で無効なものであることを宣言しなければならない。このように、ヤコブスからすれば、刑罰は犯罪に対する法秩序からの異議申し立て（Widerspruch）として理解され、これによって社会の構造が確証されて、規範妥当の維持が図られることになる。

　しかし、ヤコブスの刑罰論の内容は、このようなコミュニケーション的な側面に留まるものではなく、同時に非コミュニケーション的な「沈黙の（stumm）」側面も有している[78]。つまり、苦痛の賦課という側面である。何故、苦痛の賦課が刑罰の内容とされなければならないのかというと、ヤコブスによれば、法が現実のものとなるためである[79]。彼からすれば、社会において一般人に対する方向づけを実際に行えて初めて、法は現実的に妥当することになるが、そのために

75　ヤコブスの刑罰論については、拙稿「最近のドイツにおける規範的な応報刑論の展開」（前掲注64）103頁以下、中村「刑罰の正当化根拠に関する一考察（2）」（前掲注44）209頁以下を参照。

76　Jakobs, Staatliche Strafe（前掲注37）S. 5 ff.（邦訳1頁以下）参照。また以下については、同書の邦訳『国家刑罰』に所収の拙稿「ヤコブスにおける刑罰の現実性と認知的保障」69頁以下も見よ。

77　特に、Günther Jakobs, Norm, Person, Gesellschaft, 3. Aufl. 2008, S. 28 ff. 参照。

78　Jakobs, Rechtszwang und Personalität（前掲注35）S. 32 ff.（邦訳40頁以下）も参照。

79　Jakobs, Staatliche Strafe（前掲注37）S. 26 ff.（邦訳38頁以下）参照。

は、潜在的な被害者である一般人が自己の権利を侵害されることなく行使できるという確実性が、規範的に保障されるだけでなく、認知的な補強（kognitive Untermauerung）を受ける必要がある。つまり、規範の妥当を認知的に保障するものが、刑罰における苦痛の賦課に他ならないのである[80]。苦痛の賦課を伴わずに、犯罪に対して異議申し立てが専ら規範的にしかなされない場合には、法規範は拘束力のない単なる推奨に留まり、一般人が当該の規範の効力を真摯に信頼して、自分は犯罪の被害に遭うこともないと納得できる状況は生じないことになる。しかし、それでは、法秩序は一般人の行動を現実的に方向づける効力を失ってしまうというのである。

　こうして、ヤコブスの刑罰論では、犯罪者による規範妥当の否認に対する異議申し立てが刑罰の意義であり、苦痛の賦課を通じた規範妥当の認知的な保障が刑罰の目的となる[81]。ここで重要となるのは、ヤコブスが重視した二つの観点である規範的アプローチと認知的アプローチが、現実の社会における規範妥当の維持という事柄を媒介にして結び付けられていることであろう。ヤコブスは、カントの刑罰論を批判的に検討し、純粋に規範的なアプローチだけから具体的な刑罰の量を規定することは困難であり、市民社会の構成員の利益と目的を考慮する認知的なアプローチが不可避であるとの結論を導き出すが[82]、規範妥当の認知的保障という刑罰の目的を通じて、刑罰の量も規定されるとしているのである[83]。

　刑罰が犯罪に対する苦痛の賦課を伴う異議申し立てとして理解されるのであれば、刑罰は犯罪に相応する応報刑となりそうである。しかし、あくまでも重要なのは、一般人における法的忠誠の維持という目的であり、そして、方向づけの模範となる規範の（認知的な）維持をそのために図る点であるとして、ヤコブスは『国家刑罰』において自らの刑罰論を「積極的一般予防」論であると主張している[84]。しかし、刑量を規定する際に、ヤコブスは犯罪行為の社会的な重大性に着目しており、この点で彼の刑罰論がかなり応報的な色彩を帯びていることは否定

---

[80] 従って、刑罰は単なるコミュニケーションにつきるものではなく、同時に沈黙の側面を有する「現実的な活動（Realakt）」となる（Jakobs, Rechtszwang und Personalität［前掲注35］S. 33［邦訳40頁］）。
[81] Jakobs, Staatliche Strafe（前掲注37）S. 29（邦訳41頁）参照。
[82] Jakobs, Staatliche Strafe（前掲注37）S. 16（邦訳20頁）参照。
[83] Jakobs, Staatliche Strafe（前掲注37）S. 30（邦訳42頁）参照。
[84] Jakobs, Staatliche Strafe（前掲注37）S. 31（邦訳43頁）参照。

できない。またヤコブスは、場合によっては、潜在的犯罪者の犯罪傾向も刑量の規定に影響するとしているが、これを、あくまでも当該の犯罪行為（によって惹起された規範の危殆化）の結果として生じた範囲に限定している[85]。この点でもやはり応報的なのである。実際、その後ヤコブスは、（苦痛の賦課を伴う）刑罰も行動の自由と結果に対する答責が双務的な関係にある点から正当化されるとして、刑罰を「一種の損害賠償」と捉えるようになり[86]、自己の刑罰論の名称としては「妥当維持的な（geltungserhaltend）一般予防」とする方がベターであるとしながら[87]、それは「社会の状態と結び付き、それ故に相対的である応報」と同様のものであると主張するに至っている[88]。

ヤコブスの弟子のパヴリクは、より直截に応報刑論を主張する。パヴリクは『人格、主体、市民』においては、ヘーゲルの思想に依拠して、他者の承認要求に対する侵害である不法を人格の不法、主体の不法、市民の不法の三段階に分け、刑罰は市民の不法に対する制裁であると結論づけていた[89]。その後、同書で

85　Jakobs, Staatliche Strafe（前掲注37）S. 31 ff.（邦訳43頁以下）参照。また、ヤコブスは、消極的一般（威嚇）予防も間接的に考慮しているが、これも答責的に惹起された規範妥当の危殆化の除去と当該の規範妥当の（認知的な）維持・保障の枠組み内という応報的な枠組み内での考慮に限定されている。なお、中村「刑罰の正当化根拠に関する一考察（2）」（前掲注44）276頁注522）は、ヤコブスが消極的一般予防を「（間接的にせよ）考慮している」のではなく、「潜在的な機能として否定まではしていない」とする方が正確であるとする。確かに、かつてヤコブスは、威嚇を刑罰の潜在的機能として捉えていた（例えば、ders., Das Selbstverständnis der Strafrechtswissenschaft vor den Herausforderungen der Gegenwart, in: Albin Eser u. a. (Hrsg.), Die deutsche Strafrechtswissenschaft vor der Jahrtausendwende, 2000, S. 50）。しかし、現在のヤコブスの威嚇の側面に対する態度が、そのような及び腰のものであるとは思えない。何故なら、ヤコブスは、積極的一般予防論を主張する多くの論者（かつての自分を含む）が、社会心理的な作用を少なくとも部分的に二次的な効果に貶めることによって、規範妥当の認知的側面を等閑視していると批判しており、その際に社会心理的な作用の例として「威嚇」を挙げているからである（Staatliche Strafe, S. 31 Fn. 147 ［邦訳43頁注147）］を見よ）。

86　Jakobs, Rechtszwang und Personalität（前掲注35）S. 34（邦訳41頁）.

87　認知的な側面を刑罰論で考慮する限り、社会の構成員達との関係で、その者達に対する作用・効果につながるものを刑罰の内容として取り入れざるを得なくなる。この意味では、そのような刑罰論はやはり「予防論」である。ヤコブスが「予防」という名称にこだわる背景には、最終的には、規範的な異議申し立てではなく、認知的な「補強」の方を（前者の基礎の単なる補強としてではなく）実はより重視しているからであるように思えてならない。筆者の藪睨みであろうか。

88　Jakobs, System der strafrechtlichen Zurechnung（前掲注26）S. 15.

89　Michael Pawlik, Person, Subjekt, Bürger, 2004, S. 88 ff. 参照。パヴリクの刑罰論については、拙稿「最近のドイツにおける規範的な応報刑論の展開」（前掲注64）106頁以下、玄守道「刑罰に関する一試論」浅田和茂他編『村井敏邦先生古稀記念論文集・人権の刑事法学』（2011年）115頁以下、中村「刑罰の正当化根拠に関する一考察（2）」（前掲注44）261頁以下も見よ。

の基本的な見解を維持しながら、より詳細に自己の応報刑論を展開している。パヴリクは、刑罰によって清算される（市民の）不法を具体的な被害者に対する損害に限定せず、法共同体全体に対する攻撃であるとしながら、これを法・権利性（Rechtlichkeit）が保障された状態の維持に関与する義務の行為者による違反であると特徴づける[90]。このような法的な状態は、具体的且つ現実的な自由が保障された状態[91]に他ならないため、パヴリクも現実の社会における自由の保障を重視していることになるが、これは近代における社会の構造と密接に関連している。近代社会は機能的に細分化された社会であり、個人（Individuum）は様々な機能システム内でそれぞれ異なる役割を演じており、自己のアイデンティティーを維持するために、複数の社会的な役割を自らの内で結合し、独自の生（Leben）の主体として自己を理解しなければならない[92]。つまり、このような事柄は自由が保障された状態の下だけでなされることから、パヴリクも自由の現実的な保障を重視するわけである。こうして、パヴリクは、「人格的な自由の維持[93]」を念頭に置きながら、刑法の主要な任務を独自の洞察に基づいて自己の生を執行するという各人の関心事を保障する点に見出している[94]。

自由が保障された状態の維持は、パヴリクからすれば、個々の市民の日常的な法服従に依存している。従って、犯罪者は、市民としての役割を拒絶して、刑法規範への服従を通じて現存する法状態の維持に協働する義務を侵害し[95]、同時に

---

[90] Pawlik, Staatlicher Strafanspruch（前掲注30）S. 83; ders., Das Unrecht des Bürgers（前掲注1）S. 89（安達訳『市民の不法(3)』277頁）参照。

[91] Pawlik, Staatlicher Strafanspruch（前掲注30）S. 86; ders., Das Unrecht des Bürgers（前掲注1）S. 105（安達訳『市民の不法(4)』[前掲注18] 303頁）．

[92] Pawlik, Staatlicher Strafanspruch（前掲注30）S. 84 f.; ders., Das Unrecht des Bürgers（前掲注1）S. 100（安達訳『市民の不法(4)』297頁）参照。

[93] Pawlik, Staatlicher Strafanspruch（前掲注30）S. 84. 但し、ders., Das Unrecht des Bürgers（前掲注1）S. 92（安達訳『市民の不法(3)』280頁）では「市民的な自由の維持」とされている。

[94] Pawlik, Staatlicher Strafanspruch（前掲注30）S. 85は、満たされた生を刑法は個々人に保障できないが、厳格な相互性の諸条件の下で、他者による規定から自由に独自の定在を形成する可能性は保障できるとして、同頁 Fn. 140でヴォルフとケーラーを自己と同旨の論者として引用している。また ders., Das Unrecht des Bürgers（前掲注1）S. 101 f. Fn. 554（安達訳『市民の不法(4)』298頁以下注554）も同様であるが、更に、個人の自由と結び付いたカントの法概念が重視されている。本文で挙げた個人と社会的な役割の関係に関する叙述は、明らかにヤコブスからの影響のものであると推察されるが、同時にヴォルフ学派と共通する思想をも示すのがパヴリク説の特徴である。

[95] この点につき、Pawlik, Das Unrecht des Bürgers（前掲注1）S. 107 Fn. 591（安達訳『市民の不法(4)』305頁注591））は、同旨の見解としてケーラーとツァツィックの著作を引用している。

法共同体の全体に対して不法をなすことになる[96]。そして、このような法的状態を維持する義務の違反を通じて、同時に他の人格に帰属する自由の領域を侵害するか、危険に晒すのである[97]。

しかし、犯行を行ったとはいえ、犯罪者は市民であり続けるため、パヴリクからすれば、犯罪者には継続して現実的な自由の秩序である法的状態を維持する義務が、本来の場合とは異なる形で課されている[98]。つまり、通常市民は、法に適った行動を通じて他者の自由を侵害しないように振る舞い、法的秩序を維持する第一次的な履行義務（Erfüllungspflicht）を果たす必要があるが、このような第一次的な義務が、犯罪者に対しては第二次的な（刑罰の）受忍義務として変化するのである。犯罪者は、第一次的な履行義務を果たさずに自由を一方的に享受する存在である。しかし、当該の犯罪者も市民である限り、本来は自由が保障された法的状態を維持する義務が課され続けている。そこで、当該の義務が、自らの負担で自由の享受と協働義務の履行が分かち難く結合している点を確証することを甘受する義務を導き出すわけである。このような確証を行う活動が、パヴリクによれば、刑罰に他ならず、更に、その確証を説得的なものとするために、犯罪者の「行動に関わる自由裁量の余地（Handlungsspielraum）」の縮減（自由の剥奪）

---

[96] Pawlik, Staatlicher Strafanspruch（前掲注30）S. 87 f. 参照。ここでパヴリクは、応報刑論をとる自己の見解が、一定の制限の下にあることに注意を促している（S. 88 f.）。重要と思われるのは、自説の応報刑論が、本文で掲げた市民としての義務に対する違反から常に処罰を導き出す必罰主義に至るものではないとする点である。例えば、安定した社会では、刑罰の大幅な減軽だけでなく、そもそも刑罰を自由の定在の諸条件に対する重大な侵害の場合だけに限定し、それ程重大ではない不法に対しては行為者に損害回復を義務づけることで足りるとしている。これは、必罰主義につながる危険性があるという応報刑論について想定される批判に応えるものであろう。また ders., Das Unrecht des Bürgers（前掲注１）S. 106 ff.（安達訳『市民の不法⑷』305頁以下）も参照。

[97] ここでは、①法秩序全体に対する義務違反を通じて、②具体的な被害者の自由の領域が侵害されるという構成がとられているが、順番はヴォルフ学派の理解とは逆である。このような点からは、法秩序そのものを重視するか、或いは法秩序を構成する個々の人格（市民）同士の関係に重点を置くかというニュアンスの相違が見て取れる。拙稿「最近のドイツにおける規範的な応報刑論の展開」（前掲注64）127頁以下注（25）、132頁注（55）での指摘も参照。但し、Diskussion zum Vortrag von Michael Pawlik, in: Eva Schumann (Hrsg.), Das strafende Gesetz im sozialen Rechtsstaat, 2010, S. 97において、協働義務侵害の程度は本質的に（被害者に対する）自由侵害の程度を通じて量られるとパヴリクは発言しているので、ヴォルフ学派との差異はそれ程大きくないのかもしれない。なお ders., Das Unrecht des Bürgers（前掲注１）S. 117 f.（＝飯島暢・川口浩一監訳・安達光治訳『市民の不法⑸』関西大学法学論集64巻２号［2014年］242頁以下）も参照。

[98] 以下については、Pawlik, Staatlicher Strafanspruch（前掲注30）S. 89 ff.; ders., Das Unrecht des Bürgers（前掲注１）S. 116 ff.（安達訳『市民の不法⑸』240頁以下）参照。

である刑罰は、同時に苦痛の賦課という側面を有する必要があるとされている[99]。

　パヴリクは、以上のように構想された自己の刑罰論の枠内に特別予防、特に再社会化の観点を組み込む。つまり、行為者は市民としての地位を保持しているため、刑罰もその点を配慮して執行されなければならず、行為者には将来において市民に課せられる第一次的な履行義務を果たせるようになるための援助を求める権利が認められるのである。しかし、同時に市民としての地位が継続している点から、行為者には自己の再社会化に関与する義務も課せられることになる[100]。

---

[99] Pawlik, Staatlicher Strafanspruch（前掲注30）S. 89 ff. の叙述では、苦痛の賦課を基礎づける際に、ヤコブスとは異なり、認知的な補強という観点は挙げられていない。但し、刑罰による規範妥当の継続のメッセージは、信じられる方法でなされるべきであり（S. 90）、また、刑罰には一定の激烈さが不可避であり、さもないと協働義務の履行と自由の享受の牽連性は納得できる形では示されなくなる（S. 91）とパヴリクは主張している。ここで問題となるのは、「信じる」或いは「納得する」主体が、ヤコブスがいうような（個人の側面を有する）人格か、或いはヴォルフ学派が想定するような理性的な判断能力を備えた人格かという点である。なお、苦痛の賦課の基礎づけとは異なる文脈である ders., Das Unrecht des Bürgers（前掲注1）S. 105（安達訳『市民の不法(4)』303頁）では、法的に正常な状態は抽象的な規範秩序ではなく、個々の市民の法的地位に対する他の市民からの配慮は広範囲に確実なものでなければならないとして、「法規範は認知的補強を必要とする」と主張している（犯罪と刑罰の基礎理論を扱う同書の前半部分で「認知的補強」について言及しているのは、管見する限りここだけである）。だが、内容的に対応する ders., Staatlicher Strafanspruch（前掲注30）S. 87には同様の記述はない。

[100] Pawlik, Staatlicher Strafanspruch（前掲注30）S. 91 f.; ders., Das Unrecht des Bürgers（前掲注1）S. 120 Fn. 665（安達訳『市民の不法(5)』245頁注665））参照。従って、自らを再社会化させる義務が犯罪者には認められることになる。この点につき、中村「刑罰の正当化根拠に関する一考察（2）」（前掲注44）272頁は、「パヴリク自身は、市民の義務として、忠誠義務を認めていても、忠誠義務に適った行為を法的な義務として負わせることは否定している」として、パヴリクは再社会化の強制を否定しているとする。つまり、犯罪者には刑罰を受忍する義務だけがあり、再社会化に適う形で自己の行動を形成する義務はないというのであろう。しかし、そのような主張の根拠として引用される Pawlik, Person, Subjekt, Bürger（前掲注89）S. 83 f. は、「市民的な態度（Haltung）は強要され得ない」或いは「忠誠からの義務の履行は個々の市民には要求され得ない」（これは、パヴリクが S. 84 Fn. 35でカントの MdS における合法性［Legalität］と道徳性［Moralität］の区別の箇所を引用していることからも推測されるが、道徳性の基準での要求はできないという趣旨であろう）としているだけで、「忠誠義務に適った行動を……期待することはできる」とするものであるし、またパヴリク自身が、ドイツ行刑法4条1項で受刑者の同意及び任意の協働が前提とされているのは、あくまで実用論的な（pragmatisch）理由に基づく（つまり、便宜上のもの）としていることからすれば（同書 S. 95）、先のような主張は、パヴリクの見解を正確に読み取ったものとはいえないであろう。また、例えば ders., Das Unrecht des Bürgers（前掲注1）S. 106（安達訳『市民の不法(4)』304頁以下）でも、法秩序の維持に関する協働義務の内容として法に適った行動を行うことは、当然の前提とされている（同頁 Fn. 589では、外的な法との一致以上の事柄を市民が負うことはなく、そのような行動の動機は市民に委ねられているとされており、まさにパヴリクがカント的な合法性と道徳性の区別を意識している点は明らかである）。

以上のように、パヴリクは自己の刑罰論を市民による不法に対する応報刑論として構想するが[101]、その際には社会秩序の維持が重要であるとして、積極的一般予防論との親近性を肯定している。つまり、パヴリクの応報刑論は、無目的なものではなく、自由が保障された状態である法秩序の維持を目的として想定したものであると解されるのである。しかし、パヴリクからすれば、そのような結論に至る基礎づけの点では、自説はやはり目的刑論とは大きく異なっている。何故なら、目的刑論とは異なり、刑罰の法的な根拠はあくまでも「専ら犯罪それ自体」であるとしているからである[102]。また、パヴリクは、応報刑論といっても抽象的な正義に基づく処罰を主張するわけではなく、現実的な法秩序の維持を図る点から刑罰を基礎づけていた。これも従来の応報刑論に対する批判を意識してのことであろう。但し、パヴリクの意図は、自由に依拠する民主主義的な国家に関する刑罰理論を構想する点にあり、まさに彼の刑罰論は、現状の単なる記述ではなく、自由（の保障）に関わる思想における内容を構成的な要素として取り入れた正当化基準を示すものなのである[103]。

4　ツァツィックとゲルディッツの論争

以上のような応報刑論の復権に対しては、刑法以外の分野からも疑義が提起されている。公法学者のゲルディッツ[104]が、形而上学的な或いは実定法を超える形

やはり、上のような協働義務が（刑罰受忍義務と並んで）いまだ市民としての地位を有する犯罪者にも継続して課せられているとするのが、パヴリクの真意であろう。それ故に、例えば、再社会化の働きかけを強固に拒む受刑者については、行刑の緩和や早期の仮釈放を認めないことは許されるとするのである（S. 120 Fn. 665［安達訳『市民の不法(5)』245頁注665)］）。やはり、むしろ重要であるのは、犯罪者に対して再社会化の義務を肯定しながらも、それが犯罪者の内面に対する不当な干渉にならないように理論構成すべきことであると思われる。例えば、そのような試みとして、拙稿「最近のドイツにおける規範的な応報刑論の展開」（前掲注64）120頁以下を参照。

101　Pawlik, Staatlicher Strafanspruch（前掲注30）S. 93; ders., Das Unrecht des Bürgers（前掲注1）S. 110（安達訳『市民の不法(4)』309頁）は、それ故に「正当な刑法は、定義上市民刑法（Bürgerstrafrecht）であり、それ以外のものは存在しない」として敵刑法（Feindstrafrecht）の概念を否定する。

102　Pawlik, Staatlicher Strafanspruch（前掲注30）S. 93; ders., Das Unrecht des Bürgers（前掲注1）S. 110（安達訳『市民の不法(4)』309頁）. この意味で、パヴリクは、法秩序の維持を目指す応報を刑罰の目的ではあるが、あくまでも自己目的（Selbstzweck）として捉えている。

103　Diskussion zum Vortrag von Michael Pawlik（前掲注97）S. 103におけるパヴリクの発言を参照。その際にパヴリクは、自己の見解が理念的なもの（eine Idealisierung）である点は自明であるが、このような基準から現状を批判することは有益であるとしている。これは、ヴォルフ学派の基本的な思想と一致する主張である。

第 4 節　応報刑論のルネサンス　　*115*

での応報刑論の基礎づけは民主主義の原理に反するとする論文を Der Staat 誌に公表し[105]、それに対して、ヴォルフ学派のツァツィックが同誌に反論[106]を掲載するという論争が行われた。最近のドイツにおいて主張されるようになった新たな応報刑論が、現実社会における自由の普遍的な保障という法の目的に適ったものとして、従来の目的刑論にとって代われるのか否かを検討する前に、以下ではこの論争を概観し、刑罰の基礎づけでは自由の保障が重要となる点を再確認しておきたい。

　ゲルディッツは、ドイツ基本法の基礎にある民主主義の原理に適った刑罰の基礎づけこそが適切なものであるとして、実定法外の正義の観点、或いはドイツ観念論法哲学に依拠する応報刑論のルネサンスを批判する。何故なら、民主主義の下では、刑法も社会的なコントロールの形式化に関する要求を満たすための機能的な装置でしかなく[107]、その最終的な基礎づけの拠り所は、憲法的な視点からすれば専ら実定法にあるからである[108]。このような見解によれば、刑法が前提とする法秩序は、民主主義の原理に適ったものとして、基本法における一定の手続に則った立法者の裁量の下で形成されなければならず、その内容も必然的に多数決原理に従って、任意的、偶然的、妥協的なものとして常に修正を余儀なくされるものになるが[109]、むしろゲルディッツからすれば、刑法をこのように絶対的な観

104　ゲルディッツ（Klaus Ferdinand Gärditz）は、ボン大学の公法学の教授である。但し、博士論文（Strafprozeß und Prävention, 2003）をペフゲンの指導の下で書いており、更には国際刑法に関する著書（Weltrechtspflege, 2006）も公表している。つまり、刑事法への造詣の深さを兼ね備えた（1975年生まれの）若手公法学者である。ゲルディッツの経歴及び業績については、http://www.jura.uni-bonn.de/index.php?id=3944を参照。
105　Klaus Ferdinand Gärditz, Strafbegründung und Demokratieprinzip, Der Staat, Bd. 49, 2010, S. 331 ff.
106　Zaczyk, Demokratieprinzip（前掲注64）S. 295 ff. また、この論争を第三者の立場から総括するものとして、Shu-Perng Hwang, Demokratische Willensbildung vor grundrechtlicher Rahmenordnung. Verfassungsrechtliche Überlegungen zur Auseinandersetzung von Gärditz und Zaczyk, Der Staat, Bd. 51, 2012, S. 233 ff. も見よ。
107　Gärditz, Strafbegründung（前掲注105）S. 338 f., 341参照。
108　Gärditz, Strafbegründung（前掲注105）S. 349 f. 参照。実定法とは無関係に刑法上の帰属の体系を構想する Jakobs, System der strafrechtlichen Zurechnung（前掲注26）S. 18 f. Fn. 15も、このようなゲルディッツの立場を自己に対する批判として受け止め、反論を行っている。ゲルディッツの考えからすれば、実定法外の社会のアイデンティティー、基本的な了解（コンセンサス）のような要素も刑罰の基礎づけの際には基準とはならない（S. 354 f.）。但し、ゲルディッツの論調は、パヴリクの見解には実はかなり好意的である（例えば、S. 351 u. Fn. 116, 356 Fn. 144, 363 Fn. 181を見よ）。

点ではなく、相対主義の観点から捉えることによって初めて、個人の自由の保障が図られるのである[110]。

　ゲルディッツも民主主義は個人の自由の理念に基づくものであるとするが、民主主義的なプロセスを経ずに設定される、絶対的な効力を有する正当性の基準のようなものは、全体主義につながる価値の絶対化でしかなく、個人の自由の理念には適合しないとする[111]。つまり、民主主義に適った刑法は、常に時代状況に拘束された具体的な秩序を前提として、普遍的な内容とは無縁となるが、このような不完全さこそが国家刑罰権の制限につながることになり、この点に民主主義に基づく法秩序の強みがあるとゲルディッツは主張するのである[112]。

　このような考えからすれば、普遍的な刑罰の基礎づけを志向する応報刑論は当然に退けられる。そして、刑罰はあくまでも民主主義的なプロセスの中での利益衡量から導き出されてくる一定の目的を追求する機能を果たすだけの装置でしかないため、ゲルディッツは、現実の刑事立法の根幹にある治安政策上の立法動機[113]を適切に取り込むことのできる犯罪予防目的に基づく刑罰の基礎づけ、特に規範の社会的な効力の安定化を刑罰の目的とする積極的一般予防論こそが民主主義の原理に最も適合するものであると結論づけている[114]。

　これに対しツァツィックは、まず民主主義の原理に一方的に依拠するゲルディッツの立場を批判する。何故なら、単に民主主義を強調するだけでは、「民衆の暴政」につながりかねず、それではゲルディッツ自身が出発点としていたはずの個人の自由の理念に反するからである。そこでツァツィックは、自由の理念を法の基礎づけの出発点にして、そこから法秩序を構想する思想が18世紀のロック、ルソー、カントに由来することを確認し、自由の理念こそが法の原理であると同時に民主主義の基礎にあるとする[115]。つまり、法秩序全般は個人の自由に依

109　Gärditz, Strafbegründung（前掲注105）S. 344, 346, 353, 355 f. 参照。
110　Gärditz, Strafbegründung（前掲注105）S. 345参照。
111　Gärditz, Strafbegründung（前掲注105）S. 343参照。
112　Gärditz, Strafbegründung（前掲注105）S. 346参照。
113　Gärditz, Strafbegründung（前掲注105）S. 353.
114　Gärditz, Strafbegründung（前掲注105）S. 357 f. 参照。ゲルディッツからすれば、応報の観点は予防目的の追求を制限する枠としても認められない（S. 359 f.）。そのような制限枠としての役割は、人間の尊厳や比例原則のような基本法上に実定的な根拠条文を有する法治国家原則が専ら果たすことになる（S. 360 ff参照）。
115　Zaczyk, Demokratieprinzip（前掲注64）S. 296 ff. 参照。

拠して、それを普遍的に保障する形で基礎づけられなければならず、更には法制度の一つである刑罰についても、同様の事柄が当てはまるのである。しかし、ツァツィックからすれば、ゲルディッツが構想する刑罰論（積極的一般予防論）及びその基礎にある民主主義原理に適しているとする法秩序観は、個人の自由の保障に反するものでしかない[116]。何故なら、ゲルディッツは、形而上学的な観点を絶対的な基礎づけであるとして退け、民主主義原理に適った観点であるとして価値相対主義の立場に依拠して、任意的、偶然的、妥協的な内容を伴う実定法の存在だけから刑罰を構想するからである。このような立場からは、刑罰制度の運用も実定法だけに基づいて任意的、偶然的、妥協的なものにならざるを得ず、刑罰の対象となる犯罪者の自由の保障が必ず果たされることにはならない。また、ゲルディッツの見解では、積極的一般予防という方法で規範の効力を安定化させる目的のために刑罰は投入されるが、規範の内容自体が上のようなものであるため、その安定化といっても、自ずとその必然性を欠くことになってしまう。そもそも、ツァツィックからすれば、積極的一般予防論という目的刑論の立場をとる限り、犯罪者は多数者の利益を達成するための道具とされてしまい、その自由の保障が等閑視されてしまう点は避けられないのである。

そこでツァツィックは、刑罰の根拠は行為者が有責的に行った犯行それ自体であるとする。つまり、その者が法的な人格として共に構成していた法状態を答責的に侵害したこと（これは他者の法的地位の侵害を前提にする）によって、自ら刑罰による法状態の回復の必然性を基礎づけているとする、犯罪者の自律性を念頭に置いた応報刑論こそが、法の原理である自由の保障に適うものであると主張するのである[117]。

以上の論争から明らかになるのは、個人の自由の理念の捉え方の相違である。ゲルディッツも、民主主義原理から刑罰論を構想する際に個人の自由の理念を出発点にしており、これを最大限尊重するためには、応報刑論が依拠する絶対的・普遍的な観点から離れて、民主主義のプロセスによって産出される実定法秩序に対応した刑罰論でなければならないとしたわけである。そこにあるのは、民主主

---

116 以下については、Zaczyk, Demokratieprinzip（前掲注64）S. 299 f. 参照。
117 Zaczyk, Demokratieprinzip（前掲注64）S. 301参照。また、ツァツィックは、ゲルディッツが形而上学的な観点を拒否することも批判し、（それ以前の古い形而上学とは異なり）カントの形而上学が自由を人間が意識的に現実において存在することの要素として基礎づけるものである点を強調する（S. 298）。

義のプロセスを通じてこそ、各人の利益を適切に汲み上げて、妥協的な形で法秩序において調整でき、こうした利益の調整こそが個人の自由の理念の保障につながるとする思想である。このように、ゲルディッツは、理念化された法秩序をモデル的に想定して、そこでの理想化された刑罰論を展開するのではなく、あくまでも妥協的なレベルに留まる現実の法秩序を前提にして刑罰論を積極的一般予防論として構成したのである[118]。この意味では、現実社会との接点の維持という法の目的としても要請される観点は、十分に考慮されているといえるであろう[119]。

しかし、法の目的からは、同時に自由の普遍的な保障が達成されなければならなかった。この点では、やはりゲルディッツの見解には不十分さがあることは否定できない。何故ならば、ゲルディッツが想定する民主主義のプロセスによって汲み上げられる利益は、各人の利己的ななまの利益そのものであり[120]、それが多数決原理を経て実定法の中に妥協的に組み込まれたとしても、全ての人格の自由の普遍的な保障につながるとは思われないからである。ゲルディッツは、国家の活動は合目的的なものでなければならないとするが[121]、その際に想定される目的も、やはり利益の追求を内容とするイェーリング的な経験的な実際上の法の目的でしかないのである。

民主主義的な法秩序の形成は当然に求められる事柄であるが、やはりその前提としては、全ての人格の自由を普遍的に保障する理論的枠組みを構築し、立法者をもこれに服させる形で（民主主義的な）法秩序を構想しなければならない[122]。さもないと、民主主義的なプロセスを経て形成される法秩序も、なまの利益同士の対立を多数者の視点から妥協的に調整するための単なる秩序維持装置でしかなくなり[123]、法秩序の構成者であるはずの諸人格にとっては、必然的に自己の自由の

---

118 従って、ゲルディッツの見解は、前掲注62で挙げた論者達の主張と同様に、絶対説と称されている応報刑論の復権に対する反動として目的刑論を再評価する立場であるともいい得るものである。
119 実際、Gärditz, Strafbegründung（前掲注105）S. 357 f. は、法治国家における法は単に効力を要求するだけでなく、社会的な実効性を有していなければならない点を強調している。
120 Gärditz, Strafbegründung（前掲注105）S. 354参照。
121 例えば、Gärditz, Strafbegründung（前掲注105）S. 344, 347参照。
122 Hwang, Demokratische Willensbildung（前掲注106）S. 246, 249も、基本法秩序は立法者に一定の裁量の余地を認めているが、あくまでもその際には自由の保障を図る義務を課すべきであるとし、刑罰目的についても、完全に立法者の恣意に委ねられるべきではないとする。
123 Gärditz, Strafbegründung（前掲注105）S. 364によれば、処罰によって達成すべき社会的な利益も純粋に道具的な相対的なものでしかない。

保障につながるわけではなく、場合によっては、それとは正反対の帰結に至るものになってしまうのである。

以上のようなツァツィックとゲルディッツの論争は、各人の自由を普遍的に保障する理論的枠組みの基礎づけを前提にして、法秩序及び刑罰のあり方を構想することの必然性を我々に再認識させるものといえるであろう。

第5節　刑罰における現実性の維持と自由の普遍的保障

最後に、ドイツにおいて復権を遂げつつある新たな応報刑論が、従来の目的刑論に代わる形で、法の目的に適った刑罰目的を理論的に受容できるものであるのか否かを検討したい。まず注意しなければならないのは、応報刑論だからといって、必然的に刑罰について目的の想定を排除するわけではないことである。応報刑論とは、将来の犯罪を予防するという目的の追求ではなく、犯罪者による犯行の存在そのものを刑罰の法的根拠とする見解である。つまり、法的根拠としてでなければ、追求すべき刑罰目的を想定することは可能なのである。実際に、ヴォルフ学派は、刑罰の目的として、破壊された法関係の回復[124]、法の回復[125]、一般的な法的平和に対する侵害（不法）の清算[126]を挙げ、更には、不法の清算を通じた平和的な作用の展開による犯罪全般の可能性の減少[127]を刑罰目的に含めている。また、ヤコブスは、苦痛賦課を通じた規範妥当の認知的な保障が刑罰の目的であるとし[128]、パヴリクは、現実的に自由が保障された法的状態である社会秩序の維持を刑罰の目的としていた[129]。これらの見解に共通するのは、法秩序の構成者達が日常的に法に適った行動をとれる状況を法（規範）が現実的に方向づけを行い、妥当している状態として捉え、当該の状態の追求・達成を刑罰の目的として想定する思想である[130]。

124　Köhler, AT（前掲注24）S. 43.
125　Diethelm Klesczewski, Strafrecht Allgemeiner Teil, 2. Aufl. 2012, § 1 Rn. 24参照。
126　Zaczyk, Staat und Strafe（前掲注64）S. 84.
127　E. A. Wolff, Das neuere Verständnis von Generalprävention（前掲注22）S. 825（邦訳347頁）参照。
128　Jakobs, Staatliche Strafe（前掲注37）S. 29（邦訳41頁）参照。
129　Pawlik, Staatlicher Strafanspruch（前掲注30）S. 92 f.; ders., Das Unrecht des Bürgers（前掲注1）S. 109（安達訳『市民の不法(4)』308頁）参照。
130　Jakobs, System der strafrechtlichen Zurechnung（前掲注26）S. 14; Pawlik, Staatlicher

このような、各人が相互的に相手の自由を配慮して、法に適った行動をとり、それによって自由が法秩序において現実的に保障されているという状況の達成は、犯罪予防目的の達成と比較すれば、いわばハードルが低く設定されているため、たとえ犯罪を行う者がでたとしても、法秩序の大部分の者達が法に適う形で引き続き行動している限りでは、すぐさま目的達成の失敗ということにはならない。つまり、現実の法秩序との関係性の維持という点では、相対的に有利に設定された目的なのである。しかし、ヴォルフ学派と特にヤコブスの間には、その際に想定される法秩序の構成者の捉え方について、大きな相違がある点に注意しなければならない。ヴォルフ学派では、法秩序の構成者は、生得的に理性的な判断能力を備えた人格であるが、ヤコブスが規定する法秩序における人格とは、自己の利益の観点から行動する個人（Individuum）の側面をいまだ有する存在である。

　ヤコブスは、自己の刑罰論を規範的アプローチと認知的アプローチという二つの新たな観点から構想したが、その際に重視したのは、規範による行動の方向づけが現実的なものとなることを刑罰を通じて担保することである。規範妥当が現実的なものとなるためには、規範的レベルでの抽象的なものに留まらずに、いま在る現実の社会において通用しなければならない。そこで、認知的補強の観点が持ち出されてくるわけである。しかし、現実性の維持のために、認知的補強の観点が必要となるのは、ヤコブスの理論構成では、法秩序の構成員たる諸人格が個人の側面を有しているからに他ならず、このような形で現実性を担保する結果、刑罰の内容として、理性的（或いは正当なもの）とはいい難い要素が混入することは避けられないと思われる。認知的な補強がなされているか否かの判断は、法秩序の構成員である諸人格の個人の側面を念頭に置いて、彼らが認知的に納得できるように刑罰が行使・執行されるかどうかという点からなされることになる。より精確にいえば、刑罰を行使する主体である市民社会（国家的法秩序）そのものが、構成員達の個人の側面に焦点を当てて、認知的補強の必要性を判断するのである[131]。

Strafanspruch（前掲注30）S. 86 Fn. 143; ders., Das Unrecht des Bürgers（前掲注１）S. 106（安達訳『市民の不法(4)』304頁：「日常的な法の遵守」について言及している）参照。ヴォルフ学派では、例えば Katrin Gierhake, Feindbehandlung im Recht?, ARSP Vol. 94, 2008, S. 356; Zaczyk, Die Notwendigkeit systematischen Strafrechts（前掲注22）S. 701 f.（邦訳371頁以下）を参照。
131　敵刑法の文脈での主張ではあるが、Günther Jakobs, Feindstrafrecht?, HRRS 8-9/2006, S. 293, 294を参照。

第5節 刑罰における現実性の維持と自由の普遍的保障

　しかし、ヤコブスの理論構成において、人格性が規範的な構成物である限り[132]、市民社会の構成員達の個人の側面には、法秩序の成立より以前にあるはずの（カント的な）生得的人格性（正当な判断を潜在的には自発的に行える能力）は認められないため[133]、彼らの個人の側面から「正当な判断」を導き出すことは困難なはずである[134]。ヤコブスは、規範妥当の認知的保障の必要性の枠内で、刑罰による恐怖心の惹起を肯定するが[135]、これも潜在的犯罪者及び潜在的被害者の双方に、規範の正当性を潜在的には洞察できる能力（生得的人格性）を認めないからである[136]。

　規範妥当の認知的な保障を刑罰目的と捉えるヤコブスの見解は、法の目的の観点から見た場合、特に現実性の維持という点では十分な配慮がなされていると思われる。しかし、同時に要請されるはずの自由の普遍的な保障という点では、相対的に不十分なものに留まっているといわざるを得ない。確かに、ヤコブスも法治国家における自由の保障を重視するが、しかし、単に要求可能であるだけではない、現実的な法の妥当こそが自由を可能にするとして[137]、普遍的なものとして

132　Jakobs, Norm, Person, Gesellschaft（前掲注77）S. 31 f., 36 f. を参照。また ders., Rechtszwang und Personalität（前掲注35）S. 42（邦訳55頁）は、人格を「規範的な制度」であるとしている。

133　Jakobs, Staatliche Strafe（前掲注37）S. 44（邦訳62頁）参照。人格性が法秩序における規範的構成物である限り、法秩序が付与したものなのであるから、法秩序が認知的な補強の必要性に基づいて完全にそれを剥奪することも可能となるのであろう。つまり、理論上は人格性ゼロという刑法の対象者の想定も不可能ではなくなる。この点に、「敵刑法（Feindstrafrecht）」論の最大の問題点があると思われる。これに対して、生得的人格性を認める意義は、法秩序によっても剥奪できない限界を設定することにある。但し、生得的人格性の絶対的な保障は、国家が完全に機能しているときに、そのような国家との関係でのみ認められるため、国家が自由の保障という自己の本来の役割を果たせなくなる場合には、相対化されざるを得なくなる。このような問題を扱う論稿として、拙稿「救助のための拷問の刑法上の正当化について」香川法学29巻3・4号（2010年）45頁以下（同論文は、本書173頁以下に所収されている）。

134　特に、拙稿「最近のドイツにおける規範的な応報刑論の展開」（前掲注64）108頁以下、115頁、133頁以下注（67）、注（68）、138頁以下注（89）、注（90）参照。

135　Jakobs, Staatliche Strafe（前掲注37）S. 32 f.（邦訳44頁以下）を見よ。刑罰を自由の剥奪の現実的な執行に留まらずに、認知的な補強の観点から害悪として捉える点（S. 29［邦訳41頁］）にも同様の問題がある。ヴォルフ学派は、必ずしも刑罰を害悪とは捉えていない。例えば、Zaczyk, Zur Begründung der Gerechtigkeit menschlichen Strafens（前掲注64）S. 216 f.（邦訳123頁）参照。

136　確かに、ヤコブスは恐怖心だけでなく、「洞察」の惹起も挙げている。しかし、これは、事実上規範の正当性を洞察できる者もいるというレベルでの言明にすぎないものであろう。また、仮に個人について洞察の惹起を語り得るとしても、それは利益に関わる洞察でしかないはずである。これに対し、法秩序の構成者達に生得的人格性を認める場合には、（正当性に関わる）洞察の惹起だけを念頭に置けばよく、恐怖心の惹起の方が事実上のものとなる。

自由の概念（理念）をその（時代的・経験的な）諸条件とは無関係にただ持ち出しても無意味であると主張している[138]。また、構成員の生得的人格性を欠く形で構成されるヤコブス的な法秩序は、その構成員との関係では他律的なものにならざるを得ず[139]、このような法秩序を前提とする限りでは、やはりヤコブスの見解は、自由を普遍的に保障する理論的枠組みに基づいた刑罰論の構想とはいい難いと思われる。

これに対して、刑罰の目的として法の回復或いは不法の清算[140]を想定するヴォルフ学派の立場では、生得的な理性的能力を備えた自律的な人格によって法秩序が構成されているという前提をとるため、認知的な補強のような観点は不要となる。ヴォルフ学派の思想では、犯罪に相応した自由の剥奪の執行により、自由を普遍的に保障していた法秩序及びその保障を受けていた（被害者の）自由の領域を回復させるという刑罰論の内容が、（当該の犯罪者を含む）法秩序の構成者達によって理性的に洞察され、それに適った行動を各人が行うことが求められる。つまり、（当然に生得的な人格性を有する）犯罪者は、そのような自由の剥奪を受けてこそ自由の普遍的保障という法秩序の効力を自分も享受できるようになり、犯罪によって得られた自由の拡大が単なる見かけだけのものにすぎなかったのだと理性的に理解して実際に刑に服し、刑事司法に従事する者達も、そのような形で自由を回復すべきことを洞察して、実際に自由の剥奪を行い[141]、そして、法秩序の他の構成員達も、以上のような所作がとられたことにより、自由を普遍的に保障する法秩序が回復したと洞察して、安心して引き続き法に適った行動を実際にと

137　Günther Jakobs, Terroristen als Personen im Recht?, ZStW Bd. 117, 2005, S. 841参照。
138　Günther Jakobs, Zum Begriff der Person im Recht, in: Heinz Koriath u. a. (Hg.), Grundfragen des Strafrechts, Rechtsphilosophie und die Reform der Juristenausbildung, 2010, S. 74 f. 参照。
139　Klesczewski, AT（前掲注125）§1 Rn. 12は、ヤコブスの規範侵害の概念がその惹起者の主体性と分離されて構成されている点を批判する。これは、規範侵害の裏返しである規範そのものも法秩序の構成者とは切り離されて構成されている点を含意する批判である。
140　厳密にいえば、刑罰を通じて法秩序において自由を普遍的に保障する規範妥当を回復させ、更に当該の規範によって守られていた被害者の自由の領域を回復させることが目的となる。Gierhake, Feindbehandlung im Recht?（前掲注130）S. 357も、最終的には「行為者と被害者との間での不法の清算」に着目している。
141　Zaczyk, Die Bedeutung der Strafbegründung für den Strafvollzug（前掲注63）S. 599は、その際に犯罪者の生身の側面を一応配慮しなければならない点を強調する。潜在的に理性的な能力を有していたとしても、その者が実際に負っている様々な諸条件を無視することは、「理性的な事柄」の過度の押し付けになる危険性があるからであろう。

ることが、全ての者が生得的な理性的能力を有する限り、当然に可能であるとされるのである。

　ヴォルフ学派の刑罰論は、以上のような自由を普遍的に保障する法秩序の回復に至る一連の体系的な連関を意味するものであるが[142]、その際に前提とされるのは、法秩序の構成者である諸人格は、生身の肉体を有して経験的な現象界に属すると同時に理性的な叡智界に属しており、このような二世界にまたがりながらも、自発的に理性的な事柄を（行動を通じて）現実的に実現し得る能力を有する自由な現実の存在であるとする哲学的な思想である[143]。このような立場からすれば、刑罰という自由の剥奪が犯罪者に対してなされた結果、生身の肉体を備えながらも同時に理性的な能力を有するとされる法秩序の構成員の大部分の者達が、自発的な洞察に従って法に適って活動している現状がある限り、これにより法の回復という刑罰目的は現実に達成されたといい得ることになるのであろう。ヤコブスの見解と比べたとき、ヴォルフ学派の立場は、自由の保障との関係で理想主義的なものであることは明らかである。従って、法の目的の観点である自由の普遍的保障という点では、その刑罰目的は十分なものであるのかもしれない。だが、現実性の維持という点では後退したものであるといわざるを得なくなる。

　ヴォルフ学派とヤコブスがそれぞれ想定する刑罰目的の内、どちらが法の目的により適ったものであるといえるのかが問題となるが、やはり法の目的において自由の普遍的保障という理念が、イェーリング的な実際上の経験的な目的との対比で強調される限りでは、たとえ現実性との接点の維持が多少後退していたとし

142　E. A. Wolff, Das neuere Verständnis von Generalprävention（前掲注22）S. 818 ff.（邦訳339頁以下）; Zaczyk, Die Notwendigkeit systematischen Strafrechts（前掲注22）S. 698 ff.（邦訳367頁以下）参照。

143　E. A. Wolff, Das neuere Verständnis von Generalprävention（前掲注22）S. 810 f.（邦訳331頁）参照。Pawlik, Das Unrecht des Bürgers（前掲注１）S. 143（森永訳『市民の不法(6)』[前掲注26] 210頁）は、人格が規範的に構成された共同体の中でのみ存在すると主張するが、人格は社会的な実体性（Realität）を有していることから、単に権利と義務の担い手として定義するだけでは不十分であるとして（S. 147［214頁］）、人格概念の実体化を試みている（S. 149 ff.［217頁以下］）。そして、最終的には（カントの立場を発展させたものとする）ヘーゲルの思想に依拠して、人格を自由に関する最初の定在の形態（erste Daseinsgestalt von Freiheit）として捉えている（S. 151［219頁］）。このようなパヴリクの人格概念は、ヤコブスが理解する人格の概念とはかなり異なるように思われる。何故なら Jakobs, Zum Begriff der Person im Recht（前掲注138）S. 77では、カント及びヘーゲルとは異なる（時代状況に拘束された）人格概念をとる旨が表明されているからである。まだ不明確な点は多々あるが、上のような自由な人格を前提にして刑罰論を構想する限りでは、パヴリクの見解はむしろヴォルフ学派の側に接近していることになる。

ても、自由を法の原理としながら、自由の普遍的な保障のための理論的な枠組みを前提とするヴォルフ学派の立場の方が、法の目的により適った刑罰目的論を展開していると評価できると思われる。

　法の目的が、現実における自由の普遍的な保障であるのであれば、刑罰の目的は、刑罰による現実における自由の普遍的な保障でなければならない。そして、このような目的を追求・達成するためには、ただ単に従来の目的刑論を批判して応報刑論に回帰することにより、予防目的の追求に制限枠を設定すればよいわけではない。更にいえば、仮に責任に見合った応報刑によって法秩序の回復を図る旨の主張を行ったとしても、当該の法秩序が自由の普遍的保障の観点から構成されていない場合には、法の目的に適った刑罰論にはならない。あくまでも、新たに応報刑論を展開する前提として、ヴォルフ学派の思想が示すように、自由を法の原理として捉え、自由を普遍的に保障する形で法（秩序）を構成する理論的枠組みを構築し、それに基づいて刑罰論を法の回復のための理論として構想しなければならない。こうして初めて、自由を普遍的に保障する法の回復に合致するものであれば、予防に関わる従来の刑罰目的も応報刑論の内在的な要素として捉えなおすことが可能となる[144]。

144　詳細については、拙稿「カント刑罰論における予防の意義と応報の限界」（前掲注29）15頁以下参照。

第 2 部

自由の普遍的保障と刑法における不法概念

第1章　刑法上の不法概念の法哲学的基礎づけ

第1節　問題の所在

　刑法解釈学における不法概念に関する論争は、既に決着がついたのであろうか。一応の多数説である行為無価値二元論は、行為の規範違反性を出発点としながら、不法の本質的要素として行為無価値（行為不法）と結果無価値（結果不法）の併存を認め、これに基づいて不法論に関する様々な論点の解決を図っている。しかし、他方で、法益侵害である結果不法に重点を置く結果無価値論も有力に主張されており、近時大いに支持者を増やしている。行為無価値二元論と結果無価値論の対立が生じた背景には、刑法が有すべき機能・目的に関する世界観の相違もさることながら、二元論側が両不法要素の相互関係を十分に基礎づけてこなかった点があると思われる[1]。例えば、結果無価値論側からの主張として、法益侵害に還元される場合には、行為無価値の内容ともいえる客観的な行為態様を考慮し、そして、更には客観的要素を超えて法益侵害性に新たなものを付け加える限りで、例外的に超過的内心傾向として主観的不法要素を肯定するという見解がある[2]。つまり、行為不法一般は、本来的には法益侵害そのものの観点からは把握できない異質の要素であるが、結果不法の側に引き寄せられる限りで不法判断に含ませるということである。ここでは、行為不法と結果不法は分離させられた異質の対立要素であるとの理解が前提にされているといってよい。そして、規範

---

[1] 内藤謙「違法性における行為無価値論と結果無価値論」中義勝編『論争刑法』（1976年）36頁、同「戦後刑法学における行為無価値論と結果無価値論の展開（二）」刑法雑誌22巻1号（1978年）90頁以下、真鍋毅「行為無価値と結果無価値」現代刑法講座2巻（1979年）23頁、前田雅英『現代社会と実質的犯罪論』（1992年）72頁以下、日髙義博「主観的違法要素と違法論」『福田平＝大塚仁博士古稀祝賀刑事法学の総合的検討（下）』（1993年）288頁、同「偶然防衛と違法モデル」専修大学法学研究所紀要23『刑事法の諸問題Ⅴ』（1998年）116頁、清水一成「行為無価値と結果無価値」刑法基本講座3巻（1994年）24頁。
[2] 平野龍一『刑法総論Ⅱ』（1975年）216頁、同『刑法の機能的考察』（1984年）28頁以下。また、内藤謙『刑法講義総論（上）』（1983年）50頁、108頁等参照。

論に基づく限り、このような前提は二元論側も受け入れざるを得ないとの主張もある[3]。つまり、行為無価値二元論の出発点である行為の規範違反性に基づく限り、その判断の対象となるのは行為だけであり、法益侵害という結果不法の側面それ自体は行為規範の対象としては把握されないため[4]、当該結果不法に不法を構成する機能を認めることは不可能となるからである[5]。すると、二元論側からは両不法要素併存の必要性は様々に説かれているが[6]、行為規範論に依拠する限りは、本来異質なものである両不法要素を併存させる論拠も、統一的な観点から理論的には基礎づけられない、実際上の必要性に基づくいわば政策的なものに留まらざるを得なくなってしまうのだろうか[7]。

このような批判の論拠は、二元論が自己の拠り所とする規範論に基づいているため、二元論がモラリズムの強制につながり[8]、主観的要素の認定に関して不明確さをもたらすといった従来の批判[9]とは異なり、二元論が自家撞着に陥る可能性を示した結果無価値論側からの強烈な一打である。当該批判に対する二元論側からの反論は、どのようにすれば可能となるのだろうか。

ここで注目すべきことに、ロクシンは、構成要件該当行為が内面の要素と結果を含む外面の要素の統一体として、決定（行為）規範と評価規範の対象になると主張している[10]。つまり、ロクシンからすれば、結果は行為から分離させられる

---

3 曽根威彦『刑事違法論の研究』（1998年）27頁以下、29頁以下。
4 Armin Kaufmann, Lebendiges und Totes in Bindings Normentheorie, 1954, S. 105 ff. 参照。
5 Diethart Zielinski, Handlungs- und Erfolgsunwert im Unrechtsbegriff, 1973, S. 128 ff. 参照。
6 その論拠の概観として、内藤「戦後刑法学における行為無価値論と結果無価値論の展開（二）」（前掲注1）58頁以下、78頁以下。また川端博『違法性の理論』（1990年）68頁以下、同『刑法総論講義』（1995年）278頁以下、振津隆行『刑事不法論の研究』（1996年）41頁以下、大塚仁『刑法概説（総論）［第3版］』（1997年）350頁、大谷實『新版刑法講義総論』（2000年）255頁も参照。
7 Theodor Lenckner, in : Schönke/Schröder, Strafgesetzbuch, Kommentar, 25. Aufl. 1997, Rn. 59 vor §§ 13 ff. 参照。また井田良「結果無価値と行為無価値」現代刑事法1号（1999年）87頁も見よ。
8 二元論が自己の基礎とする規範違反の「規範」の実体は、確かに不明確にされてきた。その内容として社会倫理性が盛り込まれる場合（団藤重光『刑法綱要総論（3版）』［1990年］188頁、大塚『刑法概説（総論）［第3版］』［前掲注6］338頁、大谷『新版刑法講義総論』［前掲注6］248頁）、行為無価値性の考慮はモラリズムの強制につながるという主張もあながち否定できないものとなる。従って、行為規範の内容としては、狭義の道徳規範から明確に区別された（刑）法規範が念頭に置かれなければならない。金澤文雄『刑法とモラル』（1984年）86頁参照。
9 これについては、井田良『犯罪論の現在と目的的行為論』（1995年）146頁以下、169頁注（90）、同「結果無価値と行為無価値」（前掲注7）82頁以下参照。
10 Claus Roxin, Strafrecht Allgemeiner Teil, Bd. I, Grundlagen, Der Aufbau der Verbrechenslehre,

ことなく、結果と行為は双方共に行為規範の対象となり、また同時に評価規範の対象となる。このテーゼ[11]に基づけば、二元論に突きつけられた先の批判は回避可能となるが、ロクシン自身は、当該テーゼの正当性を最終的に刑事政策的な妥当性に求めてしまっている[12]。しかし、その正当性は、純理論的に基礎づけられなければならない。

　両不法要素の結合を規範論的に根拠づけるためには、不法の逆にあたる「法」の本質という根源的なレベルでの考察が不可欠となる[13]。何故なら、行為不法の基礎にある法的行為（法の領域において初めて問題となる行為）及びその主体である法的な人格の存在、結果不法の基礎にある法益、そしてそれら全てを関係づけている刑法規範は、不法において初めて現れるものではなく、そもそも法の中にその存在基盤を有するからである。不法は、それ自体として在るのではなく、法によって規定された人格同士の関係性（いわゆる法秩序）の否定という消極的な形でのみ考察の対象となる[14]。不法の本質を解明するためには、法に対する考察が先行しなければならない。確かに、行為不法と結果不法の対概念は、実証主義的な概念の分析を通じては区別され得るものかもしれない。しかし、前実定的な法の基礎づけの次元から洞察する場合、両者は不法において相互不可分のものであることが明らかとなる[15]。以下では、不法の前提には法があるという理解に基づき

---

　3. Aufl. 1997, §10 Rn. 97. このような理解は、行為無価値を決定規範のみに対応させ、同時に結果無価値を評価規範だけに対応させる見解（例えば Kristian Kühl, Strafrecht Allgemeiner Teil, 3. Aufl. 2000, §3 Rn. 3 ff.）とは異なるものである。また Hans-Heinrich Jescheck/Thomas Weigend, Lehrbuch des Strafrechts. Allgemeiner Teil, 5. Aufl. 1996, S. 237 f.（＝西原春夫監訳『ドイツ刑法総論第5版』［1999年］172頁以下）も参照。

11　同様の見解としては、Hans Joachim Hirsch, Strafrechtliche Probleme, 1999, S. 375 ff. がある。但し、ヒルシュによれば（S. 378 ff.）、行為不法と結果不法の結合は、故意不法においてのみ妥当し、過失不法では両不法要素は分離される。これについては、井田『犯罪論の現在と目的的行為論』（前掲注9）57頁以下も見よ。

12　Roxin, AT（前掲注10）§10 Rn. 95, 100.

13　この点を示唆するものとして、Michael Köhler, Die bewußte Fahrlässigkeit, 1982, S. 324; ders., Strafrecht Allgemeiner Teil, 1997, S. 20; Wolfgang Schild, in: Kommentar zum Strafgesetzbuch (Reihe Alternativkommentare) Bd. 1, bearbeitet von W. Hassemer u. a., 1990, Rn. 71 vor §13参照。

14　Rainer Zaczyk, Das Unrecht der versuchten Tat, 1989, S. 127参照。

15　Zaczyk, Das Unrecht der versuchten Tat（前掲注14）S. 194 ff.; Michael Kahlo, Das Problem des Pflichtwidrigkeitszusammenhanges bei den unechten Unterlassungsdelikten, 1990, S. 131 ff., 251 ff.; Michael Rehr-Zimmermann, Die Struktur des Unrechts in der Gegenwart der Strafrechtsdogmatik, 1994, S. 91 ff.; Köhler, AT（前掲注13）S. 116参照。

ながら、ロクシンが示唆した方向性を追求してみたいと思う。

第2節　人格の相互承認的な法関係

1　自由の法原理の意義

今日の刑法学は、クルークの論文「カントとヘーゲルからの訣別[16]」のタイトルによって示されるように、刑而上学的、特にドイツ観念論の法哲学的な知見に基づく議論を避ける傾向にある[17]。しかし、法を基礎づける際には、不安定な経験的諸条件に左右されない正義の観点に基づく純粋な法的原理を欠くことは許されない。法の基礎づけは、この純粋な法に関する原理が経験的な文脈の中に適用されて初めて可能となる[18]。法の基礎づけにおいて不可欠の法的原理を付与する法哲学的な知見は、まさに「法」を問題とする刑「法」解釈学においても重要とならざるを得ず、その意義が看過されてはならない。

峻厳な刑罰を効果に持ち、常に人権との緊張関係を孕んでいる刑法にとって重要となるのは、人間の自由（人格の自律性）の保障を念頭に置いた法的原理である。つまり、刑法は自由に基づく法的原理に依拠して構成されなければならない。さもなければ、単なる秩序維持のための権力装置に堕してしまうであろう。思想史上、自由の保障の観点から法に関する原理を積極的に基礎づけたのは、カントに始まるドイツ観念論の一連の思想家達であった。その内容は、時代的な制約を超越するものであり、現代においても参考にすべき多くの知見を含んでいる。

2　カントの法概念

カント哲学は、理性的存在者である人間（人格）の自由（自律性）をその根幹に置き、まず『純粋理性批判』における第三のアンチノミーの解決を通じて、悟性だけでは達成できない経験の統一のために、超越論的自由を理性理念として想定する必然性を導き出す[19]。当該自由は、あくまで叡智的な性格を有しているた

16　Ulrich Klug, Abschied von Kant und Hegel, in: ders., Skeptische Rechtsphilosophie und humanes Strafrecht, Bd. 2, 1981, S. 149 ff.（＝久岡康成訳「カントとヘーゲルからの訣別」佐伯千仭編訳『新しい刑法典のためのプログラム』［1972年］41頁以下）。

17　例えば、前田雅英『刑法総論講義［第3版］』（1998年）31頁、33頁、35頁注6参照。

18　Rainer Zaczyk, Über Begründung im Recht, in : ders. u. a.（Hrsg.）, Festschrift für E. A. Wolff, 1998, S. 513 f. 参照。

め、人間が直接認識することは不可能なものである。つまり、このような自由の主体は、一方で経験的な存在者として認識可能な経験界に属して自然法則に服するが、他方では同時に叡智界にも属し、感性の全ての影響から免れている本体人（homo noumenon）としても把握される[20]。当該主体は自然法則に服しながらも、自由な叡智的存在者として、経験的存在者である自分自身に対して働きかけをなし得ることになる。このように、カントからすれば自由と自然法則は、互いに矛盾せずに両立する[21]。しかし、ここで示されているのは、自由は単に思考可能なものとして想定され得るという消極的な説明でしかない。現実の世界での自由の行使を視野に入れた自由の積極的な証明は、外的な世界への作用という観点に基づいて、自由な実践的行為の基礎づけを目指したカントの実践哲学において達成されることになる。

　実践的な行為の基礎にあるのが、任意に振る舞う能力としての選択意志（Will-kür）である[22]。この選択意志は、行為主体が有する理性の内在的な根拠である意志（Wille）を通じて自由な行為へと規定されなければならない。実践的な行為が意志に裏打ちされ、理性的なものとして遂行されるためには、普遍的な妥当性を備えた規定根拠である定言命法による無条件的な要請に服する必要がある。定言命法は、行為に関して経験的な規定根拠を考慮することなく、専ら法則の形式性に基づいて行為主体の意志を規定する道徳法則である[23]。定言命法の名宛人たる行為主体は、「理性の事実」たる道徳法則の意識に基づきながら、当該法則に適った行為格率を自ら選択し、一方的に法則に服するのではなく、道徳法則を自分自身に与えて、それに服さなければならない[24]。こうして行為主体は、自らが自発的に採用した道徳法則以外のものからは規定されることもなくなり、理性的

19　Immanuel Kant, Kritik der reinen Vernunft, B 566, 567 ff. /A 538, 539 ff.（＝原佑訳『純粋理性批判・中』［理想社版カント選書、1981年］265頁以下）。以下では、本書をKrVと略すことにする。またカントの著作についてはヴァイシェーデル版（Werke in 12 Bänden, hrsg. von Wilhelm Weischedel, 1968）を定本とする。

20　KrV, B 569/A 541（邦訳267頁）。

21　KrV, B 585, 586/A 557, 558（邦訳280頁以下）。

22　Immanuel Kant, Metaphysik der Sitten, AB 5（＝加藤新平・三島淑臣訳「人倫の形而上学〈法論〉」『カント世界の名著39』［1979年］334頁）。以下では、本書をMdSと略すことにする。

23　Immanuel Kant, Kritik der praktischen Vernunft, A 48 ff.（＝坂部恵・伊古田理訳「実践理性批判」［岩波書店版カント全集7、2000年］158頁以下）。以下では、本書をKpVと略すことにする。

24　Immanuel Kant, Grundlegung zur Metaphysik der Sitten, BA 71, 72（＝平田俊博訳「人倫の形而上学の基礎づけ」［岩波書店版カント全集7、2000年］69頁）参照。

に自由な形での行為の遂行が可能となる。定言命法は、自由な存在になるための理性的な行為の遂行を各人に課すことにより、自律性の基礎となる。従って、自由と無条件的な道徳法則たる定言命法は、相互的な関係にあるといえる[25]。自由とは、理性的な人格たる個々人において主体的に実現されるべきものである。法を基礎づける際にも、このような自律的な人格が法の主体として前提とされなければならない。

　外界における自由の現れである人格の行為は、必然的に他の人格と外的な関係性を持たざるを得ない。そして、この外的な関係を調整するのが法の役割である。しかし、法は他律的なものであってはならないため、人格の自己規定性（自律性）に基づいた法の基礎づけが要請される。これに関連して、カントは法の普遍的原理を「いかなる行為も、その行為そのものについて見て、あるいはその行為の格率に即して見て、各人の選択意志の自由が何びとの自由とも普遍的法則に従って両立しうるような、そういう行為であるならば、その行為は正しい[26]」と規定している。ここで各人の行動の規制に関わる普遍的な法則（行動原則）は、当然に個人の自律性から基礎づけられなければならない。しかし、法的な意味における自律性は、単に自分一人だけを念頭に置いた自己規定ではなく、自己と他者の間主体的な関係性に基づいた二極的なものである。つまり、法的な自由は専ら間主体的な外的領域について問題となるため、法的自由を基礎づける際には、自己と他者が行為を通じて現実世界で遭遇し得ることを前提にしなければならない。そして、他者の存在も自己と同様に具体的な現実性を伴った理性的存在者として想定されなければならない。つまり、普遍的な法的法則（das allgemeine Rechtsgesetz）は、自己のみならず他者をも有限な理性的存在者として取り扱いながら、両者の間で問題となる具体的な外的行為を間主体的な観点から規制するものなのである。

　この点において、普遍的な法的法則は、他者を普遍的な理性人として専ら捉えてしまい、その者の存在について外的な現実性を想定しない道徳法則とは根本的に異なっている[27]。道徳法則を基礎づける定言命法では、現実世界の外的行為に

25　KpV, A 5, 6 Anm.（邦訳125頁以下）。また Ernst Amadeus Wolff, Kausalität von Tun und Unterlassen, 1965, S. 64 f. 参照。

26　MdS, A 33/B 33, 34（邦訳354頁）。邦訳では Willkür は「意思」と訳されているが、引用するにあたり「選択意志」と改めた。

27　Zaczyk, Das Unrecht der versuchten Tat（前掲注14）S. 149参照。

よってもたらされる葛藤を調整するための基準としては不適切であるため、普遍的な法的法則にはそれとは区別された独自の意義が認められなければならない。法的法則の普遍性とは、道徳法則のように自己のみによって定立させられる普遍性ではなく、自己を超え他者をも踏まえた相互的な普遍性を意味しているのであり、そこで目指されるのは、現実世界における共同的な正当性に他ならない。こうして、カントの法概念によれば、各人は自己の自由を行使する際には、他者の自由と調和するように普遍的な法的法則に適った形でそれを執り行わなければならないが、これは他者との間で互いに自由な人格であると承認し合い、その自由を相互に尊重し合うという法的な関係の自発的な形成を意味している[28]。自由な人格同士の相互的な承認に基づいて形成される相互承認的な法関係の構築は、各人格が理性に基づいて自律的に受け入れるべき事柄であり、カントが法の課題とした人格の自由の普遍的な保障を達成するためには不可欠のものである。

　カントは、自由を理性的な理念として想定する際に、自由を叡智界に位置づけながら、その主体を本体人（homo noumenon）として性格づけていたが、叡智界と経験界という二つの世界の分離は、法の基礎づけについても維持されている。つまり、普遍的な効力を有する法的法則及びそれに基づいて形成される法関係は、あるべき法の姿に関わる自由を普遍的に保障するための規範的な諸条件といえるが、いわばその本籍地は叡智界であり、自律的な人格である各人によって経験界において実現されることが想定されているのである[28a]。そして、具体的に法的法則に適った行為を通じた法関係の実現を要請される各人も、叡智界に属する

28　法の基礎づけに関わる相互承認関係は、フィヒテ、ヘーゲルにおいてより積極的に展開された概念ではあるが、既にカントの見解からも同様の内容を導き出すことは可能である。この点を明言するものとして、例えばGerhard Luf, Freiheit als Rechtsprinzip, 2008, S. 157. 実際カントも、各人は隣人に対して配慮を求める相互的な権利があると主張している（MdS, A 139, 140［＝森口美都男・佐藤全弘訳「人倫の形而上学〈徳論〉」『カント世界の名著39』［1979年］629頁］）。

28a　叡智界に属する自律性の経験界に対する作用可能性については、以下のような説明も可能である。ある者が自己の自律性について思考を行う場合、その者は経験界に属する生身の人間である。その際、自分が自由な存在であることを彼が肯定するにしても否定するにしても、叡智界の自律性が彼に現れ出ていると考えざるを得ない。何故ならば、叡智界に属する自律性の能力が生身の彼に現れていなければ、自由とはそもそも何を意味しているのかも理解できず、自己の自由について思考を行なって、それを肯定したり否定したりできなくなるからである。換言すれば、自己の自由を否定できるのも、自由な思考能力が前提とされているからに他ならない。これについては、Zaczyk, Über Begründung im Recht（前掲注18）S. 517; Diethelm Klesczewski, Strafrecht Allgemeiner Teil, 2008, Rn. 18 §1参照。

自律性を経験界において発揮できる能力を備えた理性的な存在者（人格）として扱われるのである。

　法的な意味での自由の基礎となるのが、人格同士の相互的な承認に基づく以上の法関係である。当該法関係においては、現実世界の中で行為を通じて相互に自由を尊重し合うことが構成的要素として組み込まれているのであるから、まさにそこでは有限性と理性性の結合が図られているといえよう[29]。法関係の形成は、自由を普遍的に保障するための条件として、他の人格の存在に鑑みて外界に現れる具体的な行為[30]に対して、間主体的な観点から内在的な限界を示すことを意味しているが、これにより各人格も法的な意味での自由を享受できるようになる。このような法関係は、実定法上の様々な規範によって初めて創出されるわけではない。確かに、実定法の規範を通じてより確実に保障されはするが、根源的には個別の人格の自律性の産物として当該規範に前置されなければならない。刑法を含む実定法秩序も人間の自由の保障を自己の基盤とするためには、前実定的な人格同士の法関係を無視することはできないのである。

第3節　相互承認的な法関係に基づく法益の構成

1　人格同士による相互承認的な法関係と法益

　法的な意味での自由（自律性）は、人格同士の間での相互承認的な法関係の形成を通じて確立されることが、今までの考察から明らかとなった。当該法関係は、理性的な人格の外的な行為を通じて現実世界において形成されるが、このように形成された関係性は、更に市民社会と国家的な法秩序へと具体的に展開されなければならない。刑法上保護の対象となる法益も、この展開に応じた段階ごとの自由の基盤として構成されるものである。つまり、法益は、それ自体だけで静的に存在するわけではなく、あくまでも各人がそれを相互承認的な法関係の中に取り込んで、普遍的な自由の基盤として認め合うことによって動態的に構成され

---

[29] カントの所有権論に関する文脈での叙述ではあるが、この点については Rainer Zaczyk, Gerechtigkeit als Begriff einer kritischen Philosophie im Ausgang von Kant, ARSP Beiheft 56, 1994, S. 118も参照。

[30] 外界に現れる人間の行為は、他者の自由な領域と必然的に関係せざるを得ない。従って、法関係性の観点から規制を受ける法的な行為としての性格を常に有しているといえよう。Köhler, AT（前掲注13）S. 13参照。

るのである。法益に認められる規範的な効力も、相互承認的な法関係に基づく法益の動態的な構成から導き出されてくる。

2 個人的法益の構成

まず、個人的法益の構成が問題となる[31]。相互承認的な法関係は、外界において活動を行う生身の肉体を備えた理性的存在者である人格同士の関係である。有限な人間存在として理性的な人格が自由な行為をなす場合には、生命という自然的な要素からの制約を無視できず、常にそれを行動の前提とせざるを得ない。その意味では、生命は第一に重要な自由の基盤となる。しかし、生命は法的な観点においては、専ら行為者に関わる自己関係的な意義だけを有するものではなく、他者との間で、互いの外的な行為の基礎として認め合われなければならない。つまり、行為者は自己の生命だけではなく、他者の生命をも自己の行為を通じて配慮しなければならない。他者もまた然りである。この相互的な配慮を通じて初めて、法的な保障の対象となる生命法益が構成される[32]。また、自由は常に身体を媒介にして外界へと実現されなければならない。身体性を備えていることも自由な行為の条件となるのである。従って、生命の場合と同様に身体というものが、自由の基盤である法益として相互的に配慮されなければならないことになる[33]。そもそも法関係は、外界に現れる自由（な行為）を通じて構成されるものであった。従って、行動の自由、意思活動の自由といった外界での実体的な自由も法益として相互的な配慮を通じて保護されなければならない。更に、行為者が自由を自己に固有の方法で現実世界において実現し、その実現を維持するためには、外界における一定の素材や空間が彼だけに帰属していることが条件となる。ここから、相互的な配慮を通じて財産を法益として捉える必要性が導き出されてくる[34]。

---

31 Zaczyk, Das Unrecht der versuchten Tat（前掲注14）S. 166 ff. 参照。
32 Rehr-Zimmermann, Die Struktur des Unrechts（前掲注15）S. 83 f. 参照。換言すれば、生命法益の保障は、各人格が相互に生命を配慮する行動を行うことを前提としている。従って、後に述べるように、生命法益の侵害も要請された配慮に違反する行為の存在を前提とせざるを得ない。
33 生命・身体に認められる自然的な側面は、法益において否定されるわけではない。自然的な意味での生命・身体が、人格同士の法関係の中に取り込まれて、法的な規範的色彩を帯びるだけである。
34 また Rehr-Zimmermann, Die Struktur des Unrechts（前掲注15）S. 82 f.

3　社会的法益の構成

　人格同士による相互承認的な法関係は、特定の二人の人格の間だけに限定されるものではなく、現実社会において遭遇し合う全ての人格の間に当てはまる関係である。ここから、全ての理性的な人格者の遭遇を通じて媒介的に確立される領域である市民社会を、独自の法的な領域として把握する必要性が生じてくる[35]。確かに市民社会の領域は、具体的な個別の人格の間での関係と比べると、その法的性質を異にしている。しかし、それでも当該領域は、人格に対して他律的なものであってはならず、人格同士の法関係を通じて保障される自由との結び付きを思考上必然的に有していなければならない[36]。何故ならば、市民社会もそれ自体だけで存在するわけではなく、あくまで個々の理性的な諸人格から構成されているからである。そこで、市民社会という媒介的な領域に特有の自由の基盤が社会的法益として認められることになる。

　社会的法益は、個人的法益とは異なり、具体的な個々の人格に直接関係するものではないが、個別の人格にとって自由の間接的な基盤としての意義を有している。個人的法益の構成は、生命のような自由の実体的基礎となる要素が人格の間で相互的に配慮されて、その維持が各人の行為の正当性を担保するための客観的な基準の内容として認められることによってなされていた。しかし、社会的法益は、自由の間接的な基盤としていわば抽象的な性質を備えているため、個人的法益のように、水平的な人格間の相互的な配慮によって構成されるという説明を社会的法益について用いることはできない。むしろ社会的法益は、各人格が自己の実践的な行為を客観的に正当なものとするために当該法益の維持を共通の行動基準として承認し、それを自分の行為の内容へと受け入れる（übernehmen）ことによって構成されるのである[37]。この行為内容への受け入れは、他律的に課されるものであってはならず、理性的な人格によって自律的になされる必要がある。何故なら、さもないと社会的法益は、自由の基盤とはいえなくなってしまうからで

---

[35] Zaczyk, Das Unrecht der versuchten Tat（前掲注14）S. 172 ff. また Ernst Amadeus Wolff, Die Abgrenzung von Kriminalunrecht zu anderen Unrechtsformen, in: Winfried Hassemer（Hrsg.）, Strafrechtspolitik, 1987, S. 194 ff. も参照。

[36] Ernst Amadeus Wolff, Das neuere Verständnis von Generalprävention und seine Tauglichkeit für eine Antwort auf Kriminalität, ZStW Bd. 97, 1985, S. 819（＝飯島暢・川口浩一監訳・中村悠人訳「一般予防についての最近の理解と犯罪への応答に関するその適格性（2・完）」関西大学法学論集62巻6号［2013年］340頁）参照。

[37] Zaczyk, Das Unrecht der versuchten Tat（前掲注14）S. 177.

ある。社会的法益が社会の全ての構成員によって共通の自由の基盤として承認されることを通じて、市民社会における法関係が確立される。ここでの承認は、間接的に個人的法益の構成における水平的な自由の相互承認（または相互制限）と同じ作用を有しており、これによっても――人格同士の相互承認的な法関係とは異なる次元のものではあるが――自由の保障に関わる法関係が形成されるのである[38]。

4　国家的法益の構成

各人格の自由の基盤を法益へと構成する以上の間人格的な法関係（水平的な相互承認的法関係と媒介的な市民社会的法関係）において目指されたのは、実践理性が希求する自由の普遍的な保障のために、行為に関して客観的な正当化基準を確立するということである。つまり、個人的法益及び社会的法益という形で構成された自由の基盤は、個々の人格の実践的な行為（現実世界での自由の使用）を客観的に正当なものとするための基準としての意義を有している。しかし、その際に要請される正当化基準に適った行動がきちんと履行されるかどうかは、不確実でしかなく、その結果として、達成されるべき自由の普遍的な保障も必然的に不完全なものにしかならない。何故なら、自由の普遍的な保障に関わる法関係性は、各人格が他者の自由を配慮し、その配慮に適った行為を行うことを通じて構成されなければならないが、法関係を構成する行為の履行の有無及び程度は、あくまでも個別の人格の主観的な判断に基づくため、そこで達成される自由の保障も専ら個人的な立場から制約を受けたものにならざるを得ないからである[39]。

しかし、自由の普遍的保障は、各人格が理性に基づいて当然に希求すべき事柄である。そこで、全ての人格の自由を普遍的に保障できる国家的な法秩序の構成が要請されてくるが[40]、当然に当該法秩序も個々の人格に対して他律的なもので

38　Rainer Zaczyk, Der Begriff "Gesellschaftsgefährlichkeit" im deutschen Strafrecht, in: Klaus Lüderssen u. a. (Hrsg.), Modernes Strafrecht und ultima-ratio-Prinzip, 1990, S. 122参照。

39　E. A. Wolff, Das neuere Verständnis von Generalprävention（前掲注36）S. 814 f.（邦訳335頁以下）参照。また Wolfgang Bartuschat, Recht und Handeln, in: Rainer Zaczyk u. a. (Hrsg.), Festschrift für E. A. Wolff, 1998, S. 26 f. も見よ。カント的な法の基礎づけにおいては、各人格には叡智的な理性の能力が潜在的に備わっていることが出発点となる。しかし、個別の人格が理性的な判断能力を発揮して自己の行為を法関係の形成に適うように規定しようとしても、当該人格は生身の人間であるため、どうしても不完全な形でしかそれをなし得ないのである。

40　Kant, MdS, §§ 41, 42（邦訳443頁以下）。また E. A. Wolff, Das neuere Verständnis von Generalprävention（前掲注36）S. 817（邦訳338頁); ders., Die Abgrenzung von Kriminalunrecht

あってはならず、各人格の自由と結び付きを有している必要がある。それ故に、個別の人格の自律性が、国家的な法秩序の中へと拡張されながらも、そこで維持されることが可能となる社会契約モデルに基づいた構成がとられなければならない[41]。社会契約を通じて、全ての理性的な人格の意志（Wille）が合致する。その際には、具体的な国家秩序が正当なものであるのか否かが批判的に吟味され、それが肯定される場合には、各人格は、自己の権力の一部を国家に譲渡して自由の普遍的な保障の達成を委託し、当該国家秩序を承認しなければならない。

　このような国家的な法秩序において、自由の普遍的な保障は客観的に達成され、以前の段階での法関係の際に見受けられた—個々の人格の主観的な判断に依拠するという—欠陥も払拭される。こうして、個人的法益や社会的法益といった自由の基盤も普遍的に保障されるようになり、各人格の自由の普遍的保障という法の課題が達成されるのである。社会契約を通じて国家的法秩序が形成された以降は、自由の保障を個別の具体的な人格の主観的な判断に委ねることは、もはや許されない。そうではなく、普遍的な観点に基づいて正当な内容を備えた公的な法則（Gesetz）である国家制定法の規定を通じて、自由は普遍的に保障されなければならない[42]。公的な法則である法律は、違反がなされない限りで普遍的な立場から各人格の自由な行動を保障するものであり、その普遍的な性格を維持するためには、法律の内容も偶然的で恣意的な要素から免れていることが必要となる。この点は、普遍性を希求する実践理性からの要請に他ならない。

　また、法律は、各人格の外的な自由を調和させるための法的法則の国家的法秩序における実定化であるが、それは憲法、民法、刑法といった様々な形態で登場する。しかし、刑法は前二者とは異なる特殊な地位を占めている。つまり、憲法や民法は、自由の普遍的な保障に関わる国家的な法秩序を積極的に構成するものであるが、刑法は、他の様々な法律によって自由の保障に関わる法秩序が先行的に形成されていることを前提にして、当該法秩序において普遍的に保障された自

---

　　zu anderen Unrechtsformen（前掲注35）S. 202 ff., 207 ff. 参照。
41　Zaczyk, Das Unrecht der versuchten Tat（前掲注14）S. 183 f.
42　Zaczyk, Das Unrecht der versuchten Tat（前掲注14）S. 185 ff. 参照。国家的法秩序が形成される以前の段階では、従うべき行動基準である法的法則の内容及び自己の行為のそれとの合致の有無と程度は、各人格の主観的な判断に委ねられていた。しかし、国家的な法秩序の下では、公の法則である法律が客観的な行動基準として妥当するため、もはや個別の主観的な判断に依拠する形での自由の保障は図られなくなる。

由が侵害される場合だけを自己の対象とするからである[43]。国家的な法秩序において刑法に認められるのは、いわば消極的な役割でしかない。また、このような刑法において問題となる不法は、民法的な不法とは異なり、もはや個別の人格では対応できないような、普遍的に保障された自由に対する本質的な侵害という性格を有している[44]。従って、刑法的不法への対応も個別の人格に任されるのではなく、あくまでも国家によって科せられる刑罰を通じてなされなければならない[45]。普遍的に保障された自由に対する侵害とは、具体的には各犯罪構成要件において予定される法益侵害を意味している。何故ならば、法益こそが自由の基盤であり、それは、国家的な法秩序における制定法を通じて普遍的な効力を付与されて、自由を保障する法秩序の重要な基底をなしているからである。

自由の普遍的な保障を確立するという課題を達成するためには、国家も刑法によって保護される必要性が生じてくる。こうして、国家的法益も独自の法益として捉えられることになる[46]。国家的法益も法益として自由の基盤でなければならないが、個人的法益や社会的法益とは異なり、各人格の自由の普遍的な保障を担う制度的な基礎という意味において自由の基盤となる。つまり、国家的法益が侵害される場合には、各人格の自由の普遍的な保障を担う制度自体への侵害がその際に含意されているのである。但し、国民は、そのような国家的法益に対して構成的な関係に立つものではない。この点では、国家的法益は個人的法益及び社会的法益とは異なる性格を有している[47]。国家的な法秩序は、個別の人格の主観的な判断に依存することなく、客観的な立場から自由を普遍的に保障するものであった。故に、当該保障を達成するための基礎である国家的法益は、個人的法益や社会的法益におけるような各人格の実践的な行為（自由の基盤として相互的に配慮し合うこと、自己の行為の内容への受け入れ）を通じた構成作用、つまり、個別の

---

43 従って、刑法は、既に形成されている法秩序に対する侵害に対処するだけの機能しかなく、当該法秩序それ自体を創出することはできない。ここから、刑法の謙抑的な性格が導き出される。

44 E. A. Wolff, Das neuere Verständnis von Generalprävention（前掲注36）S. 819（邦訳340頁）; ders., Die Abgrenzung von Kriminalunrecht zu anderen Unrechtsformen（前掲注35）S. 213, 214 ff.; Köhler, AT（前掲注13）S. 22, 30 f. 参照。

45 Michael Köhler, Über den Zusammenhang von Strafrechtsbegründung und Strafzumessung, 1983, S. 33 ff.; ders., Der Begriff der Strafe, 1986, S. 47 ff., 50 ff.; ders., AT（前掲注13）S. 37 ff.; E. A. Wolff, Das neuere Verständnis von Generalprävention（前掲注36）S. 818 ff.（邦訳339頁以下）参照。

46 Zaczyk, Das Unrecht der versuchten Tat（前掲注14）S. 190 ff. 参照。

47 Köhler, AT（前掲注13）S. 16も国家的法益を相対的に独自のものであるとしている。

人格の主観的な判断に基づく構成作用から免れていなければならない。

但し、自由を普遍的に保障する国家的法秩序に対する社会契約的な意味での承認という側面を通じて、国家的法秩序は各人格と結び付くため、国家的法益も国家的法秩序における自由の普遍的保障の（制度的な）基盤として承認される必要はある。しかし、ここでの人格による承認という活動（行為）は、国家的法益に対して構成的なものではなく、あくまで確認的な意義しか有しない。これに対して、自由の普遍的保障という国家の任務を執行する公務の担い手である公務員は、国家的法益に対して構成的な関係に立っている。何故ならば、自由の普遍的保障の達成は、公務の担い手による正当な公務の執行という実践的行為の有無に依存するからである[48]。公務員は、自由を普遍的に保障する国家的法秩序を維持するために、正当な公務の執行という事柄を自己の行為の内容として受け入れなければならない。

第4節　不法概念における法益侵害の意義

1　法益侵害としての不法

既に述べたように、刑法上の不法を論じる際には、自由の普遍的な保障に関わる国家的な法秩序が先行的に形成されていなければならない。当該法秩序の構成員は、自律的な理性人たる個々の人格であり、後に犯罪者として刑法によって捕捉される者も、まずはその構成員の一人でなければならない（さもなければ、刑法の対象として把握されないことになる）。法秩序の形成のそれぞれの段階では、様々な自由の基盤が法益として構成されたが、刑法における不法は、具体的にはこの法益の侵害を意味している。しかし、個人的法益、社会的法益、国家的法益という法益の種類に応じて、個別の人格は異なる形で法益の構成に関わってきた。このような相違は、刑法上の不法を把握する際にも当然に影響を及ぼすことになる。

2　個人的法益・社会的法益における法益侵害

個人的法益と社会的法益は、水平的な人格同士の法関係、或いは市民社会的法関係における自由の基盤として構成されるものであるが、当該構成は、自律的な

---

[48] Zaczyk, Das Unrecht der versuchten Tat（前掲注14）S. 192によれば、この場合、国家的法益の構成は社会的法益の構成と類似の構造を示すことになる。

第4節　不法概念における法益侵害の意義　*141*

存在である人格の実践的な行為に依存していた[49]。つまり、各人格は、生命や身体といった自由の基盤を自己の自由の基礎としてだけではなく、他者の自由の基礎としても取り扱い、このような洞察に従って、その維持を自己の実践的行為の目標としなけらばならない。何故ならば、カントの法概念の要諦である法関係の理論によれば、外的な行動を行う際に、ある自由の基盤を他者と相互的に認め合うことによって初めて、各人格は、当該自由の基盤を安心して享受できるようになるからである。いわば、自由の基盤を相互的に配慮しながら行動するという実践的な行為を通じたプロセスを経て、なまの自由の基盤が法的な意味での自由の基盤である法益として構成されるのである。換言すれば、各人格は、法益の維持に適った実践的行為を通じて、自己と同等な存在である他者と共に法益を自由の基盤として享受する平等的な法関係を形成しなければならない。この平等的な法関係こそが、自由な法秩序の出発点である。

　そして、法益侵害も、法益の裏返しとして、侵害という結果の側面につきるものではなく、各人の行為によって構成されなければならない。つまり、法益侵害には人的な側面が不可欠となる。こうして、法益侵害は常にその構成者である人格の行為を予定するため、それとは無関係に自然災害等によって惹起された侵害などは、法益侵害の概念から排除されることになる[50]。また、法益侵害の結果は、行為客体の侵害だけにつきるものではなく、同時に、実践的な行為によって形成される平等的な法関係の否定を意味している[51]。当該法関係を形成する際には、各人格は、他者が自己と同等の自律的な理性的存在者であることを出発点としなければならなかった。従って、本来的に各人格は、他者が実践的に正当な行為を実現する可能性を、つまり、他者が自己の行為を法益の維持に適合させ、法益の侵害を通じた法関係の否定を避けることを信頼してよいのである。この意味で、法関係とは相互的な信頼関係であるといえる[52]。

49　Rehr-Zimmermann, Die Struktur des Unrechts（前掲注15）S. 81 ff.も参照。
50　Zaczyk, Das Unrecht der versuchten Tat（前掲注14）S. 198; Köhler, AT（前掲注13）S. 23, 27 参照。
51　Zaczyk, Das Unrecht der versuchten Tat（前掲注14）S. 198 Fn. 15は、行為客体は自由の基盤である法益の一部であるとしている。これに対して、Köhler, AT（前掲注13）S. 24, 26は、行為客体と法益を明確に分離させている。また伊東研祐「刑法における法益概念」刑法基本講座1巻（1992年）39頁以下も見よ。
52　E. A. Wolff, Die Abgrenzung von Kriminalunrecht zu anderen Unrechtsformen（前掲注35）S. 183.

ここから、既遂不法を基礎づける法益侵害について認められる、行為客体の侵害だけにつきない本質的な意義も明らかとなる。つまり、犯罪行為者が、行為を通じて相互的な信頼関係を破壊してしまい、法関係性の観点に基づいて、自己に帰属すべき自由の領域を制限すべきことが他者から信頼されていたにもかかわらず、当該領域を他者の領域へと不当に拡張し、他者をもはや自己と同等の自由な存在として配慮せず、その者の自由を抑圧する場合に、法益に対する侵害性が完全に認められるのである。このような場合、他者（被害者）は、自由の基盤を共に享受する同等な者としてはもはや扱われずに、行為者の目的のための単なる手段へと貶められてしまう[53]。

また、国家的法秩序の形成により、法益が有する自由の基盤としての効力は、法律を通じて普遍的に保障されなければならなかった[54]。つまり、刑罰を伴った国家的な刑法規範による法益の保障を通じ、個別の人格同士の相互信頼的な法関係もより強固なものとなる[55]。このような、国家による普遍的な保障という観点に基づいて、法益侵害も個々の具体的な被害者の自由の領域に対する侵害だけではなく、同時に、普遍的な保障そのものの侵害という普遍的な性格を得ることになる[56]。いわば法益侵害によって、権利と法は同時に侵害されるのである。以上のような、普遍的に保障された他者の自由に対する、行為を通じた抑圧という法益侵害の性質は、個人的法益と社会的法益の双方について認められる。但し、社会的法益の場合には、その特殊な性質に基づき、他者の自由の領域は専ら間接的に侵害されることになる。

犯罪行為者は、自己の自由の領域を不当に拡張し、より多くの自由を獲得した

---

[53] Zaczyk, Das Unrecht der versuchten Tat（前掲注14）S. 200参照。

[54] 個人的法益及び社会的法益の構成自体は、あくまで国家的な法秩序が形成される以前の段階においての各人格の実践的な行為（自由の基盤として相互的に配慮し合うこと、或いは自己の行為の内容への受け入れ）に依拠してなされるものである。しかし、その維持に適った行動を各人格が本当に行うのか否かについて不確実性を払拭できないため、国家的な法秩序の形成が要請され、当該法秩序が確立した以降は、法益の維持存続に適う形で行動をコントロールする国家的な刑法規範を通じて、（既に構成されていた）法益の普遍的な保障が図られるわけである。個人的法益と社会的法益の構成そのものは、国家的な法秩序よりも以前の段階でなされるという点に注意しなければならない。

[55] E. A. Wolff, Die Abgrenzung von Kriminalunrecht zu anderen Unrechtsformen（前掲注35）S. 213参照。

[56] 犯罪によって「単に各個人のみならず公共体（そのもの）が危うくされる」のである（Kant, MdS, A 195, 196/B 225, 226［邦訳473頁］）。

かのように見える。しかし、そのような行為は、国家的な法秩序において普遍的な保障を受けている法関係の前提である相互的な平等性に反するため、結局のところ自己矛盾的に自己の自由の否定に至ってしまう[57]。そして、犯罪による普遍的に保障された法関係（人格同士の相互的な信頼関係）の否定に対処して、当該法関係を回復させる任務[58]は、その普遍性の側面を理由として、具体的な被害者の手を離れ、専ら国家の管轄に属するのである。

また、以上から刑法上の行為概念の本質も明らかとなる。まず、自由を保障するために他者と相互に法益を自由の基盤として認め合う法関係は、法益の保護に適った法的な行為を通じて自律的に形成されるものである。そして、法益侵害はその裏返しとして、既に形成されている他者との法関係を自己の自由を不当に拡張する行為を通じて否定するものである。従って、刑法の対象となる行為は、単に行為客体に対して因果的であったり、目的的であったりするだけでは不十分であり、そもそも他者との相互的な法関係の形成に—否定的な形で—主体的に関係するものでなければならない[59]。行為が法的な観点において一定の意義を有する

---

[57] 「もし汝が同一国民に属する或る他人に対して理由のない害悪を加えるならば、それがどんなものであれ汝はそれを汝自身に対してなす（ということになる）のである。……汝が彼から盗むならば、汝自身から盗むのである。……およそ窃盗をなす者は他のすべての者の所有権を不確実にするのである。だから、彼は〔同害報復の法理にもとづき〕みずから一切の可能な所有権の確実性を放棄するわけである。（その結果）彼は何ものをももたずまた何ものをも取得しえないのである」(MdS, A 197/B 227, A 198, 199/B 228, 229 [邦訳474頁以下])というカントの叙述も、本文で挙げた自己矛盾的な自由の喪失を説明したものである。また、この点については Wolfgang Schild, Anmerkungen zur Straf- und Verbrechensphilosophie Immanuel Kants, in: Meinhard Heinze u. a. (Hrsg.), Festschrift für Wolfgang Gitter, 1995, S. 838 f. も参照。

[58] 侵害された法関係の回復において、刑罰に認められる応報的な観点の意義が明らかとなる。Rainer Zaczyk, Staat und Strafe, Joachim Jungius-Ges. Wiss. Hamburg, 87, 1999, S. 84参照。カントの刑罰論は、いわゆる絶対的応報刑論を内容とするものではなかった。差し当たり Otfried Höffe, Kants Begründung des Rechtszwangs und der Kriminalstrafe, in: Reinhard Brandt (Hrsg.), Rechtsphilosophie der Aufklärung, 1982, S. 364 f.; Hariolf Oberer, Über einige Begründungsaspekte der Kantischen Strafrechtslehre, in: ibid., S. 413; Wolfgang Schild, Ende und Zukunft des Strafrechts, ARSP Bd. 70, 1984, S. 75 f.; ders., Anmerkungen zur Straf- und Verbrechensphilosophie Immanuel Kants（前掲注57）S. 834 f.; 三島淑臣「カントの刑罰理論（一）」法政研究51巻3・4合併号（1985年）210頁以下; Wolfgang Enderlein, Die Begründung der Strafe bei Kant, Kant-Studien Bd. 76, 1985, S. 313; Heiner Bielefeldt, Strafrechtliche Gerechtigkeit als Anspruch an den endlichen Menschen, GA 1990, S. 115を参照。

[59] 詳しくは、Ernst Amadeus Wolff, Der Handlungsbegriff in der Lehre vom Verbrechen, 1964, S. 15 ff.; ders., Das Problem der Handlung im Strafrecht, in: Arthur Kaufmann (Hrsg.), Gedächtnisschrift für Gustav Radbruch, 1968, S. 294 ff. を参照。

ためには、人格同士の相互的な関係性との連関が不可欠となる。

3 国家的法益における法益侵害

　国家的法益に関する法益侵害は、例外的に、個人的法益や社会的法益の場合とは異なる特殊な性格を示すことになる[60]。何故ならば、国家的法益の場合に侵害されるのは、行為者と同等な立場にある他の人格に保障される自由ではなく、国家によって担われる、自由に関する普遍的な保障そのものだからである。既に述べたように、個々の人格の自由は、水平的な相互関係乃至は媒介的な市民社会関係における法関係性を通じて確立されるものであり、その際に、個人的法益及び社会的法益は、自由の基盤として構成される。そして、それらは国家的な法秩序において初めて、主観的な制限を伴う各人格の構成作用から免れた普遍的な自由の基盤として保障されるようになり、同時に、各人格に認められる自由に対する普遍的な保障も達成されるのである。国家的な法秩序が自由の普遍的な保障を達成できるようになるために、当該法秩序自体に認められなければならない「自由の基盤」が国家的法益である。従って、国家的法益の侵害を通じては、各人格に認められる自由について国家が普遍的な保障を達成する可能性が阻害されるのである。この意味で、国家的法益の侵害も各人格の自由に対する侵害という性質を有していることになる[61]。

　また、法益侵害の人的な側面も国家的法益については、新たに規定されなければならない。個人的法益や社会的法益とは異なり、公務員以外の国民は、国家的法益に対しては構成的な地位を有していない。つまり、国家的法益は、当該法益の維持を自己の行動基準として各人格が採用することによって構成されるものではなく、あくまで国家的法秩序による自由の普遍的保障の基礎として、確認的な承認を受けるだけのものである。従って、国家的法益に対して国民によって侵害がなされる場合の人的な側面の内容とは、この確認的な承認を拒絶して、国家的法秩序による自由の普遍的保障を否定し、それを自己の主観的な観点に基づく普遍性に置き換えて転倒させようとすることとなる[62]。いわばそれは、国家段階以

---

[60] 但し、E. A. Wolff, Das neuere Verständnis von Generalprävention（前掲注36）S. 819（邦訳340頁）は、国家的法益の侵害を特別な個別の問題として取り扱っていない。

[61] Zaczyk, Das Unrecht der versuchten Tat（前掲注14）S. 204 f.

[62] 確かに、この場合についても、行為者が自己の自由の領域を他者に対して不当に拡張する側面は認められる。しかし、ここでの他者とは国家全体のことであり、その自由の領域が行為者の自

前の自由が普遍的に保障されていなかった状態への不当な立ち返りを意味しており、こうして、国家的法益の侵害を通じては、自由の普遍的な保障を達成する可能性が阻害されてしまうことになる。国家的法益の侵害も行為を通じてなされなければならないが、この点は、国家的法益に対する確認的な承認の拒絶という人的な側面から導き出される[63]。

これに対して、公務員は国家的法益に対して構成的な地位を有している。何故ならば、国家的な法秩序における自由の普遍的な保障の達成は、それに適った公務員の行為によって条件づけられているからである。従って、公務員による国家的法益の侵害は、行為によって構成されなければならない[64]。ここから、国家的法益の侵害を意味する自由の普遍的な保障の可能性に対する阻害が公務員によってなされる場合については、行為を通じて法益が侵害されなければならないことも、一般国民が侵害するときとは異なって、直接的に基礎づけられるのである[65]。

4 法益侵害において人的な側面が有する構成的な意義

以上から、法益侵害の本質が明らかとなった。つまり、法益侵害は、自由を相互に認め合う法関係性の否定を通じた、具体的な他者の自由に対する抑圧並びに自由を普遍的に保障する可能性の阻害を意味しており、常に人格の行為を通じて惹き起こされるものである。そもそも国家的な法秩序において普遍的な保障を受ける法関係の形成は、他律的に課されるものではなく、常に各人格が自律的に他者を自己と同等の自由な存在者として認め合い、実際に行為を行う場合に、そのように他者を取り扱うことによってなされるものであり、その際には人格の主体性の現れである主観面も当然に構成的な意義を有している。そして、人格の主観面の重要性は、国家的法秩序に対する社会契約的な承認についても当然に認められる。それ故に、まさに法関係の形成の逆の場合である法益侵害における行為者の主観面も、法益侵害の結果に対して原理上構成的な意義を有していなければな

　由の領域の不当な拡張によって抑圧されてしまうことは考えられない。
63　Zaczyk, Das Unrecht der versuchten Tat（前掲注14）S. 207 f.
64　ここで念頭に置かれるのは、職権濫用罪と賄賂罪である。
65　例えば、職権濫用罪のような場合については、自由の普遍的保障の可能性の阻害だけでなく、個別的な人格である被害者に認められる自由が抑圧されるという側面も当然に考慮しなければならない。

らない[66]。さもなければ、法益の基礎づけに関わる、国家によって普遍的に保障された法関係は、そもそも自律的な人格の主体性から切り離された他律的なものになってしまうであろう[67]。

　刑法上、法益侵害における主観面の内容として特に重要なのは、故意と過失である。故意的な法益侵害とは、個人的法益の場合、他者の自由に対する意図的な抑圧の実現のことであるが、これは、自由を相互に認め合う法関係の否定を通じて惹起される。ところで、各人格は、自己の自由を享受するために、社会契約を含む実践的な行為を通じて他者との間で自由を相互的に制限し合い、自由を普遍的に保障する法関係を国家的な法秩序として形成しなければならない。その際に、法関係は、それを形成する理性的な「意思」に依存しているのである[68]。従って、法的関係性を否定する不法な故意とは、法関係を形成する理性的な意思の瑕疵ある形態なのである。不法な故意がそれ自体だけで問題となるのではなく、常に理性的な法関係形成意思が先行的に考慮されなければならない。不法な故意は、自己の自由を自ら制限して他者の自由の領域を尊重するという理性的な意思ではなく、それとは逆に他者の自由に対する抑圧を実現しようとする意思に他ならないものであり、結局のところ、自己矛盾的に自己の自由をも抑圧することにつながってしまう[69]。理性的な法関係形成意思が、自由を相互に認め合う法関係の形成について構成的であったことに対応して、不法な故意も法益侵害に対

---

[66] Köhler, Die bewußte Fahrlässigkeit（前掲注13）S. 328 ff. 確かに、国民による国家的法益に対する侵害の場合には、主観面は構成的なものとはいえない。しかし、社会契約的な確認的承認という側面に基づいて、主観面を考慮する必要性は導き出されてくる。また、法益侵害に対して構成的な意義を有する行為者の主観面は、有責性の問題からは区別されるものである。不法の主観面と有責性の内容の区別については、Köhler, ibid., S. 329 f., 373 ff.; ders., AT（前掲注13）S. 122 ff., 348 ff. を参照。また Rainer Zaczyk, Schuld als Rechtsbegriff, ARSP Beiheft 74, 2000, S. 103 ff.（＝宮澤浩一・飯島暢訳「法概念としての責任」法学研究［慶應義塾大学］74巻10号［2001年］97頁以下）も見よ。

[67] 犯罪論体系における有責性の段階だけで行為者の主観面を考慮するのでは、主体性の考慮としては不十分である。人格が外界で行使する自由に関して調整を行うことが法の役割である限り、不法という外的な現象それ自体に、消極的な形であれ、主体性が現れているものとして犯罪概念を構成する必要があるからである。

[68] Ernst Amadeus Wolff, Die Grenzen des dolus eventualis und der willentlichen Verletzung, in: Karl Lackner u. a.（Hrsg.）, Festschrift für Wilhelm Gallas, 1973, S. 214 ff. 参照。本文では法律学で一般的に用いられている「意思」という表現を用いたが、カント法哲学の用語でいえば、理性的な意志（Wille）に担われた選択意志（Willkür）が外界の行為を惹き起こすべきなのであるから、精確には「意志」とすべきなのかもしれない。

[69] Zaczyk, Das Unrecht der versuchten Tat（前掲注14）S. 209 f. 参照。

して当然に構成的な意義を有している。従って、法益侵害結果は、その原因である故意（及びそれに担われた侵害行為）と切り離されて別個独立に考察されるものではない。

過失不法の特徴も、故意の場合と同様に、法関係の積極的な形成の裏返しとして把握される[70]。他者の自由と関わって法関係を形成する場合には、他者の自由に対して一定の配慮がなされなければならない。過失不法とは配慮の欠如であり、それを通じて法関係の形成を不安定な偶然性に委ねてしまうことに他ならない[71]。法関係は、他者の自由に対する適切な配慮に基づいた行為を通じて形成されるものであるから、故意と同様に、不法な過失にも、法関係の形成の逆である法益侵害に対して構成的な意義が認められるのである。

第5節　行為不法と結果不法の関係

以上の考察を通じて、法益は、因果的な客体だけを意味する概念ではなく、原則的に各人格の自律的な実践的行為を通じて構成されるものであることが明らかとなった。法益は、行為構成的な概念であり、人格に対してあるべき行動基準を提示するという規範的な意義を有している[72]。それ故に、法益侵害もあくまで行為を通じて惹起されなければならない。既に言及したように、特に個人的法益及び社会的法益の場合では、各人格は自己の自由を享受するために、当該法益の維持に適った行為を遂行しなければならなかった。法益とは各人格の自由の（国家

70　Zaczyk, Das Unrecht der versuchten Tat（前掲注14）S. 212 ff. 参照。
71　このことは、認識ある過失と認識なき過失の双方に妥当する。Zaczyk, Schuld als Rechtsbegriff（前掲注66）S. 113（邦訳107頁）参照。但し、Köhler, AT（前掲注13）S. 173, 178 f.; ders., Der Begriff der Zurechnung, in: Thomas Weigend u. a.（Hrsg.）, Festschrift für Hans Joachim Hirsch, 1999, S. 74は、認識なき過失の不可罰性を主張している。
72　Rehr-Zimmermann, Die Struktur des Unrechts（前掲注15）S. 81 ff. 参照。但し、国家的法益は例外的に特殊な性格を示していた。法益を行為構成的に捉える考えに対しては批判があるかもしれない（例えば、内藤「戦後刑法学における行為無価値論と結果無価値論の展開（二）」［前掲注1］95頁）。しかし、法益を行為として外界に現れる人格の自由から構成させない限り、それは他律的な規範の複合物として人格に対峙するものになってしまう。これについては、E. A. Wolff, Die Abgrenzung von Kriminalunrecht zu anderen Unrechtsformen（前掲注35）S. 145 ff.; Zaczyk, Das Unrecht der versuchten Tat（前掲注14）S. 227 f.; Köhler, AT（前掲注13）S. 24 f. も見よ。法益論の学説史的研究としては、伊東研祐『法益概念史研究』（1984年）、同「『法益概念史研究』補遺」金沢法学29巻1・2合併号（1987年）43頁以下が参考になる。

的な法秩序によって普遍的に保障された）基盤であり、この点から法益の維持に関する相互的な配慮要求が導き出されてくる。つまり、個人的法益の担い手は、自己の権利として、他者に対して法益の維持に適った一定の行為を要求し得るのである。その際に法益侵害は、まず行為による配慮要求の違反として把握される[73]。しかし、専らそれだけにつきるわけではなく、更に、配慮要求に違反する外的な行為を通じて、法関係によって基礎づけられ、国家的法秩序において普遍的保障を受けている具体的な他者の自由の領域が実際に侵害（乃至は危殆化）されなければならない[74]。つまり、法益侵害という不法においては、行為不法と結果不法は相互不可分に結び付いている。結果不法は、常に行為不法によって構成されるため、両者を便宜的に分離させて結果不法だけを別個独立に把握することなどはできない[75]。逆もまた然りであり、他者の自由の領域の侵害におよそ至らない行為不法だけでは不法は基礎づけられない。こうして、物的不法論も行為無価値一元論も退けられ、いわゆる二元論の立場が正当となる。このような行為不法と結果不法の関係は、各人格の自由の保障に関わる法関係性の観点から導き出されるものである。

　法益が行為から構成されることから、法益の保護に主眼を置く刑法規範は、まず一定の行為を通じた法益侵害を禁止し、または、法益の保全のために一定の行為を命令する行為（決定）規範でなければならない。この刑法規範は、相互的に自由を認め合う法関係を他者との間で行為を通じて形成することを要請する法的法則の消極的な形態であり、法的法則に対応して、刑法規範も法益侵害となって現れる法関係の瑕疵的な形成という行為の結果の側面を射程に入れなければならない。従って、行為（決定）規範によって禁止の対象となるのは、法益侵害行為とこれを通じて構成される法益侵害結果の可能性である[76]。そして、法益侵害行為との間で刑法上の因果関係が認められる法益侵害結果が現実に発生した場合に

73　Köhler, AT（前掲注13）S. 24. また Eberhard Schmidhäuser, Der Unrechtstatbestand, in: Paul Bockelmann u. a. (Hrsg.), Festschrift für Karl Engisch, 1969, S. 444 f.; ders., Strafrecht Allgemeiner Teil, 2. Aufl. 1975, 6/6; ders., Strafrecht Allgemeiner Teil, Studienbuch, 2. Aufl. 1984, 5/32 f. 但し、シュミットホイザーへの批判として、Rehr-Zimmermann, Die Struktur des Unrechts（前掲注15）S. 34 ff., 81 Fn. 334も見よ。

74　Köhler, AT（前掲注13）S. 27 f.

75　Rehr-Zimmermann, Die Struktur des Unrechts（前掲注15）S. 94 ff. 参照。また Hirsch, Strafrechtliche Probleme（前掲注11）S. 375 ff. も見よ。

76　Kahlo, Das Problem des Pflichtwidrigkeitszusammenhanges（前掲注15）S. 135 f.

は[77]、遡って、法益侵害の結果の側面とそれを構成する行為の側面（主観的要素を含む）の両者が評価の対象となる[78]。こうして、行為不法と結果不法の双方は、同時に行為（決定）規範と評価規範の対象となり[79]、二元論を基礎づけるロクシンのテーゼが理論的に説明できることになる。

　二元論に対する規範論的な観点に基づく批判は、行為無価値一元論が依拠する段階的な価値モデル[80]を専ら前提とするものである[81]。行為無価値一元論の規範論において、結果無価値（法益侵害の事態無価値）が常に行為に対して偶然的な関係性しか示せず、行為規範の対象から除外されざるを得なかった理由は、事態無価値を基礎づける価値段階と行為無価値を基礎づける価値段階が断絶されていた点にあると思われる。そもそもこれは、事態無価値の価値段階を導き出す上位の価値段階にある、法益の創出に関わる法的に是認された状態自体が、人間の自律性に基づいて構成されないまま客観的な社会秩序として規定されてしまっていたことに起因している[82]。このような価値構成に基づく刑法規範は、その名宛人との関係では、他律的な禁止（命令）規範の集合体とならざるを得ないものであり、自律的な人格の存在を出発点として、その自由の普遍的保障を念頭に置きながら（刑）法の基礎づけを試みる本稿の立場からすれば退けられなければならない。

第6節　具体的な問題――偶然防衛の処理――

　以上から明らかとなった知見を刑法解釈学上の具体的問題に応用してみよう。本稿では、特に偶然防衛の問題を取り上げる。何故なら、防衛の意思の要否をめぐる同問題は、違法論の試金石の一つとされているからである。事例としては、以下のようなものを念頭に置くことにする。つまり、甲が乙に対して殺意をもっ

77　Roxin, AT（前掲注10）§10 Rn. 98参照。ここでロクシンは、行為と発生結果との間に客観的帰属関係の確定を要求している。従って、彼からしても、行為（決定）規範の対象となるのは、結果そのものではなく、あくまでも結果の可能性なのであろう。また Köhler, AT（前掲注13）S. 138 ff. も見よ。
78　Köhler, Die bewußte Fahrlässigkeit（前掲注13）S. 331参照。
79　Rainer Zaczyk, Strafrechtliches Unrecht und die Selbstverantwortung des Verletzten, 1993, S. 25 Fn. 104は、決定規範と評価規範の差異が止揚されるとしている。
80　Kaufmann, Lebendiges und Totes in Bindings Normentheorie（前掲注4）S. 69 ff.; Zielinski, Handlungs- und Erfolgsunwert im Unrechtsbegriff（前掲注5）S. 123 ff. 参照。
81　曽根『刑事違法論の研究』（前掲注3）5頁以下、28頁、38頁。
82　Zaczyk, Das Unrecht der versuchten Tat（前掲注14）S. 103参照。

て拳銃を発砲し、狙い通り乙を射殺したが、後に判明したところによると、実は乙も甲を殺そうとしていて、丁度そのときは甲を拳銃で狙っていたところだったという場合である（いわゆる自己防衛型偶然防衛）。即ち、甲には防衛の意思が欠けていたにもかかわらず、偶然にも正当防衛状況が客観的には存在していたのである。

通常、学説において[83]、未遂説と不可罰説は、甲の殺害行為に関して結果無価値全般（乃至は既遂不法を基礎づける結果無価値）が欠けることを前提にしながら、既遂説[84]が専ら行為無価値のみで既遂不法を肯定するものであると批判している[85]。しかし、本事例において既遂不法を基礎づける結果無価値は欠けていない。何故ならば、正当防衛を肯定するためには、正当防衛に当てはまる客観的な

---

[83] 学説の概観として、井田『犯罪論の現在と目的的行為論』（前掲注9）127頁以下参照。
[84] 川端博「正当化事情の錯誤」（1988年）226頁以下、同『刑法総論講義』（前掲注6）344頁以下、吉田宣之『違法性の本質と行為無価値』（1992年）343頁、福田平『全訂刑法総論〔第3版〕』（1996年）156頁（4）、大塚『刑法概説（総論）〔第3版〕』（前掲注6）372頁以下（20）、佐久間修『刑法講義〔総論〕』（1997年）161頁以下、奥村正雄「結果無価値論と行為無価値論の対立構造」現代刑事法3号（1999年）42頁以下、大谷『新版刑法講義総論』（前掲注6）303頁。またドイツにおける既遂説としては Hans Welzel, Das Deutsche Strafrecht, 11. Aufl. 1969, S. 83 f.; Schmidhäuser, AT（前掲注73）9 /17; ders., AT Studienbuch（前掲注73）6 /24; Wilhelm Gallas, Zur Struktur des strafrechtlichen Unrechtsbegriffs, in: Arthur Kaufmann u. a.（Hrsg.）, Festschrift für Paul Bockelmann, 1979, S. 176 f.; Hans Joachim Hirsch, in: Strafgesetzbuch, Leipziger Kommentar, 11. Aufl., 16. Lfg. 1994, Rn. 61 vor § 32; Köhler, AT（前掲注13）S. 323 f.; Herbert Tröndle/Thomas Fischer, Strafgesetzbuch und Nebengesetze, 49. Aufl. 1999, Rn. 14 § 32.
[85] 平野『刑法総論 II』（前掲注2）243頁、同『刑法の機能的考察』（前掲注2）40頁以下、内藤謙『刑法講義総論（中）』（1986年）343頁以下、前田『現代社会と実質的犯罪論』（前掲注1）72頁、同『刑法総論講義〔第3版〕』（前掲注17）242頁以下、振津『刑事不法論の研究』（前掲注6）53頁、日髙「偶然防衛と違法モデル」（前掲注1）119頁、曽根『刑事違法論の研究』（前掲注3）176頁以下、同「防衛意思と偶然防衛」現代刑事法9号（2000年）45頁以下、山中敬一『刑法総論 I』（1999年）408頁、井田良「違法性阻却事由の理論」現代刑事法9号（2000年）87頁。またドイツにおける未遂説も同様の立場をとっている。Theo Vogler, in: Strafgesetzbuch, Leipziger Kommentar, 10. Aufl. 1985, Rn. 140 § 22; Günther Jakobs, Strafrecht Allgemeiner Teil, 2. Aufl. 1993, S. 360 ff.; Felix Herzog, in: Nomos Kommentar zum Strafgesetzbuch, 3 . Lfg. 1995, Rn. 129 § 32; Jescheck/Weigend, AT（前掲注10）S. 329 f.（邦訳248頁以下）; Roxin, AT（前掲注10）§ 14 Rn. 101 f.; Lenckner, in: Schönke/Schröder（前掲注7）Rn. 15 vor §§ 32 ff.; Georg Freund, Strafrecht Allgemeiner Teil, 1998, § 3 Rn. 16 ff.; Walter Gropp, Strafrecht Allgemeiner Teil, 1998, § 13 Rn. 95; Hans-Ludwig Günther, in: Systematischer Kommentar zum Strafgesetzbuch, Band 1, 6. Aufl., 28. Lfg. 1998, Rn. 91 vor § 32; Kühl, AT（前掲注10）§ 6 Rn. 14 ff.; Harro Otto, Grundkurs Strafrecht. Allgemeine Strafrechtslehre, 6. Aufl. 2000, § 18 Rn. 49; Günter Stratenwerth, Strafrecht Allgemeiner Teil I, 4. Aufl. 2000, § 9 Rn. 146 ff.; Johannes Wessels/Werner Beulke, Strafrecht Allgemeiner Teil, 30. Aufl. 2000, Rn. 279.

状況が偶然に存在するだけでは足りず[86]、それが行為者に認識されながら防衛の意思でもって主体的に結果価値へと実現されなければならないからである[87]。既に考察したように、結果不法は、単なる客観的な要素として人格の行為から切り離されて存在するものではなく、常に行為不法によって条件づけられている。つまり、結果不法それ自体を行為不法から分離させる形で任意に取り上げて独立に論じても意味はない。

　行為構成的な法益概念を前提とした不法に関する理解からすれば、構成要件該当性のレベルでは、①行為不法（行為無価値的要素）の存在が肯定されて初めて、②結果不法（結果無価値的要素）の有無を判断することにも意義が出てくるのであり、そもそも①の行為不法が欠ける場合に②の結果不法の有無を判断しても無意味なのである。そして、構成要件該当性が肯定された後の正当化のレベルも同様のことが当てはまるため、まずは①の行為不法の中性化が認められなければならず、その後で初めて②の結果不法の中性化の有無が論じられるべきとなる。しかし、偶然防衛の場合では、防衛の意思に担われた防衛行為がなされていないため、①の行為不法の中性化は否定されるのであるから、たとえ客観的な防衛状況が存在していたとしても、②の結果不法の中性化を論じる意味はないのである。

　まさに本事例では、実際に発生した乙の死の結果は、甲の行為から独立して評価されるものではなく、甲の行為が防衛の意思によって担われた防衛行為として評価されない限りは、既遂不法を基礎づける行為無価値と結果無価値の双方がいまだ肯定されなければならない。よって既遂説の結論が正しいことになる。

---

[86] 偶然に正当化事由が存在するだけで足りるというのでは、結果責任主義の裏返しでしかない。佐久間『刑法講義［総論］』（前掲注84）159頁参照。

[87] Köhler, AT（前掲注13）S. 323 f. 参照。また Hirsch, in: LK（前掲注84）Rn. 61 vor §32も見よ。

第2章　正当防衛の基本原理

第1節　二元主義的な構成

　昔から抱いている印象なのだが、川端刑法学の特徴は、バランス感覚を維持する点にあると思われる。極端な見解に陥ることなく、多様な事例群の差異を配慮して、妥当な結論を導くためには、一元主義的な基礎づけは、刑法解釈学の領域では必然的に忌避されざるを得ないのかもしれない。ここでは、その一例として正当防衛に関する文脈での次のような叙述を挙げることが許されよう。
　「正当防衛権の本質に関して、わたくしは、正当防衛権には『自然権』としての側面と『緊急権』としての側面があり、前者においては個人の自己保全の原理が、後者においては法の自己保全の原理がそれぞれ正当化の働きをすると解している[1]。」
　このように、個人の自己保全の側面と法の自己保全の側面から二元主義的に正当防衛の基本原理を捉える考えは、ドイツでは通説とされる見解であり[2]、我が国でも有力に主張されている[3]。一般的にドイツにおいては、個人権的側面（要素）と社会権的側面（要素）の対比或いは並列という形で、正当防衛の基本原理の二元主義的構成は表現されるが、後者の社会権的側面では、個人の利益・権利の保護を超えるとされる法確証（Rechtsbewährung）の原理というものがその中枢を占め[4]、同原理を通じて、緊急避難のような他の緊急権とは異なる正当防衛の峻厳な（schneidig）性格が基礎づけられるとされている。つまり、被攻撃者の利

---

[1] 川端博『正当防衛権の再生』(1998年)153頁。なお同『刑法総論講義第3版』(2013年)352頁も参照。
[2] Walter Perron, in: Schönke/Schröder, Strafgesetzbuch, Kommentar, 29. Aufl. 2014, Rn. 1a § 32 参照。
[3] 例えば、井田良『講義刑法学・総論』(2008年)273頁、山中敬一『刑法総論［第2版］』(2008年)448頁以下、高橋則夫『刑法総論第2版』(2013年)263頁以下参照。
[4] 川端説を継承する明照博章『正当防衛権の構造』(2013年)12頁以下も、法の自己保全に関わる緊急権としての正当防衛の側面に法確証の原理を結び付けている。

益（或いは法益）の保全に関わる個人権的側面だけに着目するのでは、その際に客観的に認められる被攻撃者の置かれた状況は、緊急避難のそれと同じであるため、正当防衛に特有の退避義務の不存在や法益均衡性の不要性を基礎づけることはできない。そこで、特にこれらを基礎づけるものとして、いわば超個人的な内容をなす、法秩序全体に関わる法確証の原理が重視されているのである。

まとめてみると、二元主義的な構成では、①被攻撃者の利益或いは法益の保護と②法確証という形での法秩序の保護・防衛が同時に考慮されることになる。しかし、①と②のそれぞれの内容と相互関係については、日独の学説状況を概観する限り、確かに、①と②は同等の原理として相互に補充し合う関係にあるとされてはいるが[5]、不明確な点が多く残されていることは否定できない。そもそも、たとえ相互に補充し合う関係にあるとしても、全く異質の二つの原理が便宜上そのような形で作用するのか、或いは、共通の基盤を有する二つの原理が必然的に相互補充的に作用するのかでは、問題となる①と②の両側面に対する理解も根本的に異ならざるを得ないはずである。

二元主義的な構成においては、正当防衛の峻厳さという特殊な性格（つまり、退避義務の不存在及び法益均衡性の不要性）を基礎づけるのは、②に関わる法確証の原理である。また、ドイツでは社会倫理的な制限という表現の下で、主として法確証の原理に基づいて正当防衛権を制限すべき場合が論じられている[6]。このように考えてみると、①の個人権的側面は考慮されてはいるものの、結局のところ、正当防衛の（緊急避難との対比における峻厳さという意味での）拡張的及び（社会倫理的な制限という形での）制限的な性質を専ら特徴づけているのは、②の社会権的な側面である法確証の原理なのではないかという印象を抱かざるを得ない。しかし、二元主義的な構成を維持するためには、①と②の必然的な関係を本来は積極的に基礎づける必要があるはずである。ところが、特にドイツにおける議論を参照する限り、そのような積極的な基礎づけを欠いたまま、暗黙のうちに①の側面を結び付けて、②の側面を考慮している現状があることは否定できないと思われる。

これは、法確証の内容の多義性に関わる点でもあるのだが、法確証の内容は、ドイツでは、「法は不法に譲歩する必要はない」というベルナーに由来するとさ

---

5 例えば、Perron, in: Schönke/Schröder（前掲注2）Rn. 1a § 32.
6 特に、山中敬一『正当防衛の限界』（1985年）39頁以下、59頁以下参照。

れる法格言[7]に依拠して、例えば、違法な侵害の防衛に関する公共の積極的な利益[8]、法秩序の効力の継続[9]などと理解されており[10]、更には、刑罰の場合と同様の一般予防目的と結び付けられることもある[11]。その際に、単に威嚇予防だけからではなく、いわゆる積極的一般予防の意味でも法確証の機能が捉えられる場合には[12]、法秩序に対するその構成員達の信頼を配慮せざるを得なくなるため、その者達が同じ立場に陥る可能性がある被攻撃者の個々の利益状況を等閑視することはできないはずである。つまり、②に関わる法確証の観点は、必然的に①の側面と結び付くのである。

　また、既に述べたように、ドイツでは法確証の減少から、正当防衛の社会倫理的な制限が導き出されており、本来要請されないはずの退避義務やより緩和な防衛手段の投入が要求されることになる。しかし、そのように制限が課せられるのは、あくまでも防衛者の側に危険が及ばない場合だけである[13]。逆からいえば、防衛者の身に危険が及ぶときであれば、退避義務は課せられないというのであれば、その場面では、いまだ法確証の必要性が減少せずに認められることを意味する。これは、②に関わる法確証の減少の有無・程度が常に①の側面である防衛者（被攻撃者）の利益或いは法益の保全との相関関係において決まるという主張に他ならないはずである。

　以上から明らかであるように、二元主義的な構成については、①の個人権的側

7　A. F. Berner, Die Notwehrtheorie, Archiv des Criminalrechts NF, 1848, S. 562. しかし、後に述べるように、ベルナー自身の見解は、当該の法格言を個人権的側面に結び付けるものであった。

8　Volker Erb, in: Münchener Kommentar zum Strafgesetzbuch, 2. Aufl. 2011, Rn. 14 § 32. なお、Diethelm Klesczewski, Strafrecht Allgemeiner Teil, 2. Aufl. 2012, Rn. 344 f. § 4も参照。

9　Armin Engländer, in: Matt/Renzikowski, Strafgesetzbuch, Kommentar, 2013, Rn. 2 § 32. 但し、エングレンダーは法秩序の経験的な効力を重視している。

10　例えば、我が国では、山中『刑法総論［第2版］』（前掲注3）448頁注2が、「防衛者の正当防衛が、不正な攻撃者に対して、『法』と『正義』の側に立って、動揺させられた法を回復し、法を知らしめ、法の妥当性を確証させる機能をいう」と主張し（傍点筆者）、高橋『刑法総論第2版』（前掲注3）263頁は、法（正）の確証を法秩序の保護と結び付けながら、「国家権力から独立した個人と法秩序の関係における正義の在り方」として理解する（傍点筆者）。これらの見解でも、個人権的側面と社会権的側面の結合が、個人と法秩序の関係の明確な基礎づけを欠いたまま、暗黙の前提とされているように思えてならない。

11　Claus Roxin, Strafrecht Allgemeiner Teil, Bd. I, 4. Aufl. 2006, Rn. 2 § 15参照。

12　Roxin, AT（前掲注11）Rn. 26 ff. § 3参照。

13　例えば、社会倫理的な制限に属する事例の一つである責任なき攻撃に関する文脈での主張であるが、Roxin, AT（前掲注11）Rn. 62 § 15参照。

面と②の社会権的側面の関係づけを、特に②に関わる法確証の内容を明らかにしながら、改めて基礎づける必要性があるように思われる[14]。これは、(法秩序の構成員である)防衛者(及び攻撃者)という個々人と防衛される法秩序そのものの関係性に関わる問いである。

　なお最近のドイツでは、②の社会権的側面の中核を占める法確証の概念の多義的な内容への反省から、専ら①の個人権的側面だけに着目して正当防衛権を捉える見解も有力に主張されるようになっている。しかし、個人権的側面の内容は、我々が一見して抱く印象とは異なり、実はそれ程明確なものではない。個人権的側面には、被攻撃者に関わる法益保護の観点だけでなく、直面した緊急状況との関係でその者に認められる自己保全という形での一種の心理主義的な要素が伝統的に含まれていることが指摘されている[15]。緊急状況に直面した際に被攻撃者に認められる、このような心理主義的な要素は、自衛本能に基づく自己保全を考慮するものに他ならず、仮にそれが生得の「権利」或いは自然「権」として表現されたとしても、本来的には、事実的或いは自然的な領域に属する事柄である[16]。これに対して、法益の保護は、極めて規範的な問題のはずであり、両者は根本的に異なっている。①の個人権的側面が、このように異質な要素の複合体である限り、正当防衛の論拠づけの際に、カズイスティックに持ち出されてしまう傾向がつきまとうことは、不可避であるようにすら思われてくる。実際、最近のドイツにおける①の個人権的側面だけから正当防衛権を基礎づけようとする見解も、明らかに被攻撃者という個人の利益或いは法益の保護を超える内容を個人権的側面に含ませようとしており、更には、②の社会権的側面に関わる法秩序そのものとの関係性を明らかにすることなしには行えないはずの方法で論拠づけを行っているのである。

14　法確証は一つの「利益」として捉えられる場合もある。しかし、それを防衛者側の保全法益の要保護性についての利益衡量の要素に加えるにせよ(例えば、我が国では、内藤謙『刑法講義総論(中)』[1986年]329頁以下参照)、或いは、攻撃者側の法益の要保護性の減弱・否定に結び付けるにせよ(例えば、井田『講義刑法学・総論』[前掲注3]273頁参照)、いずれにしても、法秩序とその構成者である個々人との関係を基礎づけることなしには主張できない内容である。

15　Michael Pawlik, Die Notwehr nach Kant und Hegel, ZStW Bd. 114, 2002, S. 263 f. (=赤岩順二・森永真綱訳「カントとヘーゲルの正当防衛論(一)」甲南法学53巻1号[2012年]65頁以下)参照。

16　また、このような立場は、正当防衛の行使を法秩序の存在とは無関係な、被攻撃者に固有の権限として、つまり、不当にも完全な自然状態下での権限行使として捉える発想につながると思われる。

例えば、エルプは、二元主義的な通説が（①と②の関係について）望ましい結論を導き出すための循環論法的な見かけ上の基礎づけしか行っていないと批判しながら[17]、せいぜいのところ法確証の観点には、防衛者が自己或いは他者の法益を防衛したことの反射効としての二次的な意義しか認められないとする[18]。その上で、エルプは正当防衛権の純粋に個人権的な解釈に優位性を認めている。そして、エルプは、違法な侵害に対する防衛に関する「個人の利益」こそが正当防衛の基盤であるとするが、当該の利益の内容の中には、防衛者側の保全法益の維持に関わる利益だけでなく、違法な行為を行った者によって自己の行動の自由の広範囲な制限（退避或いは自己の法益に対する侵害の受忍）を強制されずに、攻撃に対して必要な手段で対抗して、侵害された平等的秩序を回復させることへの欲求（Bedürfnis）を含ませている[19]。

このようにエルプが、①の個人権的側面だけから正当防衛を基礎づける際に、保全法益の保護だけでなく、上のような欲求という心理主義的な要素を持ち出すのは、法益保護の観点だけからでは、退避義務の不存在及び法益均衡性の不要性という正当防衛に特徴的な峻厳な性格を導き出せないからである。しかし、心理主義と法益保護思想との混合の問題点は既に述べたとおりであるし、平等的な秩序の回復という正当と思われる観点も心理主義的な欲求と結び付けられる結果、その際に回復される平等的秩序は、あくまで規範的な法秩序そのものとは切り離された防衛者と攻撃者という二者間の事実的な事柄に留まってしまう。確かにエルプも、国家（法秩序）は不法な攻撃者の共犯者（Komplize）にならないようにするために、そのような欲求を配慮して、峻厳な正当防衛の行使を防衛者側に認めるべきであるとの結論を主張しているが、何故に、国家は、本来先のような二者間の事実的な問題に留まるはずの平等的秩序の回復への防衛者の（自然的な）欲

---

[17] Pawlik, Die Notwehr nach Kant und Hegel（前掲注15）S. 261（邦訳64頁［但し、引用するに際して、独自に翻訳を行った。］）も、二元主義的な構成について「諸帰結は諸原理の参照を通じて正当化されるが、諸原理の側もあらかじめ正当とされた諸帰結を得るためにそれらが必要であるとの指示の下で正当化されている」と述べて、同様の批判を行っている。また、Engländer, in: Matt/Renzikowski（前掲注9）Rn. 43 § 32も、法秩序全体との関係で方向性を異にする諸規則と諸原理が、法確証というトポスを通じて単純な形で正当防衛規定の規範目的の中に統合されていると批判する。なお、我が国での批判として、佐伯仁志『刑法総論の考え方・楽しみ方』（2013年）117頁以下。

[18] Erb, in: Münchener Kommentar（前掲注8）Rn. 17 § 32参照。

[19] Erb, in: Münchener Kommentar（前掲注8）Rn. 18 § 32参照。

求を配慮すべきなのか、その理由は定かではない。エルプが主張するような結論に至るためには、平等的秩序の回復が、二者間だけでの問題ではないことを意識して、その者達と法秩序の関係を明らかにした上で、法秩序全体の観点からしても重要となることを（規範的に）基礎づける作業が不可欠となるはずである。

　エングレンダーも、違法な侵害によっては、法秩序の経験的な効力そのものではなく、せいぜいのところ個別の行為規範の実際的な制御力が危殆化されるにすぎず、当該の行為規範は特定の法益を保護するためにあるのであるから、最終的には法益保護の観点に②の社会権的側面（法確証の観点）は収斂せざるを得ないと主張し、エルプと同様に①の個人権的側面だけから正当防衛を基礎づけようとする。しかし、その内容としては、防衛者側の個人的な法益の保護ではなく、相互的な配慮を要求し、互いに侵害しないことを義務づける主観的な権利を念頭に置いており、このような主観的な権利が、緊急の場合には自己の自由を防衛するための強制権限と結び付くとして、この強制権限の行使こそが正当防衛に他ならないとする。エングレンダー説の特徴は、①の個人権的側面を法益の保護に限定せずに、行動の自由を相互に保障するための主観的な権利と捉えて、当該の権利を貫徹するための手段として正当防衛を理解する点にある。そして、この点から、退避義務の不存在及び法益均衡性の不要性を導き出している[20]。

　確かに、人格の自由の領域を保障するための相互的な権利義務関係及びそれと結び付いた強制権限（法的強制）を出発点にして正当防衛を構想するエングレンダーの（まさにカント主義的な）見解は、正当なものであると思われる。しかし、正当防衛を完全な自然状態下での出来事として捉えるのならば別であるが、刑法上の正当防衛の規定を通じて法秩序が規制をしていることは当然の前提とされるのであるから、法秩序の存在とは無関係に、法的強制を通じた自由のための権利の貫徹を論じても無意味なはずである。その限りでは、エルプに対する批判と同様のものが、エングレンダーの見解にも妥当する。つまり、攻撃者と防衛者の間での自由の保障に関わる権利義務関係が、法秩序との関係でどのような意義を有するのか、それが②に関する法確証と本当に無関係であるのかを検証しなければ

20　以上の点については、Engländer, in: Matt/Renzikowski（前掲注9）Rn. 4, 22 § 32 参照。なおエングレンダーの見解については、特に ders., Grund und Grenzen der Nothilfe, 2008, S. 38 ff., 67 ff. も参照。またアルミン・エングレンダー（＝増田豊訳）「正当防衛を法秩序の防衛として捉えることは可能か」法律論叢86巻1号（2013年）307頁以下も見よ。

ならないのである。この点を欠いたままでは、エングレンダーの構想も維持できるものではないといえよう。

なお、①の個人権的側面のみに着目する立場は、我が国でも有力に主張されている。つまり、②に関わる法確証の観点を批判し、防衛者側と攻撃者側の利益状況の比較衡量から正当防衛の正当化を基礎づける見解である。そして、その際には、退避義務の不存在という正当防衛に特有の性質を導き出すために、「現場に滞留する利益」というものを生命・身体に比肩し得る重要な価値を有するとして防衛者側の保全利益に加算して、攻撃者との関係で防衛者の側に原則的に利益の優越性を肯定する主張がなされている[21]。しかし、当該の現場滞留利益の保護では、具体的な個々の状況を超えた、「自由で望ましい社会」のために個人の行動の自由を保障する一般的・制度的な利益が問題になるとされている[22]。このような個々人の自由の保障に関わる一般的・制度的な利益を論じるためには、個々人の自由が法秩序においてどのように保障されているのかをまずは明らかにしなければならない。換言すれば、法秩序の構成者である個々人の自由（自律性）と法秩序そのものとの関係性に対する視点が不可避となるはずである。つまり、②の社会権的側面に関わる法秩序の存在を等閑視しては、主張できない内容なのである。

また、そもそも「社会全体の利益状況の最大化[23]」のみに着目する優越的利益原則に基づく社会（法秩序）が自由なものであるとは思われない。実は、利益或いは法益は、法秩序の構成者（人格）が自己の自由を実現する際の手段でしかない。本当に自由が保障された法秩序といえるためには、法益を自己の自由の基盤として行使することそのものが、規範的に保障されていなければならないはずである[24]。法確証の原理こそが、このような法秩序の規範的効力の問題に関わるも

---

21 橋爪隆「正当防衛論」川端博他編『理論刑法学の探究①』（2008年）100頁以下、佐伯『刑法総論の考え方・楽しみ方』（前掲注17）146頁（但し、現場滞留利益の保護を生命に危険のない防衛行為の場合に限定する）。なお、橋爪隆『正当防衛論の基礎』（2007年）71頁以下も見よ。
22 橋爪『正当防衛論の基礎』（前掲注21）75頁、同「正当防衛論」（前掲注21）101頁以下、佐伯『刑法総論の考え方・楽しみ方』（前掲注17）146頁参照。
23 橋爪「正当防衛論」（前掲注21）122頁。
24 たとえ法益が功利主義的な形態で保護されていたとしても、その行使が法秩序において規範的にどのように保障されているのかが切り離されたままでは、誰も触れることのない美術館の陳列物のようなものでしかない。なお、拙稿「法益概念における人格と社会の関係性」ギュンター・ヤコブス（＝川口浩一・飯島暢訳）『法益保護によって刑法は正当化できるか？』（2015年）67頁以下、72頁以下も参照。

のであった。従って、自由な法秩序というものを正当防衛の文脈で語るのであれば、現場滞留利益という自由の基盤と②に関わる法確証の原理との関係を自由の保障の観点の下で改めて論じる必要があろう。

以上から、正当防衛の正当化に関する基本原理については、二元主義的な構成にせよ、①の個人権的側面だけに着目する構成にせよ、自らの主張を貫くためには、正当防衛という権利行使の主体である防衛者及び防衛行為による侵害を一定範囲で受忍せざるを得ない攻撃者という個々人と法秩序そのもの（及び法確証の観点）との関係を明らかにする必要があることが判明した。

最近のドイツでは、特に法確証の原理の再検討を通じて、正当防衛の基礎理論を見直す試みが行われている。実はこれは、①の個人権的側面と②の社会権的側面の関係の再構成を射程に含める学説の展開に他ならないと思われる。次にこれらの見解を見てみよう。

第2節　法確証の原理の再検討――ドイツにおける最近の動向――

最近のドイツにおいて、正当防衛の基本原理の一つである法確証の内容を再検討する論者として、まずカスパーを挙げることができる[25]。カスパーは、結論的には「制限された形での二元主義的な（eingeschränkt-dualistisch）」構成をとるが、その前提として、従来の学説において、正当防衛の峻厳さ及び社会倫理的制限の諸類型を基礎づける際に持ち出される法確証の内容が、循環論法的或いは空虚で不明確なものであると批判する[26]。そして、そのような批判を回避するためには、正当防衛が攻撃者と防衛者という私人間での出来事ではなく、公的な性格を有することを直視して、正当防衛と刑罰の類似性を肯定し、正当防衛を通じた社会における（消極的・積極的）一般予防効果をまさに法秩序の確証を意味する法確証の内容とすべきことを提唱する[27]。

25　Johannes Kaspar, „Rechtsbewährung" als Grundprinzip der Notwehr?, RW - Heft 1, 2013, S. 40 ff.
26　Kaspar, „Rechtsbewährung" als Grundprinzip der Notwehr?（前掲注25）S. 46 ff. 参照。
27　Kaspar, „Rechtsbewährung" als Grundprinzip der Notwehr?（前掲注25）S. 51 f. その際には、正当防衛を通じた攻撃者の改善・再社会化が想定できないこと、攻撃という侵害行為は実行の着手に至っている必要がないため、正当防衛行為が責任清算の意味での応報的な機能を有し得ないことが前提とされている。なお、応報の観点を否定しながら、特に一般予防を重視するカスパーの刑罰論の構想については、ders., »Verhältnismäßige Generalprävention« und Zurechnung, StV

その際、カスパーは極めて現実主義的な立場をとり、防衛行為による一般予防効果を経験的なものとして把握する。つまり、法確証として法秩序の効力が防衛されるにせよ、それは規範的ではない経験的な効力の維持でなければならないとするのである。そして、この点から正当防衛の峻厳な性格は維持できないとする結論を導き出す。つまり、カスパーは、刑罰の一般予防効果に関する実証的な研究を参照しながら、威嚇の効果は刑罰の強度ではなく、犯行が発覚して処罰される蓋然性に依存するとの検証結果を正当防衛の文脈に移しかえて、防衛行為の強度ではなく、防衛されることの蓋然性だけが一般予防効果を持つとし、峻厳さは正当防衛による一般予防効果には関係がないとするのである[28]。更に、この点を補強する材料として、アーメルンクとキリアンによる正当防衛に関する実証研究[29]も参照し、市民の圧倒的大多数が比例性（均衡性）による正当防衛の限定を自明のものと見なしているとするアンケート結果も挙げている。正当防衛による一般予防効果は、経験的に作用する形で社会の構成員に働きかけを行うべきとする前提に立つ限りでは、市民の大多数が攻撃と均衡しない反撃行為を過剰で違法なものと見なしている以上、峻厳な防衛行為は、法確証には合致せず、正当化され得ないとするのであろう。

　更に、カスパーは、正当防衛の峻厳さを否定するために憲法的な論拠を挙げている。既に述べたように、カスパーからすれば、正当防衛は純然たる私人間の出来事ではなく、公的な性格を有する「準国家的な行為[30]」に他ならない。つまり、防衛者は、国家が定めた正当防衛規定の枠内で防衛行為を行う限りで、本来は国家が果たすべき一般予防の権限を授権され、個人的な利益の保護のためだけでなく、法秩序の維持という公の利益のために防衛行為を行うという二重の役割を担っている。正当防衛が、国家によって正当なものとして防衛者に許容される以上、それは本来国家に帰属されるべき事柄として、同時に憲法上の比例原則の制約に服さなければならず、均衡性の不要性という正当防衛の特徴をなすとされ

　　4, 2014, S. 250 ff.を参照。
28　Kaspar, „Rechtsbewährung" als Grundprinzip der Notwehr?（前掲注25）S. 53 ff. 参照。但し、カスパーは、批判されるべき正当防衛の峻厳さの内容として、専ら均衡性が不要であることだけを念頭に置いており、退避義務の不存在については触れていない。
29　Knut Amelung/Ines Kilian, Zur Akzeptanz des deutschen Notwehrrechts in der Bevölkerung, in: Knut Amelung u. a.（Hrsg.）, Festschrift für Hans-Ludwig Schreiber, 2003, S. 3 ff. また Ines Kilian, Die Dresdner Notwehrstudie, 2011も参照。
30　Kaspar, „Rechtsbewährung" als Grundprinzip der Notwehr?（前掲注25）S. 58.

る峻厳さは、維持できないことになる[31]。

　カスパーは、以上のように、法確証の内容を一般予防的に捉え、この点から攻撃と防衛行為との間での均衡性の必要性を導き出すが、あくまでも個々人の財の保護を正当防衛権の不可欠の基礎とする前提に立っており、法確証の観点には、二次的・補充的な意義しか認めていない。この意味で、彼の見解は、制限された形での二元主義なのである。個人主義的構成が前面に出るため、防衛者及び攻撃者の利益状況の衡量が正当防衛の基礎づけでは中心的な役割を果たし（攻撃者の答責性も衡量の対象になるとする）、その枠内で法確証の観点は考慮されるに留まる[32]。但し、通説とは異なり、法確証から導き出される均衡性の必要性は、正当防衛全般を規制する基準として作用するため、カスパーの見解では、法確証は軽視されてよい脇役では決してない。そして、防衛行為の均衡性を判断する際には、直接的に侵害に晒される個々の法益だけではなく、一般予防に関わる法秩序全体が被る侵害（規範の効力の侵害）も併せて考慮されることになる[33]。

　次に紹介するのが、キントホイザーの見解である。キントホイザーは、「法は不法に譲歩する必要はない」という法確証の原理の根幹にある命題を、その主張者であるベルナーの思想に遡ることによって再検討し、その真意の現代的な再構成を行っている[34]。既に述べたように、ドイツの通説的理解によれば、法確証の原理という社会権的側面によって、正当防衛の峻厳さは基礎づけられるが、キントホイザーからすれば、同時にそれが社会倫理的な制限という外在的な制限を受けざるを得ない点に、正当防衛の基礎づけは弱点を有しており、正当防衛を通じて法秩序を防衛する側面を認めるにしても、法治国家の基礎にある比例原則の要請を排除する形で防衛を認める根拠は、「法は不法に譲歩する必要はない」という命題に依拠することだけから導き出せるものではない。

　そこで、キントホイザーは、同命題を主張したベルナーの真意を探るために、ベルナーの原著にあたり、法と不法が対置されるときの「法（Recht）」が、客観的な意味での法ではなく、攻撃を受ける具体的な法的地位を指しており、むしろ主観的な意味での権利であることを確認する[35]。つまり、攻撃の対象は、具体的

31　Kaspar, „Rechtsbewährung" als Grundprinzip der Notwehr?（前掲注25）S. 56 ff. 参照。
32　Kaspar, „Rechtsbewährung" als Grundprinzip der Notwehr?（前掲注25）S. 59 f. 参照。
33　Kaspar, „Rechtsbewährung" als Grundprinzip der Notwehr?（前掲注25）S. 60 f.
34　Urs Kindhäuser, Zur Genese der Formel „das Recht braucht dem Unrecht nicht zu weichen", in: Georg Freund u. a.（Hrsg.）, Festschrift für Wolfgang Frisch, 2013, S. 493 ff.

に危殆化される財ではなく、当該の財に対する権利であり、正当防衛を通じて、この権利が防衛されるのであって、法秩序そのものが防衛されるわけではない[36]。従って、超個人主義的な意味での法秩序の防衛という観点は、ベルナーの命題には含まれていないのである。そして、キントホイザーは、ベルナーの見解の意義が、法（権利）と（帰責能力を有する者による）不法が対置する葛藤状況として正当防衛の構造を純粋に法的に（自己保存の意思のような心理主義的な要素とは無関係に）捉えた点にあるとし、同時代の他の論者達（フォイエルバッハ、グレーヴェル［Grävell］）の見解と比較しながら、ベルナー説が正当防衛を自然状態下ではなく、法状態が現存する下での権利行使として捉える見解である点を強調する[37]。

また、ベルナーは、ヘーゲルから影響を受けて、「不法は無効であり、これに対し、法（権利）は実体的なものである[38]。」としているが、不法を否定してその無効性を明らかにする手段が正当防衛に他ならないことになる。そのため、正当防衛行為がたとえ一つの暴力であったとしても、その形式及び内容は法（権利）を実現するものでなければならない。つまり、単に事実的に財を保護すればよいわけではなく、不法を規範的に否定する性質を有する行為でなければならないのである。キントホイザーは、現代の視点からしても、このような考えにこそ、正当防衛を法的な次元で捉える解釈学的な契機があると高く評価する[39]。

ベルナーの見解は、ヘーゲルの存在論に依拠して、防衛者と攻撃者の関係を実体的なものである法（権利）と無である不法の対立と捉え、そこに衡量的な評価の余地を認めるものではなかった。このような態度は、主観的な権利にそれを阻む不法に対する強制の権能を認めるカントの立場とも共通しており、キントホイザーからすれば、法的に基礎づけられた自由を保障するためのカント的な法的強

---

35 Kindhäuser, Zur Genese der Formel „das Recht braucht dem Unrecht nicht zu weichen"（前掲注34）S. 495. キントホイザーは、ベルナーの原著から次のような叙述を引用している。「正当防衛権の根拠が、法（権利）は不法に譲歩する必要はないという点にあるとすると、明らかにそれからは、単に自分自身に関してだけではなく、その権利が攻撃を受けている全ての他者についても正当防衛権が導き出される。……私の権利を攻撃する全ての者に対しては、私は自分の拳で反撃する権利を有している。」Berner, Die Notwehrtheorie（前掲注7）S. 562 参照。

36 Urs Kindhäuser, in: Strafgesetzbuch, NomosKommentar, Bd. 1, 4. Aufl. 2013, Rn. 11 § 32参照。

37 Kindhäuser, Zur Genese der Formel „das Recht braucht dem Unrecht nicht zu weichen"（前掲注34）S. 498 f.

38 Berner, Die Notwehrtheorie（前掲注7）S. 557.

39 Kindhäuser, Zur Genese der Formel „das Recht braucht dem Unrecht nicht zu weichen"（前掲注34）S. 500 参照。

制の行使は、まさに正当防衛にあたり、法に適った状態を回復させるものに他ならない[40]。そこでは、正当防衛は法状態の回復に必然的な範囲のものに限定されるが、財の保障という観点は考慮されないため、財の衡量による制限は受けないことになる。こうして、キントホイザーは、自由の普遍的な保障に焦点を絞る限り、財の保障とその衡量は後退せざるを得ない点に着目するのがカントの立場であることを確認し、これを更に社会契約論に基づいて発展させた論者として、フォン・グロス（v. Gros）を挙げるが、これらの見解において、攻撃者がどの程度自己の危険な行為に対して答責性を有しているのかが等閑視されていることに疑問を呈している。この点が無視されて、攻撃を受けた主観的な権利を守るために、不法な攻撃者に対する正当防衛が（権利の対象である財の衡量を欠いたまま）許される限り、それは峻厳なものにならざるを得ない。つまり、正当防衛の峻厳さは、キントホイザーからすれば、正当防衛の個人主義的な構成からの一つの帰結といい得るのである[41]。

更に、キントホイザーは、国家による法（権利）の貫徹を個々人が代理行使するのが正当防衛であるとして、国家刑罰権と個人の正当防衛権を並列的に捉えるレヴィタ（Levita）の見解を検討する[42]。レヴィタもヘーゲル主義からの影響を受けた論者であり、あくまでも法と不法の対置を正当防衛状況の出発点にする。しかし、レヴィタのように国家刑罰と正当防衛を同列に捉える場合、前者には責任原則や比例原則が妥当するにもかかわらず、後者がそれらから免れている点、そして、刑罰では許されないとされる、生存の滅失に至る殺害や傷害が場合によっては許される点を説明する必要性が生じてくる。キントホイザーは、刑罰と正当防衛を同列に捉えることには懐疑的であり[43]、少なくともレヴィタの見解は、上の問題を積極的に説明するのに十分な論拠づけを欠くとする。但し、レヴィタ

---

 40 Kindhäuser, Zur Genese der Formel „das Recht braucht dem Unrecht nicht zu weichen"（前掲注34）S. 501 f.参照。

 41 Kindhäuser, Zur Genese der Formel „das Recht braucht dem Unrecht nicht zu weichen"（前掲注34）S. 502 参照。

 42 Kindhäuser, in: NomosKommentar（前掲注36）Rn. 15 § 32は、レヴィタの正当防衛論においてカント主義とヘーゲル主義が結合するとしている。

 43 Kindhäuser, Zur Genese der Formel „das Recht braucht dem Unrecht nicht zu weichen"（前掲注34）S. 504 は、正当防衛には応報原理を適用できないとすることが適切な洞察であるとする。その理由であるが、彼からすれば、他者の自由に対する侵害を自由の剝奪を通じて相殺する象徴的な意義が、攻撃者の殺害或いは傷害を認める正当防衛には欠けるからである。

は、正当防衛が国家によって承認された権利であることを強調しており、その限りでは、正当防衛状況ではいまだ法状態が現存し（つまり、自然状態ではない）、攻撃者も防衛者との関係では無権利の状態に置かれるわけではないことを認めている。また、レヴィタは、正当防衛にその目的から一定の制限を加えており、防衛行為は、侵害が迫った財の価値とではなく、権利を平穏に行使できることを失う危険性の程度と均衡していなければならないとする[44]。これらの点に対しては、キントホイザーは論評を行っていないが、彼からしても肯定的に評価できる結論であろう[45]。特に、後者の点は、現代風にいえば、正当防衛が法秩序における（攻撃による）規範侵害の程度と均衡している必要があることを示唆するものである。

　このように、同時代の論者達の主張を参照し、それらと比較検討しながら、キントホイザーは、法（権利）と不法の対置として正当防衛の構造を法的に捉えたベルナーの見解から次の二つの帰結を導き出す。まず、正当防衛で重要となるのは、前法的な意味での財や自由の維持ではなく、防衛者に認められる法的な地位の保障である。従って、たとえ財の侵害があったとしても、法的に許される限界内の行為であるため、当該の地位の侵害に至らない場合には、不法な攻撃は存在しないことになる。キントホイザーは、このような法的に許容される行為の限界を設定する際に、いわゆる社会倫理的制限の一部の内容を取り込むことが可能であるとする[46]。次に、ベルナーの見解では、正当防衛状況における攻撃の不法性は、攻撃者に帰責可能なものでなければならなかった。キントホイザーによれば、これは、攻撃者と防衛者の答責領域を相互に考慮して、正当防衛が許容される範囲を定める思想に他ならず、その限りでは、正当防衛では法と不法の衝突だけでなく、当該の葛藤状況に関する管轄（Zuständigkeit）の規定が問題になると

44　Kindhäuser, Zur Genese der Formel „das Recht braucht dem Unrecht nicht zu weichen"（前掲注34）S. 505 参照。

45　Kindhäuser, in: NomosKommentar（前掲注36）Rn. 99 § 32は、正当防衛権が国家による保護との関係で副次的な権利行使である限り、比例原則の下に服するのは当然であり、正当防衛において最初から比例原則（侵害法益の重要性と投入される防衛手段との間での均衡性）を排除することは、論点に対する一つの結論の先取りでしかないとする。つまり、比例原則が妥当するにしても、私人が行使主体となるため、国家が主体となる場合とは異なる規則に基づいて均衡性が評価されるにすぎないのである。まさに正当な洞察である。

46　Kindhäuser, Zur Genese der Formel „das Recht braucht dem Unrecht nicht zu weichen"（前掲注34）S. 506 は、例えば、最低限の連帯性という法原理を考慮して、軽微な侵害に対して不均衡な結果をもたらす防衛行為を正当防衛の範囲から排除できるとする。

している[47]。

　キントホイザーは、このように攻撃者の葛藤状況に関する管轄を帰責可能性によって考慮して正当防衛を制限する発想を特に高く評価しており[48]、退避義務の不存在のように緊急避難の場合よりも広い範囲で防衛行為が認められる前提として、違法な攻撃について、それを控える動機づけ能力が攻撃者に存在する必要があるとする。つまり、攻撃者には、法的規範の名宛人として、自己の攻撃が違法なものであると洞察してそれを控える能力がなければならないことになる[49]。この能力は、犯罪論体系の中の有責性で考慮される責任能力と同じものであるが、攻撃が構成要件該当行為である必然性はないため、正当防衛状況においては、厳密には「責任」が常に問題となるわけではない。そこで、攻撃は「準有責的な行為」であるとの表現をキントホイザーは用いている[50]。

第3節　若干の考察――一元主義的な構成の試み――

　カスパー及びキントホイザーによる、法確証の原理を中心にした正当防衛の基本原理の再検討は、(1) 正当防衛と刑罰の類似性、(2) 正当防衛における均衡性（比例性）の配慮、(3) 攻撃行為における答責性或いは責任の必要性という三つの重大な帰結を導き出すものであった。正当防衛の基本原理については、既に指摘したように、個人権的側面と社会権的側面の関係性が改めて問われなければならない。換言すれば、防衛者という個人の利益の保護又は法確証という形での法秩序の保護のいずれかに着目するだけでは不十分であり、しかも両者を便宜的に並列的に捉えることにも問題がある。実は、上の三つの帰結は、内容的に個人権的側面と社会権的側面の統合を含意した主張であると解される。

　正当防衛を論じる際には、法における自由の保障という観点が不可欠となる。

47　Kindhäuser, Zur Genese der Formel „das Recht braucht dem Unrecht nicht zu weichen"（前掲注34）S. 506 f. 参照。

48　Kindhäuser, in: NomosKommentar（前掲注36）Rn. 16 § 32は、攻撃者の有責性を考慮しない場合には、いわゆるヴェルサリ原則が無制限の結果帰属を伴う形で攻撃者に妥当してしまい、法的には全く無価値の存在として攻撃者が扱われてしまうことになると主張する。

49　従って、責任無能力者に対しては、正当防衛はできなくなる。しかし、キントホイザーからしても、このような場合に防御的緊急避難で対抗することは可能である。

50　Kindhäuser, Zur Genese der Formel „das Recht braucht dem Unrecht nicht zu weichen"（前掲注34）S. 510.

社会権的側面についていえば、法秩序の役割がその構成員達の自由の保障であることは論を俟たないし[51]、個人権的側面についても、既に述べたように、特に退避義務の不存在を説明するために、個人の行動の自由を保障する一般的・制度的な利益というものを持ち出さざるを得なくなる[52]。個人権的側面に焦点を絞り、個人主義的に正当防衛を構成する見解は、保全法益の保護に着目するが、法益も各人が自己の自由を実現する際の基盤であり、必然的に（国家的）法秩序において保障を受けなければならない。つまり、生命や身体、具体的な形での自由、財産などはそれ自体では単なる自然的・事実的な財にすぎず、その自由で安全な行使が法秩序において保障されて初めて、法概念としての法益となるのである[53]。従って、法益概念は、法秩序における行動の自由の保障から切り離されては存在し得ない。それは、他者からの妨害を受けない各人の自由の領域として規範的に捉えられる概念である。

　このように、法秩序において各人の自由の領域は保障を受けることになるが、自由に対する権利そのものは、法秩序の構成よりも前にある自然状態の下でも既に各人に帰属している。これは、各人が生得的に自律的な人格であり、法秩序によって初めて自由を付与される存在ではないからである。各人の自由は、法秩序によって（普遍的な形で）保障を受けるが、自由そのものは法秩序の設立よりも以前からあると理論構成しておかないと、自由の保障とは正反対の結論に至り得る危険性を否定できなくなる（法秩序が与えたものであれば、法秩序は任意に剥奪できてしまう）。法秩序の主体は、自律的な人格としての各人であって、法秩序それ自体がその構成者達から遊離して存在するわけではないのである。そして、各人の自由に対する権利には、カントが明らかにしたように[54]、自由に対する妨害を阻むために強制力を行使する権能が含まれる。このような法的強制（Rechtszwang）の権能は、法秩序が形成されてから以降は、（いわゆる社会契約に基づいて）国家に譲渡され、各人の自由の領域を保障するための危険防御（Gefahrenabwehr）或い

51　例えば、高橋『刑法総論第2版』（前掲注3）253頁参照。
52　例えば、山口厚『刑法総論［第2版］』（2007年）113頁、松原芳博『刑法総論』（2013年）157頁参照。
53　法益概念については、特に Michael Pawlik, Das Unrecht des Bürgers, 2012, S. 127 ff.（＝飯島暢・川口浩一監訳・森永真綱訳『市民の不法（5）』関西大学法学論集64巻2号［2014年］253頁以下）を参照。
54　カントの法的強制の概念については、拙稿「救助のための拷問の刑法上の正当化について」香川法学29巻3・4号（2010年）83頁以下参照（同論文は、本書173頁以下に所収されている）。

は国家刑罰という形態で国家によって行使される。つまり、国家による強制権限は、本来は各人に帰属すべき法的強制の権能に由来するのである。

　しかし、国家がその任を果たせない場合には、強制権限は例外的にその本来の持ち主である各人に返還され、これを行使して、自己の自由の領域に対する妨害を排除することが各人には可能となる。これこそが、正当防衛に他ならない。但し、このような正当防衛状況は、自然状態と同じではない。仮に同状況が、完全な自然状態であるとすると、刑法の規定を通じた国家による規制を説明できなくなる。あくまでも正当防衛は、国家が現存する部分的な自然状態（国家的な法秩序によって保障された法・権利性［Rechtlichkeit］の密度が希薄化した状態）での出来事として、いまだ法秩序との関係性を前提にして語られなければならないものである。この意味で、単に防衛者と攻撃者の二者間だけの問題として正当防衛を捉えることはできない。

　上のような理解を前提とする限り、正当防衛と国家刑罰を類似のものと捉える見解は、正当なものであると思われる。何故ならば、正当防衛と国家刑罰は、確かにその行使主体は異なるが、共に法秩序の構成者の自由の領域を保障するための法制度だからである。しかし、ここでは、正当防衛を（経験的な）一般予防論に結び付けようとするカスパーの主張に従うことはできない[55]。それでは、正当防衛が、一般予防論について認められる様々な問題点[56]を抱え込むことになってしまうからである。各人の自由の保障を出発点にするのであれば、むしろ応報の観点に依拠すべきであろう[57]。応報刑といっても、それは単なる復讐の意味での同害報復ではない。（刑）法の目的を自由の保障として理解する前提の下では、犯罪は、他者の自由の領域の侵害を通じた、他者との法的な関係性の破壊であると同時に、そのような関係性を現実の国家的な法秩序において保障している規範の効力の侵害である。そして、刑罰は、具体的な被害者の自由の領域の侵害の程度と法秩序の規範的効力の侵害の程度に価値的に相応した自由の制限として、規範の効力を犯罪以前の状態に回復させ、それによって被害者の自由の領域そのものを回復させる役割を果たす。正当防衛もこれとパラレルに理解することができ

---

[55] 我が国でも、法確証の観点は一般予防（そして、更には特別予防）と結び付けられることが多い。例えば、西田典之『刑法総論第二版』（2010年）156頁以下。

[56] 拙稿「刑罰の目的とその現実性」川端博他編『理論刑法学の探究⑥』（2013年）37頁以下参照（同論文は、本書87頁以下に所収されている）。

[57] 拙稿「刑罰の目的とその現実性」（前掲注56）46頁以下参照。

る。確かに、急迫不正の侵害と犯罪行為は厳密には異なるが、急迫不正の侵害によって具体的な被害者の自由の領域（法益）が侵害を受け、そして、同時にそれを保障している法秩序の規範的効力が動揺を受ける点は否定できない。国家権力による保護がかなわない状況下で、このような動揺に晒された法秩序の規範的効力を維持し、同時に自己の自由の領域を維持するための強制力の行使が正当防衛であり、規範の効力に対する侵害の程度及び自由の領域に対する侵害の程度に見合った自由の制限を攻撃者に与えるものである。攻撃者には、この自由の制限を受忍する義務があることも刑罰の場合と同様である[58]。

このように正当防衛は、刑罰と同様に、法秩序の規範的効力を維持すると同時に、その保障を受ける具体的な自由の領域をも維持するために行使されるのであるから、正当防衛による法確証の意義も、単に法秩序の規範的効力の維持だけに限定されるものではなく、同時に具体的な自由の領域の維持という観点も含んでいる。この意味で、正確には、法・権利（性）の確証である。そして、ここでは社会権的側面と個人権的側面は不可分に結合している（一元主義的な構成）。

このような理解からは、正当防衛における退避義務の不存在を導き出すことも可能となる。退避により、より効果的に自由の領域（法益）を守ることができたとしても、急迫不正の侵害それ自体を放置するのでは、当該の法益を保障する法秩序の規範的効力の動揺を無視することに他ならず、単に事実上法益を（財として）維持できたとしても、それを自由に行使する可能性が防衛者から奪われてしまう[59]。刑法による、そのような事柄の義務づけは、自由の保障を目的とする刑法の本義に反するはずである。

また、正当防衛が、応報刑と類似した、規範の効力とそれが保障する自由の領

---

[58] この点については、拙稿「最近のドイツにおける規範的な応報刑論の展開」香川法学26巻3・4号（2007年）119頁以下参照（同論文は、本書21頁以下に所収されている）。正当防衛が、国家的法秩序が現存している下での出来事である限り、防衛に必要な「自由の制限」以外では、攻撃者もいまだ法秩序の構成者である（生得的な）人格としての保護を受ける。しかし、正当防衛による自由の制限では、国家刑罰では許されない傷害、更には殺害という帰結に至り得るのであり、場合によっては、当該の重大な結果も許容されなければならない。これについては、拙稿「救助のための拷問の刑法上の正当化について」（前掲注54）87頁以下、同「刑法における敵としての例外的な取扱い」刑法雑誌53巻1号（2013年）122頁以下参照。

[59] 正当防衛による法確証を認めずとも、最終的に攻撃者を処罰して、国家刑罰による規範妥当の回復を図ればよいのではないかとの批判もあるが（山口『刑法総論［第2版］』［前掲注52］112頁）、これは、正当防衛が国家の成立以前の段階で本来的に防衛者に認められている法的強制の権能であるという点を無視するものである。

域を維持するための制度である限り、均衡性も正当防衛の要件となる。つまり、防衛行為は、急迫不正の侵害に均衡したものでなければならない。この均衡性は、行為時を基準とした一般人の視点から[60]、(i) 具体的な法益の形で表される自由の領域に対する侵害の程度と (ii) 法秩序の規範的効力の侵害の程度に基づいて判断される。特に、(i) の点については、法益に対する侵害の強度、防衛者及び攻撃者の性別や体格、具体的に利用可能な防衛手段の種類といった事実的な側面も判断対象になり得ると思われる[61]。また、正当防衛の要件としては、侵害の排除との関係での必要性が挙げられることが多い。しかし、本稿の理解からすると、必要性とは、侵害に晒された自由の領域及び侵害された法秩序の規範的効力を維持するための必要性である。そして、そのために必要となる防衛行為は、(i) と (ii) の点に均衡していなければならない。従って、必要性の要件は、均衡性を含んでいると解されることになる[62]。

均衡性判断に係る (ii) の点は、攻撃者の帰責性の有無・程度によって影響を受ける[63]。何故ならば、攻撃者の主観面が故意或いは過失のいずれであるのかに応じて、法秩序の規範的効力に対する侵害の程度も異ならざるを得ないからである[64]。そして、ここでは、キントホイザーが主張するように、責任能力の有無・程度も無視できない重要なファクターになると思われる[65]。刑罰による法秩序の

60　拙稿「救助のための拷問の刑法上の正当化について」（前掲注54）90頁以下参照。
61　軽微な財産侵害に対して、攻撃者の殺害に至り得るような危険な防衛手段をとることは、均衡性の要件を満たさないであろう。しかし、財産法益を防衛する場合でも、そのような危険な防衛手段が許される状況はあり得るであろう。この点については、拙稿「救助のための拷問の刑法上の正当化について」（前掲注54）88頁注（111）参照。
62　学説上、必要性の他に、最小侵害性という要件が主張されることがある（例えば、井田『講義刑法学・総論』［前掲注３］290頁以下）。しかし、これは、攻撃者側の利益状況を配慮した事実上の限定要件でしかないと思われる。本稿のように理解する限り、そのような（必要性から切り離された）事実上の限定は必要ない。（人格としての）攻撃者に対する配慮は、均衡性の範囲内で足りると解されるからである。
63　我が国では、井田『講義刑法学・総論』（前掲注３）272頁以下が、攻撃者に帰責性を要求している。
64　攻撃者について、故意或いは（認識ある）過失を求める見解として、Diethelm Klesczewski, Ein zweischneidiges Recht – Zu Grund und Grenzen der Notwehr in einem vorpositiven System der Erlaubnissätze, in: Rainer Zaczyk u. a. (Hrsg.), Festschrift für E. A. Wolff, 1998, S. 244.
65　また、Pawlik, Die Notwehr nach Kant und Hegel（前掲注15）S. 273 ff.（＝赤岩順二・森永真綱訳「カントとヘーゲルの正当防衛論（二）」甲南法学53巻３号［2013年］47頁以下）; Engländer, in: Matt/Renzikowski（前掲注９）Rn. 19 § 32も参照。なお、有責性を要求する見解に対する批判として、Heiko Lesch, Die Notwehr, in: Gunter Widmaier u. a. (Hrsg.), Festschrift für Hans

規範的効力の回復が語られるとき、犯罪によって当該の効力が侵害されていることが前提となる。その際の犯罪は、責任能力がある形で有責性を充足することを当然に含んでいる。換言すれば、犯罪と刑罰の文脈で語られる法秩序の規範的効力の侵害については、責任能力が完全にある場合が原則として本来想定されており、責任能力があって初めて、この規範的効力の侵害も完全に認められると解されるのである。このような理解に対しては、いわゆる主観的違法論に陥るものであり、責任無能力者に対しては正当防衛ができなくなるとの批判があるかもしれない。しかし、たとえ責任無能力者であったとしても、その（故意或いは過失による）急迫不正の侵害により、防衛者側の自由の領域（法益）が実際に侵害に晒される限り、それを保障する法秩序の規範的効力は、不完全なものではあるが、一応の動揺を受けると解することは可能である[66]。つまり、責任無能力者に対しては、(ii) の点が相対的に低くなるため、均衡性の観点から防衛手段も制限されることになる（これは、限定責任能力者についても当てはまる）。

以上のように理解する限り、責任無能力者の急迫不正の侵害が防衛行為の対象の原則型として一般的に捉えられているが、実はこれは例外であり、本来は完全責任能力がある場合が原則となる[67]。責任無能力者に対する正当防衛を制限する際には、ドイツでは、不明確な形で法確証の原理を持ち出すことにより、社会倫理的な制限という例外的な制約下に置くことが主張されているが、本稿のように理解する限りでは、この点も難なく説明が可能となる。また、責任無能力状態に陥った泥酔者の攻撃のように、それを容易に回避できるときには、保全法益に対する危険性も低くなるので、対抗するにしても穏やかな防衛行為で足りるとして、制限をかける見解も想定される[68]。しかし、責任無能力者からの攻撃が、完全責任能力者の場合と比べて保全法益との関係で常に危険性が低いとは限らない。上のような見解は、均衡性を判断する際に、専ら (i) の点だけに着目する立場からの帰結であろう。責任能力の有無・程度が、(ii) の点に関わると解す

Dahs, 2005, S. 95 ff. も挙げておく。

[66] 但し、責任無能力者の行為であっても法秩序の規範的効力の侵害が認められるとすると、何故それに対して、刑罰による回復が控えられるのかを説明しなければならない。これは、いわゆる処分制度の意義を射程に含む問題でもあるので、もう少し考えてみたい。

[67] Michael Köhler, Strafrecht Allgemeiner Teil, 1997, S. 261, 265, 267, 273 参照。

[68] 例えば、西田『刑法総論第二版』（前掲注55）173頁以下、山口『刑法総論［第2版］』（前掲注52）116頁以下。なお、前掲注13で挙げた文献も見よ。

る限り、保全法益に対する危険性が全く同程度であったとしても、完全責任能力者の場合と比べて、責任無能力者の急迫不正の侵害に対しては、防衛行為は制限されざるを得ないのである。

第4節　結　語

　既に紙幅も尽きた。本稿は、正当防衛の基礎理論に関する非常に粗削りな素描でしかない。しかし、刑法の役割を自由の保障と理解する限り、本稿が示した一元主義的な基礎づけとそこから導き出される諸帰結は、正しいものであると思量される。

第3章　救助のための拷問の刑法上の正当化
　　　——ドイツの議論を中心に——

第1節　問題の所在

　ここ数年来ドイツでは、救助のための拷問と呼ばれている問題が、公法及び刑法の領域において非常に激しい論争の対象となっている[1]。そのきっかけとなったのは、2002年に発生した誘拐事件に端を発する警察官による被疑者に対する拷問の是非が争われたダシュナー事件である。本稿は、この救助のための拷問の正当化に関わる諸問題を論じながら、刑法上の正当化事由（特に正当防衛及び緊急救助）についての基礎理論的な考察を行うものである。

第2節　ダシュナー事件

　まずダシュナー事件の概要とそれに対する司法の判断を見てみよう[2]。誘拐犯人であるマグヌス・ゲフゲン（当時27歳の法学部生）は、2002年9月27日、銀行家

---

[1] ドイツでは救助のための拷問に関して多数の研究書と論文集が公刊されている。差し当たり以下のものを挙げておく。Jan Philipp Reemtsma, Folter im Rechtsstaat?, 2005; Günter Gehl (Hrsg.), Folter – Zulässiges Instrument im Strafrecht?, 2005; Peter Nitschke (Hrsg.), Rettungsfolter im modernen Rechtsstaat?, 2005; Rainer Trapp, Folter oder selbstverschuldete Rettungsbefragung?, 2006; Wolfgang Lenzen (Hrsg.), Ist Folter erlaubt?, 2006; Georg Wagenländer, Zur strafrechtlichen Beurteilung der Rettungsfolter, 2006; Gerhard Beestermöller u. a. (Hrsg.), Rückkehr der Folter: Der Rechtsstaat im Zwielicht, 2006; Maximilian Gromes, Präventionsfolter – ein rechtsgebietsübergreifendes Problem, 2007; Christian Adam, Gefahrabwendungsfolter und Menschenwürde im Lichte des Unabwägbarkeitsdogmas des Art. 1 Abs. 1 GG, 2008; Jan Patrick Polzin, Strafrechtliche Rechtfertigung der ›Rettungsfolter‹?, 2008; Michaela Möhlenbeck, Das absolute Folterverbot, 2008; Benjamin Baum, Kann das Folterverbot relativiert werden?, 2009; Florian Lamprecht, Darf der Staat foltern, um Leben zu retten?, 2009. また、関連する文献として、Thomas Bruha/Dominik Steiger, Das Folterverbot im Völkerrecht, 2006, S. 41 ff.

[2] 以下については、LG Frankfurt a. M., Urt. v. 20. 12. 2004, NJW 10/2005, S. 692 ff.を参照。また Alexander Bahar, Auf dem Weg in ein neues Mittelalter？Folter im 21. Jahrhundert, 2009, S. 195 ff. も見よ。

の11歳になる息子ヤーコプ・フォン・メッツラーを誘拐し、その後殺害した。100万ユーロの身代金を要求した後、ゲフゲンは、同月30日にフランクフルト空港において逮捕されたが、捜査を混乱させる供述しかしなかった。そこで、警察署長代理として現場を統括する立場にあったヴォルフガング・ダシュナーは、被害者が既に死亡している事実を把握していなかったため、その生命に危険が迫っていることを憂慮し、10月1日、被害者の居所を白状しない場合は、苦痛を伴う（但し、侵害には至らない）物理的な強制を加える旨をゲフゲンに対して通告し、その後で実際に実行せよと部下のエンニッヒカイトに指示した[3]。そして、このエンニッヒカイトが被害者の居所を聞き出すために、苦痛を加えると威嚇したところ（つまり、実際には拷問を物理的な形で実行したわけではない）、犯人ゲフゲンは被害者を既に殺害したことを認めたというのが事件の概要である[4]。

　ダシュナー及びその部下エンニッヒカイトの行為が、法的には厳格な禁止の対象になるとされている拷問に該当することは明白である。何故ならば、確かに彼らはゲフゲンに対して物理的な強制を直接加えたわけではないが、拷問行為の内容には精神的乃至は心理的な苦痛の賦課も含まれると一般的に理解されているからである[5]。しかし、ダシュナー達は、当該の拷問を恣意的な理由から行ったわけではなく、またその際に、犯罪事実の解明を念頭に置いていたわけでもない。あくまでも誘拐事件の被害者の生命を助ける目的で実行したのである[6]。いずれにせよ、彼らの行為は刑事事件として捜査の対象となり、起訴がなされた。

3　具体的には、医師の監護の下、ドイツスポーツ協会の指導者ライセンスを持つ公務員によって、親指や手首の関節を無理に引き伸ばすこと、耳の圧痛点を強く押すことなどが想定されていた。また、自白剤の投与も検討されていた。

4　ちなみにゲフゲンに対しては、2003年7月28日にフランクフルト地方裁判所によって謀殺罪（ドイツ刑法211条）、恐喝的な人身奪取の罪（ドイツ刑法239a条）等によって無期自由刑が言い渡されている。また、ダシュナー達の行為に基づく供述は、同裁判所の決定に基づき証拠排除の対象となっている（LG Frankfurt a. M., Beschl. v. 9. 4. 2003, StV 6/2003, S. 325 ff.）。当該決定についてはトーマス・ヴァイゲントの評釈（StV 8/2003, S. 436 ff.）も参照。ゲフゲンの弁護人は上告を行ったが、連邦通常裁判所によって棄却されている（BGH, Beschl. v. 21. 5. 2004）。更に、連邦憲法裁判所及びヨーロッパ人権裁判所に異議が提起されたが、全て退けられている。BVerfG (3. Kammer des Zweiten Senats), Beschl. v. 14. 12. 2004, NJW 10/2005, S. 656 f.; EGMR Nr. 22978/05 – Urteil der 5. Kammer v. 30. 6. 2008, HRRS 7/2008, S. 312 f.参照。

5　例えば、Urs M. Fiechtner, Folter: Angriff auf die Menschenwürde, 2008, S. 45 ff.参照。

6　それ故、Wolfgang Steinke, Kann die Androhung von Gewalt straflos sein?, Kriminalistik 5/2004, S. 325 f.が示すように、当初マスメディアにおいては、多くの識者によってダシュナー達を擁護する見解が表明されていた。

2004年12月20日にフランクフルト地裁は判決を下し、エンニッヒカイトに対しては ドイツ刑法240条の強要罪[7]で有罪、更に、ダシュナーに対してはドイツ刑法357条の部下を犯罪へと誘惑する罪（Verleitung eines Untergebenen zu einer Straftat）で有罪としながらも（但し、どちらについても専ら罰金刑のみが問題とされた）、ドイツ刑法59条に規定された刑の留保を伴う警告（Verwarnung mit Strafvorbehalt）[8]を両名に言い渡した。

　本判決では、ダシュナー達の行為が正当化及び免責されない点について詳細な言及がなされている。まず、彼らの行為が警察法上の職務権限によってカバーされるものではないことが挙げられている。ヘッセン州警察法（Hessisches Gesetz über die öffentliche Sicherheit und Ordnung）12条2項によれば、危険を惹起した者である妨害者（Störer）には、当該危険を回避するための報告義務が課せられている。確かに、報告に基づく情報はあくまでも危険防御（Gefahrenabwehr）[9]の目的のためにしか用いることができないとされており、その使用に関して一定の制限が付されてはいるが、特に同条4項によって警察法上の危険防御の領域においてもドイツ刑事訴訟法136a条の規定が準用されるため、妨害者に対しても、意思決定或いは意思活動の自由を侵害する不当な取り扱いや刑事訴訟法上許されないような処置を行うとの威嚇に基づく情報の取得は禁じられている[10]。また、警察法上の緊急権留保条項[11]によって、警察官の行為に対しても刑法上の正当化事由の適用は可能とされているが、本判決は、誘拐事件の被害者は既に死亡していた

7　ドイツ刑法343条は、供述の喝取（Aussageerpressung）を規定しているが、本件では、同罪は問題にはならないとされた。何故ならば、当該犯罪が成立するためには、故意の他に刑事手続を促進させる意図が必要となるからである。専ら誘拐事件の被害者の生命を救助する目的しかなかったダシュナー達には、そのような意図は欠けていた。

8　この制度については、Claudia Keiser, Die verwerfliche Tat eines würdigen Täters. Der Fall Daschner und die Verwarnung mit Strafvorbehalt als custodia honesta, GA 6/2009, S. 344 ff.も見よ。

9　ヘッセン州警察法1条1項（§1 Abs. 1 HSOG）は、公共の安全と秩序を危険から防御すること、つまり危険防御を警察の任務として規定している（更に同条4項により、危険防御の枠内で将来の犯罪行為を予防する義務が警察に課せられている）。危険防御については、特に米田雅宏「現代国家における警察法理論の可能性─危険防御の規範構造の研究・序説─（一）、（二・完）」法学（東北大学）70巻1号（2006年）32頁以下、同70巻2号（同年）102頁以下を参照。

10　また、ヘッセン州警察法52条2項（§52 Abs. 2 HSOG）によって、直接的な強制を用いた説明の取得が禁じられている点も、フランクフルト地裁によって挙げられている。

11　ヘッセン州警察法54条2項（§54 Abs. 2 HSOG）は、直接的な強制手段の執行に関して「正当防衛及び緊急避難の規定に基づく民法上及び刑法上の効果は維持される」と規定している。

のであるから、正当化事由の要件の事実的な前提が本件については欠けるとする。そして、ダシュナー達が当該前提の存在について誤信していたとしても、そもそも被害者の家族と対面させるなどの他のより緩和な選択肢が存在したことを理由に挙げて、被告人達による苦痛を加える旨の威嚇は、緊急救助としてドイツ刑法32条の正当防衛の「必要性（Erforderlichkeit）」の要件を、更には同34条の正当化的緊急避難のいわゆる補充性の要件を満たさないと主張する。つまり、ダシュナー達が認識していた事実は違法なものに他ならないのであるから、故意を阻却する正当化事由の事実的前提に関する錯誤も認められないとする。また、被告人達の行為は人間の尊厳を保障する基本法1条1項第1文に反するため、正当防衛の「被要請性（Gebotenheit）」、正当化的緊急避難の「適切な手段（ein angemessenes Mittel）」の要件を満たさないともしている[12]。特にフランクフルト地方裁判所は、人間の尊厳の保障こそが法治国家の基礎であるとし、拷問を禁止している基本法104条1項第2文とヨーロッパ人権条約3条に言及しながら、人間の尊厳に認められる憲法的保障の絶対性を強調している。

　既にダシュナー事件が発生する以前から、学説においては、人間の尊厳の保障を緩和させて、警察には救助のための意図的な射殺（finaler Rettungsschuss）が許されていることを理由に、それと類似の行為として捉え得る救助のための拷問は、いわゆるticking time bomb状況[13]の場合には許容されるべきであるとの見解が表明されていた[14]。そこで、本判決も当該の見解について言及を行っており、直接的な強制によって犯行を止めさせる救助のための意図的な射殺では、不作為の強制が問題となっているのに対し、救助のための拷問では一定の行為を無理に行わせるという意味で作為の強制が念頭に置かれるのであるから、類似の行為として捉えるのは不当であるとしている。また、危険を除去するための手段が拷問以外にはもはや存在せず、危険を設定した犯人も明確に特定されていること

---

[12] その他、禁止の錯誤及び免責的緊急避難の規定が本件に適用されない理由や超法規的な責任阻却事由が認められる状況ではないことについて言及がなされている。詳しくはNJW 10/2005（前掲注2）S. 695を参照。

[13] 例えば、ticking time bomb状況として想定されるのは、テロリストによってある都市に設置された核爆弾の爆発時刻が数時間後に迫っており、実際に爆発したときには多数の無辜の市民の死傷が明らかである場合には、惨状を回避するために、拘束された後も頑として解除コードをいおうとしないテロリストに対して拷問を行使して必要な情報を取得する行為も許されるのではないかを問う一種の思考実験的な事例である。

[14] 後述する公法学者ブルッガーの見解が代表例である。

が想定される ticking time bomb 状況と本件はそもそも事情を異にするため[15]、当該状況に関する学説上の議論を本件に適用するのは誤りであるとしている。

第3節　ドイツ刑法学における通説的見解

　刑法学の領域でのドイツの通説的な見解は、フランクフルト地裁によって下された判決の内容を全面的に支持している。まず通説的な見解は、拷問行為は警察法に基づく公法上の権限としては正当化され得ないとする。但し、公権力の担い手である警察官の行為に対する刑法上の正当化事由の適用可能性は肯定されており[16]、ダシュナー事件で問題になった具体的な拷問行為が緊急救助として刑法上の正当防衛（更には正当化的緊急避難）の要件を満たすか否かが検討されている。正当防衛が成立するためには、まずドイツ刑法32条の要件である「現在の違法な侵害」が存在しなければならないが、ゲフゲンに見られたような被拷問者が必要な情報を拒んでいる状態は、まさに不作為による現在の違法な侵害に当たると一般的に解されている。

15　確かに本件では、「拷問」を行った時点でのゲフゲンの容疑はいまだ明確ではなく、また捜査上許された手法の全てが試みつくされたわけでもなかった。真に問題となるのは、容疑も明らかであり、許された手法が全てやりつくされてしまった状況下における救助のための拷問の是非である。フランクフルト地裁の見解によれば、そのような場合でも、人間の尊厳の保障の絶対性を理由にして、被害者の生命を救う目的でなされる救助のための拷問は、やはり禁止されるのであろう。つまり、人間の尊厳の保障原則が正当防衛等の刑法上の緊急権規定の適用をいわば定言的に排除する原理になり得るのか否かが、最終的には重要となる。

16　ドイツの通説は、警察官の行為についても刑法上の正当化事由がそのまま直接的に適用され得ると解している。更に、警察法上の権限規定によってカバーされない行為でも刑法上の正当化事由に当てはまる場合には、既に公法レベルで違法性の阻却が肯定されている。但し、警察官は様々な訓練を受けているので、より侵害性の小さい手段を通じても適切な形で違法な攻撃に対処し得ることが考えられるため、正当防衛の要件である「必要性」については、一般人の場合と比較して厳格に判断すべきと解されている。学説の状況については、Volker Erb, in: Münchener Kommentar zum Strafgesetzbuch, Band 1, 2003, Rn. 166 ff. § 32; Felix Herzog, in: Nomos Kommentar, Strafgesetzbuch, Band l, 2. Aufl. 2005, Rn. 74 ff. § 32; Theodor Lenckner/Walter Perron, in: Schönke/Schröder, Strafgesetzbuch, Kommentar, 27. Aufl. 2006, Rn. 42a ff. § 32; Thomas Rönnau, in: Strafgesetzbuch, Leipziger Kommentar, 12. Aufl. 2006, Rn. 247 ff. Vor § 32; Claus Roxin, Strafrecht Allgemeiner Teil, Bd. I, 4. Aufl. 2006, §15 Rn. 108 ff.を参照。上のような通説の立場を前提とする限り、警察官による救助のための拷問について、正当防衛（緊急救助）の成立を認めて刑法上の正当化を肯定してしまうと、同時に公法上の正当化も容認せざるを得なくなってしまう。そこで、本文で述べるように通説的見解は、頑なな態度で刑法上の正当化を否定しようとするのであろう。

しかし、多くの見解は、拷問行為が正当防衛の要件である「必要な」防衛手段にはならないとする。このように「必要性」の要件が否定される点について、例えば、ダシュナー事件に対して綿密な考察を行ったロクシンは[17]、もし被害者がまだ生きている場合には、被疑者ゲフゲンの関心は専ら無期自由刑という重い刑罰が下されるのを回避することにあるはずであるから、警察は、拷問の威嚇などを行わないで、自ら被害者の居所を白状すれば減刑の可能性がある旨をゲフゲンに対して伝えるべきであったと主張する。つまり、他のより緩和な手段が選択肢としてあったわけであるから、「必要性」の下位要件の一つである手段の「最小侵害性」が—行為者である警察官の視点を基準にしたとしても[18]—欠けるとするわけである。また、そもそも法律学の素養があるゲフゲンも、そのような自分に有利となる事情を知らされていれば、当然に被害者の居所を白状したはずであり、それでも黙秘している場合には、それは被害者が既に死亡している事実を隠したいからであると容易に推測できたとして、当該状況下では拷問の威嚇が防衛行為としての「適格性（Geeignetheit）」（これも「必要性」の下位要件である）を欠いた不必要なものであるとの結論を導き出せるとしている。しかし、「必要性」の要件の充足は、具体的な諸事情に左右されざるを得ないため、場合によっては拷問行為が最小限の侵害性を示す適格な防衛行為となるような事例の存在を排除することはできない[19]。

そこで、通説的な見解は、拷問という手段を通じて、その対象者は情報を獲得

17　ロクシンの見解については、Claus Roxin, Kann staatliche Folter in Ausnahmefällen zulässig oder wenigstens straflos sein?, in: Jörg Arnold u. a. (Hrsg.), Festschrift für Albin Eser zum 70. Geburtstag, 2005, S. 461 ff.; ders., Rettungsfolter?, in: Rainer Griesbaum u. a. (Hrsg.), Festschrift für Kay Nehm zum 65. Geburtstag, 2006, S. 205 ff.; ders., AT（前掲注16）§15 Rn. 103 ff., §16 Rn. 96 ff., §22 Rn. 166 ff.を参照。

18　Roxin, Rettungsfolter?（前掲注17）S. 214参照。

19　例えばRoxin, Kann staatliche Folter in Ausnahmefällen zulässig oder wenigstens straflos sein?（前掲注17）S. 464; Lenckner/Perron, in: Schönke/Schröder（前掲注16）Rn. 62a §32; Christian Jäger, Strafrecht Allgemeiner Teil, 2. Aufl. 2006, S. 88は、状況次第では拷問行為が「必要な防衛手段」となり得ることを肯定している。これに対して、Rönnau, in: Leipziger Kommentar（前掲注16）Rn. 258 Vor §32は、歴史上拷問行為がどの程度苦痛に耐え得る能力が対象者にあるのかを試すためになされてきた点に着目し、真実を引き出すための手段としてはそもそも最初から適格性を欠いたものであると主張する。またHerzog, in: NomosKommentar（前掲注16）Rn. 59, 67 §32も、拷問を行う者と被問者の間にはもはや自由な人格同士の相互的な承認関係は存在しないと解し、他者の人格性を認めずに単なる客体としか扱わない拷問行為などは、「必要性」の要件を検討する以前の段階で既に絶対的に禁止されるとしている。

する目的のための意思のない単なる客体、もはや人格ではない単なる手段として扱われてしまうとして、拷問行為が基本法上の人間の尊厳の保障原則に違反することを強調する。そして、それを理由に正当防衛の「被要請性(Gebotenheit)」(更には、正当化的緊急避難の「適切な手段」)の要件は拷問行為については満たされないとする—フランクフルト地裁と同様の—見解が主張されている[20]。つまり、通説上人間の尊厳に反する拷問行為は、被要請性の要件によって基礎づけられる社会倫理的な制限の対象の一つとして把握されて、一切の例外なく絶対的に禁止されることになり[21]、たとえ無辜の被害者の生命を救助するための拷問であったとしても、刑法32条に基づく正当化の可能性は排除されるのである。また、他者の人間の尊厳を配慮する義務は私人にも課されていると考えられるため、通説的な見解からすれば、拷問行為の絶対的な禁止に基づく緊急救助としての正当化の否定は、私人が救助のための拷問を行う場合にも、国家機関である警察官がそれを行うときと同様に妥当する[22]。

こうして、ドイツ刑法32条に基づいて拷問行為を正当化する可能性は否定される[23]。人間の尊厳の保障といういわば絶対的な原則を持ち出して、拷問行為を忌

---

[20] 例えば、Lenckner/Perron, in: Schönke/Schröder(前掲注16)Rn. 62a §32; Rönnau, in: Leipziger Kommentar(前掲注16)Rn. 259 ff. Vor §32. レンナウによれば、人間の尊厳の保障に基づく拷問からの保護は、基本的人権の一つであり、民主主義社会における基本的な価値を体現するものである。国際法上の様々な条約によって拷問は禁止されているが、ドイツの通説からすれば、その根底にある思想も人間の尊厳の保障に集約される。我が国では、橋田久「正当防衛における防衛行為の相当性」西田典之他編『刑法の争点』(2007年)45頁が、救助のための拷問について防衛行為の「相当性」が欠けることを示唆している。

[21] Roxin, Rettungsfolter?(前掲注17)S. 211は、拷問の禁止を社会倫理的な制限の対象として位置づける際に、正当防衛権の基礎にある法確証の原理を援用している。何故ならば、ロクシンからすれば、人間の尊厳に反する拷問行為によっては、法の確証などはなされ得ないからである。

[22] 例えば、Lenckner/Perron, in: Schönke/Schröder(前掲注16)Rn. 62a §32; Herzog, in: Nomos Kommentar(前掲注16)Rn. 59, §32.そもそも通説的理解の前提には、人間の尊厳を絶対的に保障する義務が、基本法1条1項に基づいて、如何なる状況であれ例外なく国家に対して課せられているという考えがある。私人による救助のための拷問の正当化は、国家が当該拷問を正当なものとして評価することに他ならないのであるから、国家に課せられる保障義務が絶対的なものであるという前提に立つ限りは、このような評価行為自体も国家には禁止されるはずである。この意味で、私人による救助のための拷問の正当化をも否定する通説的な見解は、首尾一貫していると思われる。

[23] その主体が私人であるか国家機関であるかの相違とは関係なく、正当防衛乃至は緊急救助の形態による攻撃者の殺害は許容されている。殺害が許されているにもかかわらず、具体的な法益侵害の点では程度が低いと思われる拷問が、何故許容されないのかが問題となる。この点について、

むべきものとして特徴づけようとする通説的な見解[24]の頑なな態度の背後にある

証言を引き出すために身体的な苦痛を賦課する拷問行為は、正当防衛とは異なり、もはや肉体に対する侵害を超えてその精神を含めて対象者を意思のない単なる客体として取り扱うものであるとの見解が主張されている（例えば、Roxin, Kann staatliche Folter in Ausnahmefällen zulässig oder wenigstens straflos sein?［前掲注17］S. 463 f.; ders., AT［前掲注16］§ 16 Rn. 98）。しかし、意思に対する侵害に基づいた人格性の否定は、生命を奪われる攻撃者についても当然に認められる事柄であり、相違を基礎づける基準としては不十分なものであると思われる。国家による拘禁状態の下での人間に対する絶対的な支配の実行というメルクマールによって拷問行為を特徴づけ、この点から拷問の対象者には意思の余地が全く認められなくなるとする Luís Greco, Die Regeln hinter der Ausnahme. Gedanken zur Folter in sog. ticking time bomb-Konstellationen, GA 11/2007, S. 628 f. Fn. 2, S. 631 Fn. 14（また ders., Lebendiges und Totes in Feuerbachs Straftheorie, 2009, S. 176 Fn. 282, S. 186）は、危険防御（正当防衛）による殺害には国家による拘禁という要素が欠けている点を重視するが、当該拘禁の有無が相違を基礎づける決定的な基準になるとも思われない。また通説上は、不作為を強制する正当防衛及び危険防御と作為を強制する救助のための拷問は全く構造を異にするため、両者を同様に捉えるのは不当であるとする見解も唱えられているが（例えば、Matthias Jahn, Gute Folter － schlechte Folter?, KritV 2004, S. 43 f.; Rönnau, in: Leipziger Kommentar［前掲注16］Rn. 261 Vor § 32）、不作為に対する強制が許されるにもかかわらず、何故に作為に対する強制は禁止されるのか、その理由は明らかにされていない。自由な意思の余地を認めずに強制的に情報を引き出そうとする拷問行為を人格の道徳性に対する破壊として捉える Günther Jakobs, Rechtszwang und Personalität, 2008, S. 29 ff. Fn. 75（＝川口浩一・飯島暢訳『法的強制と人格性』［2012年］36頁以下注75））は、作為に対する強制が法技術的に困難である点を指摘し、ローマ法では法的な強制の対象が不作為に限定されていた事実を示唆している。確かに、不真正不作為犯の処罰を基礎づけるために作為義務の内容を確定する際に問題になるのと同様に、作為に対する強制のときにも強制の対象となる行為の内容について不明確さが生じることは否定できない。しかし、不明確さが付きまとうというだけでは、作為に対する強制を絶対的に排除する理由にはならないであろう。また、拷問行為を人格の道徳性への侵害として捉える点も直感的にはそのようにいえそうであるが、カント的な合法性（Legalität）と道徳性（Moralität）の区別を前提にする限り、後者の道徳性の基準に適った動機に基づく証言までは、救助のための拷問の際には通常求められていないはずである。従って、人格の道徳性に対する侵害・破壊であるとの結論を単純に導き出すこともできないと思われる。

[24] 実際のダシュナー事件とは違って誘拐の被害者がまだ生きており、その生命を救助できる見込みのある手段が拷問でしかない場合についても、通説からすれば絶対的に禁止される。しかし、それでは当該被害者が衰弱死等によって生命を喪失する危険性を国家が容認することになってしまい、それ自体、被害者の人間の尊厳に対する侵害を構成するのではないかという問題がある。この点について、例えばロクシンは、国家には基本法1条1項第2文に基づいて確かに被害者の人間の尊厳を保護する義務があるが、この義務はあくまでも法治国家的な制約の下にあるため、誘拐犯人の人間の尊厳を侵害するような拷問という方法では履行できないものであると主張する。つまり、拷問行為を禁止して被害者の生命の喪失を招いたとしても、被害者の人間の尊厳に対する侵害の存在は否定されるとする（Roxin, Kann staatliche Folter in Ausnahmefällen zulässig oder wenigstens straflos sein?［前掲注17］S. 466; ders., AT［前掲注16］§ 16 Rn. 99）。しかし、被害者が身代金獲得という不法な目的のための単なる手段として誘拐犯人によって扱われたことにより、その生命を失おうとしている状況は明白であり、被害者の人間の尊厳が（生命の喪失を通じて）侵害される事実は否定できない。しかも、国家が救助の見込みのある手段である拷問を禁止

第3節　ドイツ刑法学における通説的見解　　*181*

のは、拷問禁止原則の例外を一度認めてしまったら、濫用に対する歯止めがなくなるという「ダムの決壊」の危険性への危惧である[25]。

但し、ダシュナー事件のように今後も同様の事件の発生が予想される場合とは異なる、より極限的な（換言すると、殆ど起こり得ない）事例である ticking time bomb 状況、つまり、拘束したテロリストから解除方法を聞き出さなければ核爆弾の爆発によって多数の市民が死傷する事態が切迫していて、もはや拷問しか見込みのある手段が残されていない状況については、通説的な見解も若干態度を変える傾向にある[26]。例えば、ロクシンは、このような状況は社会倫理的な限界事例であるから、法は寛容を示さなければならないとして、超法規的な責任（Verantwortung）阻却の可能性を示唆している[27]。しかし、仮に責任の阻却が肯定さ

する場合には、やはり被害者の人間の尊厳の侵害に対する国家による容認を認めざるを得ないように思われる。通説の出発点は、人間の尊厳の保障を全ての人に例外なく妥当する絶対的な原則として捉える立場であったはずである。となると、被害者の人間の尊厳の保障については制約を認めながら、犯人の人間の尊厳だけを絶対的に尊重するというのでは、その出発点に反するといわざるを得ない。ロクシン自身は、人間の尊厳の保障については、（犯人に対する）尊重義務は無制限に妥当するが、（被害者に対する）保護義務は法治国家的な制約を受けると解しており、そもそも不作為義務（拷問を控えて犯人の人間の尊厳を尊重する義務）と作為義務（拷問を行って被害者の人間の尊厳を保護する義務）が衝突する場合には、不作為義務の履行が優先することは、刑法上確立された原則である旨を強調している（Roxin, Rettungsfolter?［前掲注17］S. 208）。確かに、不作為義務と作為義務が同価値である場合にはそのようにいえるかもしれない。しかし、ロクシンは、拷問を控える不作為義務の優越性を最初から前提にしているのではないだろうか。だが、そもそも犯人側及び被害者側双方の具体的な利益状況を比較する場合には、無辜の被害者を救助するための作為義務の価値的な優越性を否定することは、やはり困難であるといわざるを得ない。

25　Roxin, Kann staatliche Folter in Ausnahmefällen zulässig oder wenigstens straflos sein?（前掲注17）S. 468; ders., Rettungsfolter?（前掲注17）S. 215; Thomas Fischer, Strafgesetzbuch und Nebengesetze, 55. Aufl. 2008, Rn. 15 §32等を参照。また、仮に公法レベルで警察官に拷問を行う権限を認めると、例えば、被害者の近親者の求めに応じて拷問を行う国家の義務を肯定せざるを得なくなり、その結果、どのような場合にどのような方法でどの程度の拷問を行い得るのかを法律で定める必要性も生じてくるため、法治国家は拷問国家（Folterstaat）へと変貌してしまうとの懸念も表明されている。
26　Ticking time bomb 状況について、Lenckner/Perron, in: Schönke/Schröder（前掲注16）Rn. 41e §34は、法治国家が限界に突き当たる事例であるため、できることなら想定しない方がいい問題としている。しかし、このような態度は思考の放棄以外の何ものでもない。
27　Roxin, Kann staatliche Folter in Ausnahmefällen zulässig oder wenigstens straflos sein?（前掲注17）S. 469; ders., Rettungsfolter?（前掲注17）S. 216; ders., AT（前掲注16）§22 Rn. 168参照。ダシュナー事件のきっかけは典型的な誘拐事件の発生であり、ここで拷問行為を不処罰にすると拷問の濫用を招きかねないが、そうは起こり得ない ticking time bomb 状況であれば、不処罰にしても一般予防上の不都合はないとロクシンは解している。

れたとしても、通説的な見解からすれば、たとえ都市に住む多数の市民の生命を守るためであるとはいえ、ticking time bomb 状況における救助のための拷問は、あくまでも法による厳格な禁止の対象として違法な行為のままとなる。違法との評価を受けるのであるから、当該拷問行為自体に対する正当防衛乃至は緊急救助の実行も可能となり、それによる拷問の阻止の結果、多数の市民が死傷しても法の立場から許容されてしまう。通説的な見解がこのような結論を受け入れざるを得ないのも、拷問の対象者の人間の尊厳の保障を絶対視することを通じて、拷問の禁止を法治国家性の根幹に位置づける立場が堅持されているからに他ならない。しかし、全くの思考実験にはなるが、より極端な ticking time bomb 状況の場合にはどうなるのであろうか。つまり、ここで想定されるのは、一つの都市を壊滅させる程度では済まない、地球そのものを消滅させるような爆弾がテロリストによって仕掛けられた場合である。その際に、地球の危機を回避できる蓋然性の高い手段が、拘束されたテロリストに対する救助のための拷問でしかないにもかかわらず、法治国家性を維持するために、不法なものとの評価に基づいて当該拷問に対する禁止を貫いて全人類の死滅、つまり、法治国家の消滅を許容するのでは、「世界が滅びようとも正義は行われなければならない」という思想になってしまう[28]。しかし、このような思想は、法治国家たる法秩序を維持するという出発点との関係で自己矛盾にはならないのであろうか。

第4節　正当化を認める見解

1　公法レベルでの正当化（ブルッガーの見解）

公法学者のブルッガーは、救助のための拷問を警察法上の危険防御（Gefahrenabwehr）の一類型であるとし、特に ticking time bomb 状況については公法レベルでの正当化が認められると主張する[29]。そもそもブルッガーからしても、拷問

---

[28] Greco, Lebendiges und Totes in Feuerbachs Straftheorie（前掲注23）S. 179は、拷問禁止原則が例外のない絶対的なものであると主張する限りは、たとえ ticking time bomb 状況であったとしても、国家に当該原則の違反を要求してはならず、むしろ死を受け入れる覚悟をしなければならないと明言する。

[29] ブルッガーの見解については、Winfried Brugger, Darf der Staat ausnahmsweise foltern?, Der Staat, 35. Band, 1996, S. 67 ff.; ders., Vom unbedingten Verbot der Folter zum bedingten Recht auf Folter?, JZ 4/2000, S. 165 ff.を参照。また ders., Das andere Auge. Folter als zweitschlechteste Lösung, in: Nitschke (Hrsg.), Rettungsfolter im modernen Rechtsstaat?（前掲注1）S. 107 ff.も見

第4節　正当化を認める見解

行為が基本法、国際法、警察法などの公法上の様々な規定を通じて禁止されていることは自明の事柄である。しかし、拷問を禁止する原則を絶対的に堅持してしまうと、一定の例外的な状況下では、同時に公法レベルで配慮されるべき利益が不可逆的に失われる事態を招きかねないため、そのような状況については、例外的に拷問禁止原則の緩和を導き出そうとするのである。

　法秩序内部における法の不備に関して、まずブルッガーは規定上の欠缺（Formulierungslücke）と評価上の欠缺（Wertungslücke）の二つを区別する[30]。前者の不備は、立法趣旨に基づいて規定されるべき事柄が規定されていない場合に認められるものであるが、拷問行為の禁止については基本法、警察法、国際法上様々な形で禁止規範が定められているため、ブルッガーによれば、このような規定上の欠缺は存在しない。これに対して、後者の不備である評価上の欠缺は、一定の事態については該当する規範が定められており、法秩序によって一つの価値判断が下されているが、当該価値判断が他の規範及びその根底にある価値判断と不可避的に抵触してしまい、法秩序内部において評価上の矛盾を生じさせる場合に認められる。そして、拷問禁止原則を具体的な状況の相違に着目することなく、絶対的に堅持しようとするときには、この評価上の欠缺が正義にそぐわない形で発生してしまうとブルッガーは主張する。彼からすれば、このような法秩序内部での評価の矛盾は、例外的に解釈を通じて解決されなければならない問題となる。

　まずブルッガーは、便宜的にバーデン・ヴュルテンベルク州警察法の規定に基づいて ticking time bomb 状況を考察し、危険を惹起した妨害者である当該状況のテロリストには危険を回避するための報告（Auskunft）を行う義務が課せられてはいるものの、強制的な方法によってなされる当該報告義務の履行（つまり、拷問行為）は警察法上禁止されている点を確認する[31]。しかし、テロリストに対

　　よ。ブルッガーは、既にダシュナー事件が発生する以前から救助のための拷問の正当化を主張していたが、最後に挙げた文献を見る限り（特に S. 116 f.参照）、ダシュナー事件についても公法上の正当化を認めるものと思われる。また、我が国においては、玉蟲由樹「人間の尊厳と拷問の禁止」上智法学論集52巻1・2号（2008年）237頁以下が憲法学の文脈からブルッガーの見解を検討している。なお、川又伸彦「拷問禁止の絶対性について―日本とドイツの憲法論を比較して―」社会科学論集（埼玉大学）133号（2011年）75頁以下も参照。

30　Brugger, Darf der Staat ausnahmsweise foltern?（前掲注29）S. 74 f.; ders., Vom unbedingten Verbot der Folter zum bedingten Recht auf Folter?（前掲注29）S. 167.

31　バーデン・ヴュルテンベルク州警察法35条1項（§35 Abs. 1 bwPolG）は、ダシュナー事件の際に問題となったヘッセン州警察法52条2項（前掲注10参照）と同様の内容を規定している。また、バーデン・ヴュルテンベルク州警察法35条2項によって、刑事訴訟法136 a 条の準用が認めら

する強制力の行使の禁止は、ticking time bomb 状況に晒された無辜の市民の生命、身体、人間の尊厳に対する危険を放置してしまい、テロリストの思惑通りに都市を壊滅させる結果を招きかねない。そこで、ブルッガーからすれば、警察法の任務は危険を効果的に回避乃至は除去して法律及び法を保護する点にあるはずであるから、無辜の市民に対する危険を放置して不法な犯罪者への屈服を意味する上記の事態は、警察法が抱える評価上の欠缺に他ならないことになる[32]。しかし、何故に警察法において強制力を用いた報告義務の履行が禁止されているのかといえば、そもそも上位規範である基本法が、その104条1項第2文で拘束された者に対する精神的及び身体的な虐待を禁じているからである。それ故、上記の評価上の欠缺を解決するためには、拷問禁止原則を基礎づけている基本法の諸規定に対する考察が不可欠となる。

基本法104条1項第2文が「拘束された者に対して精神的及び身体的な虐待を行うことは許されない」として拷問の禁止を明言する背景には、人間の尊厳の保障原則の存在がある。当該原則は、基本法1条1項によって規定されており、いわば例外なく絶対的に遵守することが全ての国家機関に対して要求されている[33]。そこで、国家機関が一定の目的のために自己の拘束下にある者に対して拷問を行使する場合には、その者は当該目的のための単なる手段・道具として扱われてしまい、人間の尊厳に対する侵害を被るとの理解に基づいて、基本法は104条1項第2文において拷問の禁止を明文化したわけである。換言すれば、基本法104条1項第2文は、同法1条1項の具体化に他ならない。

確かに、基本法1条1項の趣旨に従う限り、ticking time bomb 状況のテロリスト犯人にも人間の尊厳は保障されなければならず、国家に対してはその尊重が要求される。しかし、ブルッガーの理解によれば、人間の尊厳の保障はそれを侵害しないように尊重する（achten）義務だけではなく、同時に第三者による侵害から保護する（schützen）義務を国家に対して課すものであるから、ticking time bomb 状況によって危険に晒された都市の住民達の人間の尊厳も国家による保護を通じて絶対的に保障されなければならないことになる。つまり、当該状況にお

れている。
[32] Brugger, Darf der Staat ausnahmsweise foltern?（前掲注29）S. 76 f.; ders., Vom unbedingten Verbot der Folter zum bedingten Recht auf Folter?（前掲注29）S. 168参照。
[33] 基本法1条1項は、「人間の尊厳は不可侵である。これを尊重し保護することは全ての国家権力の義務である」と規定している。

第 4 節　正当化を認める見解　　*185*

いては、テロリストの人間の尊厳の保障と都市の住民達の人間の尊厳の保障の衝突が不可避的に生じてしまう[34]。これは、基本法レベルでの評価上の欠缺に他ならない。そこで、このような場合についてブルッガーは、端的に人間の尊厳同士の間で衡量を行って[35]、テロリストの人間の尊厳に対する尊重よりも都市に住む多数の市民の人間の尊厳の保護を優先させなければならないと主張する[36]。こうしてブルッガーは、不法な犯人と無辜の市民の間で人間の尊厳が不可避的に対立する場合に後者の人間の尊厳の保護を貫いて、ticking time bomb 状況を基本法104条1項第2文の適用対象から除外すべきとの結論を導き出している。

　基本法104条1項第2文によって明示された拷問禁止原則が ticking time bomb 状況については制限を受けるのであるから、テロリストからの強制的な説明の取得を禁じた警察法上の規定も当該状況に関しては効力を喪失する[37]。つまり、警察が拘束したテロリストに強制力を行使して核爆弾の解除コードの自白を無理矢理強要する行為（つまり、拷問行為）は、警察法上許されることになる。しかし、当然のことながら、警察法には拷問行為を直接的に許容する条文などは存在しな

---

[34] 厳密にいえば、人間の尊厳同士の衝突だけではなく、拷問を受けるテロリストの身体及び意思の自由に関する利益と都市の住民達の生命及び身体に関する利益の衝突もここでは生じている。やはり、絶対的な保障を受ける人間の尊厳という概念は、比較衡量という事柄にはなじまないため、むしろ生命や身体といった具体的な利益（法益）の衝突に着目すべきなのではないかと思われる。これについては後述する。

[35] ブルッガーと同じく、人間の尊厳に対する国家の保護義務と尊重義務を衡量する観点に基づいて救助のための拷問を正当化する見解として、Heinrich Götz, Das Urteil gegen Daschner im Lichte der Werteordnung des Grundgesetzes, NJW 14/2005, S. 953 ff.、956.また Fabian Wittreck, Menschenwürde und Folterverbot, DÖV 2003, S. 873 ff.も同様の立場から正当化の可能性を指摘している。そもそもドイツの公法学においては、人間の尊厳の保障を絶対的なものとして捉えるのではなく、むしろ比較衡量の対象として位置づける見解が有力に主張されている。これについては、玉蟲「人間の尊厳と拷問の禁止」（前掲注29）247頁以下を参照。

[36] Brugger, Darf der Staat ausnahmsweise foltern?（前掲注29）S. 78 ff.; ders., Vom unbedingten Verbot der Folter zum bedingten Recht auf Folter?（前掲注29）S. 169参照。ブルッガーの見解において、人間の尊厳同士を衡量して、その保障の優先順位を決める際に基準となるのは「法は不法に譲歩する必要はない」という原則である。

[37] Brugger, Vom unbedingten Verbot der Folter zum bedingten Recht auf Folter?（前掲注29）S. 168 f.によれば、拷問の禁止を条文化した基本法104条1項第2文や警察法上の規定（例えば、バーデン・ヴュルテンベルク州警察法35条1項）は、あくまでも国家権力に拘束されて助けのない状況に置かれた者に対する不当な拷問を対象とするものである。しかし、ticking time bomb 状況のテロリストは、確かに警察の拘束下にはあるものの、むしろ事の成り行きを支配する立場にいるのであるから、上記の明文化された拷問禁止原則は適用されないとブルッガーは主張する。つまり、無辜の市民に危険が迫っている ticking time bomb 状況は、基本法104条1項第2文や警察法上の規定の想定外の事態として位置づけられることになる。

い。そこで、ブルッガーは危険防御の際に妨害者に対する強制力の行使を許容する警察法の諸規定に着目する。例えば、バーデン・ヴュルテンベルク州警察法の52条から54条までによれば、危険の回避のために必要且つ適した手段である場合には、当該危険の種類と程度に応じて様々な強制力の行使が許されている。そして、その際たるものとして、被害者の生命及び身体に対して現在的な危険が存在し、それを回避するための唯一の手段である場合には、犯人を意図的に射殺することも同法54条2項によって認められている[38]。ブルッガーからすれば、当該規定は、不法な妨害者の生命の保護を優先させて無辜の被害者の生命（乃至は身体）を犠牲にすることは許されないとする考えの表れに他ならず、このような考えは、ticking time bomb 状況において拷問を例外的に許容する際の根幹にある基本的な思想と同様のものである。そこで、ブルッガーはこのような「救助のための意図的な射殺」の規定を「救助のための拷問」の権限規範として類推適用（Analogie）しようとする[39]。つまり、無辜の被害者の生命を救助するために、不法な犯罪者の生命を銃器の使用によって奪うことが許されているのであるから、ticking time bomb 状況における無辜の都市住民の生命を救助するために、不法なテロリストに対して強制力を行使して、身体乃至は意思の自由を侵害するような情報を無理矢理引き出す行為も許されるはずであると主張するのである[40]。むろん、救助のための意図的な射殺の規定が適用される前提としては、公権力によ

---

[38] バーデン・ヴュルテンベルク州警察法54条2項は、「確実性に境を接する蓋然性の程度で死の結果をもたらす銃器の使用は、それが生命に対する現在の危険又は身体の完全性に重大な侵害をもたらす現在の危険を回避するための唯一の手段である場合にのみ許容される」と規定している。

[39] Brugger, Darf der Staat ausnahmsweise foltern?（前掲注29）S. 77参照。ここで「類推適用」とされている理由は、どのように拡張解釈を行っても「射殺」を許容する規定によって「拷問」を包摂することが不可能だからである。いずれにせよ、無辜の被害者の正当な利益が危険に晒されている点に着目して、状況の類似性は肯定されている。但し、ders., Vom unbedingten Verbot der Folter zum bedingten Recht auf Folter?（前掲注29）S. 168では、「類推適用」という表現は用いられておらず、救助のための意図的な射殺に関する規定の直接的な適用が示唆されている。

[40] 例えば、以下のような二つの状況を比較してみたい。①立てこもり犯人が人質のこめかみに銃を突きつけている状況下で、当該犯人の射殺が人質の生命を助ける唯一の手段である場合には、救助のための意図的な射殺は警察法上許されている。しかし、②立てこもり犯人が人質の身体に時限爆弾を取り付け、警察に拘束された後も解除方法を頑として白状しなかったとする。このような場合に拷問禁止原則を貫徹させてしまうと、仮に当該拷問が人質の生命を救助するための唯一の手段であったとしても、警察は手をこまねいて何もできずに爆発を待つだけとなり、人質の生命は失われてしまう。このような結論を認めるのは①の状況と比較して不当であるとするのが、ブルッガーの見解の趣旨である。

る侵害行為が正当化されるための要件である比例原則（Verhältnismäßigkeitsprinzip）[41]を当該拷問行為も満たさなければならないが、ブルッガーによれば、それは当然に肯定されることになり[42]、ticking time bomb 状況において警察が行う救助のための拷問は公法上許されたものとなる[43]。

確かにブルッガーも、拷問禁止原則の例外が「ダムの決壊」をもたらしてしまう危険性を認めている。しかし、救助のための拷問が適用される状況の要件を厳格に定めること[44]、更に現行法上の原則的な拷問の禁止という法状況を堅持し

---

[41] 比例原則を満たすためには、公権力の行使に関して（ⅰ）適格性（Geeignetheit）、（ⅱ）必要性（Erforderlichkeit）、（ⅲ）狭義の比例性の三つの要件が要求される。特に（ⅱ）の必要性の要件は、専ら手段の最小侵害性を意味しており、刑法上の正当防衛における「必要性」とは内容を異にする（正当防衛の「必要性」の要件は、いわば（ⅰ）の適格性も含んでいる）。また（ⅲ）の狭義の比例性の要件では、公権力の行使によってもたらされる利益と失われる利益の衡量（Güterabwägung）が考慮される。比例原則については、Hans-Wolfgang Arndt/Walter Rudolf, Öffentliches Recht, 15. Aufl. 2007, S. 32 ff.を参照。

[42] Brugger, Darf der Staat ausnahmsweise foltern?（前掲注29）S. 76は、比例原則の要件については一般的な警察官の視点に基づく事前判断が基準になるとしている。それ故、ダシュナー事件のように既に被害者が死亡していた場合でも、一般的な警察官が拷問行為の時点で被害者がまだ生きていると考えるときには、比例原則（特に狭義の比例性）は満たされることになる（ders., Das andere Auge. Folter als zweitschlechteste Lösung［前掲注29］S. 116参照）。事前判断の是非については後述する。

[43] Brugger, Vom unbedingten Verbot der Folter zum bedingten Recht auf Folter?（前掲注29）S. 167 f.; ders., Das andere Auge. Folter als zweitschlechteste Lösung（前掲注29）S. 109 f.は、危険防御である救助のための拷問を正当化するための権限規範として、正当防衛を定めたドイツ刑法32条は、たとえticking time bomb 状況においてその要件が全て満たされたとしても、不適切であるとしている。国家機関に対して拷問が公法上禁じられている以上、正当化のための権限規範は、同次元の公法レベルにおいて求められるべきであるとする発想がそこにはある。また、拷問の禁止は国際法上も確立された原則であり、例えば、ヨーロッパ人権条約3条によって拷問や非人道的若しくは品位を傷つける取り扱いは禁じられている。ブルッガーは、このような国際法レベルでの拷問禁止原則を ticking time bomb 状況に貫徹させると、無辜の都市住民に犠牲を強いる結果になってしまうと主張する（つまり、ここでも評価上の欠缺が生じることになる）。そこで、当該状況については、違法な暴力から人を守るために無条件で必要となる場合には殺害行為を許容するヨーロッパ人権条約2条2項の類推適用を認めて、国際法レベルでも正当化を基礎づけようとする。この点については、特に ders., Darf der Staat ausnahmsweise foltern?（前掲注29）S. 82 ff.を参照。

[44] 例えば、Brugger, Darf der Staat ausnahmsweise foltern?（前掲注29）S. 74は、救助のための拷問が許容され得るticking time bomb 状況の内容を七つのメルクマールに基づいてかなり限定的に特徴づけている。また、ders., Vom unbedingten Verbot der Folter zum bedingten Recht auf Folter?（前掲注29）S. 167では、八つのメルクマールが挙げられている。つまり、（ⅰ）無辜の人の生命乃至は身体の完全性に対して（ⅱ）明確で（ⅲ）直接的且つ（ⅳ）重大な危険性が追っており、（ⅴ）当該危険が特定された妨害者によって惹起されていて、（ⅵ）この妨害者が法の限界に立ち返る（つまり、爆弾について情報を提供する）ことによって危険を除去し得る唯一の人で

て、あくまで解釈的な手法による例外を認めるのに留めることによって当該の危険性を回避しようとする[45]。そもそも「ダムの決壊」の危険性を肯定するにしても、ブルッガーからすれば、それは無辜の大多数の都市住民を犠牲にすることの決定的な理由にはならないのである[46]。

こうしてブルッガーは、公法レベルでの拷問の正当化を例外的に認めるのであるが、そもそもこの結論は、ticking time bomb 状況における無辜の都市住民達について認められる、基本法1条1項に基づく人間の尊厳の絶対的な保障からの帰結であることから、テロの被害者の人間の尊厳（及び生命、身体といった重要な利益）が真に危機に晒されている場合であれば、国家機関には拷問を行う義務が課せられるし、被害者側も拷問の実行を求める権利があるとしている[47]。

あり、更に（vii）それが義務づけられていることを前提にして、（viii）身体に対する強制力の行使が情報を獲得するための唯一効果的な手段でなければならない、という八つである。前者の論文における ticking time bomb 状況の特徴づけとの最大の相違は、無辜の人の人間の尊厳に対する侵害の危険性がメルクマールから除外されたことである。この点についてブルッガーは、ほぼ全ての基本権の侵害について同時に人間の尊厳に対する侵害が認められているドイツ公法学の現状を挙げ、人間の尊厳の侵害に着目するのでは、ticking time bomb 状況の特徴づけが広くなりすぎてしまう不都合がある旨を示唆している（S. 167 Fn. 10）。そもそもブルッガーは、その著作の多くの箇所において、生命を人間の尊厳と同列の利益（法益）若しくはその前提として位置づけており、場合によっては無辜の住民達の生命の保護を前面に出して議論を展開している。こうなってくると、救助のための拷問の正当化を論じる際には、人間の尊厳という概念に依拠する必要性などはなく、むしろ生命や身体といった具体的な利益を念頭に置くので十分なのではないかと思えてしまう。

45　Brugger, Darf der Staat ausnahmsweise foltern?（前掲注29）S. 95 f.参照。
46　拷問行為について比例原則の充足を判断する際には、特に狭義の比例性の要件に関して、拷問行為の許容が社会にもたらす効果というものを考慮する必要がある。拷問の濫用を招くという「ダムの決壊」の危険性は、社会全体に対するマイナス効果として当然に配慮されなければならないであろう。しかし、ticking time bomb 状況において拷問禁止原則を堅持する場合には、無辜の都市住民達を見殺しにすることになるため、それはそれで法秩序に対する信頼を人々が失うというマイナス効果の発生は避けられないはずである（勿論、拷問を許容する場合にも法秩序への信頼の低下は考えられる）。更に、国家が拷問禁止原則に従って、テロリストに対して手出しを出来ないことが判明すれば、同種の事件を誘発する危険性も否定できなくなる。このように、プラスとマイナスの効果については様々なものを挙げ得るが、やはり無辜の都市住民の生命の保護ということが、決定的な観点になるのではないかと思われる。またブルッガーは、法治国家であるドイツにおいて拷問禁止原則が相対化されてしまうと、拷問行為に対する抑制を低下させる効果を法治国家原則が定着していない他の国々に及ぼしかねない危険性を指摘している。しかし、だからといって自国内の無辜の都市住民達を犠牲にするのでは、当該住民達は他国の法治国家性の維持という目的のための単なる手段として扱われることになり、まさに人間の尊厳が国家権力によって侵害されてしまうとブルッガーは主張する（ders., Das andere Auge. Folter als zweitschlechteste Lösung［前掲注29］S. 115参照）。
47　Brugger, Vom unbedingten Verbot der Folter zum bedingten Recht auf Folter?（前掲注29）S.

なお、ブルッガーは先の結論を導き出す際に自己の見解の法哲学的な基盤としてカントの法思想を援用している[48]。つまり、ticking time bomb 状況について正当化される拷問行為は、カントが主張した「法的強制（Rechtszwang）の権能」の行使の一種として捉えられているのである。カントの法哲学は、各人を自律的な人格と見なしながら、その自由を普遍的に調和させるための法秩序を構想するものであるが、法秩序において普遍的に保障された自由に対して不法な妨害が加えられる場合、当該妨害の除去のために、それに見合った程度で行使される強制力は法に適ったものとされている[49]。この法的強制の権能は、自由の普遍的な保障を維持するために各人に認められる権限であり、刑法における正当防衛はその具体化に他ならない。また、法秩序（国家）そのものが法的強制の権能の主体になることも可能であり、警察による危険防御などはその一例である。

ブルッガーからすれば、テロリストによる不法な行為は、普遍的に保障された自由に対する妨害であるため、その除去のために危険の程度に見合った形で執行される警察による強制的な情報の取得は、まさにカント的な意味での法的強制の行使として正当化されるわけである。しかし、カントによる法秩序の構想においては、自律的な人格同士が互いを自己と同等の存在として配慮し合う関係の形成が自由を普遍的に保障するために要請されており[50]、人格性を認めずに他者を単なる手段として扱うこと、換言すれば、その尊厳を侵害する行為などは許されないはずである。また、この人格同士の相互承認に基づいて形成される関係の存在

---

170 ff.参照。ブルッガーが ticking time bomb 状況において拷問を執行する義務を国家に課し、被害者側にそれを求める権利を認める背景には、以下のような考慮がある。つまり、テロリストが警察に拘束された場合には、壊滅の危機に晒された都市の住民達はドイツ刑法32条の正当防衛に基づいて自分で自己の生命を守ることがもはや不可能となるため、その保護は完全に国家の手に委ねられてしまう。このような場合において、国家がテロリストの人間の尊厳（及び身体、意思決定の自由）の保障を優先して、無辜の住民達の人間の尊厳（及び生命、身体）の保障を等閑視するのでは、不正義に他ならなくなるという考慮である（S. 169 Fn. 17参照）。ここでブルッガーは、本来当該の住民であれば刑法32条に基づきテロリストに対して強制力を行使して、情報を無理矢理聞き出すことも許されたとしている。つまり、私人が主体となる拷問行為の実行は、当然に刑法32条による正当化の対象になると考えているのであろう。

48　Brugger, Darf der Staat ausnahmsweise foltern?（前掲注29）S. 86 ff 参照。
49　Immanuel Kant, Die Metaphysik der Sitten, A 34, 35 ff./B 35 ff.（＝樽井正義・池尾恭一訳「人倫の形而上学」[岩波書店版カント全集11、2002年] 50頁以下）参照。以下では、本書を MdS と略すことにする。カントの著作については、ヴァイシェーデル版（Werke in 12 Bänden, hrsg. von Wilhelm Weischedel, 1968）を定本とする。
50　特に Gerhard Luf, Freiheit als Rechtsprinzip, 2008, S. 157 f.参照。

は、法秩序の基礎であるため、人間の尊厳に対する侵害行為の禁止は法秩序（国家）そのものにも課せられている。拷問禁止原則の相対化に反対する多くの論者が主張するように、ticking time bomb 状況において、テロリストは専ら情報獲得のための手段として扱われるわけであるから、その人格性、つまり、人間の尊厳が尊重されずに侵害されている事実は否定できないと思われる。そこで、救助のための拷問の正当化を法的強制の考えに結び付けようとする主張が、カント法哲学の枠内で如何にして可能となるのかが問題となる。

　ブルッガーは、この点につき、不法な犯罪者の人間の尊厳の保障と無辜の市民の人間の尊厳の保障が不可避的に対立する場合には、後者を優先させるのが自由の普遍的保障を念頭に置いたカント的な法秩序の構想に適った解決方法であると主張している[51]。つまり、不法な行為を行った者には、当該不法に見合う範囲で法的強制を受忍する義務が課せられているのであるから、それにより、場合によってはその者の人間の尊厳乃至は人格性が否定される事態も自由を普遍的に保障する法秩序においては許容され得るとするのであろう。しかし、このような結論が、各人の自律的な人格性に基づいて法の基礎づけを構想したカントの立場と本当に調和するのか否かについては検討を要すると思われるので、後に考察の対象として取り上げることにする[52]。

51　Brugger, Darf der Staat ausnahmsweise foltern?（前掲注29）S. 88 f., 90 f.参照。
52　法的強制を行う権限が私人なり国家なりに認められるのは、不法な行為者による自由の普遍的な保障に対する侵害を阻止して、当該保障に関わる法秩序の規範的な効力を維持するためであると解される。この意味で、犯罪後の時点での法秩序の「回復」をまずは主眼に置く刑罰とはその性格を異にしている。法的強制の行使が法秩序の維持という観点から認められる限り、当該強制の受忍を強いられる不法な行為者が、法秩序の維持という目的のための道具として取り扱われることは否定できない。しかし、この道具化は、あくまでも不法な行為の程度に見合った範囲でなされなければならない。換言すれば、人格の道具化は、不法な行為に相応する形で一時的に執り行われるものであり、当該行為が阻止された以降は、その主体（不法行為を行った者）も原則的に再び人格として扱われなければならないのである。しかし、不法な行為を阻止するために、人格性に対する配慮がもはや不可能になるような当該主体の完全な抹消が許容される事態はあり得る。つまり、正当防衛によって侵害者の殺害が認められる場合である。カントも、いわゆるカルネアデスの板の事例を念頭に置きながら、緊急事態において自己の生命を守るために、何の危害も加えてこない他人の生命を奪う行為は、権利としては正当化されないと主張していたが、自己の生命に不当な攻撃を行う者に対して、その者の生命を奪うことによって自己の生命を守る場合であれば、殺害行為は、正当防衛権として認められるとしていたのである（Kant, MdS, AB 41, 42［邦訳54頁以下］参照）。

2 刑法レベルでの正当化（イェロウシェク及びエルプの見解）

　以上のように、ブルッガーは、救助のための拷問の公法レベルでの正当化を主張していた。これに対して、当該拷問の執行についてドイツ刑法32条に基づいた緊急救助の成立を認め、刑法レベルでの正当化を肯定するのが、イェロウシェクとエルプである。

　まず、イェロウシェクは、危険を惹き起こした報告義務者に対して物理的な強制を加えて無理矢理義務を履行させる権限が現行の警察法では認められない点を出発点にして、救助のための意図的な射殺の規定からの類推を通じて当該権限を肯定しようとするブルッガーの見解を批判する。何故ならば、イェロウシェクからすれば、射殺と拷問を類似の行為として捉えることは、許される解釈の枠組みを超えた不当なものであり、そもそも救助のための意図的な射殺の規定は極めて例外的な事態を対象としているため、その内容も普遍化させて他の状況に適用できるものではないからである[53]。しかし、救助のための拷問の事例において物理的な強制を禁止してしまうと、それでは犯人によって危険に晒される被害者側の人間の尊厳や生命・身体といった法益の見殺しに至ってしまうという厳然たる事実をイェロウシェクも自覚しており、それらの利益に対する国家の保護義務を一応肯定しながら[54]、当該義務を履行するために選択される拷問という方法が公法上の危険防御の手段として立法論の観点から正当化できるか否かを検討する。そして、公法上の侵害手段の正当化要件である比例原則を苦痛の賦課である拷問が満たさないことを理由に、いくら被害者の救助のためであっても、拷問は公法上正当化されないという結論を導き出している。比例原則の要件としては、適格性、必要性（最小侵害性）、狭義の比例性（利益衡量）の三つが挙げられるが、イェロウシェクによれば、救助のための拷問の執行については、これらの要件の全て

53　Günter Jerouschek/Ralf Kölbel, Folter von Staats wegen?, JZ 12/2003, S. 617 Fn. 42, 43参照。救助のための拷問と救助のための意図的な射殺を類似の現象として捉える見解が不当である理由としては、作為か不作為かという形で強制の対象が全く異なる点が強調されているが、拷問による侵害が（危険の存在乃至はその惹起者に関して警察が誤った評価をした場合になされる）事後的な補償では回復し得ない程重大なものであることも念頭に置かれている（S. 617本文参照）。つまり、通説的な見解と同様に、イェロウシェクも国家が行う拷問による侵害を生命・身体といった具体的な法益の侵害よりも甚大なもの（即ち、人間の尊厳の侵害）として捉えているのである（S. 618も参照）。またGünter Jerouschek, Gefahrenabwendungsfolter – Rechtsstaatliches Tabu oder polizeirechtlich legitimierter Zwangseinsatz?, JuS 4/2005, S. 299 f.も見よ。

54　Jerouschek/Kölbel, Folter von Staats wegen?（前掲注53）S. 617参照。

が否定される。

　まず、かつて歴史上魔女裁判等で執り行われていた「糾問のための拷問（Inquisitions-Folter）」が適格性及び必要性を否定するための例証として挙げられている[55]。確かに、糾問のための拷問と救助のための拷問では、それぞれが追求する目的は異なっているが、用いられる手段それ自体は同じであるため、前者について適格性及び必要性が否定される限り、それは後者についても当てはまると考えるわけである。糾問手続の中で拷問が行われていた当時においても既に、拷問という方法が真実の供述を獲得するための手段としていわば客観的に適さないことは意識されていた。何故ならば、拷問による苦痛が小さい場合、それによって真実の証言を引き出すのは到底不可能となり、逆に大きければ、苦痛から逃れるために真実ではない証言を惹き起こしてしまうからである。また、必要性の要件を満たすためには、苦痛を伴う拷問は最小の侵害に留まるものでなければならないが、その前提として、対象者の沈黙の頑迷さに応じて必要となる最小限の拷問の程度が確定できなければならない。しかし、そのような事柄が不可能であることは、イェロウシェクによれば、糾問のための拷問に関する確固たる歴史的事実として示されているのである。

　比例原則の三つめの要件である狭義の比例性が肯定されるためには、公権力の行使によってもたらされる利益と失われる利益の間での衡量に基づき、前者が後者を上回っていなければならない。この点についてイェロウシェクは、拷問を通じて侵害される犯人側の人間の尊厳を、衡量から遮断する形で絶対的に保障されるべき価値として捉える見解を批判し[56]、救助のための拷問が問題となる状況下では、犯人側と被害者側双方の人間の尊厳の衝突を認めざるを得ないとする[57]。

55　Jerouschek/Kölbel, Folter von Staats wegen?（前掲注53）S. 617 f.を参照。またJerouschek, Gefahrenabwendungsfolter（前掲注53）S. 297 ff.が「糾問のための拷問」に関する歴史的な経緯を詳しく叙述している。

56　Jerouschek/Kölbel, Folter von Staats wegen?（前掲注53）S. 618参照。拷問によって侵害される人間の尊厳を比例原則の衡量的な判断から免れた絶対的に保障されるべき価値として捉える見解は、ドイツでは公法学及び刑法学の通説といえるものである。しかし、当該の人間の尊厳は絶対的に保障されるべきとする結論も、衝突する他の利益よりも絶対的に優越していると考える衡量的な判断に基づいて初めて導き出せるはずである。つまり、衡量から遮断されるという人間の尊厳の性格づけは、背後で行われている衡量的な判断を隠蔽するものでしかない。但し、イェロウシェクも、比例原則の充足を否定して、人間の尊厳を国家による拷問から絶対的に保護すべきとする結論を最終的には導き出すのであるから、通説との相違は、人間の尊厳を衡量的な判断の対象にしても良いのかどうかという点だけに帰着する。

第4節　正当化を認める見解　193

既に述べたように、ブルッガーは、このような人間の尊厳の衝突の際に無辜の被害者の人間の尊厳に優越的な価値を認めて、狭義の比例性を肯定していた[58]。しかし、イェロウシェクは、この比例性の充足を考慮する際に利益衡量の対象となるのは、犯人及び被害者双方の利益だけに留まらないと主張して、ブルッガーとは反対の結論に至っている。何故ならば、イェロウシェクからすれば、拷問行為の実行は犯人の人間の尊厳に対する侵害を超えて、拷問の執行を担当する公務員が被る精神的な荒廃、拷問行為に対する国家による是認が有する象徴的な作用によって惹き起こされる法文化乃至は法秩序の基盤の崩壊、拷問の濫用の危険性といった間接的に予想されるマイナス効果を社会全般にもたらすものであり、これらの負の効果も利益衡量の際には当然に判断対象に含められるべきだからである[59]。こうして、たとえ被害者の救助を意図した拷問であったとしても、失われる利益の方が甚大であるため、狭義の比例性は否定されることになる[60]。

以上のように、イェロウシェクは、国家権力による侵害行為を正当化するための要件である比例原則の充足を救助のための拷問については否定する。つまり、たとえ無辜の被害者を救助する意図でなされたとしても、国家権力による拷問は、正当化されずに公法上違法な行為となる。しかも、イェロウシェクが比例原

57　Jerouschek/Kölbel, Folter von Staats wegen?（前掲注53）S. 618 Fn. 56.但し、人間の尊厳の衝突はストレートに前面に出てくるわけではなく、衡量の対象となる利益として第一に念頭に置かれているのは、犯人側の身体の完全性及び被害者側の生命という具体的な利益（法益）である（S. 618本文参照）。つまり、これらの利益の衡量を通じて、人間の尊厳の衝突が問題になるという構成がとられている。また、同頁 Fn. 55も見よ。こうして、イェロウシェクも、拷問によってまず侵害されるのは具体的な身体法益であると考えていることになるが、国家が拷問の主体となる場合の侵害の本質的部分については、具体的な法益の侵害を超えた人間の尊厳の侵害として捉えているのである（前掲注53参照）。
58　そもそもブルッガーは、比例原則の各要件については事前判断に基づいて充足されるので十分であると解していた（前掲注42参照）。これに対して、イェロウシェクは、糾問手続における過去の経緯を参照しながら、特に適格性及び必要性の要件がいわば客観的に満たされないことを歴史的な事実として強調するのである。イェロウシェクが、事後判断に基づく充足を比例原則の各要件について要求するのかどうかは明確ではないが、おそらくはそのように解しているのであろう。
59　Jerouschek/Kölbel, Folter von Staats wegen?（前掲注53）S. 618 f.参照。
60　拷問行為の許容が社会全体にもたらすマイナス効果は、あくまでも予想され得る事柄に留まるものであり、いわば一種の抽象的な危険性でしかない。つまり、無辜の被害者の利益に差し迫った具体的な危険性と同列に論じられるものではないはずである。ところが、イェロウシェクは犯人が被る侵害にそのような抽象的な危険を合わせて考慮し、拷問行為を正当化する場合には、失われる利益の方が大きいと結論づけてしまう。このような見解には疑問を呈せざるを得ない。また前掲注46も参照。

則の充足を否定する際に掲げた論拠は、事案の相違に関係なく、いわば全ての拷問行為に妥当するものとして想定されている。従って、結論としては、救助のための拷問は公法レベルでは例外なく一律的に禁止されることになるのであろう[61]。イェロウシェクからすれば、対象者を完全な支配関係の中で捉える国家による拷問行為は、単に証言の拒絶を許さないだけではなく、身体的な効果を超えて対象者の内面にまで干渉してしまう最高度の人間に対する侵害（つまり、人間の尊厳の侵害）を意味するものに他ならない[62]。こうして、救助のための拷問の公法レベルでの正当化は否定されて、基本法及び国際法上の拷問禁止原則の妥当性が再確認されるのである。

しかし、この拷問禁止原則について、イェロウシェクは、あくまで国家が執行の主体となる拷問行為を絶対的に禁止しているにすぎず、私人が拷問行為を行う場合には例外的に刑法上の正当化を認める余地を含むものであると理解する。既に述べたように、ドイツ刑法学の通説的な見解からすれば、拷問行為は私人に対しても絶対的に禁止されており、たとえ救助のための拷問であったとしても、特にドイツ刑法32条の「被要請性（Gebotenheit）」の要件の充足が否定されるため、緊急救助としては正当化されないはずである。つまり、私人による拷問行為に対する刑法上の正当化については、イェロウシェクは通説的な見解とは異なる立場を示していることになる。通説的な見解が私人に対しても拷問行為を絶対的に禁止して、刑法上違法な行為として評価する背景には、人間の尊厳を侵害する拷問行為からその対象者を保護すべき基本法上の義務が絶対的な形で妥当するため、たとえ私人が行う拷問行為の場合でも国家は対象者を保護しなければならないとする考えがあるのだと思われる。そして、当該の保護は、私人による拷問行為を国家が刑法上禁止して処罰することによって達成されると通説的な見解は解するのであろう。しかし、イェロウシェクは、このような考えに対して疑問を提起する。確かに彼からしても、公権力によらない私人の拷問行為から国家が市民を守ることは当然であり、拷問行為を刑法上の犯罪とする取り扱いの確保が国際法上求められている点も自明の事柄である[63]。しかし、その達成は、私人の拷問行為

---

61 例えば、Jerouschek/Kölbel, Folter von Staats wegen?（前掲注53）S. 620では、公権力による拷問行為は、事案の具体的な内容に関係なく、法治国家的な性格を有しないものであるとされている。しかし、比例原則の各要件について事後的な判断に基づく充足を要求したとしても、各要件をそのような形で満たし得る事案の存在は、理論的には肯定できるのではないかと思われる。

62 Jerouschek/Kölbel, Folter von Staats wegen?（前掲注53）S. 618参照。

が傷害罪なり強要罪なりの構成要件に該当することを肯定して、原則的に禁止の対象とすることで十分であり、実際の処罰までが求められるわけではないとする[64]。つまり、私人による拷問行為については、犯罪として構成要件該当性は認められるが、正当化事由の要件が満たされる限りでは違法性が欠けると主張するのである。こうして、イェロウシェクの理解によれば、基本法乃至は国際法上の拷問禁止原則は、通説がいうようにいわゆる社会倫理的な制限の内容の一つを構成して緊急救助による刑法上の正当化を制限するものではないことになる。そして、私人による拷問行為が被害者の生命なりを救助する目的でなされるときには、ドイツ刑法32条の要件の全てを満たす場合も十分にあり得るとされている[65]。

このように、イェロウシェクが、私人によって行使される救助のための拷問については拷問禁止原則の例外を認めて、刑法上正当化される可能性を肯定するのは、やはりここで刑法上の正当化まで完全に遮断してしまったら、拷問の対象である犯罪者（違法な侵害者）による無辜の被害者（被侵害者）の人間の尊厳乃至は法益に対する侵害を不当にも国家が許容することになってしまうという不都合を考慮したからであると思われる。しかし、私人による場合であれ、救助のための拷問が刑法上正当化されるという事態は、法秩序、即ち国家が当該拷問を許された行為として評価することを意味するはずである。イェロウシェクは、比例原則

---

63 例えば、拷問等禁止条約4条は、締約国に対して、拷問に当たる全ての行為を自国の刑法上の犯罪とする取り扱いの確保を求めている。

64 Jerouschek/Kölbel, Folter von Staats wegen?（前掲注53）S. 619 f.（なお同頁の Fn. 72）; Jerouschek, Gefahrenabwendungsfolter（前掲注53）S. 300を参照。

65 イェロウシェクは、国家が主体となる救助のための拷問について、比例原則の三つの要件である適格性、必要性、狭義の比例性が欠けるとしていたが、私人が主体となる場合には、如何なる意味で正当防衛の要件が満たされることになるのかを明らかにしていない。イェロウシェクは、私人による救助のための拷問がドイツ刑法34条の適用対象にもなり得るとして、緊急避難による正当化の可能性も理論的に肯定しているが（Jerouschek/Kölbel, Folter von Staats wegen？［前掲注53］S. 620）、法益均衡性を判断する際には、国家が主体となる場合とは異なり、拷問行為の正当化がもたらす濫用の危険性等を考慮する必要はないとしており、その理由として、国家と私人の行為では正当化の基準が異なる点を示唆している。従って、私人が行う救助のための拷問がドイツ刑法32条の要件を満たすか否かを判断するときにも、国家が主体となる場合とは異なる基準が妥当すると理解していることが推測される。既に述べたように、イェロウシェクは比例原則の充足を客観的に判断（事後判断）していると思われる（前掲注58参照）。となると、私人による救助のための拷問については、事前判断に基づく評価に依拠するのであろうか。後に詳細に論じるが、このように、国家か私人かという行為主体の相違に基づいて、正当化の判断基準を異なる形で理解する考え自体は正当なものである。

の充足の一律的な否定に基づいて、国家が主体となる救助のための拷問については、基本法乃至は国際法上の拷問禁止原則の妥当性をいわば絶対視していた。このような立場からすれば、例外的な正当化事由に関する判断とはいえ、私人による救助のための拷問を刑法レベルで許容されるものとして評価すること自体が、国家には禁じられるとすべきなのではなかろうか。イェロウシェクの見解には、論理の不徹底さが内在しているといわざるを得ないと思われる[66]。

　いずれにせよ、イェロウシェクは、以上のように私人が行う救助のための拷問については、刑法上正当化される可能性を肯定する。そして、警察法において緊急権留保条項が規定されている限りは、刑法上の正当化事由の警察官に対する適用を否定する理由もないとし、ダシュナー事件に見られたような警察官が救助のための拷問を行う場合についても、それが私人の場合と同じようにドイツ刑法32条の要件を満たす限りでは[67]、緊急救助として正当化されるとする[68]。しかし、ここでイェロウシェクが警察官による救助のための拷問について認めるのは、あくまで刑法上の正当化だけであり、当該拷問が警察法上禁止された違法な行為で

66　拷問禁止原則の絶対的な妥当性を出発点として、救助のための拷問が国家には例外なく禁止されるという前提に立つ限りは、私人による救助のための拷問の刑法上の正当化も否定せざるを得なくなると思われる。それ故、このような結論に至る通説的な見解の方が首尾一貫しているといえるだろう（前掲注22参照）。この点について、イェロウシェクは、国家に対して禁止される事柄が自動的にそのまま私人に禁止されるわけではないと主張している。しかしこれは、国家による救助のための拷問がその正当化については独自の基準に服するため、私人が行う場合よりも正当化されにくくなる結果、私人に許される場合でも、国家には禁止されることがあり得るということを意味するものでしかないと思われる。やはり、私人が行う救助のための拷問について刑法上の正当化を認めたいのであれば、その前提として、国家が主体となる救助のための拷問に関しても、比例原則の充足に基づいて正当化され得る場合があることを肯定しなければならないはずである。

67　Jerouschek, Gefahrenabwendungsfolter（前掲注53）S. 301は、ダシュナー事件について、誘拐の被害者が既に死亡していた点を除けば、ドイツ刑法32条に基づく緊急救助の成立を否定する論拠を見出すことはできないとして、フランクフルト地裁の判決を批判している。

68　Jerouschek/Kölbel, Folter von Staats wegen?（前掲注53）S. 620参照。しかし、国家の手足となって活動する公務員である警察官についても、私人と全く同じように刑法上の正当化を認めるというのでは、結論的には国家と市民を同じ条件の下で取り扱うことになってしまう。また、イェロウシェクからすれば、警察官による救助のための拷問についてはドイツ刑法34条の適用も肯定されるが（前掲注65参照）、緊急避難の要件を全て満たすような事例は事実上想定できないとしている（Jerouschek, Gefahrenabwendungsfolter［前掲注53］S. 302）。やはり、警察官が救助のための拷問を行う場合に緊急避難の成立を簡単に認めてしまったら、例えば、犯罪者の目の前でその家族を拷問することも攻撃的緊急避難として正当化せざるを得なくなってしまうからであろう。

あるとする公法レベルでの評価は維持される[69]。つまり、警察官による救助のための拷問も公法上は禁止された行為のままとなり、当該警察官は職務違反として懲戒処分を受けることになる[70]。このように、イェロウシェクは公法上の違法評価と刑法上の違法評価を分離させて、我が国の可罰的違法性の理論と同様の考えを表明しているが、まさにその理由としては、断片的性格を有するウルティマ・ラティオである刑法が公法上違法とされる行為の全てを違法と評価して処罰する必要もない点が挙げられている[71]。しかし、ダシュナー事件のように警察官が救助のための拷問を行う場合も結果的に刑法上正当化されるというのでは、拷問が国家権力によって濫用される危険性が当然に出てくる。この点については、警察法上は違法な行為として懲戒の対象になるとする公法レベルでの評価を明示すると同時に、刑法上の正当化事由の要件を厳格に解することによって、濫用の危険性を回避できるとイェロウシェクは主張している[72]。

以上のようなイェロウシェクの見解は、基本法及び国際法上の拷問禁止原則を公法レベルでは絶対的に堅持しながらも、刑法のレベルでは救助のための拷問の正当化を国家の機関に他ならない警察官が行う場合にも認めて、拷問の対象者とその者によって危険に晒された無辜の被害者双方の間での利益のバランスを図るものといえるだろう。しかし、その反面、イェロウシェク自身が拷問禁止原則の核心にあるとしていたはずの人間の尊厳の保障（に基づく国家による拷問行為からの絶対的な保護）は、あくまで専ら公法レベルでのものに相対化されてしまうのである。

イェロウシェクと同様の立場を主張するのがエルプである[73]。但し、エルプに

---

69 Jerouschek/Kölbel, Folter von Staats wegen?（前掲注53）S. 620 Fn. 81.
70 救助のための拷問は、違法な行為としての性格を公法上維持するのであるから、イェロウシェクからすれば、ブルッガーの見解とは異なり、救助のための拷問を行う義務を国家に課す必要もない。Jerouschek, Gefahrenabwendungsfolter（前掲注53）S. 300 f. 参照。
71 Jerouschek/Kölbel, Folter von Staats wegen?（前掲注53）S. 620; Jerouschek, Gefahrenabwendungsfolter（前掲注53）S. 301参照。
72 Jerouschek/Kölbel, Folter von Staats wegen ?（前掲注53）S. 620; Jerouschek, Gefahrenabwendungsfolter（前掲注53）S. 302参照。
73 エルプの見解については、特にErb, in : Münchener Kommentar zum Strafgesetzbuch（前掲注16）Rn. 173 ff. § 32; ders., Nothilfe durch Folter, JURA 1/2005, S. 24 ff.; ders., Notwehr als Menschenrecht, NStZ 2005, S. 593 ff.; ders., Notwehr bei präsenter staatlicher Hilfe, in: Rainer Griesbaum u. a. (Hrsg.), Strafrecht und Justizgewährung. Festschrift für Kay Nehm zum 65. Geburtstag, 2006, S. 181 ff.; ders., Zur strafrechtlichen Behandlung von „Folter" in der

よる考察の主眼は、救助のための拷問に関する刑法上の正当化の基礎づけに注がれており、特に自説の理論的な基礎として正当防衛権の自然権的性格を強調する点に彼の考えの独自性がある。まずエルプの見解においても、基本法乃至は国際法上の拷問禁止原則が依拠する人間の尊厳の保障の絶対性に基づいて、国家権力による拷問行為は例外なく禁じられる。つまり、公法レベルでは救助のための拷問であっても正当化されないことが出発点となる[74]。

エルプによれば、基本法1条1項を根拠として、市民同士が相互に尊厳を尊重し合うように働きかけを行う義務が国家には課せられている。このような立場からすると、私人が主体となって行使する拷問行為も、他者の尊厳に対する侵害として国家によって絶対的に禁止されるという結論になりそうである。しかし、救助のための拷問が私人によって実行される場合については、エルプは、当該拷問行為に対するドイツ刑法32条の適用を肯定し、緊急救助として刑法上正当化される可能性を認めている。救助のための拷問が問題となる状況下では、無辜の被害者の人間の尊厳乃至は生命といった法益が違法な犯罪者によって侵害されているため、拷問行為の形態であるとはいえ、被害者を救助するための正当防衛権の行使を国家が絶対的に禁止してしまうと、刑罰の威嚇によって必要な救助の不作為へと緊急救助者を強制する事態となり、結果的に国家が当該の違法な侵害行為を促進させ、その実現に積極的に関与することにすらなってしまう。このような帰結は、エルプからすれば、それ自体で基本法1条1項に違反する人間の尊厳に対する国家による積極的な侵害に他ならない[75]。しかし、だからといって、その際

Notwehrlage, in: Hendrik Schneider u. a. (Hrsg.), Festschrift für Manfred Seebode zum 70. Geburtstag am 15. September 2008, 2008, S. 99 ff.また、Christian Fahl, Angewandte Rechtsphilosophie - »Darf der Staat foltern?«, JR Heft 5/2004, S. 182 ff., 189 ff.もイェロウシェクと同様の見解を主張しているが、そもそも警察は救助のための拷問が問題となる事例については自白剤の投与によって解決を図るべきとする。

74 例えば、Erb, Nothilfe durch Folter（前掲注73）S. 26 f., 29 f.を参照。イェロウシェクによれば、救助のための拷問について公法上違法であるとの結論を下すためには、前提として比例原則の充足が否定されなければならなかった。しかし、エルプはこの点を特に検討しないまま当該の結論を自明のものとしている。おそらく、比例原則の充足に基づく正当化の可能性を最初から排除する形で、国家が主体となって行う拷問の禁止を絶対的な原則として捉えているのであろう。

75 Erb, in: Münchener Kommentar zum Strafgesetzbuch（前掲注16）Rn. 175 §32; ders., Nothilfe durch Folter（前掲注73）S. 27, 29; ders., Notwehr als Menschenrecht（前掲注73）S. 593 f., 597 f., 599; ders., Notwehr bei präsenter staatlicher Hilfe（前掲注73）S. 185, 187; ders., Zur strafrechtlichen Behandlung von „Folter" in der Notwehrlage（前掲注73）S. 107 ff参照。

に国家が緊急救助者に拷問行為の実行を認めてしまうと、今度は犯罪者の側にも人間の尊厳の侵害をもたらしてしまう。つまり、救助のための拷問においては、犯罪者と被害者との間で人間の尊厳の保障に関して衝突が生じるのである[76]。

　そこで、エルプは正当防衛権の自然権的な性格に着目する。彼によれば、そもそも正当防衛権の行使によって違法な侵害から正当な利益を守る状況というのは、国家による権力の独占が後退して自然状態に部分的に回帰した状態を意味しており、当該状況下では国家は介入を控えて事の成り行きを当事者にまかせることが要請されている[77]。そして、私人による救助のための拷問が問題となる場合もまさにこのような状況に他ならないのであるから、国家は、拷問行為から犯罪者を絶対的に保護するという原則の貫徹を私人が行う救助のための拷問については差し控えるべきであり[78]、当該の拷問がドイツ刑法32条の要件を満たす限りは、刑法上の正当化を認めなければならないと主張するのである[79]。こうしてエルプの見解も、救助のための拷問は、国家が主体となって行う場合については絶対的な禁止の対象となり、公法上違法であるとの評価を受けるが[80]、私人が主体

---

[76] Erb, Zur strafrechtlichen Behandlung von „Folter" in der Notwehrlage（前掲注73）S. 111 f.によれば、人間の尊厳の衝突は、公法レベルにおいて解消されないまま放置される。つまり、犯罪者の人間の尊厳を尊重する義務と被害者の人間の尊厳を保護する義務が、基本法1条1項第2文に基づいて、同時に国家に課せられたままとなる。エルプの見解では、前者の義務の観点から国家が主体となる救助のための拷問の実行は絶対的に禁じられ、公法上違法であるとの評価が堅持されるが、同時に後者の義務に基づいて、私人による救助のための拷問については拷問禁止原則を貫徹させずに当事者に事の成り行きをまかせて、刑法上の正当化を排除しないことが国家に求められるのである。しかし、後述するように、エルプが考えるこのような結論は、人間の尊厳の衝突を公法レベルで放置するという前提からは導き出せないと思われる。

[77] Erb, Nothilfe durch Folter（前掲注73）S. 27, 28, 29; ders., Notwehr als Menschenrecht（前掲注73）S. 594 f.; ders., Notwehr bei präsenter staatlicher Hilfe（前掲注73）S. 183 f., 189参照。但し、ders., Zur strafrechtlichen Behandlung von „Folter" in der Notwehrlage（前掲注73）S. 115 Fn. 61も見よ。

[78] Erb, Nothilfe durch Folter（前掲注73）S. 27によれば、当該状況において、国家が拷問禁止原則の貫徹を放棄したとしても、それにより犯罪者の人間の尊厳に対して国家による積極的な侵害が行われるわけではないとされている。やはり、救助のための拷問を国家の関与から離れた（部分的な）自然状態下での私人間の事象として捉える発想があるのであろう。

[79] Erb, Nothilfe durch Folter（前掲注73）S. 25 f.では、救助のための拷問行為もドイツ刑法32条の要件である必要性（適格性、最小侵害性）を問題なく満たすとされている。また、当該の拷問をいわゆる社会倫理的な制限の対象と捉えて、被要請性の充足を否定する通説的な見解は、被害者側の人間の尊厳に対する国家による侵害を容認する立場に他ならないため排斥されている。そもそもエルプは、正当防衛の成立を論じる際に被要請性の要件には独自の意義を認めていない（ders., Notwehr als Menschenrecht［前掲注73］S. 596参照）。

[80] それ故、エルプからすれば、救助のための拷問を行う義務が国家に課せられるわけではない

となって行使するときは緊急救助として刑法上正当化され得るという（イェロウシェクと同様の）結論に至ることになる[81]。

以上により、エルプは、私人が行う救助のための拷問を刑法上の正当化事由に当たる緊急救助行為と捉えて、拷問禁止原則の例外として位置づけるが[82]、ダシュナー事件に見られたように公務員である警察官が被害者を助けるために職務の一環として拷問を行使した場合についても、私人のときと全く同様に刑法上の正当化を認めている。何故ならば、エルプは、公務員が行う救助のための拷問を国家機関としての役割の背後にある一個人の側面が現れ出た行動と解しており、当該の拷問を部分的な自然状態下で執り行われる私人間の拷問行為と完全に同列に取り扱うからである[83]。エルプがこのように理解する背景には、救助のための拷問が問題となる状況において、緊急救助としての正当化が禁止された場合に認めざるを得なくなる、被害者側に対する国家による積極的な侵害という忌避すべき事柄が、私人か公務員かという拷問行為の主体の相違とは関係なしに生じるという事情がある。結果として、警察官が行った救助のための拷問も、警察法上の緊急権留保条項に基づいてドイツ刑法32条の要件を満たす限りは、緊急救助行為として刑法上正当化されることになるが、エルプからすれば、そもそも当該拷問は部分的な自然状態下での私人間の問題であり、公法レベルでの評価からは免れている。従って、公法上違法な行為として取り扱って、懲戒処分の対象とする必要もないとする[84]。前述したように、エルプは、救助のための拷問であったとし

（Erb, Notwehr als Menschenrecht［前掲注73］S. 602参照）。また、個別の警察官（後述するように、私人と完全に同視される）について、当該義務を認めることも消極的に解されている（ders., Zur strafrechtlichen Behandlung von „Folter" in der Notwehrlage［前掲注73］S. 122参照）。

81　このような結論の前提には、法的な評価を公法レベルと刑法レベルの間で厳格に分離させるエルプの考えがある。Erb, in: Münchener Kommentar zum Strafgesetzbuch（前掲注16）Rn. 169, 173 ff. § 32; ders., Nothilfe durch Folter（前掲注73）S. 28, 29参照。

82　エルプからすれば、国際法上の拷問禁止規範はあくまでも国家が主体となる拷問行為だけを想定したものであり、私人が行う拷問は当該規範の適用対象から除外される。Erb, Nothilfe durch Folter（前掲注73）S. 28; ders., Zur strafrechtlichen Behandlung von „Folter" in der Notwehrlage（前掲注73）S. 117 ff参照。

83　Erb, Nothilfe durch Folter（前掲注73）S. 28 f.; ders., Notwehr als Menschenrecht（前掲注73）S. 594, 599, 602; ders., Zur strafrechtlichen Behandlung von „Folter" in der Notwehrlage（前掲注73）S. 111 Fn. 48参照。また ders., in: Münchener Kommentar zum Strafgesetzbuch（前掲注16）Rn. 169, 170 § 32も見よ。

84　Erb, Nothilfe durch Folter（前掲注73）S. 29（なお同頁の Fn. 52); ders., Notwehr als Menschenrecht（前掲注73）S. 599（なお同頁の Fn. 61); ders., Notwehr bei präsenter staatlicher Hilfe

ても公法上は例外なく違法であるとする前提に立っていた。このような考えからすると、国家機関である警察官が行う救助のための拷問については、少なくとも公法レベルでは違法であるとの結論に至るはずである。確かにエルプからしても、当該の拷問が公法上違法なものであるとの評価は不可避とならざるを得ない。しかし、そのような違法性の主体は、あくまでも「制度としての警察[85]」という抽象的な国家機関に限定されることになり、個人（私人）としての側面に焦点が定められた個別の具体的な警察官（公務員）は、公法レベルでの違法性の主体の範疇からは除外されるのである。

　エルプの見解は、正当防衛権の自然権的な性格を強調しながら、私人による救助のための拷問に対する刑法上の正当化を肯定するものであるが、その際に個々の公務員の存在も私人と完全に同様に取り扱われるのであるから、正当化の射程はかなりの広範囲に渡ることになる。そもそも実際上の国家の活動が個々の公務員に担われている現実を考慮する限り、逆に正当化され得ない救助のための拷問行為を想定する方が難しいであろう[86]。こうして、エルプによっても出発点とされていたはずの、拷問を少なくとも公法上は例外なく違法な行為として禁止する絶対的な拷問禁止原則の妥当性は、——イェロウシェクの見解と比較してより先鋭的に[87]——制度としての国家（機関）が主体となる抽象的なレベルでのものに制限されるのである。このように救助のための拷問を広範囲に許容するエルプの考えの中核にあるのは、ダシュナー事件[88]或いは ticking time bomb 状況で問題とな

　　（前掲注73）S. 187; ders., Zur strafrechtlichen Behandlung von „Folter" in der Notwehrlage（前掲注73）S. 107 Fn. 39参照。これに対して、ders., in: Münchener Kommentar zum Strafgesetzbuch（前掲注16）Rn. 175 §32では、懲戒処分の対象となる旨が示唆されていた。エルプは考えを改めたことになるが、やはり警察官による救助のための拷問を公法上違法なものと捉えて懲戒処分の対象にしてしまうと、結果的に無辜の被害者に対する救助の抑制につながり、犯罪者の違法な侵害行為を促進させてしまう点が懸念されたからであろう。

[85]　Erb, Nothilfe durch Folter（前掲注73）S. 29.
[86]　当然にエルプの見解においても、拷問行為が濫用されて行く「ダムの決壊」の危険が問題となるが、ドイツ刑法32条の要件を厳格に解することにより対処せざるを得ない（例えば、Erb, Zur strafrechtlichen Behandlung von „Folter" in der Notwehrlage［前掲注73］S. 119 ff参照）。但し、エルプは、ダシュナー事件のように正当化事由の錯誤が問題となる場合について、誤想した防衛者にかなり有利な形で錯誤の回避不可能性を肯定している（ders., Nothilfe durch Folter［前掲注73］S. 29 f.; ders., Notwehr als Menschenrecht［前掲注73］S. 601 Fn. 75参照）。
[87]　イェロウシェクは、救助のための拷問を公法上違法な行為として捉え、それを行った警察官は懲戒処分の対象になると主張していた。
[88]　Erb, Notwehr als Menschenrecht（前掲注73）S. 598は、ダシュナー事件について、被害者が既

るように、無辜の被害者の人間の尊厳及び生命が現実的な侵害に晒される場合においては、国家が拷問禁止原則を絶対的な価値として貫徹させて、被害者のために実行される救助行為を断念させることは許されないという思想である[89]。拷問禁止原則のような抽象的な価値観を維持するために、国家が被害者の人間の尊厳及び生命を否定し、更には、違法な行為を行った者として緊急救助者（具体的な個別の公務員を含む）を処罰するとしたら、それは全体主義の発想に他ならないとエルプは喝破している[90]。

　以上のようなエルプの見解の要諦は、救助のための拷問が問題となる状況について、犯罪者（侵害者）と被害者（被侵害者）の間での人間の尊厳の保障の衝突を認めながらも、その際に優劣を付けることなく、犯罪者の人間の尊厳を尊重する義務と被害者の人間の尊厳を保護する義務の履行を同時に国家に求める点にあるといえる。つまり、前者の義務が課されているが故に、被害者の救助のためであったとしても国家には拷問行為の実行が公法上絶対的に禁じられ、同時に後者の義務が根拠となって、国家は、緊急救助として拷問を行う私人に対しては、刑法上の正当化の遮断を通じて被害者の救助を妨害してはならないとされるのである。いわばエルプの見解は、公法レベルで犯罪者の人間の尊厳の保障を絶対化しながら、刑法レベルでは被害者の人間の尊厳の保障を優先的に考慮するものであり[91]、公法と刑法で評価を分離させて、犯罪者と被害者双方の人間の尊厳の保障のバランスを図る考えに他ならないといえるであろう。このような結論を理論的に基礎づけるための前提として、エルプは正当防衛権の自然権的な性格を強調していた。つまり、私人が救助のための拷問を緊急救助として行う状況が、部分的

　　に死亡していた点を除けば、正当防衛（緊急救助）の要件を全て満たすとしている。また、ダシュナー事件を論評した ders., Nicht Folter, sondern Nothilfe, DIE ZEIT 09. 12. 2004 Nr. 51（http://www.zeit.de/2004/51/Essay_Daschner）も参照。

89　救助のための拷問が正当防衛権の行使として私人（個人としての警察官）に許されるとすると、それを阻止しようとする別の警察官を排除するために強制力がなされた場合の取り扱いが問題となる。これについては、Erb, Notwehr bei präsenter staatlicher Hilfe（前掲注73）S. 187 Fn. 22を参照。

90　Erb, Nothilfe durch Folter（前掲注73）S. 30; ders., Notwehr als Menschenrecht（前掲注73）S. 600（なお同頁の Fn.66）, 601; ders., Zur strafrechtlichen Behandlung von „Folter" in der Notwehrlage（前掲注73）S. 114 ff.参照。

91　エルプは、公法レベルでは人間の尊厳の保障の衝突を放置するが、刑法レベルでは比較衡量を行って、被害者の人間の尊厳の保障の側に重点を置いている（Erb, in: Münchener Kommentar zum Strafgesetzbuch［前掲注16］Rn. 174 §32参照）。

な自然状態として捉えられ、当該の状況下では国家は介入を控えて、事の成り行きを私人である当事者に委ねなければならないとの主張がなされていたのである。しかし、正当防衛が問題となる状況というものが、エルプ自身も認めるように、完全な自然状態ではなく、あくまでも部分的な自然状態である点に注意しなければならない。つまり、法秩序(国家)の大部分はいまだ現存しているのである。このような前提の下では、国家は介入・規制を放棄して、当事者に事の成り行きを委ねるべきとするエルプの主張も―完全な自然状態を念頭に置いた―不適切な理解でしかないと思われる。もし仮に、国家は正当防衛状況について評価を行うという意味での介入を控えるべきであるというのであれば、そもそもドイツ刑法32条による規制自体が不可能になってしまうであろう。しかし、エルプ自身も救助のための拷問行為を同条の要件に服させるのであるから、実は国家による規制・介入を暗黙の前提にしているといわざるを得ない。

　救助のための拷問に対する刑法上の正当化は、当該拷問が国家によって正当な行為として評価され、許容されることを意味している。このようなことが可能となるためには、そもそも国家自身が主体となる場合についても、救助のための拷問が許される可能性がなければならないはずである。つまり、公法レベルでの正当化可能性をまずは想定する必要があると思われるのである。エルプは、国家には被害者側の人間の尊厳を保護する義務が課されており、それを果たすことが正当な法秩序の条件であるとさえ主張している[92]。このように考えるのであれば、むしろ国家が主体として想定される公法レベルにおいても上記の義務の履行を優先的に考慮して、救助のための拷問の正当化可能性を肯定すべきであろう。正当防衛権の自然権的性格に着目するエルプの考えは、論点をあたかも私人間の問題であるかのように捉えることによって、救助のための拷問の刑法上の正当化について前提にすべき事柄―公法レベルでの正当化可能性―を隠蔽するための理論構成に他ならないと思われる[93]。

92　Erb, Nothilfe durch Folter(前掲注73) S. 29参照。救助のための拷問について刑法上の正当化を認めなければ、国家が被害者に対して積極的な侵害を行うことになるとエルプが主張するのも、正当化の遮断が被害者の人間の尊厳を保護する義務の違反であるからに他ならない。つまり、刑法上の正当化の許容は、実はエルプの見解においても、国家が当該義務の履行として行う一つの評価・介入なのである。

93　エルプによれば、①公法レベルで犯罪者側の人間の尊厳の保障が絶対化され、同時に②刑法レベルでは被害者側の人間の尊厳の保障が優先される。しかし、①を出発点とするのであれば、刑法レベルでも犯罪者側の人間の尊厳を絶対的に保障しなければならないはずである。そして、②

また、エルプの見解については、公務員（警察官）の行為を無条件的に私人の行為と同一視する点に問題があるといわざるを得ない。このような考えに基づいて、国家の機関である警察官が行う救助のための拷問も私人と同じ条件の下で正当化されるとする結論が導き出されていた。前述したように、このような結論は、公法上絶対的に禁じられるとされたはずの拷問行為の主体を制度としての抽象的な国家に限定してしまい、国家機関が行う救助のための拷問を事実上許容するものである。しかし、これではエルプの見解の出発点であった公法レベルでの拷問の絶対的な禁止も破綻を免れないのではなかろうか[94]。そもそも、たとえ刑法レベルであったとしても、国家機関である公務員について私人と同様の基準による正当化の可能性を認めることは、結局のところ国家と市民を同列に扱う考えに他ならないため不当であると思われる[95]。

第5節　法的強制としての危険防御・正当防衛

　以上、救助のための拷問の正当化をめぐってドイツでなされている議論について、必要な場合にはその都度批判を加えながら概観してきた。そこからは、救助のための拷問の正当化の是非が、緊急の場合であれば国家は無辜の被害者の保護を優先させて、犯人の人間の尊厳を尊重する義務の履行を後退させ得るのか否かという点に最終的には集約されることが明らかになった。つまり、救助のための拷問については、仮に私人が主体となる刑法レベルでの正当化を認めるにしても、当該の正当化は法秩序（国家）が執り行う一つの評価行為に他ならないのであるから、その場合には、そもそもの前提として国家が主体となる公法レベルにおいても、救助のための拷問が許容される可能性が肯定されなければならないのである。

　を基礎づけたいのであれば、本来は、前提として公法レベルでも被害者側の人間の尊厳の保障を優先すべきなのである。従って、エルプによる正当防衛権の自然権的性格の強調については、②の点を主張しながら①の点を維持するための無理のある理論構成であるといわざるを得ないであろう。
94　救助のための拷問についてエルプが重視した観点、つまり、無辜の被害者を保護すべきとの考えからすれば、やはり出発点である公法レベルでの拷問行為の絶対的な禁止もその意義を弱めざるを得ないのであろう。しかし、むしろ理論的な首尾一貫性を維持するためにも、出発点自体を見直すべきではないかと思われるのである。
95　イェロウシェクの見解においても同様の問題が見られた。前掲注68参照。

第5節　法的強制としての危険防御・正当防衛　　205

　この点について、ブルッガーは救助のための拷問の公法上の正当化をカント法哲学における法的強制の権能の概念と結び付けて主張していた[96]。人間の尊厳、換言すれば、人格性に対する侵害であることが直感的には否定し難い救助のための拷問が、人格の主体性を基礎にして法のあり方を構想したカントの法思想と調和し得るのか否かという問いは、検討に値するものであると思われる。何故ならば、当該の問いに対する回答は、それが否定的なものであれ、肯定的なものであれ、ドイツの通説的見解及び正当化を認める諸説の双方に対して、それぞれの内容の正当性を補強する法哲学的な基盤を——少なくともカント主義の立場から——提供し得るものだからである。

　『人倫の形而上学』の「法論」においてカントは、自由の一定の使用が普遍的法則に基づく自由の保障を妨害する場合、つまり、不法な行為である場合には、当該の自由の使用に対する強制は、自由の妨害を妨げるものとして、普遍的法則に基づいた自由の保障と調和する正当な権限の行使であると主張していた[97]。つまり、普遍的法則に基づいた自由の保障とは、カントにとり、法の内容そのものを意味するものであるから[98]、法の概念は必然的に上のような強制の権能を含んでいることになり、更には、不法な行為に対して自己の権利を守るための強制を相互的に行使する権能が、法の主体である各人格に認められるのである。このように、カントにおける法的強制の権能は、本来的には個別の各人格に帰属する法的な権限として既に自然状態の下で想定されるものであるが、自由の普遍的な保障をより確実にするために、社会契約を通じて法秩序（国家）が形成された後は[99]、法的強制の執行を担う主体は原則的に国家のみとなる。不法な危険行為に

---

[96]　前掲注48参照。

[97]　Kant, MdS, A 34, 35 ff./B 35 ff.（邦訳50頁以下）参照。カントにおける法的強制の概念については、Michael Köhler, Zur Begründung des Rechtszwangs im Anschluß an Kant und Fichte, in: Michael Kahlo u. a. (Hrsg.), Fichtes Lehre vom Rechtsverhältnis, 1992, S. 93 ff., 101 ff.; Jakobs, Rechtszwang und Personalität（前掲注23）S. 9 ff.（邦訳3頁以下）も見よ。

[98]　カントは、法をある者の選択意志（Willkür）が他者の選択意志と自由の普遍的法則に従って調和できるための諸条件の総体であると定義し、その際に要請される普遍的な法の法則（法に適った行動原則）の内容として、外界において他者の自由と普遍的な形で調和できるように自己の選択意志の自由な使用を規制することを各人に求めている（MdS, A 33 ff./B 33, 34 f. ［邦訳48頁以下］参照）。つまり、カントの法概念において重要であるのは、外界における自由の普遍的な保障それ自体に他ならない。また、「徳論」における叙述であるが、MdS, A 7も参照。そこでは、法における行動原則の内容がより直截に「行為者の自由」と結び付けて表現されている。

[99]　Kant, MdS, A 154, 155 ff./B 154 ff., A 169/B 199（邦訳147頁以下、158頁）を参照。

対して国家(機関)が行使する危険防御のための強制手段などは、この法的強制の典型例である。しかし、国家による法的強制の執行が間に合わない緊急の場合については、自らの権利を守るための法的強制の権能を人格である個々人にも認める必要がある。法秩序の下で例外的に個々人に留保されている、このような法的強制の権能こそが、正当防衛に代表される刑法上の緊急権に他ならない[100]。救助のための拷問の正当化を論じる際には、国家による危険防御或いは私人による正当防衛(緊急救助)として当該拷問が許されるか否かが問題となっていた。危険防御も正当防衛も法的強制を具体化したものなのであるから、救助のための拷問の正当化全般は、法的強制の概念の下で統一的に論じることが可能となる。

　正当な法的強制の行使といえるためには、その対象となる不法な行為の程度に見合ったものでなければならない。カントの考えによれば、法秩序では各人が外界において独自のものとして有する自由の領域が普遍的に保障されるが、そのための前提として、まず互いに他者を自己と同等の自律性を備えた人格として承認し合う関係(相互承認的な法関係)[101]が、普遍的な法的法則を通じて形成されなければならない[102]。そして、この自由な人格同士の相互的な関係性を客観的な立場からより強固に保障するために、法秩序である国家が社会契約を通じて設立されるわけである。国家的な法秩序においては、相互承認的な法関係に基づく自由の調和も(理念的には)完全な保障を受けることになり、既に自然状態下で各人に遵守が要請されていた、他者の自由に対する配慮を内容とする法的法則も、普遍的な規範的効力を付与されて、国家が公的に発する様々な法律(Rechtsgesetz)として具体化される。刑法もその一例である[103]。このような状況下で違法な侵害行

100　正当防衛だけでなく、緊急避難も当然に法的強制の一種である。しかし、法的強制としての緊急避難の基礎づけについては、本稿では考察の対象外とする。

101　Luf, Freiheit als Rechtsprinzip(前掲注50) S. 157 f.参照。また Kant, MdS, A 139, 140(邦訳350頁)も見よ。

102　普遍的な法的法則については、前掲注98参照。相互承認的な法関係を形成するために、各人は普遍的な法的法則に適った形で自己の自由を行使することが求められる。この法的法則は、国家設立以前の自然状態における他者の自由への配慮を内容とする一種の行為規範であり、理性的な存在者である各人が、他者との間での自由の調和を実現するために、自発的に従うべきものとして想定されている。しかし、自然状態下では、その遵守の有無及び程度は各人の主観的な理性に委ねられるため、目指される自由の調和も必然的に不完全なものにしかならない。

103　刑法上の行為規範は、カントがいう普遍的な法的法則を国家レベルにおいて具体化したものである。これについては、拙稿「カント刑罰論における予防の意義と応報の限界」香川法学28巻2号(2008年)25頁注(5)を参照(同論文は、本書59頁以下に所収されている)。

為を行う者は、いわば不法の格率[104]を自己の行動原則にして活動してしまい、本来認められるべき自己の自由の領域を不当に拡張して具体的な被侵害者の自由の領域を制限するだけでなく、同時に自由を普遍的に保障している法秩序の規範的効力を侵害している。ここで、当該侵害者による不法の格率の貫徹をそのまま放置してしまうと、具体的な被侵害者が自己の自由の基盤である法益を侵害されるだけでなく、法秩序における自由の普遍的保障が否定されてしまい、自由の保障が不安定であった自然状態への立ち返りを認めることに他ならなくなる。そこで、このような事態を回避するために、国家及び被侵害者（乃至は第三者の個人[105]）には、法的強制を行使して不当に拡張された侵害者の自由の領域を本来あるべき範囲に押し戻す権限が認められるのである[106]。この意味で法的強制は、自由の不当な拡張である不法な行為に相応した程度のものでなければならない。

また、法的強制が行使される場面では、違法な侵害行為による自然状態への立ち返りも部分的な段階に留まっており、完全な自然状態にはいまだ至っていない点に注意すべきである。仮に完全な自然状態下だとすると、法秩序はもはや存在しないのであるから、国家が主体となる法的強制（危険防御）は想定できなくなるし、私人が行う法的強制（正当防衛乃至は緊急救助）に対する国家による法的な規制も不可能になってしまう（刑法上の正当防衛の規定などは無意味となる）[107]。つまり、正当に法的強制が行使されるためには、違法な侵害行為によって招来され

---

[104] カント自身は、「犯罪者の格率（悪い行いを自分の規則とする）」という表現を用いている（MdS, A 179/B 209, Anm.＊［邦訳166頁］参照）。また、カント主義の立場から犯罪概念を構想するRainer Zaczyk, Schuld als Rechtsbegriff, ARSP – Beiheft Nr. 74, 2000, S. 112（＝宮澤浩一・飯島暢訳「法概念としての責任」法学研究［慶應義塾大学］74巻10号［2001年］107頁）は、「相互的な自由を保障するのではなく、専ら主体関係的（利己的）な行為原則」と言い表している。

[105] 侵害者の不法の格率が貫徹される場合、法秩序における自由の普遍的保障が不安定になることからの帰結として、実は第三者である他の個人も自己の自由を安全に行使できなくなるという「被害」を被る。それ故に、法的強制（緊急救助）の行使が被侵害者以外の第三者にも正当な権限として認められるのである。もっとも、一般的には被救助者の（推定的な）意思との合致が緊急救助の際には要求されている（例えば、Michael Köhler, Strafrecht Allgemeiner Teil, 1997, S. 276）。被害者の同意により構成要件該当性乃至は違法性が欠ける犯罪類型については、被侵害者が犯罪者（侵害者）の攻撃を受け入れても、法秩序における自由の普遍的保障は否定されないと思われるので、そのような犯罪類型に限れば、第三者が緊急救助を行う権限を得るために被救助者の（推定的な）意思との合致が必要になるといえるであろう。

[106] 例えば、Köhler, AT（前掲注105）S. 261は、法が喪失した状態への切迫した回帰に対抗するものとして正当防衛権を捉えている。

[107] 仮に完全な自然状態下だとすると、攻撃を受けた被侵害者が全く無制限な形で抵抗することも可能となってしまう。この点を正当にも指摘するものとして、Köhler, AT（前掲注105）S. 261.

る自由の普遍的保障が動揺している状況も、あくまで部分的な自然状態を意味するものでしかなく、法秩序の大部分はいまだ確固として現存していることが前提とされなければならない。そして、この点から法的強制を行使するときに課される一つの制約が導き出されてくる。

　法秩序の大部分が存在しているとすると、その範囲では違法な侵害者もまだ法秩序の構成者である人格としての地位を保持していることになり、法的強制の行使の際にはその者の人格性が配慮されなければならない。つまり、法的強制は、不当に拡張された自由を相殺させるために、不法な行為に相応した程度でなされる強制手段でしかなく、その目的も侵害者を本来その者に認められるべき自由の領域内に押し返して、法関係（自由な人格同士の相互的な承認関係）をあるべき姿に回復させることだけに限られるのである。法的強制を通じて、相互に自由を配慮し合う法関係が再び均衡した状態に戻れば、自由を普遍的に保障するための法秩序の規範的効力も維持される[108]。しかし、そのためには、法的強制の主体である国家と個人は、侵害者を法秩序の構成者或いは法関係を共に形成する相手方である人格として配慮する必要がある[109]。換言すれば、法的強制は侵害者の人格性を完全に剥奪する形では執行されてはならないのである。

　このように考えると、犯罪者（違法な侵害者）の人間の尊厳を侵害するとされる救助のための拷問などは、法的強制としては到底許されないという結論に至りそうである。しかし、救助のための意図的な射殺や殺害による正当防衛に見られるように、法的強制による生命侵害を通じた侵害者の人格性の完全な剥奪も実定法上一応のところ問題なく認められている[110]。一見すると矛盾しているかのように思われる事態であるが、この点については以下のような説明が可能であろう。つまり、違法な侵害者を殺害しないと、逆に不法の格率の貫徹を阻止できずに被侵害者の人格性の喪失につながる危険性がある場合については[111]、法的強制を行

---

[108] 自己の自由を拡張した違法な侵害者は、より多くの自由を獲得しているかのように見えるが、自由の不当な拡張は、法秩序における自由の普遍的保障を害する行為でしかないため、侵害者は、自己矛盾的に自由を安全に行使する可能性を失ってしまう。従って、法的強制による自由の普遍的保障の維持は、侵害者自身も理性的に受け入れるべき事柄として想定されなければならない。ここから、不法な行為に相応した限度で法的強制を受忍する義務が侵害者には生じることになる。
[109] Köhler, AT（前掲注105）S. 261, 271は、違法な侵害者との間でカント的な意味での法関係が継続している点を強調する。
[110] Köhler, AT（前掲注105）S. 269; Jakobs, Rechtszwang und Personalität（前掲注23）S. 17（邦訳17頁）参照。また、カントも正当防衛による殺害を許容していた。前掲注52参照。

使する際の原則である侵害者の人格性に対する配慮義務も例外的に解除されざるを得ないのである[112]。当該義務は、そもそも被侵害者と侵害者との間での法関係を存続させて自由を普遍的に保障する法秩序の規範的効力を維持するために、法的強制の執行者（正当防衛の場合は被侵害者自身）に課されるものであった。その際には、自由が脅かされた被侵害者も再び自由の普遍的な保障を享受できることが当然に含意されている。しかし、そのような義務の遵守が自己の自由の源である人格性の喪失につながる状況であるにもかかわらず、例えば、正当防衛を行う被侵害者に対して頑なに遵守を要求するのでは、自由の実現を内容とする法における義務としては自己矛盾であるといわざるを得ない[113]。つまり、被侵害者の人格性が失われかねない状況については、それに見合った法的強制の行使として国家乃至は個人（被侵害者又は第三者）には殺害行為も例外的に許容されるのである。この場合、違法な侵害者から法秩序の構成者としての地位が剝奪されることは、不可避の事柄とならざるを得ない[114]。その限りでは、法秩序（国家）は自己

---

[111] このことは、いわゆる補充性の要件を要求するものではない。当該要件を必要とするのでは、不法の格率を貫徹させようとしている侵害者との関係で、無辜の被侵害者の人格性の保護を後退させすぎることになると思われる。この点について我が国では、佐伯仁志「正当防衛論（2）」法学教室292号（2005年）77頁が、生命に対する危険の高い反撃については、補充性を要求するのが適切であるとしているが、疑問である。また、被侵害者が人格性を喪失する危険性は、生命侵害乃至は身体に対する重大な侵害の危険性がある場合には当然に認められる。そして、限界事例ではあるが、芸術家の畢生の大作のような、その者の人格性を構成している重要な財物が危険に晒されている状況についても人格性の喪失の危機は肯定されてよいであろう。

[112] Köhler, AT（前掲注105）S. 262は、このような状況について「自然状態に類似した過酷さ」を認めている。

[113] 同様のことは、緊急救助或いは危険防御についても当てはまる。第三者或いは国家にも、被侵害者の人格性の喪失を見過ごしてまで、侵害者の人格性だけを配慮する義務はない。

[114] この点において（国家が主体となる）法的強制（Rechtszwang）と法的刑罰（Rechtsstrafe）の差異が際立って現れてくる。カント自身の見解とは異なるが、カント主義の立場を首尾一貫させる限り、死刑によって犯罪者から法秩序の構成者としての地位を剝奪することは許されない（詳細については、拙稿「法概念としての刑罰」法学政治学論究［慶應義塾大学］54号［2002年］65頁以下、同「カント刑罰論における予防の意義と応報の限界」［前掲注103］22頁、33頁注(79)を参照）。刑罰では、侵害された法秩序の規範的効力及びそれによって保障される各人の自由を犯罪後において回復させることが念頭に置かれている。これに対して、法的強制では犯罪（違法な侵害行為）が今まさに行われている状況下でのその阻止が重要となる。例えば、被害者の人格性を喪失させる犯罪行為についていえば、前者では既に被害者の人格性は失われてしまっているが、後者では、喪失の危機には見舞われているもののまだ失われてはいない。それ故に法的強制では、被害者（被侵害者）の人格性を保護するのに必要な場合であれば、それを優先させて、犯罪者（侵害者）の人格性、つまり、法秩序の構成者としての地位の剝奪が例外的に許容されるわけである。但し、ここでは、犯罪者（侵害者）に課される殺害を受忍する義務をどのようにして基礎づ

の基盤を失う結果となるが、被侵害者と他の大多数の人格との間での法関係は継続するのであるから、法秩序にとっても、侵害者による不法の格率の貫徹に基づく自然状態への（部分的な）回帰が放置されるよりかはましであると考えて、それに満足するしかないと思われる。

　以上から、違法な侵害行為に相応した法的強制である限り、場合によっては（例外的に）侵害者からの人格性の剥奪も可能であることが明らかとなった。但し、その前提として、国家乃至は個人が具体的に執り行う法的強制は、あくまでも違法な侵害行為に相応した正当な強制手段の行使でなければならない。正当な法的強制の行使といえるためには、国家と個人による強制手段の実行は、それぞれについて課されている正当化要件（つまり、比例原則及び正当防衛の要件）を充足する必要がある。しかし、その際の判断基準は、国家或いは個人という主体の相違に応じて異ならざるを得ないと思われる。危険防御を定めた警察法上の規定及び刑法上の正当防衛の規定は、正当な形で法的強制を行使するための行為規範であり、カント的な意味での自由の保障に関わる普遍的な法的法則を法秩序において具体化したものである。

　国家とは、法秩序としての客観的な立場から自由の普遍的保障を自己の下で維持するために、自由の相互制限を念頭に置いた行動基準である法的法則を様々な実定法の形態で個人に課してくる存在である[115]。従って、そのような立場にある国家が、自由の保障に関わる法秩序の普遍的効力を維持するために、実定化された法的法則に適った行為を自ら行う場合には、当該法的法則の要件の充足が客観的に求められることになる。具体的にいえば、国家が警察法で規定された危険防御を行使する際には[116]、比例原則の各要件は、事後判断に基づいて客観的に満たされなければならない[117]。

　　　ければ良いのかが問題となる。カントが刑罰の強制的な性格を説明する際に挙げていた犯罪者の本体人（homo noumenon）としての側面に着目して（MdS, A 203 f./B 232, 233 f.［邦訳183頁以下］参照）、当該受忍義務は、犯罪者（侵害者）も理性的に受け入れるべき事柄であると理解するしかないのかもしれない。

115　特に、Köhler, AT（前掲注105）S. 277を参照。
116　勿論、この場合に危険防御を具体的に執り行う主体は、個々の公務員である。公務員が法的強制を行使するときの取り扱いについては後述する。
117　但し、そもそも警察法上の危険防御の前提である「危険」については、ドイツの判例と学説の多くは、純粋に客観的な立場から判断を行っているわけではないようである。この点に関しては、米田雅宏「危険概念の解釈方法（二）」自治研究83巻10号（2007年）87頁以下、特に93頁を参照。

これに対して、私人が主体となる正当防衛及び緊急救助については事情が異なってくる。つまり、私人によって執り行われる正当防衛乃至は緊急救助が違法な侵害行為に相応した正当な法的強制となるためには、要求される要件の充足も行為時の一般人の視点に基づいた事前判断によるもので十分となる[118]。何故ならば、正当防衛（緊急救助）が問題となる場合というのは、国家が本来果たすべき法秩序における自由の普遍的保障の維持を個々人に対して履行できない状況に他ならないため、国家は自己が行うときと同様の形での要件の充足を個々人には要求できないからである[119]。やはり、私人が主体となって法的強制を行使する場合については、その限りでは（部分的な）自然状態下での出来事という側面がクローズアップされざるを得なくなる[120]。具体的にいえば、正当防衛の要件である防衛手段の「適格性」及び「最小侵害性」に関しては、事前判断に基づく充足が要求されるという結論になる[121]。但し、正当な法的強制になるためには、違法な侵害行為に見合った、つまり、相応した強制手段でなければならないのであるから、いわば国家が主体となる場合に要求される比例原則[122]の第三の要件である狭義の比例性（利益衡量）に対応する要件として、事前判断に基づく（侵害行為と防

---

[118] 勿論、正当防衛の規定の要件の全てが事前判断によって決せられるわけではない。ここで念頭に置かれているのは、違法な侵害行為がなされた前提の下で、それに対する正当な法的強制の行使といえるために要求される「必要性」のような行為に関連した要件である。つまり、いわゆる急迫不正の侵害の存在や侵害者に発生する法益侵害などは客観的に確定されなければならない。これについては、特に井田良「違法性阻却の構造とその実質的原理」山口厚他『理論刑法学の最前線』（2001年）64頁及び同頁の注（16）、同『刑法総論の理論構造』（2005年）161頁以下も参照。

[119] 特に、Köhler, AT（前掲注105）S. 261 f., 271 f.を参照。

[120] これに対して、国家が主体となる法的強制については、法秩序の大部分の現存という側面が重視されるのである。また、私人が主体となる場合でも、法的強制の執行者である防衛者（被侵害者）乃至は緊急救助者本人の主観的な視点は基準にはならないと思われる。何故ならば、そのような「制限された主観的な理性」が基準となって判断が行われるのでは、正当防衛や緊急救助は完全な自然状態下での出来事になってしまうからである。部分的な自然状態（つまり、法秩序の大部分の現存）が前提とされる限りは、法的強制の正当性に関する判断基準をそこまで主観化することは許されない。やはり、まだ法秩序が現存しているのであるから、実定化された法的法則の名宛人として想定されている法秩序の一般的な構成者の視点が基準とならざるを得ないのである。なお、犯罪論においては、いわゆる行為無価値的要素を判断する際に、行為者本人ではなく、行為時の一般人の視点がしばしば基準として援用されている。これも犯罪行為が部分的な自然状態下での出来事である点と関係しているのかもしれない。

[121] 既に述べたように、一般的にドイツ刑法学では「適格性」と「最小侵害性」の両方が「必要性」の要件の内容として位置づけられている。これに対して、通常我が国では「適格性」及び「最小侵害性」は、別個に「必要性」と「相当性」の要件の下でそれぞれ論じられている。

[122] 比例原則については前掲注41を参照。

衛行為との間での）均衡性も正当防衛が認められるためには必要になると思われる[123]。法的強制としての殺害行為は、あくまでも例外的に許されるものであった。この点に着目する限り、特に殺害結果を惹起した防衛行為についてだけは、私人が主体となる場合でも例外的に事後判断に基づく（侵害法益と保全法益の）均衡性を要求すべきなのかもしれない[124]。しかし、このような考えは、私人に対して国家と同じ立場で行動することを求めるものであり、妥当とは思われない。

警察法上の危険防御に代表される国家（機関）が主体となる法的強制については、私人が行使する正当防衛の場合と比較してより厳格な基準が要求されることが明らかになった。だが問題となるのは、例えば、公務員である警察官が警察法上の規定によってはカバーされない強制手段を緊急権留保条項に基づいて行使した場合の取り扱いである。ドイツの諸州の警察法では緊急権留保条項が定められており、警察官も刑法上の正当化事由に依拠できるとされている。となると、警察官も原則的に私人が行うのと同じように刑法で規定された正当防衛（緊急救助）権を行使し得るという（イェロウシェクやエルプが主張したような）結論になりそうである[125]。しかし、実際上は、国家の活動もその機関である個々の公務員を通じてなされるものであるから、当該の結論のように、公務員の行為について私人と同様の基準に基づく刑法上の正当化を認めてしまうと、結局のところ国家を私人と同列に扱うことになってしまう。やはり、国家が法秩序を維持するために客観

---

[123] 確かに、侵害性が最小で防衛に適した手段がとられる限り、多くの場合ではそのまま均衡性の要件も肯定されると思われるので、別個に独立した要件として考慮する実益は乏しいかもしれない。しかし、軽微で代替可能な財産に対する攻撃がなされているにしかすぎない状況については、当該の財産を守るためになされる、攻撃者の生命を侵害する危険性を備えた防衛行為（及びそれによる殺害結果）は、たとえ一般人の視点から適格性と最小侵害性が肯定されたとしても、正当防衛としては認められない。何故ならば、上のような状況は、法的強制として殺害行為が例外的に許容されるための前提（つまり、防衛者自身の人格性が失われかねないという事情があること）には当てはまらないからである。このような場合、当該の防衛行為は軽微で代替可能な財産に対する攻撃との関係では一般人の視点から見て相応したものではない（即ち、均衡性の要件を満たさない）と考えて、正当防衛の成立を否定する必要があると思われる。この均衡性の要件を我が国における議論の枠組みの中に位置づけるとしたら、「相当性」の内容の一つとして捉えることができるであろう。
[124] 我が国では、佐伯「正当防衛論（2）」（前掲注111）77頁が、生命に対する危険の高い反撃についてはおおまかな均衡性を要求するのが適切であるとしている。また、西田典之『刑法総論』（2006年）164頁も、そもそも相当性の要件は侵害法益と保全法益の比較衡量によって事後的に判断されるべきとして、「結果としての相当性」を要求している。
[125] イェロウシェク及びエルプの見解については、前掲注68と前掲注83参照。また、前掲注16も見よ。

第5節　法的強制としての危険防御・正当防衛　213

的な立場から行動を行う主体として捉えられる限りは、その機関である公務員の活動を正当化するための基準についても、事後判断に基づく客観的な充足が求められるはずである[126]。従って、警察法における緊急権留保条項の下で、刑法上の正当防衛の規定による正当化が認められるためには、適格性、最小侵害性、均衡性の各要件も客観的に満たされなければならないと思われる[127][128]。

　以上から、正当な法的強制が行使される限りでは、場合によっては、例外的に対象者の人格性も剥奪され得ることは、自由な人格の存在を出発点にして法（秩序）のあり方を構想したカントの立場からも説明可能となる。その際に制約があるとすれば、法的強制を行使する主体の違い、つまり、国家か私人かの相違に応じて、正当な法的強制といえるために充足される必要がある諸要件は、異なる基準から判断されなければならないことだけである。違法な侵害行為によって被侵害者の人格性が喪失の危機に晒される状況であれば、国家乃至私人は法的強制を危険防御（救助のための意図的な射殺）或いは正当防衛の形で行使して、場合によっては、当該侵害者を殺害して人格性を奪うことができる。拷問行為は、確かに対象者の人格性に重大な損害を与えるものであると思われるが、人格性の源である生命の完全なる抹消を意味する殺害行為がそもそも許容されているのである

126　緊急権留保条項に基づいて刑法上の正当化事由を警察官の行為に適用する際に、国家が主体となる場合と同様の基準による要件の充足を求める見解として、Köhler, AT（前掲注105）S. 277 f., 307.
127　警察官が職務として活動する限り、この結論は、自己防衛か緊急救助かの相違とは関係なしに妥当するものと思われる。また、警察官の行為が国家に対して要求される客観的な基準によって正当防衛の各要件を充足する場合には、結局比例原則を満たすことにもなるのであるから、刑法上だけでなく、同時に公法上の正当化を認めても差し支えないであろう。
128　なお、我が国の警察官職務執行法7条は、人に危害を与える武器の使用について刑法36条若しくは刑法37条の要件の充足を要求しているが、やはり警察官が行使する正当な法的強制といえるためには、あくまでも客観的に要件の充足が求められなければならないと思われる。なお、警察官による武器の使用については、更に補充性の充足までもが必要になるのか否かが問題となる。ドイツの警察法では、射殺行為が許容されるためには、それが生命に対する現在の危険乃至は身体に差し迫った重大な危険を回避するための唯一の手段でなければならないとされている（例えば、ヘッセン州警察法60条2項。なお同条3項も参照）。我が国の警察官等けん銃使用及び取扱い規範8条1項によれば、警察官職務執行法7条但書に当てはまる場合（刑法36条乃至は37条に該当する状況の他、重大な犯罪を現に行ったか、それを疑うに足りる相当の理由がある者の抵抗又は逃亡を防ぐ場合等も含む）であれば、相手に向けてけん銃を撃つことができるとされているが、この点について、上の規範の解釈運用に関する例規（平成13年11月30日例規第47号）は、「けん銃の使用の必要性、法益の均衡、反撃行為の態様等を総合的に勘案して『他に手段がないと警察官において信じるに足りる相当な理由』のある場合に」限られなければならないとしている。

から、ticking time bomb 状況のように生命といった被害者（被侵害者）の人格性の維持にとって重要となる法益が、犯罪者（侵害者）によって侵害されそうになっている前提の下では、国家と私人の双方に当該被害者（被侵害者）を救助するための正当な法的強制の行使として認められなければならないはずである[129]。この結論を覆すためには、拷問行為による人格性に対する侵害は、殺害による人格性の抹消よりも重大なものであると主張するしかないが[130]、拷問行為と殺害行為のそれぞれによって具体的に侵害される犯罪者（侵害者）側の法益を比較する限りでは[131]、そのような主張を維持することは困難であると思われる[132]。こうして、救助のための拷問は、法的強制の行使による人格性に対する侵害の一態様として捉えられることになり、それぞれに求められる正当化のための基準に基づいて必要な要件が充足される限りでは、国家及び私人の双方に許容されるという結論になる。つまり、当該の拷問は公法・刑法のどちらのレベルでも正当化され得るのである[133]。但し、国家（機関）が主体となる場合の公法上の正当化については、警察法には救助のための拷問に関する条文は存在しないため、結局のところ

---

[129] 正当にも Reinhard Merkel, Folter und Notwehr, in: Michael Pawlik u. a. (Hrsg.), Festschrift für Günther Jakobs zum 70. Geburtstag am 26. Juli 2007, 2007, S. 386 f.は、法的強制に関するカントの考えが救助のための拷問の正当化を否定しないものであることを指摘している。

[130] 前掲注23参照。

[131] 拷問行為によって侵害される法益は、通常の場合、身体及び意思の自由である。法の領域における自由な人格といえるためには、人間は自己の自由を外界において行使するための基盤を有していなければならない。いわば、このような自由の基盤こそが法益である。自由の基盤である法益とは無関係に人格性を法の問題として捉えることはできないはずであるから、人格性に対する侵害も、あくまで法益侵害を通じて発生するものとして想定されなければならない。

[132] 拷問の対象者に発生する侵害の特異性を強調するために、拷問行為によっては（単なる法益の侵害だけではなく）絶対的に保障されるべき人間の尊厳が侵害されることがしばしば指摘されている（前掲注23参照）。しかし、人間の尊厳の侵害は、被害者側についても認められるはずであり、犯罪者側における人間の尊厳の保障だけを特別視することは、そもそも人間の尊厳について認められている「絶対的な保障」という性質にはそぐわないはずである（前掲注24参照）。この点については更に後述する。

[133] イェロウシェクやエルプは、刑法上の正当化のみを主張していたが、既に何度も指摘しているように刑法上の正当化を認めるためには、その前提として、そもそも国家が主体となる公法レベルについても正当化の可能性を肯定しなければならない。本文で述べたように、私見では当該の可能性は問題なく基礎づけられる。勿論、憲法及び国際法上は拷問禁止原則が規定されているため、救助のための拷問を当該原則の対象外と位置づけて、該当する条文（例えば、基本法104条1項第2文や日本国憲法36条）については制限的な解釈を行うことが必要となるであろう。なお、救助のための拷問が公法上正当な行為として認められる場合、更にそこから、当該拷問を行う義務が国家機関に課せられるのか否かが問われざるを得なくなる。この問題については、本稿では留保しておきたい。

ドイツでは緊急権留保条項を媒介にした刑法上の正当防衛の規定が根拠条文とならざるを得ないと思われる[134]。この意味で、救助のための拷問の正当化の有無全般は、正当防衛（緊急救助）の要件を満たすか否かという点に集約されるのである。

以上により、救助のための拷問が正当防衛の要件を事後判断（国家機関が主体となる場合）乃至は事前判断（私人が主体となる場合）に基づいて充足し得る場合については──例えば、極端な ticking time bomb 状況などであれば、事後判断及び事前判断のどちらに依拠しても同要件の充足を否定することは困難であろう[135]──、公法上乃至は刑法上正当化されるという結論が最終的に導き出されてくる[136]。しかし、ドイツの通説的な見解は、拷問行為が正当防衛の要件を充足することは絶対にないと主張していた。つまり、人間の尊厳に反する当該の行為は、「被要請性（Gebotenheit）」の要件を満たさないとされていたのである[137]。最後に、以下では改めてこの点について言及したい。

第6節　救助のための拷問における「人間の尊厳」の位置づけ

ドイツにおける通説的見解が頑なな態度を示すのも、「人間の尊厳は不可侵である。これを尊重し保護することは全ての国家権力の義務である」と規定する基本法1条1項の存在が大きく聳え立っているからである[138]。人間の尊厳が不可侵

---

[134] 警察官が緊急権留保条項に基づいて正当防衛の規定に依拠する際には、国家が主体となる場合であると見なされて、正当防衛の要件を客観的に充足しなければならない。前掲注127で述べたように、それが肯定される場合には、当該警察官の行為は公法上も正当化されることになり、その限りでは刑法上の正当防衛の規定も公法上の権限規範となる。つまり、警察官が執り行う救助のための拷問についても、正当防衛の規定を当該拷問の公法上の権限規範と捉えて、その下で正当化を論じればよいのであって、ブルッガーが主張したような救助のための意図的な射殺の規定を類推適用する必要性（前掲注39参照）などはないと思われる。ドイツの警察法のように一般的な形では緊急権留保条項を明確に規定していない我が国の法状況の下では、刑法36条は警察官の行為にも当然に適用されると考えて、同条を救助のための拷問に関する公法上の権限規範と捉えることにならざるを得ないであろう。

[135] この点については、前掲注46、60、61も参照。

[136] 前提として公法上の正当化可能性は否定されないのであるから、刑法上の正当化を認めても、イェロウシェクやエルプの見解に見られたような理論的な不徹底さは回避される。

[137] 前掲注20及びその本文を参照。

[138] 我が国では、日本国憲法13条が「すべて国民は、個人として尊重される」と規定し、更に同24条2項が「個人の尊厳」について言及していることから、一般的に個人の尊厳というものが憲法

のいわば絶対的な価値として捉えられる前提の下では、たとえ被害者の生命といった重大な法益を救助する目的のためであったとしても、拷問行為の実行などは到底許されないと考えることが確かに普通の感覚なのかもしれない。それ故に、ドイツの通説的な見解も、犯罪者を含む全ての者は人間の尊厳を侵害する拷問行為から例外なく保護されなければならないとして、当該行為の実行は国家（及び私人）には禁じられるとする立場をとるのであろう。しかし、通説的な見解はその際に重大な矛盾に陥らざるを得なくなる。

　通説的な見解は、拷問禁止原則を人間の尊厳の保障に基づいて絶対化し、救助のための拷問についても正当防衛（緊急救助）の成立を否定するが、その際に専ら念頭に置かれているのは、拷問の対象者となる犯罪者（侵害者）の保護である。しかし、自己の重大な法益が危機に晒されている被害者（被侵害者）の存在は、それとは反対に軽視される傾向にある。つまり、拷問禁止原則を絶対的に妥当させるための前提として、人間の尊厳の侵害は拷問の対象者である犯罪者についてだけ認められ、他方で救助される被害者の側には（一般的な犯罪行為を通じた）人間の尊厳の侵害は否定されるのである[139]。こうなると、拷問の対象とされる者だけが身体や意思の自由といった具体的な法益だけでなく、不可侵とされる人間の尊厳を侵害される結果となり、その者が被る被害については、単なる法益に対する侵害（の危険性）でしかない被害者側の利益状況との衡量は最初から遮断されるか、仮に衡量を認めるとしても絶対的な優越性が無条件で付与されてしまい、その正当化を論じる余地もなくなるのである[140]。

　しかし、人間の尊厳に対する侵害の有無がいわゆる道具化の公式で判断される限りは、（ブルッガー、イェロウシェク、エルプが主張したように）被害者側にも人間の尊厳に対する侵害（乃至はその危険性）が生じる事実は否定できない。何故ならば、ダシュナー事件や ticking time bomb 状況において明らかなように、そこでは被害者も犯罪を達成する目的のための単なる道具とされているからである。こ

の基本原理として捉えられている。日本国憲法36条が公務員による拷問行為を絶対的に禁じるのも、当該行為がこの個人の尊厳に反するからであろう。「人間の尊厳」と「個人の尊厳」は明らかに類似の概念ではあるが、「個人の尊厳」については、不可侵とされている基本法上の「人間の尊厳」と比べて、その保障も相対的に弱まらざるを得ないのではないかと思われる。この点に関しては、両者の相違を強調するホセ・ヨンパルト『法の世界と人間』（2000年）149頁以下も参照。

139　前掲注24参照。
140　つまり、拷問行為は最初から均衡性を満たさない法的強制と見なされてしまい、正当な法的強制としての正当防衛（緊急救助）の成立を論じる可能性は排除されるのである。

の点について、通説的見解の一部は、人間の尊厳を侵害し得るのは国家が行う拷問行為のみであるとして、一般的な犯罪行為を通じて被害者側に発生するのは生命、身体、自由といった具体的な法益に対する侵害（乃至はその危険性）だけに留まると主張するが[141]、だがそうなると、人間の尊厳は、国家による侵害だけから法によって守られることになり、国家及び私人双方の侵害行為から保護されるはずの具体的な諸法益よりも限定された保障しか受けられなくなってしまう。これでは、絶対的な最高の価値という人間の尊厳の属性に反するといわざるを得ない。

　また、通説的な見解を基礎づけるために、被害者側にも人間の尊厳に対する侵害を一応肯定しながら、（国家乃至は私人が行う）拷問行為による人間の尊厳に対する侵害は、一般的な犯罪による人間の尊厳に対する侵害とは質と量が異なると考えて、真の意味での人間の尊厳に対する侵害といえるのは前者だけであると主張することも不可能であると思われる。人間の尊厳が絶対的な価値である限りは、質的及び量的な相違なしに保障されなければならない。人間の尊厳が質的及び量的な相違なしに保障されるのであれば、それを侵害する行為についても質と量の違いなどは存在しないはずだからである。

　やはり、救助のための拷問が問題となる状況については、拷問の対象者となる犯罪者（侵害者）及びその被害者（被侵害者）の双方に人間の尊厳の侵害（乃至はその危険性）を肯定せざるを得ないと思われる。そして、国家が犯罪者側の人間の尊厳の保障を堅持するためとはいえ、被害者側の人間の尊厳に犯罪行為を通じて危機が迫っているにもかかわらず、手をこまねいてそれを放置するとしたら、それ自体が国家による人間の尊厳に対する侵害を構成する点も（エルブが主張したように）否定できないであろう[142]。つまり、救助のための拷問においては、犯罪者と被害者双方の人間の尊厳に対する国家的な保障の衝突は不可避なのである。従って、通説的な見解も当該の衝突から目を逸らさずに、あくまでも犯罪者側の人間の尊厳の保障、換言すれば、拷問行為からの絶対的な保護を優先させて、被害者側の人間の尊厳の保障を後退させることを自己の結論の前提として認めなけ

---

[141]　例えば、Jahn, Gute Folter － schlechte Folter?（前掲注23）S. 48. 但し、このような考えによれば、私人が行う拷問行為は人間の尊厳に対する侵害を構成しないため、当該の拷問については、正当化の可能性を肯定せざるを得なくなる。しかし、通説的な見解の多くは、私人が行う場合でも正当防衛（緊急救助）は成立しないとしている。

[142]　前掲注75参照。

ればならないと思われる[143]。しかし、人間の尊厳の保障に優劣を付けるという発想自体が、不可侵の絶対的な価値という人間の尊厳の属性に反するといわざるを得ない。そして、実は同様の批判は、無辜の被害者の人間の尊厳の保障を優先させて、不法な犯罪者については当該の保障を後退させるブルッガーの見解にも当てはまる[144]。ただ人格であることだけを理由にして優劣なしに保障される不可侵の絶対的な価値として人間の尊厳を見なす（基本法1条1項の）立場に依拠する限りは、人間の尊厳の観点は、救助のための拷問の正当化問題に対して何の指針も提示できない（してはいけない）のである。

このように考えてみると、救助のための拷問の是非を論じるためには、不可侵とされる人間の尊厳の観点を離れて、犯罪者及び被害者双方が侵害を受ける具体的な諸法益だけに着目すべきなのではないかと思われる。ドイツにおける議論では、人間の尊厳を具体的な法益から切り離された一つの絶対的な価値と見なさな

---

[143] 通説的な見解によれば、国家は基本法1条1項に基づいて人間の尊厳を拷問行為による侵害から絶対的に保護するために、自らが主体となる拷問行為の実行を無条件で控えるだけでなく、私人による拷問の実行も例外なく禁じなければならない。つまり、国家には①拷問を控える意味での不作為義務と②私人による拷問行為を禁止する作為義務の双方が同時に課せられていることになる。①の不作為義務があるため、救助のための拷問の公法レベルでの正当化は否定されるし、同時に②の作為義務が理由となって、国家は私人が当該拷問を行う場合についても刑法レベルでの正当化を認めてはいけないのである。しかし、思考実験として以下のような事例を考えてみよう。つまり、テロリストグループが子供を誘拐し、その子供を残酷な拷問にかけて、そのシーンを撮影したビデオを政府に送りつけ、自分達の要求を飲ませようとしているが、このような状況下で、警察当局がテロリストの一人を拘束し、人質の居所をいうように働きかけたが、頑として説得に応じなかったという事例である。ここでは、人質を救助する目的で拷問を行うことが許されるのか否かが問題となるが、通説的な理解に従って、①の不作為義務を貫徹させて、国家機関である警察官が拷問の実行を控えてしまうと、テロリスト達による子供に対する拷問行為を意図的に放置することになってしまい、②の作為義務の違反が国家には生じてしまう。逆に②の作為義務を履行するためには、人質の居場所を強制的に白状させることが救助のために適切で必要な手段とされる事情の下では、拷問の実行が要請されてしまい、①の不作為義務に反する結果となる。つまり、通説的な理解によれば、拷問禁止原則の絶対化に基づいて①の不作為義務と②の作為義務が国家に対しては課されているが、両者を同時に履行しようとすると、場合によっては矛盾が生じてしまうわけである。上のような事例を検討するGreco, Lebendiges und Totes in Feuerbachs Straftheorie（前掲注23）S. 131 ff.は、国家に対して無条件に妥当するのは①の不作為義務だけであると結論づけているが、そうなると、人質である子供に生じる人間の尊厳の侵害を国家が容認する結果となってしまうし、また②の作為義務は①の不作為義務に反しない限りで効力を有すると考えたとしても、結局のところ、通説的見解が出発点とした拷問禁止原則の相対化の容認に他ならないと思われる。やはり、上のような意味での拷問禁止原則の絶対化というものは、通説的見解からしても維持できないのではなかろうか。

[144] ブルッガーの見解については前掲注36参照。なお、エルプの見解については前掲注91を見よ。

がら、その優劣を決めざるを得なくなる傾向が見受けられた。しかし、人間の尊厳を絶対的な価値とするのであれば、むしろ抽象的な次元で同概念を捉えることにして、その保障という事柄も、具体的な法益に関する法的な保障の総称として扱うべきなのではなかろうか[145]。抽象的な法益保護の総称であれば、優劣を付ける必要性もなくなり、不可侵性という属性の維持も可能となる。そして、現実に起こる人間の尊厳に対する侵害や人間の尊厳の保障が衝突した場合の優劣づけは、あくまでも具体的な法益の文脈だけで考えるのである[146]。救助のための拷問のように人間の尊厳に対する侵害が問題となる場合でも、実際に生じるのは、生命、身体、意思の自由といった具体的な法益の侵害乃至はその危険性でしかない。従って、具体的な法益に着目する限りは、救助のための拷問の正当化問題も、被害者の人格性にとって重要な意義を有する法益である生命乃至は身体に対して危険が差し迫った状況において、国家機関或いは私人が当該被害者を救助するために、苦痛の賦課である拷問行為によってその対象となる犯罪者の身体や意思の自由といった法益[147]を侵害することが正当な法的強制（緊急救助[148]）として許容されるのか否かという観点の下だけで捉えられるべきではないかと思われるのである。しかし、このように具体的な法益だけに着目する考えに対しては、法における尊厳ある主体である人格の存在を中心にしていたカント的な法的強制の理論と果たして本当に調和し得るのか、との疑問が呈されるかもしれない。

　先ほど、人格の自律性を基礎に法（秩序）のあり方を構想したカントの立場と法的強制を通じた人格性の剥奪が両立し得ることを説明したが、そもそもカント

---

[145] 例えば、Hans D. Jarass, in: ders. u. a., Grundgesetz für die Bundesrepublik Deutschland. Kommentar, 9. Aufl. 2007, Rn. 5 Art. 1が指摘するように、実はドイツにおいても、基本法1条1項による保障は、具体的な基本権による具体化が想定された「全ての基本権の源」として捉えられている。
[146] つまり、本稿の理解によれば、人間の尊厳の侵害及び衝突は、それ自体だけで存在するわけではなく、常に具体的な法益の侵害及び衝突と結び付くことになる。但し、批判として、深町晋也「ドイツにおける『拷問による救助』を巡る諸問題」川端博他編『理論刑法学の探究⑥』（2013年）261頁注60）も見よ。
[147] 身体や意思の自由も人格性の維持にとって重要な法益であり、それらが侵害されるときに同時に人格性の侵害が（完全な抹消に至る程度ではないとはいえ）生じる点は否定できない。しかし、法的強制として人格性の侵害も許容され得ることは既に述べた。
[148] 救助のための拷問について通常想定される事例は緊急救助の場合であるが、例えば、拷問を行使する公務員乃至は私人本人が ticking time bomb 状況が示すような壊滅的な危機に晒されている都市に滞在している場合であれば、純粋な自己防衛の形態も問題となる。

の法論は、外界において活動する具体的な人格の自由の保障を念頭に置くものなのであるから、人格の存在も常にその外的な自由の基盤である法益と関連づけて捉えられるはずである[149]。つまり、人格性に対する侵害も、抽象的にそれ自体だけで存在するわけではなく、常に自由の基盤である法益の侵害と結び付けられなければならない。人間の尊厳が人格の属性である限り、同様のことは人間の尊厳についてもいえるであろう。従って、救助のための拷問をカント的な意味での法的強制として捉える場合には、あくまで具体的な法益だけに着目して緊急救助としての正当化を論じれば良いのである。ドイツにおける通説的な見解は、救助のための拷問については、人間の尊厳の観点に基づいて「被要請性」の要件の充足を否定していたが、人間の尊厳を具体的な法益から別個に独立した絶対的な価値と見なすこのような考えは、妥当ではないと思われる。

第7節　結　語

　カント的な意味での正当な法的強制である限り、救助のための拷問は許容されざるを得ない。これが本稿の結論である。そして、正当な法的強制といえるためには、国家機関（公務員）乃至は私人という強制を行使する主体の相違に応じて、緊急救助の成立に必要な要件の充足が異なる基準（客観的な事後判断又は一般人の視点に依拠した事前判断）によって求められることになる。以上の結論は、ドイツにおける議論を対象にした考察から導き出されてきたものであるが、基本的な部分については、そのまま我が国の法状況にも適用できるはずである。

　一定の条件付きとはいえ、拷問の理論的な正当化を許容する本稿の結論に対しては、眉をひそめて嫌悪感を示す読者もいるかもしれない。勿論、筆者とて拷問行為の発生を見聞して喜ぶサディスティックな性癖などは持ち合わせていない。いくら犯罪被害者を救助する目的のためとはいえ、警察官による拷問行為などは、そう易々とは行われてはならないと考えている。しかし、だからといって、犯罪者側の人間の尊厳の保障だけを無条件に優先させて、それによって拷問禁止原則の絶対性を基礎づけようとするドイツの通説的な見解には賛同できない[150]。

149　前掲注131参照。
150　拷問行為の濫用を防ぐために、無条件で禁止しておこうとするドイツの通説の意図は理解できる。しかし、人間の尊厳の観点をただ教条的に持ち出すだけでは、救助のための拷問に対する禁

むろん本稿の立場からしても、濫用が防止されなければならないことは当然である。やはりそのためには、緊急救助の成立に必要となる要件の充足については具体的な状況を見極めながら慎重な判断を行って[151]、正当な法的強制とはいえない拷問行為を正当化の対象から厳格に除外することが必要となるであろう[152]。

　止を理論的に基礎づけることはできないと思われる。
151　ダシュナー事件は、警察官が主体となる救助のための拷問なのであるから、正当化が認められるためには、客観的な事後判断に基づいて正当防衛の要件が満たされなければならない。しかし、被害者が既に死亡していた点、そもそもより緩和な別の手段が存在していた事情などを考慮する限り、上のような形での要件の充足は否定されざるを得ないであろう。本稿の立場からしても、公務員（警察官）が主体となる救助のための拷問については、このように事後的・客観的な要件の充足が求められるため、実際に正当化される事案というものは、現実的にはかなり限られてくる。
152　救助のための拷問については、イェロウシェクが指摘していたように緊急避難の形態による実行も想定可能である（前掲注65及び68を参照）。この点については、十分に触れることができなかった。他日に期したい。

第4章　保安監置制度の正当化
―― 法的強制としての自由の剝奪？ ――

第1節　問題の所在

　我が国の刑法典は、犯罪者に対する制裁手段として主に刑罰しか規定していない。これに対して、ドイツ刑法典では様々な処分制度が刑罰と並んで予定されており、治安の維持と自由の保障に関して議論を行う上で前提条件が異なっている。処分制度による自由の剝奪を可能とする法制度を有するドイツの方が、それが正当なものであるのか否かはさておき、より治安の維持に重点を置いていると一応いえるであろう。しかし、ここ数年来、ドイツの処分制度の中でも保安監置（Sicherungsverwahrung）は激しい批判に晒され、一定の変容を余儀なくされている。いわば治安の維持から自由の保障への揺り返しともいえる現象が現実に生じているのである。本稿は、保安監置に関する最近のドイツの議論を紹介しながら、その正当化の可能性を探るものである。私の恩師である宮澤浩一先生は、かつてドイツにおける保安監置制度の動向をいち早く我が国に紹介され、その意義を論じておられた[1]。従って、本稿を先生の御仏前に捧げさせて戴くことは適切なものといえるであろう。

　保安監置は、行為者の責任の有無と無関係に、想定される被害者及び公共に対する将来の危険性を理由にして、刑の終了後も更に自由を剝奪する制裁手段であり、ドイツ刑法66条以下に規定されている。責任の有無と無関係ということは、責任能力を有する行為者についても、その者が重大な犯罪行為を行う「習癖（Hang）」（66条1項4号：2011年1月1日から施行された新法によると4号に規定されている）を有する限り、たとえ責任の程度が低かったとしても、危険性の程度に応じた長期の自由剝奪が可能となる。このような制裁手段は、法治国家的刑法の要である責任主義と調和し難く、また危険性に関する判断も曖昧にならざるを得な

---

[1] 宮澤浩一「事後的保安監置に関する新立法動向について」現代刑事法69号（2005年）95頁以下。

いため、以前から多くの疑念に晒されており[2]、その実務上の運用もかなり控え目なものに留まって、対象者数も1996年の時点では176名でしかなかった[3]。しかし、このような傾向は1998年以降一変する。同年の「危険な性犯罪者及び暴力犯罪者対策法」により10年という初回の保安監置の期間の上限が廃止され、更にはその遡及適用が認められたのを皮切りに、2002年に保安監置の留保の規定（66 a条）、2004年に事後的保安監置の規定（66 b条）[4]が導入され、適用範囲は、66条の古典的な保安監置しかなかったときに比べて大幅に拡大されていった[5]。これを受けて、監置対象者数も2003年に306名、2005年に350名、2007年に415名と増大し、2010年には524名[6]に達した。

このような保安監置制度の運用は、昨今世界的な潮流となっている、治安対策のために刑法を際限なく用いていく多罰化の思想と無縁ではなく[7]、その賛否を

---

2 この点については、特に Walter Stree/Jörg Kinzig, in: Schönke/Schröder, Strafgesetzbuch, Kommentar, 28. Aufl. 2010, Rn. 2 ff. §66を参照。また、保安監置制度の起源は、ナチス時代の1933年に制定された「危険な常習犯罪者に対する法律並びに保安及び矯正処分に関する法律」にある。このような歴史的背景も忌避される理由の一つである。

3 例えば、1980年には保安監置の対象者は208名であったが、その後、1990年には182名になり、更に1996年には176名とその数字も落ち込んでいた。この点については、Jörg Kinzig, Die Legalbewährung gefährlicher Rückfalltäter, 2. Aufl. 2010, S. 109参照。Thomas Ullenbruch, Sicherungsverwahrung im Reformdilemma, StraFo 11/2010, S. 439は、当時において裁判官、検察官、弁護人が一致協力して保安監置の命令を忌避していたことを指摘する。

4 同規定ができるまで、ドイツでは各州の警察法レベルの法規によって、危険な犯罪者を事後的に監置する取り扱いがなされていた。しかし、当該の諸規定に対しては、2004年2月10日に連邦憲法裁判所第2小法廷によって、基本法74条の「連邦の競合的立法権限のカタログ」の第1号にいう「民法、刑法及び刑の執行」の規定に反するとする違憲判決が下されたため（BVerfGE 109, 190）、連邦による立法が必要となり、ドイツ刑法66b 条の規定が新設されたわけである。この点についての詳細は、宮澤「事後的保安監置に関する新立法動向について」（前掲注1）98頁以下参照。なお、その後の事後的保安監置制度の展開については、特に吉川眞理「ドイツの事後的保安拘禁について」静岡大学法政研究11巻1・2・3・4号（2007年）10頁以下を参照。

5 保安監置の留保は、2003年の改正で成人刑法によって有罪判決を受けた年長少年にも適用可能となり、事後的保安監置は、2008年の改正で少年刑法によって有罪判決を受けた者にも適用が可能となっている。

6 Kinzig, Die Legalbewährung gefährlicher Rückfalltäter（前掲注3）S. 109及び Ullenbruch, Sicherungsverwahrung im Reformdilemma（前掲注3）S. 438参照。但し、保安監置の留保と事後的保安監置の運用については、実務は抑制的であったとの指摘があり（Thomas Feltes/Michael Alex, Kriminalpolitische und kriminologische Probleme der Sicherungsverwahrung, in: Dieter Dölling u. a.［Hrsg.］, Festschrift für Heinz Schöch, 2010, S. 738 ff.）、監置対象者数の増加は、むしろ古典的な保安監置の命令が多用されたことに理由があるとする論者もいる（Bernhard Böhm, Ausgewählte Fragen des Maßregelrechts, in: Festschrift für Heinz Schöch, S. 768）。

7 このテーマに関する最近の文献として、Benno Zabel, Interventionsstrafrecht?, StraFo 1/2011,

めぐりドイツでは多くの研究書が公刊されている[8]。しかし、保安監置を拡大させる動きは留まることを知らず、マスメディアによる個別の事件の扇情的な報道とそれを受けた大衆迎合的な政治の主導の下で更なる強化が目論まれてもいた[9]。このような保安監置制度を治安維持の手段として積極的に活用しようとするドイツの刑事司法のあり方にまさに冷や水を浴びせたのが、以下で紹介するヨーロッパ人権裁判所（以下では、EGMRと略すことにする）の判決である[10]。

第2節　最近の動向
——ヨーロッパ人権裁判所判決を契機として——

　問題となった事案は、以下のようなものである[11]。ヨーロッパ人権条約で定められた権利を侵害されたとしてEGMRに申立を行ったM（1957年生まれ）は、15歳のときから当時に至るまで刑事施設の外にいたのは数週間だけという、まさに保安監置の対象者の典型例といえる経歴の持ち主であった。Mは、少年刑の執行中に職員及び同房の者を襲ったことから、有罪判決を受けると共に鑑定の結果、

S. 20 ff.

8　前掲注3のKinzigの著書（初版は2008年に公刊されている）の他、Elmar Habermeyer, Die Maßregel der Sicherungsverwahrung, 2008; Dagmar Sprung, Nachträgliche Sicherungsverwahrung - verfassungsgemäß?, 2009; Annika Flaig, Die nachträgliche Sicherungsverwahrung, 2009; Tillmann Bartsch, Sicherungsverwahrung - Recht, Vollzug, aktuelle Probleme, 2010を挙げておく。

9　連邦参議院において、様々な州政府が、現行の保安監置制度における保護の隙間を埋めるために立法提案の発議を行っていた。例えば、ザクセン州によって2009年3月になされた立法提案は、保安監置制度を事後的保安監置に一本化するラディカルな内容であった。更に、同年11月には、バイエルン州とCDUが政権を担当している諸州との共同により、保安監置を随時可能にするために要件の緩和を念頭に置いた「保安監置法の調和（Harmonisierung des Rechts der Sicherungsverwahrung）」のための草案が提示されていた。これらについては、Axel Boetticher, Die Sünden der Rechtspolitik bei den Änderungen des Rechts der Sicherungsverwahrung ohne Rücksicht auf kriminologische Erkenntnisse, in: Dieter Dölling u. a.（Hrsg.）, Festschrift für Heinz Schöch, 2010, S. 726, 730参照。

10　我が国の文献では、加藤久雄『人格障害犯罪者に対する刑事制裁論』（2010年）123頁が若干の紹介を行っている。

11　事案の詳細については、Jörg Kinzig, Das Recht der Sicherungsverwahrung nach dem Urteil des EGMR in Sachen M. gegen Deutschland, NStZ 2010, S. 233 f.; Heike Jung, Die Sicherungsverwahrung auf dem Prüfstand der EMRK, GA 2010, S. 639; Christian Laue, Die Sicherungsverwahrung auf dem europäischen Prüfstand, JR 5/2010, S. 198 f.; Christoph Grabenwarter, Wirkungen eines Urteils des Europäischen Gerichtshofs für Menschenrechte, JZ 18/2010, S. 857 f.; Mario Bachmann/Ferdinand Goeck, Das Urteil des EGMR zur Sicherungsverwahrung und seine Folgen, NJ 11/2010, S. 457等を参照。

精神の障害が認められて、1984年10月以降はドイツ刑法63条に基づいて精神病院への収容を命じられていた。その後、精神病院からの外出中に付き添っていた女性職員を襲い、1986年にマールブルク地裁によって、謀殺未遂と強盗を理由に5年の自由刑と保安監置の命令が下されていた。

　保安監置は、刑の終了後、つまり、1991年8月から開始されたが、当時の刑法67ｄ条1項第1文には、保安監置による初回の収容は10年を超えてはならないと規定されていたため、2001年9月にその期限が到来した。しかし、マールブルク地裁の刑執行部は、2001年4月10日の決定で、Mには危険性がいまだ認められるとして保安監置の終了を拒絶していた。更に同決定は、同年10月26日にフランクフルト上級地裁で追認された。両裁判所が示した態度の背景には、1998年の危険な性犯罪者及び暴力犯罪者対策法を受けて、刑法67ｄ条が改正された結果、初回の保安監置に関する10年の上限が廃止されただけでなく[12]、改正法によって、その遡及適用が認められていたという事情がある。その後、Mは連邦憲法裁判所に対して憲法異議の訴えを提起したが、これも2004年2月5日の第2小法廷判決（BverfGE 109, 133）によって退けられた[13]。特に、保安監置の上限の遡及的な廃止は基本法103条2項で規定されている遡及処罰の禁止に抵触するか否かが問題となったが、連邦憲法裁判所は、基本法で保障された同禁止は刑罰を対象とするものでしかなく、保安監置を含む保安改善処分には当てはまらないとした[14]。その後、おそらくは藁をもつかむ気持ちで、Mが2004年5月24日にEGMRに対して申立を行ったところ、同第5小法廷は、2009年12月17日に判決を下し[15]、保安監

12　改正された当時の新条文であるドイツ刑法67ｄ条3項により、10年を経過した保安監置については、被収容者が習癖の結果、被害者を精神的或いは身体的に著しく侵害する重大な犯罪行為を行う危険性がない場合に、裁判所は処分の終了を宣告すると改められた。

13　本件以前にも、保安監置の上限の遡及的な廃止に対しては、憲法異議の訴えが複数提起されていた。これについては、Laue, Die Sicherungsverwahrung auf dem europäischen Prüfstand（前掲注11）S. 199 Fn. 6参照。

14　この点につき、刑法の分野でのドイツの学説の多くは、処分制度も基本法103条2項の対象になるとしている。特にJörg Kinzig, Schrankenlose Sicherheit?, StV 6/2000, S. 332 f. 及び Fn. 27, 28, 29, 30を参照。また、末道康之「フランスの保安処分をめぐって」南山法学33巻3・4合併号（2010年）219頁以下によれば、フランスでは、保安監置の遡及適用は憲法院によって拒絶されている。

15　EGMR (V. Sektion), Urteil vom 17. 12. 2009 - 19359/04 M./Deutschland, NJW 2010, S. 2495 ff. (S. 2499 f. に Ralf Eschelbach による評釈があるのでこれも参照せよ)。なお、判決のドイツ語版全文は、http : //www. hrr-strafrecht. de/hrr/egmr/04/19359-04-1. php?referer=db から入手することができる。また、本稿で同判決の内容を紹介する際のヨーロッパ人権条約各条項の訳文に

置が10年経過した後のMに対する自由の剥奪はヨーロッパ人権条約5条及び7条に違反するとして、Mに対する5万ユーロの補償をドイツ政府に命じたのである。これを受けて、ドイツ政府は、2010年3月16日に事件をEGMRの大法廷に付託するための請求を行ったが、大法廷の審査部会によって同年5月10日に却下されてしまい、これにより先の判決は同日付けで確定することになった。

　ヨーロッパ人権条約5条では、自由及び安全の権利が保障されており、同7条では、罪刑法定主義の原則に基づき、特にその1項で遡及処罰の禁止が規定されている。EGMRがこれらの条文に対する違反を認めた際の論拠は、次のようなものであった。

　ヨーロッパ人権条約5条1項は、自由及び安全の権利の内容として、自由の剥奪が許される場合を定めており、特にその（a）で「権限のある裁判所による有罪判決の後の人の合法的な抑留」というものを挙げている。Mからの申立を受けた小法廷は、同人に対する10年の上限を事後的に超過した保安監置による自由剥奪は、この5条1項（a）の場合に反するとした。同小法廷によれば、5条1項（a）の趣旨は、対象者に対して執行される自由の剥奪は、犯罪行為と有責性を確定する有罪判決に基づく形で、当該の判決と十分な因果関係を有していなければならないとするものであるが、Mの事案においてこの意味での有罪判決といえるのは、1986年にマールブルク地裁によって下された、5年の自由刑と保安監置の命令を内容とする判決のみである。つまり、10年を超えてもなお保安監置の継続を認めた2001年の同地裁刑執行部の決定は、5条1項（a）が要求する有罪判決には当たらないことになる。そして、EGMRの小法廷は、1986年の時点でマールブルク地裁の判決が命じることのできる保安監置は法律上あくまで10年間だけだったのであるから、それを超えた保安監置による自由の剥奪は1986年の「有罪判決」とは十分な因果関係を有しないものであるとして、5条1項（a）に違反すると結論づけたのである。

　ヨーロッパ人権条約7条は、罪刑法定主義の原則を規定しており、遡及処罰の禁止を内容とするその1項第2文によれば、「何人も、犯罪が行われた時に適用されていた刑罰よりも重い刑罰を科されない」とされている。小法廷は、10年という上限期間の事後的な廃止に基づく保安監置の継続は、この7条1項第2文に

　　ついては、松井芳郎編集代表『ベーシック条約集2011』を参照した。

反するとした。この点で、ドイツにおける保安監置は、同条項における「刑罰」に当たるのか否かが問題となるが、同小法廷は、ドイツの法制度では、保安監置は刑罰とは区別された処分に分類されていることを明確に意識した上で、このような分類にとらわれずに自由に解釈を行うべきとし、ドイツでは保安監置が通常の刑事施設内で執行されており、その実態は刑の執行と区別できないこと、刑罰と処分の目的は部分的に重なり合っていること[16]を挙げて、保安監置は人権条約7条1項第2文が規定する「刑罰」に該当すると結論づけている[17]。つまり、同小法廷によれば、Mに対して事後法に基づいて10年を超えて執行された保安監置は、7条1項第2文が禁じた「重い刑罰」を科すことに当たるのである。

　EGMRによる2009年12月17日の判決によって、ドイツの刑事司法は一種の混乱状態に陥ったといえる。ヨーロッパ人権条約46条により、締約国は自国が当事者である事件において裁判所の終結判決に従わなければならない。つまり、ドイツ政府は、条約違反状態を終了させる義務を負うが、更には、同41条により被害を受けた当事者に対してその精神的な損害を補償する義務を課されている。具体的には、申立人であるMを保安監置から解放し、5万ユーロの補償金を支払うということである[18]。確かに、ドイツ政府に課される当該の義務は、あくまで個別の事案に対するものでしかなく、それを超える形で直接的に国際法上の義務を負わせるものではない。また、既に確定したMに関する以前の判決や命令に対して再審手続を開始することも厳密には義務づけられていない[19]。

　しかし、ドイツ国内には、Mと同様の状況で、つまり、事後的な上限期間の廃

16　ドイツ行刑法129条は、保安監置の目的としてまず公共の保護を挙げ、次に積極的特別予防の観点に触れている。これに対して、自由刑の執行に関する同法2条では、行刑の目的としてまず積極的特別予防の観点が強調されており、次に公共の保護がくるという形式がとられている。つまり、重点の置きどころの相違があるにすぎない。

17　刑罰と処分の差異の有無を検討しながら、EGMRの結論を支持するものとして、Henning Ernst Müller, Die Sicherungsverwahrung, das Grundgesetz und die Europäische Menschenrechtskonvention, StV 4/2010, S. 210.

18　Helmut Pollähne, Europäische Rechtssicherheit gegen Deutsches Sicherheitsrecht?, KJ 2010, S. 256 f. によれば、Mは、マールブルク地裁刑執行部の決定及びそれを認めたフランクフルト上級地裁の決定によって、2010年6月24日に保安監置から解放されている。実は、同執行部によって同様の決定は既に同年5月17日に下されていたが、これに対する異議申立が検察官よりなされていたため、Mの解放は遅れることになったという事情がある。

19　EGMRの判決によって締約国が負う様々な義務の詳細については、Grabenwarter, Wirkungen eines Urteils des Europäischen Gerichtshofs für Menschenrechte（前掲注11）S. 859 ff. 参照。再審手続を開始することは、各締約国の裁量に任されている。

止を受けて保安監置され続けている者が約70名いるとされたため[20]、これらの者の取り扱いが問題とならざるを得なかった[21]。また、後述するように、2009年判決の論拠に従えば、事後的保安監置（また、場合によっては保安監置の留保）もヨーロッパ人権条約に合致しているといえるかどうかが疑わしいものとなるため、保安監置制度の抜本的な見直しが不可避となってしまったのである。仮に保安監置制度が崩壊し、明らかに危険な監置対象者を世に解き放つ場合には、治安の維持などは保てなくなるかもしれない。ドイツの刑事司法が陥ったのは、このようなジレンマであった。

　ここで、EGMRの2009年判決の論拠が、ドイツ刑法66ｂ条の事後的保安監置に対する批判をも含意している点について触れておこう[22]。同判決は、直接的には保安監置の上限期間の事後的な廃止の遡及適用に関するものであったが、同判決の論拠に従う限り、事後的保安監置はヨーロッパ人権条約５条１項（a）の要件を満たさないことが明らかとなる。既に述べたように、同５条１項（a）は、有罪判決と自由剥奪の因果的な結び付きを要求するものであると解釈されていた。しかし、事後的保安監置の場合では、監置を科す命令は、先行する有罪判決とは無関係に、行刑中に明らかになった危険性に基づいて言い渡されるため[23]、

20　本稿を執筆する際に、参照した多くの文献では、約70名とされていた。しかし、Pollähne, Europäische Rechtssicherheit gegen Deutsches Sicherheitsrecht?（前掲注18）S. 258 Fn. 22によれば、公式の人数は明らかにされていない。ポレーネ自身は、約70名から約100名としている。

21　例えば、Kinzig, Das Recht der Sicherungsverwahrung nach dem Urteil des EGMR in Sachen M. gegen Deutschland（前掲注11）S. 238; Grabenwarter, Wirkungen eines Urteils des Europäischen Gerichtshofs für Menschenrechte（前掲注11）S. 861は、これらの者全てを解放する義務も2009年の判決から導き出されるとしている。理由としては、彼らに対する監置が続く限り、条約違反状態が継続するため、人権条約1条によって求められる、同条約（本件の場合では、5条及び7条）によって保障された人権を尊重する義務に反してしまう点が挙げられている。

22　特にKinzig, Das Recht der Sicherungsverwahrung nach dem Urteil des EGMR in Sachen M. gegen Deutschland（前掲注11）S. 239; Laue, Die Sicherungsverwahrung auf dem europäischen Prüfstand（前掲注11）S. 202 ff. を参照。2009年判決を契機として、事後的保安監置の制度が疑問視されざるを得なくなることは、ドイツでは多くの論者が肯定しており、後に本文で述べるように、実際上も事後的保安監置を縮小させる新法が一応のところ制定されている。また、バイエルン州法に基づいた事後的な保安監置がヨーロッパ人権条約5条に違反するとする判決もその後EGMR, Urteil der 5. Kammer v. 13. Januar 2011 - Nr. 6587/04, HRRS 2/2011, S. 42によって下されている（詳細はhttp : //www. rechtslupe. de/strafrecht/bayerische-sicherungsverwahrung-325312を参照）。なお、Lorenz Böllinger/Helmut Pollähne, in: Strafgesetzbuch, NomosKommentar, Bd. 1, 3. Aufl. 2010, Rn. 7 §66bが事後的保安監置に関する様々な問題点をまとめて列挙している。

23　学説上は、Ruth Rissing-van Saan/Jens Peglau, in: Strafgesetzbuch, Leipziger Kommentar, 12. Aufl. 2008, Rn. 61 §66b のように、当初の有罪判決は、事後的保安監置による自由の剥奪の延長が

有罪判決とは因果的な結び付きを有しない自由の剥奪が科されることになってしまい、同5条1項 (a) の要件を満たさないのである。事後的保安監置の規定は、2004年に導入されたものであるが、それ以前に犯罪を行い、有罪判決を受けた者に対しても事後的な監置の命令は可能とされている[24]。この点も、2009年判決の理解によれば、重い「刑罰」の遡及的な適用に該当するため、ヨーロッパ人権条約7条1項に反することは明らかとなる[25]。

学説の多くは、EGMRの2009年判決に好意的であったが、同判決の趣旨をドイツ国内で貫徹させて、明らかに危険な犯罪者を保安監置から解放することは、10年の上限の廃止（或いは事後的保安監置）について遡及適用を認めた立法者の意思を否定し、公共に対する国家の保護義務の懈怠を招くことになりかねないとの懸念も表明されている[26]。そもそも、ドイツ刑法2条6項では、保安監置を含む処分については、行為時ではなく、裁判時[27]に効力を有する法律を基準にすると明記されているため、EGMRの2009年判決の内容を実現する際には、当該2条

あり得る旨の留保の下に置かれているとの見解も主張されている。確かに、このように考えれば、当初の有罪判決と事後的な保安監置という自由の剥奪との間には、因果的な結び付きを肯定できるのかもしれない。しかし、当該の見解に対しては批判が多い。例えば、Jung, Die Sicherungsverwahrung auf dem Prüfstand der EMRK（前掲注11）S. 641は、「屁理屈のような説明」であるとしている。

24　Thomas Fischer, Strafgesetzbuch und Nebengesetze, 58. Aufl. 2011, Rn. 11a § 66bを参照。
25　事後的保安監置の規定が導入された2004年7月29日以降に犯罪を行った者に対しては、Müller, Die Sicherungsverwahrung, das Grundgesetz und die Europäische Menschenrechtskonvention（前掲注17）S. 212が示唆するように、遡及処罰の問題は生じないのかもしれない。しかし、このような場合でも、Pollähne, Europäische Rechtssicherheit gegen Deutsches Sicherheitsrecht?（前掲注18）S. 263 f. は二重処罰の禁止の問題があるとする。
26　例えば、Michael Grosse-Brömer/Oliver Klein, Sicherungsverwahrung als Verfassungsauftrag, ZRP 2010, S. 172 ff. 参照。また、そもそもEGMRの2009年判決からは、保安監置を終了させる義務が基礎づけられるわけではないとするHennig Radtke, Konventionswidrigkeit des Vollzugs erstmaliger Sicherungsverwahrung nach Ablauf der früheren Höchstfrist?, NStZ 2010, S. 537 ff. も保安監置を即座に終了させることは、国家による潜在的な被害者に対する保護義務を十分に配慮するものではないとするが (S. 543)、結論的には立法的な解決を求めながらも (S. 541, 546)、差し当たり、Mのように10年を超えて保安監置の対象となっている者については改めて危険性に関する判断を行って、それが否定される場合に限り、ドイツ刑法67d条2項或いは同条3項によって保安監置を猶予或いは終了させるという解決を提案している (S. 544 f.)。更にBachmann/Goeck, Das Urteil des EGMR zur Sicherungsverwahrung und seine Folgen（前掲注11）S. 459 f. も見よ。
27　そもそもドイツ刑法2条6項が規定する「裁判時」が、保安監置の10年という上限期間の遡及的な廃止の場合については、当初の有罪判決の時点を意味していると指摘するものとしてMüller, Die Sicherungsverwahrung, das Grundgesetz und die Europäische Menschenrechtskonvention（前掲注17）S. 208 Fn. 16。

6項との矛盾も生じてきてしまう。しかし、同判決を好意的に捉える論者からは、2条6項には、「法律で異なる規定がなされていない場合」に、処分については裁判時の法律が基準になるとの条件が付されている点に着目し、2009年判決におけるEGMRによるヨーロッパ人権条約7条に関する解釈そのものが、上の意味での「法律」に当たるとして、刑法2条6項との抵触を回避する見解が唱えられている[28]。

　しかし、EGMRの2009年判決に対する実務上の対応では多くの混乱が生じた結果、特に判例の状況は不統一なものになってしまった。まず地裁の刑執行部の多くが、2009年判決の申立人であるMと同様に事後的に10年を超える形で監置されている者について、その処分の終了を認めるか否かの判断に迫られたが、終了を肯定するものと否定するものに分かれてしまい、更には、地裁の刑執行部の判断に対する異議を司る上級地裁レベルでの結論も統一的な立場を示すものにはならなかった[29]。また、連邦憲法裁判所第2小法廷は、2010年5月19日の決定で、同様の事案について保安監置の終了を求める訴えを退けたが[30]、これに対して、保安監置の上限期間の事後的な廃止に関する事案ではなかったが、EGMRの2009年判決を受けて、事後的保安監置の規定の遡及適用を否定的に解する連邦通常裁判所第4刑事部による2010年5月12日の決定も見られた[31]。その後、上級地裁レベルでの判断の不統一を解消するため、2010年7月24日の裁判所構成法第4次改正法[32]により裁判所構成法121条2項が改正され、ある上級地方裁判所が保

28　詳細については、Grabenwarter, Wirkungen eines Urteils des Europäischen Gerichtshofs für Menschenrechte（前掲注11）S. 866 f. 参照。後掲注33で挙げるように、連邦通常裁判所の各刑事部の間では見解の相違があるが、このような解釈を受け入れるか否かも争点の一つになっている。

29　例えば、2010年6月24日のフランクフルト上級地裁の決定では、EGMRの2009年判決の申立人であるMの保安監置を即座に終了させる決定が下されていたが、カールスルーエ、シュレスヴィッヒ・ホルシュタイン、ハムの各上級地裁も同様の事案について同じ見解をとっている。これに対して、ケルン、コブレンツ、シュトゥットガルト、ツェレ、ニュルンベルクの各上級地裁は、反対の結論を表明している。保安監置の終了を否定的に捉えた各上級地裁の立場については、特にPollähne, Europäische Rechtssicherheit gegen Deutsches Sicherheitsrecht?（前掲注18）S. 258 ff. 参照。また、NK 4/2010, S. 160に各上級地裁がどのような立場をとっているのかについての一覧表が掲載されている。なお、Badische Zeitungの2010年12月23日付けの記事によれば、保安監置から解放された者は、四六時中警察の監視の下に置かれていたようである。

30　BVerfG Beschl. v. 19. Mai 2010 - 2 BvR 769/10, HRRS 6/2010, S. 266. また http://www.bverfg.de/entscheidungen/rk20100519_2bvr076910. html. も参照。

31　BGH Beschl. v. 12. Mai 2010 - 4 StR 577/09, HRRS 7-8/2010, S. 308 f.

32　BGBl. 2010, Teil I Nr. 39, S. 976.

安監置の終了或いはその継続について、他の上級地方裁判所或いは連邦通常裁判所の見解と異なる結論を下すときは、連邦通常裁判所に意見を提示して判断を求める義務が設定された。この新たに導入された提示手続に基づき、連邦通常裁判所第5刑事部が、2010年11月9日の決定[33]で、事後的な上限期間の廃止により10年を超えて保安監置されている場合については、監置の対象者の人格及び行動に関する具体的な状況から、重大な暴力犯或いは性犯罪を行う高度の危険性が導き出されるときに限るという制限を付しながらも、保安監置を継続してよい旨の見解を表明している。

EGMRの2009年判決に端を発する混乱状態を収めるためには、立法的解決を図る以外に手段がないとして、ドイツの立法者は保安監置制度全般を根本的に見直すための新法を提示するに至っている。立法の動きは、既に2010年6月9日に連邦司法省によって示された「保安監置の改革のための大綱（Eckpunkte für eine Reform der Sicherungsverwahrung）」を叩き台にして開始され、同年10月20日に連邦内閣によって改正草案が了承されて具体化していった。そして、同年12月31日に「保安監置法の新規定に関する法律（Das Gesetz zur Neuordnung des Rechts der Sicherungsverwahrung und zu begleitenden Regelungen v. 22. 12. 2010）」[34]が布告され、翌年の2011年1月1日から施行されている。

この法律によって改正されたのは、主に以下の点である[35]。①まず、ドイツ刑法66条で規定されている本来の（古典的な）保安監置の重点化が図られ、適用範囲を暴力犯或いは性犯罪に本質的に限定することが試みられている。また、既に

---

[33] BGH Beschl. v. 09. 11. 2010 – 5 StR 394/10/ 5 StR 440/10/ 5 StR 474/10, NK 4/2010, S. 159 f. なお、同じく第5刑事部による決定である BGH Beschl. v. 21. 7. 2010 – 5 StR 60/10, NStZ 2010, S. 565 ff. も参照。第5刑事部は、2010年11月9日の決定が前掲注31で引用した第4刑事部の考えとは異なるため、自己の見解に従うか否かについて他の刑事部に対して照会を行っている。これに対する各刑事部の回答については、BGH Beschl. v. 15. Dezember 2010 – 1 ARs 22/10, HRRS 2/2011, S. 51; BGH Beschl. v. 22. Dezember 2010 – 2 ARs 456/10, 同 S. 51; BGH Beschl. v. 18. Januar 2011 – 4 ARs 27/10, 同 S. 51; BGH Beschl. v. 17. Februar 2011 – 3 ARs 35/10, HRRS 3/2011, S. 105 f. を参照。結論として、第3及び第4刑事部が第5刑事部とは異なる意見を表明している。

[34] BGBl. 2010, Teil I Nr. 68, S. 2300 ff. なお、改正法の全文は、http://www.bundesgerichtshof.de/SharedDocs/34 Downloads/DE/Bibliothek/Gesetzesmaterialien/17_wp/Sicherungsverwahrung/bgbl. pdf ; jsessionid=3C3D685236085D6DE8748620DE91DE52.2_cid134?__blob=publicationFile より入手可能である。

[35] 特に Jörg Kinzig, Die Neuordnung des Rechts der Sicherungsverwahrung, NJW 2011, S. 177 ff.; Matthias Koller, Neuordnung der Sicherungsverwahrung, DRiZ April 2011, S. 127 ff. 参照。

判例上も確立された見解であったが、有罪判決の時点を危険性判断の基準とすることが条文で明記された。②次に、ドイツ刑法66 a条の保安監置の留保の拡充が図られている。旧66 a条1項では、保安監置の留保を命じる前提として、習癖 (Hang)[36]及びそこから生じる公共に対する危険性がいまだ「十分な確実性でもって確定し得ない場合」という要件が定められていたが、新66 a条1項では、「十分な確実性でもっては確定し得ないが、蓋然性がある場合」と改められた。また、同条2項において初犯に対する保安監置の留保が導入され、その1号で定められた特定の重大犯罪を行った者については、習癖及びそこから生じる危険性が「十分な確実性でもって確定し得るか或いは少なくとも蓋然性がある場合」（3号）には保安監置の留保を命じることが可能になった[37]。③そして、ドイツ刑法66 b条の事後的保安監置は大幅に縮小されることになった[38]。旧66 b条1項及び2項は削除され、精神病院への収容が終了した者に関する3項のみが維持された。但し、その適用範囲は部分的ではあるが拡充されている。④更に、行状監督制度の強化が図られ、行状監督における指示の内容として、電子的監視装置を身に付け、その機能を破壊しないようにすることを命じることが可能になった（新68 b条1項第1文12号）。⑤最後に、精神に障害がある暴力犯罪者の治療及び収容に関する法律（Gesetz zur Therapierung und Unterbringung psychisch gestörter Gewalttäter）が立法された。この法律は、EGMRの2009年判決と抵触するため保安監置を終了させざるを得なかった対象者を念頭に置いて、精神の障害に基づき他人の生命、身体の完全性、自由、性的自己決定に対して著しい侵害を与える高い蓋然性が認められる場合に、地裁の民事部が適切な監置施設への収容を命じることを可能にするものである。

　特に最後に挙げた⑤の精神に障害がある暴力犯罪者の治療及び収容に関する法律については、EGMRの判決を受けて保安監置を終了させた者に対して、更なる自由の剝奪を認めるものであるため批判が強いが[39]、事後的保安監置を新法が

---

[36] 習癖概念をその歴史的背景から批判して、新法から削除することを提案していたものとして、Monika Frommel, Reform der Sicherungsverwahrung, NK 3/2010, S. 82 ff., 86 f.

[37] しかし、旧66a条1項の解釈としては、単なる蓋然性を超える高度のものが一般的に要求されていた。例えば、Stree/Kinzig, in: Schönke/Schröder, Strafgesetzbuch（前掲注2）Rn. 3 §66a参照。

[38] 但し、経過的な措置として刑法施行法316e条により、2011年1月1日より以前の時点で元になる犯罪行為が実行されている場合には、引き続き旧規定が適用できるとされた。

[39] 例えば、Kinzig, Die Neuordnung des Rechts der Sicherungsverwahrung（前掲注35）S. 181 f.

縮小させる点には学説の多くも賛同している。新法は、事後的保安監置を縮小させる代わりに、本来の古典的な保安監置を重大犯罪に集中化させると同時に、保安監置の留保を拡充させることで懸念される治安の悪化に対処しようとするものであるといえよう。しかし、保安監置の留保の拡充については、賛同する意見はあるものの[40]、そもそもこの制度自体がEGMRの2009年判決の論拠からすれば、維持し得ないとする立場もあり[41]、学説の見解は分かれている。後者の否定的な立場は、保安監置の留保では、実際の監置の命令は刑の執行の終了時において先行する有罪判決とは別個に下されるため、ヨーロッパ人権条約5条1項が要求する有罪判決と自由の剥奪の間に必要な十分な因果関係が存在しないと批判するものである。このような考えによれば、保安監置の制度はあくまでも本来の古典的な保安監置だけに一本化されるべきという結論になる[42]。

　実はEGMRの2009年判決でも古典的な保安監置そのものは問題視されておらず、保安監置制度全般を完全に廃止することは、現在のドイツではあまり主張されていない[43]。危険性判断の不明確さや運用面での問題点が様々に指摘されては

　　　参照。反対の意見として、Monika Frommel, Erweiterte vorbehaltene Sicherungsverwahrung für neue Fälle, eine überraschende BGH‐Entscheidung und ein nicht minder überraschendes Therapieunterbringungsgesetz‐ThUG‐für sog. Altfälle, NK 4/2010, S. 123 ff.

40　特に Arthur Kreuzer, Strafrecht als präventiver Opferschutz?, NK 3/2010, S. 89 ff., 94参照。また、Laue, Die Sicherungsverwahrung auf dem europäischen Prüfstand（前掲注11）S. 203; Müller, Die Sicherungsverwahrung, das Grundgesetz und die Europäische Menschenrechtskonvention（前掲注17）S. 212も保安監置の留保には好意的である。なお、少年裁判所法27条のプロベーションモデルに厳格に依拠する形でのみ保安監置の留保を制度的に維持できるとする見解として、Diethelm Klesczewski, Strafen statt Verwahren!, HRRS 9/2010, S. 402.

41　特に Jörg Kinzig, Reformüberlegungen zur Sicherungsverwahrung nach dem Urteil des EGMR in Sachen M. gegen Deutschland, NK 4/2010, S. 148; ders., Die Neuordnung des Rechts der Sicherungsverwahrung（前掲注35）S. 179. 同様の見解として、Bachmann/Goeck, Das Urteil des EGMR zur Sicherungsverwahrung und seine Folgen（前掲注11）S. 463; Pollähne, Europäische Rechtssicherheit gegen Deutsches Sicherheitsrecht?（前掲注18）S. 264 f; Ullenbruch, Sicherungsverwahrung im Reformdilemma（前掲注3）S. 442 f. なお、Böllinger/Pollähne, in: Strafgesetzbuch, NomosKommentar（前掲注22）Rn. 7 § 66a が、保安監置の留保に関する様々な問題点をまとめて列挙している。

42　この点を明示するものとして、Kinzig, Das Recht der Sicherungsverwahrung nach dem Urteil des EGMR in Sachen M. gegen Deutschland（前掲注11）S. 239.

43　例えば、Böhm, Ausgewählte Fragen des Maßregelrechts（前掲注6）S. 770参照。但し、Klesczewski, Strafen statt Verwahren!（前掲注40）S. 396 f. は、保安監置全般の現状が、非人道的な若しくは品位を傷つける刑罰を禁止したヨーロッパ人権条約3条に違反することを主張している。

いるが⁴⁴、古典的な保安監置の制度そのものは、受け入れられているといっても よいであろう。しかし、古典的な保安監置は、将来の危険性を理由にして刑罰と は別に自由を強制的に剝奪する法制度である。そもそも、このような自由の剝奪 を正当化する論拠はどのようなものなのであろうか。

第3節　正当化の試み――ケーラー及びヤコブスの見解――

　ドイツでは保安監置制度が長年に渡り運用されてきたが、その正当化を基礎づ けるための論拠は驚く程貧弱なものでしかない。古典的な保安監置は、多くの論 者から「好ましくはないが、必要な害悪[45]」と見なされており、正当化の論拠と しては、公共の治安の獲得が対象者の自由の喪失よりも上回るという衡量的な観 点が持ち出されるのに留まっている[46]。しかし、それでは、公共の治安の維持の ために対象者をその手段として用いることになりかねず、物権の対象と混同して いるとするカント的な批判がまさに当てはまってしまう。仮に社会を危険な犯罪 者から保護する必要性が認められたとしても、必要なものの全てが正当であるわ けではないことは自明の事柄であり、必要性が正当化の論拠となるわけではな い。

　特に90年代後半以降、保安監置制度は刑事政策のウルティマ・ラティオ或いは 「最後の緊急措置」としてのみ正当化されるといわれ続けながらも、単なる掛け 声ばかりで、治安の維持のために同制度が積極的に活用されてしまい、本来要請 されるべき積極的特別予防の観点を軽視する形で、対象者を治安政策のための単 なる客体とすることが現実に押し進められてきた事情[47]の背景には、上のような 正当化論拠の脆弱性があったといえるであろう。何故ならば、空虚な内容の正当 化論拠しかない場合には、批判すべき動向をきちんと批判して、その流れを押し 返すことなどは到底不可能とならざるを得ないからである。しかし、最近、保安 監置制度を理論的に正当化する試みが、ケーラーとヤコブスによって主張されて いる。両者の見解は全くの真逆の方向に向かうものであり、特にケーラーの考え

44　特に Böllinger/Pollähne, in: Strafgesetzbuch, NomosKommentar（前掲注22）Rn. 34 ff. §66参 照。
45　Rissing-van Saan/Peglau, in: Strafgesetzbuch, Leipziger Kommentar（前掲注23）Rn. 2 §66.
46　例えば、Stree/Kinzig, in: Schönke/Schröder, Strafgesetzbuch（前掲注2）Rn. 2 §66参照。
47　Böllinger/Pollähne, in: Strafgesetzbuch, NomosKommentar（前掲注22）Rn. 31 §66参照。

は、保安監置を刑罰概念の中に批判的に解消する試みといえる[48]。これに対してヤコブスは、刑罰とは異なる法的強制の観点に依拠する形で保安監置を人格に対する自由の剥奪として基礎づけようとしている[49]。まずは彼らの見解を概観してみよう。

　古典的な保安監置とは、責任能力がある犯罪者に対して刑罰を科すだけではなく、その者が有する犯罪への「習癖（Hang）」を手掛かりに、将来において犯罪行為を行う危険性を判断し、それに基づいて更に自由を強制的に剥奪する刑法上の処分制度である。しかし、ケーラーによれば、このような処分制度が対象にしているのは、責任能力を有する、つまり、法秩序の構成者たる自由な人格性（法主体性）を（潜在的に）保持している犯罪者であるため、それ自体としては正当化されるものではない。何故ならば、犯罪者も、いまだ法秩序を共に構成する主体（Mit-Subjekt）である限りは、あくまでその者との相互的な法関係を維持することを前提にした法的制裁である刑罰の対象とされなければならないからである[50]。当該の対象者に対しては、その者が法的に保障された自己の自由（或いはそれを行使する法的地位）を濫用する形で他者の自由及びこれを保障する法秩序の規範的効力に加えた侵害に見合った程度で刑罰が科されるにすぎない。

　そして、ケーラーは、刑罰を対象者に科すときにも、その者との間で刑法上の法関係（Strafrechtsverhältnis［刑罰に関する法関係］）は維持されることから、「共同で構成した法秩序においては、他者が……合法的に振る舞うであろうという相互的な法的信頼が、それとは反対のことが侵害という行動の形で証明されるまで」妥当すると主張する[51]。このような相互的な法的信頼は、人格性と結び付いたその属性であるため、いまだ人格である犯罪者を取り扱う際にも一種の規範的な制

48　Michael Köhler, Die Aufhebung der Sicherungsmaßregeln durch die Strafgerechtigkeit, in: Michael Pawlik u. a. (Hrsg.), Festschrift für Günther Jakobs, 2007, S. 273 ff.; ders., Strafrecht Allgemeiner Teil, 1997, S. 55 ff. また同様の見解として、Kleszcewski, Strafen statt Verwahren!（前掲注40）S. 400 ff.

49　Günther Jakobs, Rechtszwang und Personalität, 2008, S. 35 ff.（＝川口浩一・飯島暢訳『法的強制と人格性』[2012年] 43頁以下）。

50　ケーラーが依拠するヴォルフ学派の刑罰論の概要については、拙稿「最近のドイツにおける規範的な応報刑論の展開」香川法学26巻3・4号（2007年）101頁以下（及び127頁注（23）で挙げた諸文献）、同「カント刑罰論における予防の意義と応報の限界」香川法学28巻2号（2008年）1頁以下参照（両論文は、本書21頁以下、59頁以下に所収されている）。

51　Köhler, Die Aufhebung der Sicherungsmaßregeln durch die Strafgerechtigkeit（前掲注48）S. 281.

約として作用する。これにより、その者が将来において犯罪を行う危険性だけを根拠にして自由を剥奪することは許されなくなる。換言すれば、刑法上の法関係が存在する限り、自己の行動を自ら規定する人格としての自律性が犯罪者にも認められるのであるから、仮に危険性判断が事実上可能であるとしても、危険性がいまだ新たな侵害行為の形で現れていない場合には、合法的に振る舞うであろうという法的な信頼に基づいて犯罪者を取り扱わなければならないのである。従って、ケーラーは、将来の危険性に関する判断に依拠して、自律的な人格に対して刑罰とは別に自由の剥奪を執行する保安監置は、治安維持の目的を達成するための純粋な予防的装置に他ならないものであり、人格を単なる自然のレベルでの危険な客体へと縮減させる「不法な概念」であると批判している[52]。

では、明らかに犯罪行為への習癖を有する危険な犯罪者についても、その他の通常の犯罪者と全く同様に処罰せよ、とケーラーが提唱しているのかというと実はそうではない。ケーラーも、習癖に基づく犯罪行為については責任そして違法性がより重大であるとして、加重された刑罰の賦課を認めている。つまり、ケーラーの見解は、習癖に基づいた将来の危険性を念頭に置くのではなく、処罰の対象となる犯罪行為に現れている限りで当該の危険性を捕捉することにより、危険な犯罪者に対する自由の剥奪という現行の保安監置が果たしている役割を加重された刑罰の内容として捉え直すものといえるであろう。

このような結論を導き出すために、ケーラーは独特の責任概念を構想している。彼によれば、人間の行動は人格の発達過程において形成され、固定化された習慣性（Habitualität）と結び付いており、それが場合によっては不法な行動へと至る原因となる。そして、責任は、不法の格率を自らの行動原理とすることへの自律的な決意[53]、或いは正当な事柄へと至り得る自己の洞察の意思的な転倒[54]の意味で意思責任（Willensschuld）として理解されるが、犯罪者が不法の格率を採

---

[52] 特にKöhler, Die Aufhebung der Sicherungsmaßregeln durch die Strafgerechtigkeit（前掲注48）S. 279, 282, 284, 285 f. 参照。ケーラーからすれば、処分制度は、本来的には責任無能力者に対してしか認められないことになる（S. 285）。しかし、責任無能力者と雖もいまだ生得的な人格性を有する存在として取り扱われなければならない。Köhler, AT（前掲注48）S. 55の叙述もこの点を前提にしていると思われる。

[53] Köhler, AT（前掲注48）S. 348; ders., Die Aufhebung der Sicherungsmaßregeln durch die Strafgerechtigkeit（前掲注48）S. 282参照。またDiethelm Klesczewski, Strafrecht Allgemeiner Teil, 2008, Rn. 375, 385 §5も見よ。

[54] Köhler, AT（前掲注48）S. 361 f. 参照。

用する際には、その者がこれまでの人格の発達過程において規範に関する知見（Normwissen）をどの程度獲得してきたのかという点が関係せざるを得ないとする。つまり、規範に適った習慣性が形成されていれば、不法の格率の採用は困難になるであろうし、それとは逆に、規範に反する習慣性がある場合には、よりたやすく不法な行動へと至ってしまうことになる。この意味で、習慣性は人間の本性と結び付いており、責任を判断する際にも不可分の構成要素になるとケーラーは主張する[55]。更に、保安監置を規定するドイツ刑法66条で掲げられた「習癖（Hang）」の要件も、より詳細な類型化を必要とする概念ではあるが[56]、基本的には上の意味での犯罪への習慣性を表わすものであり、それに基づいて行われた犯罪行為については、「行為者において継続的な犯罪の実行へと向けられた人格の態度（Persönlichkeitshaltung）[57]」が認められるため、法秩序における規範の効力に対する侵害の程度、つまり、違法性及び責任もより大きくなり[58]、結論として加重された刑罰を認めることができるとする。

　ここでは、犯罪への習慣性という形で自己の人格を形成した点につき、違法性及び責任の加重を認める理由が問題となる。ケーラーは、自己の人格的な態度については、どのように形成されたにせよ、人格としての自己答責性に基づいていることを強調し、それが犯罪行為に現れている限りでは、責任を加重する方向で考慮する必要があるとして、ボッケルマンやヘルムート・マイヤーが主張した生活決定責任論と類似の見解を唱えており[59]、このような考えが加重的な処罰を認める際の理由となっている[60]。また、習癖に基づいて責任が重く評価される場合

55　Köhler, Die Aufhebung der Sicherungsmaßregeln durch die Strafgerechtigkeit（前掲注48）S. 282 f. この点については、Klesczewski, Strafen statt Verwahren!（前掲注40）S. 401も見よ。
56　詳細な類型化の試みとして、Köhler, AT（前掲注48）S. 438 ff.
57　Köhler, Die Aufhebung der Sicherungsmaßregeln durch die Strafgerechtigkeit（前掲注48）S. 287.
58　Köhler, Die Aufhebung der Sicherungsmaßregeln durch die Strafgerechtigkeit（前掲注48）S. 289, 291, 292参照。Klesczewski, Strafen statt Verwahren!（前掲注40）S. 402も、習癖に基づいて行われた犯罪行為には違法性及び責任を加重する状況があることを認めている。
59　Diethelm Klesczewski, Die Rolle der Strafe in Hegels Theorie der bürgerlichen Gesellschaft, 1991, S. 126は、意思責任と習慣性の関係に関する自己の見解に一番近い考えとして、生活決定責任論を挙げている。但し、ケーラー自身は、生活決定責任の概念では抽象的すぎるともしている（ders., Die Aufhebung der Sicherungsmaßregeln durch die Strafgerechtigkeit［前掲注48］S. 287）。
60　更に、Klesczewski, Strafen statt Verwahren!（前掲注40）S. 402は、行為者が習癖の形成について全く責めを負わないような場合でも、当該行為者が責任能力を有する限りは、自己の犯行の

に、同時に違法性までもが重く評価されることについては、責任があって初めて、法秩序の規範的効力の否定である違法性も完全なものになるとする犯罪論の体系をケーラーが構想している点を指摘しておきたい[61]。

　現行の（古典的な）保安監置を刑罰として再構成するケーラーの試みは、立法論の提案に他ならない。しかし、刑罰として捉え直すからこそ、犯罪者との間での法関係の回復を念頭に置いた再社会化の観点[62]を「保安監置」の内容に組み込んで、それを阻害する無期限の自由剥奪の可能性という現行制度が内包する問題点を回避できるようになる。ケーラーによれば、刑罰として捉えられる「保安監置」は、固定化された習慣性に基づく人格的な態度が現れ出た犯行による、法秩序の規範的な効力に対する侵害の程度にあくまでも相応するものとして、通常の刑罰と同様に明確な法定刑の形で規定される必要があるし、その具体的な執行の際にも、再社会化（仮釈放）の可能性があるという前提の下で、受刑者の人格的な態度を変化させるような積極的な働きかけと常に結び付かなければならないのである[63]。

　これに対してヤコブスは、（古典的な）保安監置を刑罰とは異なる一種の法的強制として基礎づけようとする[63a]。法的強制とは、法秩序の規範的な効力（及びそれによって保障された各人の自由）を侵害しようとする違法な行為に対する反作用として許される強制手段であり、国家が主体となる危険防御や私人が主体となる正当防衛がその最たる例である[64]。法的強制では、法秩序の不安定化を回避するために、それを惹起させようとする者に対して自由の制限の受忍を要求することになるが、ヤコブスの見解においては、将来犯罪を行う危険性を有する者が、一体どのような意味で法的強制の対象者となるのかが問題となる。また、ヤコブスは、先に挙げたケーラーの見解について検討を行い、保安監置を責任に基づいた

　　不法性を洞察することができるのであるから、固定化された習癖に基づく犯罪行為を行う誘惑に抵抗する義務があるとして、より重い責任非難を正当化できると主張している。
61　これについては、Köhler, AT（前掲注48）S. 122 ff. 参照。
62　再社会化を刑罰の内在的な要素として捉える点については、拙稿「最近のドイツにおける規範的な応報刑論の展開」（前掲注50）116頁以下参照。
63　Köhler, Die Aufhebung der Sicherungsmaßregeln durch die Strafgerechtigkeit（前掲注48）S. 288 ff., 291 f. 参照。
63a　拙稿「ヤコブスによる保安監置の正当化について」川口・飯島訳『法的強制と人格性』（2012年）69頁以下も参照。
64　法的強制の概念については、拙稿「救助のための拷問の刑法上の正当化について」香川法学29巻3・4号（2010年）82頁以下参照（同論文は、本書173頁以下に所収されている）。

刑罰に解消させるのでは、実行された犯罪行為に現れた習慣性を回顧的に捉えることしかできないと批判している[65]。ヤコブスからすれば、保安監置制度の焦点は、犯罪への習慣性に基づく危険性を展望的な視点から把握することにあり、むしろその正当化が真正面から論じられなければならないからである。更に、ケーラーの見解に従えば、習慣性が犯行に現れている限り、たとえ有罪判決の前に危険性が消滅したとしても、刑罰の加重は不可避となってしまうため、この点も批判されるべきとしている[66]。

　ヤコブスは、法秩序が行動の方向づけを規範的に行うためには、認知的な補強 (kognitive Untermauerung) が必要であると主張し、このことは、まさに一つの規範的な制度である人格についても当てはまるとする[67]。つまり、一定の禁止規範が存在するだけでは、ある人格がそれに違反しないという予期を基礎づけるのには十分ではなく、当該の人格については、規範的な予期が認知的に補強されなければならないのである。このような認知的な補強として想定されるのが、展望的に「法的な忠誠が示されるであろうとの結論を許容させるような生活の方向性を全体として維持」しながら「認知的に信頼のおける形で自己表現を行うこと (sich als kognitiv verlässlich darzustellen)」であり、ヤコブスは、これを法における人格が市民として他者と共に行動の自由を享受するときに課される「一つの責務 (Obliegenheit)[68]」として捉えている。その際に人格は、この責務を果たすために、法的な事柄を自己の格率としなければならないわけではなく、適切な生活態度を示しながら、将来においても極めて重大な犯行が予期され得るとの結論を当然のものとしてしまうような犯罪の実行を断念すればよいだけである。

　しかし、それが自己表現の形でなされないときには、当該の人格が合法的な行動をとるであろうとの推測が破られてしまい、一つの人格的な欠陥が惹起されることになる。そこで、本来は各々の人格が果たすべき認知的な補強の代わりに、

65　Jakobs, Rechtszwang und Personalität（前掲注49）S. 40 f.（邦訳52頁以下）参照。
66　このような場合、Jakobs, Rechtszwang und Personalität（前掲注49）S. 44 Fn. 132（邦訳58頁注132））は、保安監置として自由を剥奪する理由がもはやなくなるとする。しかし、Köhler, Die Aufhebung der Sicherungsmaßregeln durch die Strafgerechtigkeit（前掲注48）S. 290 f. も、行為者が答責的な決断を通じて法秩序に対する態度を変化させることにより、保護観察付きの仮釈放の可能性が開かれている点を強調している。従って、両者の見解は実質的にはそう変わるものではないともいえよう。
67　Jakobs, Rechtszwang und Personalität（前掲注49）S. 42（邦訳55頁）参照。
68　Jakobs, Rechtszwang und Personalität（前掲注49）S. 43（邦訳56頁以下）。

強制的な自由の剥奪が認知的な保障として必要となってくる。ヤコブスからすれば、これこそが保安監置に他ならない[69]。こうして、保安監置という形態での自由の剥奪は、法秩序の規範的効力の妥当性を認知的に保障するために科されることになるが、これも、人格が「脅威となる自己表現」を通じて先の責務に反して答責的に惹き起こした結果である。従って、保安監置も人格について認められる「行動の自由と結果に対する答責との間の双務的な関係性」に基づいている[70]。また、ヤコブスによれば、保安監置の対象者は答責的な人格なのであるから、自由の剥奪の継続中も、当該の者には自己の態度の変更を通じて責務を果たして監置を終了させる可能性が常に開かれていることになる[71]。

　以上のように、ヤコブスは、犯罪者の将来的な危険性の顕在化を人格の責務に反する「脅威となる自己表現」と捉え、それが法秩序の規範的効力の動揺を惹き起こすことから、この動揺を回避するために自由の剥奪を科す制度として保安監置を理論構成している。このような考えは、保安監置を一種の法的強制と見なす立場といえるであろう。確かに、法的強制は法秩序の規範的効力（及び他者の自由）を侵害する危険性がある違法な行為に対して、それに相応する形で行使される反作用であり、前提としては違法な行為が想定されているので、脅威となる自己表現では法的強制の本来の対象としては十分ではないかもしれないが、それが法秩序の規範的効力の危殆化につながる限りでは、法的強制の対象とすることも不可能ではない。これに対して、ケーラーは犯罪者の危険性を専ら回顧的に捉え、それが習慣性という形で犯罪行為に現れている限りでのみ加重な刑罰を通じて対処するという見解を主張していた。しかし、ケーラーの立場からしても、展望的に将来の危険性に着目した自由の剥奪を法的強制として正当化することは不可能ではないと思われる。

　ケーラーは、自律的な人格同士の法関係に基づく法秩序の下では、危険性がいまだ新たな侵害行為の形態で現れていない場合には、各人格は合法的に振る舞うであろうという法的な信頼が妥当するとしていた。しかし、法関係に基づく法秩序では、各人格には相互に規範に適う形で他者を自己と同等の自律的な人格として扱う振る舞いが要求されるが、明らかにそれに反する「自己表現」が外的にも

---

[69] Jakobs, Rechtszwang und Personalität（前掲注49）S. 43 f.（邦訳57頁）参照。
[70] Jakobs, Rechtszwang und Personalität（前掲注49）S. 41（邦訳54頁）。
[71] Jakobs, Rechtszwang und Personalität（前掲注49）S. 44 f.（邦訳58頁）参照。

明確に表明される場合には、それによって、法秩序の規範的な効力も相対的に不安定にならざるを得ないのであり、ケーラーがいう「法的信頼」もその程度では低下せざるを得ない。勿論、単に一定の態度が外的に示されただけでは、必然的に犯罪として処罰の対象となるわけではないが、それが法秩序の規範的効力の不安定化を惹き起こすものである限り[72]、法的強制の対象として把握することは排除されないのである。つまり、法秩序の規範的効力の不安定化を惹起する「自己表現」に対する法的強制として科される自由の剥奪は、法秩序における規範の現実的な効力を維持するために[73]、正当化され得るという結論になる。

第4節　結　語

　ドイツにおける古典的な保安監置のように、犯罪者の将来の危険性に着目して国家が自由を強制的に剥奪する制度は、——ヤコブスやケーラーの基本的な思想に依拠する形で——理論的には法的強制として正当化できる[74]。これが本稿の一応の結論である[75]。理論的に正当なのであれば、即座に実践に移して[76]、我が国

---

[72] ケーラーは、不法概念において故意とは別に不法意思というものを要求しており、この不法意思は不法に対する自己規定的な決意である意思責任から導き出されるとする（ders., AT［前掲注48］S. 123, 124, 348 ff. 参照）。いうなれば、不法の格率に従って行動しようとする内心の決意が、不法に関係する要素として求められている。このような考えからすれば、完全に違法な犯罪行為として処罰の対象にならないのは当然であるが、犯罪を行う明確な危険性を推測させる自己表現が犯罪者の態度等から肯定される場合については、法秩序の規範的効力の相対的な動揺を認めざるを得ないであろう。

[73] ヤコブスは、法秩序の現実的な効力を維持するために必要とされる認知的な保障の観点から自由の剥奪を導き出していた。その根底には、法秩序の現実的な効力は規範的な側面だけではなく、認知的な側面からも基礎づけられなければならないという考えがある。しかし、ケーラーの見解においても、外界において現実的な効力を有するという事柄は、規範の本質的な側面として考慮されているはずである。従って、法秩序の現実的な効力を維持するために必要である場合には、自由の剥奪は、法的強制として実際に科されなければならない。以上の点は、刑罰が単なる宣言ではなく、実際に自由の剥奪乃至は制限という形で執り行われなければならないという問題とパラレルな関係にある。但し、拙稿「カント刑罰論における予防の意義と応報の限界」（前掲注50）25頁注（9）も見よ。

[74] 法的強制としての正当化を試みたヤコブスの見解には結論的に賛同できるが、その基礎にある個人と人格と法秩序の関係の捉え方に対しては、疑問を提起せざるを得ない。この点については、特に拙稿「最近のドイツにおける規範的な応報刑論の展開」（前掲注50）108頁以下参照。

[75] 回顧的に過去の危険性を考慮することの是非については、ケーラーの責任概念の検討が不可避となるため、本稿では留保しておきたい。

[76] 理論と実践の関係については、ヴァイシェーデル版（Werke in 12 Bänden, hrsg. von Wilhelm

でもその立法化を提案すべきなのかもしれない。しかし、この点には躊躇せざるを得ない。

　保安監置制度を考察する際には、区別が可能な二つのレベルの問題が重なり合っていることを意識すべきである。一つめは、犯罪者の将来の危険性をどのようにして確定するのかという事実レベルの問題であり、二つめは、危険性が明確であることを前提にして、どのような理由から当該の犯罪者に対して自由の剥奪を強制し得るのかという理論的な正当化レベルの問題である。本稿の結論は、二つめの理論的な問題を肯定的に解するものであるが、一つめの事実レベルの問題はクリアされていることを前提にしている。しかし、実際の運用上は、事実レベルの危険性判断には常に不明確さが不可避的に付きまとわざるを得ず、一つめの問題が完全に解消されるという事態は、――理論上はともかく――現実には想像し難い。また、仮に事実レベルでの危険性判断が明確になされたとしても、これに対する法的強制として――ドイツの制度のように――長期或いは無期限の自由の剥奪を科せるのかというと、実はこの点も否定的に解さざるを得ない。

　何故ならば、法的強制とは、法秩序の規範的効力を維持するために、その動揺に見合った反作用として科される強制手段であり、保安監置の場面では強制的な自由の剥奪として登場するが、規範にとって脅威となる態度その他の単なる「自己表現」を通じては、――正当防衛や危険防御の場合とは異なり――実際の被害者（被侵害者）がまだいるわけでもないため、法秩序の規範的効力の動揺は相対的に小さくならざるを得ず、それに対する反作用である自由の剥奪もそれ程大きなものにはなり得ないからである。確かに、侵害或いは危険に晒された現実の被害者の存在を媒介にした法秩序の規範的効力の動揺よりも、全く個別の被害者の存在を介さない法秩序の規範的効力の動揺の方が大きい場合があるとの想定も理論的には可能であるかもしれないが、原則的に暴力犯及び性犯罪のみを対象とすべき保安監置については、そのような事態はやはり例外であろう。少なくとも、長期に渡り自由の剥奪を科すためには、剥奪の開始後も一定の短期間ごとに、法秩序の規範的効力の動揺を惹起する危険性の存在をその都度明確に確定していく作業が必要にならざるを得ないと思われる。

　　Weischedel, 1968) の Immanuel Kant, Über den Gemeinspruch: Das mag in der Theorie richtig sein, taugt aber nicht für die Praxis, A 201, 202, 203 ff. （＝北尾宏之訳「理論と実践」［岩波書店版カント全集14、2000年］159頁以下）を参照。

こうして、保安監置制度は法的強制として理論的に正当化できるとする本稿の結論は、抽象的な理論レベルでの言明でしかないことが明らかとなる。正直にいえば、かろうじて正当化できる或いは正当化できなくはない、という程度の結論が筆者の本心である。このような制度を治安維持のために――様々なバリエーションを付けて――実際上積極的に活用しようとする場合には、多くの不都合が生じてくるのは、ある意味当たり前なのかもしれない。この点を裏づけるのが、近年のドイツにおける保安監置制度をめぐる一連の騒動である。既に述べたように、ドイツでは保安監置に関する新法が2011年1月1日から施行されており、EGMRの2009年判決によって指摘された諸問題を回避するための立法的措置が一応図られている。しかし、その後全てを振出しに戻すかのような事態が生じていることを最後に指摘しておきたい。

　実は、2011年5月4日付けの判決で連邦憲法裁判所第2小法廷が、保安監置の10年の上限期間の事後的な撤廃及び事後的な保安監置の命令に対して提起された、4名の保安監置対象者からの憲法異議の訴えに対して判断を行い、刑法と少年裁判所法における保安監置の命令と期間に関する規定の全てが、基本法2条2項第2文及び同法104条1項から導き出される基本的自由権に反しており、更に事後的な上限期間の撤廃による保安監置の延長や事後的な保安監置の命令が、基本法2条2項第2文及び同法20条3項に基づく法治国家的な信頼保護の原則に違反するとしたのである[77]。

　これにより、ドイツ刑法66条以下の古典的な保安監置を含む保安監置制度全般は、施行されたばかりの新法の内容を含めて違憲とされてしまった。但し、連邦憲法裁判所は2年間の猶予期間を設定し、同期間中は一定の条件の下で現行規定も効力を有するとしながら、その間に新たな立法を行うように立法者に求めている。その際に同裁判所は、特に現行の保安監置処分の実態が刑罰の執行と比較してあまり差異がないという問題点を指摘しながら、刑罰の執行との明確な（施設上の）分離の下で（家族と面会する可能性、危険性を減弱させるための治療手段の提示及びそのための適切な職員の投入といった）より再社会化の観点を配慮した制度的枠組みにする必要性を強調している。従って、2013年5月31日までに行われなければ

---

[77] BVerfG, 2 BvR 2365/09, 2 BvR 740/10, 2 BvR 2333/08, 2 BvR 1152/10, 2 BvR 571/10 vom 4. 5. 2011. なお、判決文はhttp://www.bverfg.de/entscheidungen/rs20110504_2bvr236509.html より入手可能である。

ならない新たな立法についても、より再社会化の観点を盛り込んだ内容となることが要請されている。いずれにせよ、既に改正が済んだと思っていたら、新たな改正をする必要がまた出てきてしまったわけであり、これがドイツにおける保安監置制度の現状なのである。ドイツでの今後の立法動向に注目していきたいが、やはり保安監置については、「この槍使い難し」というのが筆者の現在の心境である。

（追記1）脱稿後、以下の諸文献に接した。併せて参照を請う。まず、2011年1月1日から施行された新法による「精神に障害がある暴力犯罪者の治療及び収容に関する法律（ThUG）」についての文献として、Karl Nußstein, Das Therapieunterbringungsgesetz – Erste Erfahrungen aus der Praxis, NJW 2011, S. 1194 ff.; Christine Morgenstern, Bestrafen, Verwahren und danach Therapieren?–Das neue Therapie-Unterbringungsgesetz in der Kritik, NK 2/2011, S. 55 ff. がある。次に、連邦憲法裁判所による2011年5月4日の違憲判決については、その後、HRRS 5/2011, S. 174 ff.; NJW 2011, S. 1931 ff.; NStZ 2011, S. 450 ff. において紹介がなされ、判決文が掲載されている。また同年5月23日には、連邦通常裁判所第5刑事部が連邦憲法裁判所の違憲判決を基本的に踏襲した決定を行っている（BGH 5 StR 394/10/5 StR 440/10/5 StR 474/10 – Beschluss vom 23. Mai 2011, HRRS 6-7/2011, S. 216; NJW 2011, S. 1981 f.; NStZ 2011, S. 453 f. なお BGH, Urteil vom 21. 6. 2011 – 5 StR 52/11, NJW-Spezial 2011, S. 537 f. も挙げておく）。最後に、上の違憲判決後に公刊された保安監置制度に関する文献としては、Klaus Leipold, Das Urteil des Bundesverfassungsgerichts zur Sicherungsverwahrung, NJW-Spezial 2011, S. 312 f.; Jens Peglau, Das BVerfG und die Sicherungsverwahrung – Konsequenzen für Praxis und Gesetzgebung, NJW 2011, S. 1924 ff.（以上の二つは、連邦憲法裁判所の違憲判決に関する評釈論文である。また、連邦憲法裁判所における口頭審理［mündliche Verhandlung］の様子を伝える文献として、Bernd-Rüdeger Sonnen, Das Ende der Sicherungsverwahrung, NK 2/2011, S. 43 f. もある）; Joachim Renzikowski, Das Elend mit der rückwirkend verlängerten und der nachträglich angeordneten Sicherungsverwahrung, ZIS 6/2011, S. 531 ff.; Andreas Mosbacher, Das aktuelle Recht der Sicherungsverwahrung im Überblick, HRRS 6-7/2011, S. 229 ff.; Benedikt Quarthal, Nachträglich verlängerte Sicherungsverwahrung und der EGMR – zur innerstaatlichen Rechtswirkung der Europäischen Konvention für Menschenrechte, JURA 7/2011, S. 495 ff. がある。

（追記2）2012年12月5日の改正法によって導入されたドイツ刑法66c条の内容を含む、その後の保安監置制度の動向については、拙稿「例外的な自由の剝奪としての保安監置？―ドイツにおける保安監置改正法の動向―」『例外状態と法に関する諸問題』（関西大学法学

研究所・研究叢書第50冊、2014年）109頁以下、121頁以下を参照。

〈付録〉フォイエルバッハの刑罰論が示唆するもの
―― Luís Greco, Lebendiges und Totes
in Feuerbachs Straftheorie, 2009の紹介――

第1節　はじめに

　歴史上の刑法学者の中でフォイエルバッハほど我々にアンビバレントなイメージを抱かせる者はいない。まずフォイエルバッハは、法治国家原理の根幹とされる罪刑法定主義の原則を基礎づけた「近代刑法学の父」として我が国でも一般的に高く評価されている[1]。このような評価は、罪刑法定主義に基づいて国家刑罰権の制限を図ったリベラルな論者であるとの印象と結び付く。しかし、フォイエルバッハが罪刑法定主義の根拠とした、刑罰を通じた威嚇に基づく犯罪予防の理論、いわゆる心理強制説に目を転じる場合、犬に向かって杖を振り上げて脅かすのと同じではないかと既にヘーゲルが批判していたように[2]、すぐさま別のイメージが湧き上がってくる。刑罰の威嚇によって国民の恐怖心を喚起させて犯罪予防を図る思想などは、通常の感覚からすれば、リベラルな立場からは程遠いものでしかないからである。

　上記のような、一見したところ矛盾する我々のフォイエルバッハ像を解明するための導きの糸になり得るのではないかと思われる文献が、最近ドイツで公刊された。それが以下で紹介する Luís Greco, Lebendiges und Totes in Feuerbachs Straftheorie である。同書は、ミュンヘン大学のロクシン教授の下に提出された博士論文を基にした総頁数640頁に及ぶ浩瀚なモノグラフであり、2009年10月に Duncker & Humblot 社から公刊されている。同書のタイトル（直訳：「フォイエルバッハの刑罰論における生きているものと死んだもの」）からも推察されるように、筆者であるグレコ[3]の意図は、単なる学説史的な研究に留まるものではない。むし

1　例えば、三井誠・町野朔・中森喜彦『刑法学のあゆみ』（1978年）17頁以下。
2　Georg Wilhelm Friedrich Hegel, Grundlinien der Philosophie des Rechts oder Naturrecht und Staatswissenschaft im Grundrisse, in: ders., Werke in 20 Bänden, hrsg. von Eva Moldenhauer und Karl Markus Michel, Band 7, 1986, S. 190（§ 99 Zusatz ＝藤野渉・赤沢正敏訳『ヘーゲル法の哲学Ⅰ』[2001年] 274頁以下）参照。

ろ、フォイエルバッハの思想の根底にはリベラルな立場があったと見なし、それを首尾一貫させる形で彼の刑罰論を再構成しながら、現代の刑法学の文脈からも参考にし得る知見を探求している。当然にその際には、フォイエルバッハ本人の主張に対する批判も断行されているが（後に述べるように、例えば、心理強制説は機能的威嚇の理論へと修正される）、グレコからすれば、あくまでこれもフォイエルバッハの基本的な立場に基づいてフォイエルバッハ自身を批判する態度に他ならないのである。

　また、フォイエルバッハの刑罰論は、それ自体で完結したものではなく、法と道徳の関係や犯罪の概念に関する彼の法哲学的な理解と密接に結合していた。そのため、今回とり上げるグレコの著書でも（刑）法哲学的な諸問題の考察にかなりの頁数が割かれており、この点が同書に「今日の刑法上の基礎的な議論への一寄与」との副題を与える所以となっている。我が国ではしばしば等閑視されがちであるが、刑法の諸問題を論じる際には、常に法哲学上の様々な議論に直面せざるを得ない[4]。まさにグレコの著書の存在は、我々に基礎理論の重要性を再認識させてくれるであろう。この意味でも同書を我が国に紹介する意義は大きいと思われる。

　グレコのモノグラフは、大きく分けて、A. 導入部（S. 15 ff.）、B. 学説史に関する部分（S. 34 ff.）、C. 法哲学に関する部分（S. 108 ff.）、D. 刑法哲学に関する部分（S. 202 ff.）の四つから構成されている。当然に最後のD. の部分に一番多くの頁数が割かれているが、そこではC. の部分での態度決定がそのまま適用されている箇所も少なくない。そこで、以下ではA. とB. については必要最小限の叙述に留めて、C. とD. の部分を中心に紹介していくことにする。

---

[3] 著者であるグレコはブラジル人であり、本稿でとりあげる著書の公刊当時はシューネマン教授の下で助手（Mitarbeiter）を勤めていたが、現在（2015年11月の時点で）はアウグスブルク大学法学部の教授である。グレコの業績については、https://www.jura.uni-augsburg.de/lehrende/professoren/greco/greco_luis/publikationen_greco/を参照。その経歴を生かして、グレコの著書では英独仏伊に留まらず、スペイン、ポルトガル、ラテンアメリカ諸国の文献が縦横無尽に引用されている。

[4] 特に同書S. 20, 26を参照。

第 2 節　グレコの著書の概要

1　A. 導入部及び B. 学説史に関する部分

　まずグレコは、自己の問題意識と著書を執筆する際に採用した方法論を明らかにしている。彼にとってフォイエルバッハの時代から現在に至るまでの約200年間の刑法の歴史は、国家に対する法治国家的な制約を基礎づけるための営みであり、それはまさにリベラルな性格を有するものであった。そこで、グレコは、過去に育まれてきた刑法学におけるリベラルな伝統の内容を丹念に辿り、その際の様々な論拠づけを分析的に捉えながら、現在の刑法学の実情が自律的な人間の存在に適った十分にリベラルなものといえるのか否かを判断しようとする（歴史的・分析的方法：S. 22 ff.）。これが、グレコの著書において核心となる問題意識と方法論であるが、刑罰の根拠及び刑罰の前提である犯罪行為に関する説明として現在支配的な積極的一般予防論や規範的責任論などは、グレコの分析によれば、実はリベラルな伝統に合致するものではない。それ故、むしろ過去に立ち返り、フォイエルバッハの思想の根底にあるリベラルな立場を純化発展させて、現在の通説的な見解に対する「生きている」対案として提示することが、本著書におけるグレコの目標となる。

　フォイエルバッハは、カントと同様に自由の外的な諸条件を保障するための制度として国家（法秩序）の存在を捉えていた。従って、カント法哲学からの影響は明白に認められる。しかし、フォイエルバッハからすれば、自由はあくまでも道徳の領域に属する事柄であるため、刑罰に関する法である刑法は、それとは距離を置いて、カントによる二つの人間像、つまり、叡智界に属する自律的な人間（homo noumenon）と経験界に属する感性的に規定される人間（homo phaenomenon）の内、あくまでも後者のみを対象としなければならない[5]。フォイエルバッハは、刑罰概念を日常的な意味で捉えながら、法律に違反する行為のみを原因にして、その行為の主体に対して国家によって課される害悪として素朴な形で定義してい

　5　この点にフォイエルバッハとカントの最大の相違がある。カントは、法と道徳を一応区別した上で、法的な刑罰の強制的な性格を基礎づける際に homo noumenon としての自律的な人格の存在を念頭に置いていた。ヴァイシェーデル版（Werke in 12 Bänden, hrsg. v. Wilhelm Weischedel）の Immanuel Kant, Die Metaphysik der Sitten, A 203/B 232, 233（＝樽井正義・池尾恭一訳「人倫の形而上学」[岩波書店版カント全集11、2002年] 183頁）を参照。

るが、特に①法定刑の提示による威嚇（Strafandrohung）と②実際の賦課（Strafzufügung）の二つの側面に分けて、刑罰が正当化されるための諸条件をそれぞれについて論じている。まず当該の条件として念頭に置かれたのは「目的」であるが、①刑罰による威嚇の目的は、感性的に規定（決定）される人間に対して心理的に強制を加えることによって、他者の権利に対する侵害である犯罪の実行を断念するように動機づけ、法秩序を維持することであるとされる。ここで有名な心理強制説が登場するが、あくまでもその前提には、法についてフォイエルバッハが妥当させた上記の決定論的な人間像がある（S. 41 ff.）。また、②刑罰の賦課の目的は、専ら①の威嚇の現実性を確証することであるとされる。これは、当時支配的であった（消極的）一般予防を刑罰の賦課の目的として捉える見解に対して、フォイエルバッハが、それでは社会全体のために犯罪者を単なる手段として扱う結果になるとするカント的な批判を意識したことからの影響である。

　しかし、ある目的に適った有用な刑罰が全てそのまま正当となるわけではないため、更に、フォイエルバッハは制限的な条件を設定する。これが「法的根拠」と呼ばれるものであるが、①刑罰による威嚇について要求される法的根拠は、威嚇を通じて何人の権利も国家によって侵害されない点にあるとされる。また、②刑罰の賦課の法的根拠としては、犯罪者は犯罪行為と分かち難く結び付いた刑罰についても認識していると考えられることから、処罰への同意が認められる点が当初挙げられていた。しかし、フォイエルバッハは後に改説し、法律の形で刑罰の威嚇がなされている事実そのものが刑罰の賦課の法的根拠であるとしている（S. 47）。フォイエルバッハの様々な主張、罪刑法定主義（S. 49 ff.）[6]、権利侵害説（S. 56 ff.）[7]、法律違反の認識を要求する故意の理解（S. 59 ff.）、行為刑法の枠組み

---

[6] 当時、罪刑法定主義は、まだ十分に自明のものとはされていなかった。しかし、フォイエルバッハからすれば、心理的な強制を通じて犯罪を防止するためには、事前に法律の形で刑罰を提示することが不可欠となる。また、当時は残虐な刑罰を回避するために、法定刑の枠組みを超えて裁判官による減刑が行われていたが、罪刑法定主義の趣旨からすれば、裁判官はあくまでも法律の通りに適用すべきであるとして、そのような専断的な実務に対しても批判が行われている。やはり、カントの影響を受けたフォイエルバッハからすれば、刑法（Strafgesetz）は、刑罰に関する法則として、前提が満たされる限りは必ず適用されなければならない一つの定言命法なのである（S. 55）。

[7] 法と道徳を分離させるフォイエルバッハの刑罰論においては、単なる道徳違反だけでは刑罰の前提としては不十分となる。刑罰が法的な意味での害悪の賦課である限り、やはり、その前提としては法の領域の問題である権利に対する侵害が発生しなければならない。なお、フォイエルバッハは不能未遂を不処罰としていた。

を超える形で犯罪者の危険性を重視する量刑論（S. 65 ff.）[8]などは、全て上記の刑罰論の具体的な帰結である。

　以上のように、フォイエルバッハ自身はカントの法哲学から影響を受けながらも、カントとは異なり、応報刑論ではなく予防刑論を主張していた。一見すると矛盾しているかのように思われる事態であるが、カントの法哲学を様々な多義的な内容を含んだ思想と見なすグレコは、法と道徳を厳格に分離させて、自由や責任といった応報刑論に特徴的な諸要素を専ら道徳の領域に位置づけるフォイエルバッハの見解も十分にカント的な考えとして評価し得るとしている（S. 87）[9]。

　なお、フォイエルバッハの心理強制説は、啓蒙思想の影響を受けて、快と不快の計算を合理的に行い得る人間像を前提にしているとの理解が一般的に流布しているが、グレコによれば、このような理解は誤りである。そもそも、啓蒙期の思想家の多くは、そのような合理的な人間像を想定していなかったし、フォイエルバッハ自身も明確に主張していたわけではない。むしろ、心理強制説が依拠したのは、犯罪の実行が刑罰の賦課を連想させるという意味で、動物的な欲求に基づいて（非合理的に）行動する人間にも当てはまる、当時広く主張されていた「連想心理学（Assoziationspsychologie）」と呼ばれる考えであった。そうであるからこそ、心理強制説においては、動物的な欲求のメカニズムに働きかけて犯罪の実行を思い止まらせるために、刑罰による威嚇を通じた恐怖心の喚起が重要だったのである（S. 99）。フォイエルバッハが自由や自律性といった事柄を専ら道徳の領域に位置づけて、感性的に規定される存在を念頭に置いた人間像を自説の前提に

---

[8] 既に当時も、自由の余地が大きければ大きい程、より重く処罰されるという現在の責任主義の萌芽ともいえる見解が支配的であった。しかし、フォイエルバッハによれば、自由は道徳の領域に属する事柄であるため、それを「量刑」の決め手とすることは許されない。刑罰の目的が犯罪予防を通じた法秩序の維持である限り、むしろ犯罪者の主観的な危険性に応じて重く処罰すべきとしていた（S. 66 f.）。

[9] グレコがフォイエルバッハに有利な判断を下す際に重視したのは、合法性（Legalität）と道徳性（Moralität）の区別と、道徳的な価値を有する自由は叡智界に属するため、人間には直接的には認識され得ないとカント自身によってしばしば主張されていた事実である。カント哲学からカントが主張したような応報刑論に至る道筋は一つの可能性にしかすぎないとされているが、法と道徳を区別した上で法的な意味での自由を（理念として）想定し、それに基づいてカント的に首尾一貫した形で応報刑論を基礎づけることは可能であり、カントの立場を専ら予防刑論として解釈してしまうと、むしろ多くの不都合が生じてくると思われる。これについては、拙稿「カント刑罰論における予防の意義と応報の限界」香川法学28巻2号（2008年）1頁以下参照（同論文は、本書59頁以下に所収されている）。

していた点に注意しなければならない。

2　C. 法哲学に関する部分

　上記のように、フォイエルバッハの刑罰論では、法と道徳は厳格に峻別されていた。やはり、法と道徳の間で透過性を認めて、特定の道徳的な観点に基づいて法的規制の正当性を基礎づけるのでは、個人に対する不当な干渉を招いてしまう。各人は、他者の権利を侵害しない限り、独自の価値観に基づいて自己の生を展開する自由を有していると考えるべきであるので、上記の透過性に基づくモラリズムは排斥されなければならない。こうして、道徳的な観点に依拠しない法の基礎づけを要請するフォイエルバッハ的な非モラリズムの立場は、リベラルな思想として一応評価されることになる（S. 114）。しかし、法と道徳が峻別されるとしても、刑法が外在的な観点から全く制約を受けないまま、専ら目的合理性の観点に基づいて運用されるのでは、法治国家性の枠組みを平気で超えるようになり、リベラルさとは対極の結論に至ってしまう。そこで、グレコの著書では、フォイエルバッハが意図したリベラルな立場を首尾一貫させるために、法と道徳の関係を再考した上で次のような見解が示されている。

　グレコによれば、モラリズム及び非モラリズムにおける「道徳（Moral）」の概念は、目的合理性乃至は有用性といった事柄によって特徴づけられる帰結主義（Konsequentialismus）の考えに対立するものとして想定される。換言すれば、道徳は、行為がもたらす帰結とは関係なく無条件的に妥当する様々な要請の総体である（S. 120）。そして、更に道徳は、義務論的な（deontologisch）要請と狭義の倫理的な（tugendethisch）要請に細分化される。帰結主義の下では、ある行為の正当性はもたらされる帰結によって判断されるが、義務論の観点からすれば、行為の正当性は、あくまでも一定の規則に対する配慮の下で当該行為が行われたか否かに関わることになり、狭義の倫理の観点に基づけば、行為の正当性は、賞賛すべき善き生に関する具体的な内容と合致しているかどうかが重要となる[10]。各人は、他人を侵害しない限り、客観的にはどんなに愚かな内容であったとしても、自己の考えに基づいて生を独自に展開することができる。従って、グレコからしても、義務論的或いは狭義の倫理的な観点に基づいて、刑法が個人の行為の正当

---

[10]　帰結主義、義務論的乃至は狭義の倫理的な観点といった諸概念に関するグレコの定義については、S. 120 Fn. 62参照。

性を道徳的に判断することは、当然に排斥されるべきであり、個人の行為に対する規制は、専ら帰結主義の観点から基礎づけられなければならない。つまり、個人との関係では、刑法は非モラリズムによって特徴づけられることになる。

しかし、国家が専ら帰結主義の観点から刑法を運用する場合には、目的を達成するためであれば、全ての手段が正当化されることになるので、刑法による規制は際限がなくなり、刑法の名宛人である個人も独自の主体としては真摯に扱われずに、様々な帰結を衡量する際の一要素の地位に貶められてしまう。グレコによれば、国家は国民の名の下に正当な形で権力を行使しなければならないのであるから、帰結主義の観点に基づく刑法の運用に対しては制限が必要となり、このような制限は、無条件でアプリオリに妥当する義務論的な要請に国家が服することによって果たされるのである。義務論的な要請とは、そこから生じる帰結とは無関係に（場合によっては、不都合な帰結をもたらす可能性があったとしても）国家に制約を課す道徳的な制限枠であり、具体的には法治国家的な諸原則のことを指している。こうして、グレコは、国家との関係では刑法はモラリズムによって特徴づけられるとの結論を導き出す[11]。但し、国家が自己の活動を帰結主義に基づいて執り行うのは当然のことであるため、絶対的に妥当する義務論的なモラリズムの要請も、国家の活動について正当性を基礎づけるためにノージックが主張した「側方からの諸制限（side constraints）」として、あくまでも外在的な制限枠だけを意味している（S. 136 f.）。

フォイエルバッハによれば、刑罰の威嚇と賦課のそれぞれは、一定の目的を追求するだけではなく、法的根拠による制限を受けていた。この刑罰に関する法的根拠は、グレコからすれば、上記の国家に対する義務論的な制限枠に他ならないものであり、フォイエルバッハの刑罰論にリベラルさを担保する上で重要な意義を有していた。しかし、フォイエルバッハ自身は、刑罰の合目的性に重点を置いて法的根拠の側面を過小評価していたため、この点の見直しがグレコの著書での大きな課題となる（S. 138 ff.）。なお、グレコは義務論的な制限枠のアプリオリ性をカント的な形而上学に求めており、形而上学に向けられてきた科学哲学上の

---

11 更に、グレコは義務論的な制限枠の具体例として拷問禁止原則を挙げながら、国家についてアプリオリに妥当するのは、一定の行為（拷問）を自ら控える意味での不作為義務だけであり、一定の行為に出る（私人が拷問を行うのを禁止処罰する）ことを要請する作為義務については絶対的な妥当性を否定している（S. 131 ff.）。

様々な批判に対して反証を示しながら、(刑)法において無条件的な絶対性を保障する形而上学の意義を再確認している (S. 143 ff.)。

　フォイエルバッハの心理強制説では、カントが予防刑論全般について述べていたように、犯罪者も目的それ自体として (als Zweck an sich selbst) ではなく、専ら他者の利益のための単なる道具にされてしまうとしばしば批判されてきた。しかし、実はフォイエルバッハ自身も他者の道具にされるとの論拠を用いて、刑罰賦課の目的を一般予防に見出していた他説を批判していたため (S. 161 f.)、フォイエルバッハの刑罰論の現代的な再評価を志向するグレコからしても、この道具化の禁止原則の内容を解明することは、重要な課題となる。先ほど述べたように、グレコによれば、国家の権力は、その対象となる国民の名の下で行使されて初めて正当なものとなる。そのためには、国家は国民を単なる物や道具ではなく、常に自己の構成者である人間として真摯に取り扱わなければならない。つまり、道具化の禁止原則も、その活動の正当性を担保するために国家に課される、無条件でアプリオリに妥当する義務論的な要請（帰結主義の観点に基づいた国家の権力行使に対する制限枠）の一つを意味することになる (S. 168)。

　更に、グレコは人間の存在にとって本質的な生命、身体、意思の自由、移動の自由、財産といった要素に着目し、国家によるそれらの要素を対象者から剥奪する取り扱い、つまり、死刑[12]、身体刑、拷問[13]、（かつてDDRで見られたような）亡命乃至は国外移住の禁止、終身刑、資産の完全な没収などは、道具化の禁止原則に抵触するとしている (S. 180 ff.)。グレコの見解において、道具化の禁止原則は、国家に対する義務論的な要請としてアプリオリに妥当するものであるから、それがカントの定言命法のような形而上学的な考えに基づくことは明白である。しかし、グレコ自身は、道具化の禁止原則の形而上学的な基礎づけについては、あく

12　死刑は、対象者から法秩序の構成者としての地位を剥奪してしまうため、（犯罪者も含まれる）全ての国民の名の下での権力の行使とはいえなくなってしまう。それ故に、グレコによれば、死刑は予防効果という帰結主義の観点とは無関係に義務論的に禁止される。但し、フォイエルバッハ自身は、死刑こそが最大の威嚇効果を有する刑罰であるとして、死刑を肯定していた。

13　グレコは、国家による拷問行為の本質を苦痛の賦課ではなく、拘束された対象者の意思に対する最高度での否定という事柄に求めている (S. 186)。それ故、グレコは拷問禁止原則もその維持から生じる帰結を度外視して絶対的に妥当するとしているが、いわゆる ticking time bomb 状況（例えば、都市に小型核爆弾をセットしたテロリストの一人を警察が拘束した場合に、解除コードを白状させるためには他にもう見込みのある手段がないため、拷問行為の実行の許容性が問題になる状況）についても、危機に晒された都市の住民は、当該原則の例外を国家に求めるべきではなく、むしろ死ぬ覚悟をしなければならないとまで断言している (S. 179)。

までも絶対的な妥当性を示せれば十分として、それがどのような哲学的な立場に依拠するかは最終的には「開かれている」と主張する（S. 179, 195）。このような叙述によってグレコが示そうとしているのは、自説にとって重要なのは要請の無条件性、即ちアプリオリ性を基礎づけたカント的な思考の枠組みだけであり、カント法哲学そのものではないということであろう[14]。

3　D. 刑法哲学に関する部分

グレコは、正当な刑罰に関する諸条件の総体を内容とする規範的な理論として刑罰論を定義する（S. 203）[15]。フォイエルバッハは、刑罰による威嚇と刑罰の賦課を分け、それぞれについて、正当化されるための条件として刑罰の目的と法的根拠を論じていた。グレコも、刑罰による威嚇と刑罰の賦課は市民の自由に対する侵害として別個に独自の意義を有するとして、二元的に刑罰の正当化条件を考察するフォイエルバッハ的な方法論に賛意を示しながら、刑罰の目的を帰結主義的な正当化条件、法的根拠を国家に対する制約の形で現れる義務論的な正当化条件として捉えている（S. 227 ff.）。しかし、フォイエルバッハ自身は、帰結主義的な刑罰の目的（つまり、犯罪予防）の方だけに着目してしまい、義務論的な法的根拠には殆ど意義を認めていなかった。これには、犯罪の予防という帰結主義的な合目的性の観点から刑罰論を論じる見解が当時広く主張されており、当該の観点

---

[14] 国家による道具的な取り扱いは、対象者の意思に反することを前提とする。その際には、理念として想定される理性的な人間（homo noumenon）或いは現実の経験的な人間のどちらの意思を基準とすべきなのかが問題となる。カントは前者の意思に着目していたが、グレコはこれに批判的であり、一定の限度で経験的な意思も重視している（S. 191 f. 参照）。このように、カントの考えには賛成できない点があるため、あくまでアプリオリ性に関する思考の枠組みだけを援用しようとする態度に至るのであろう。しかし、グレコの見解が、その主張とは裏腹に単に枠組みだけではなく、いわば内容的にもカント哲学から影響を受けている点は否定できないと思われる。例えば、グレコは、道具化の禁止原則の妥当性が道具化の対象者の「実践理性の能力」に依拠するか否かについて態度を保留しながら（S. 194）、同時に、法実証主義であれば憲法上の規定を同原則の根拠にする必要などはなく、研究者各人の「学問的省察の能力」、「独自の実践理性」に基づいてその妥当性を論じれば良いとしている（S. 200）。研究者に実践理性の能力があるのであれば、同じ人間である道具化の対象者についても当該の能力を認めなければならないはずであり、実はグレコも、カントが主張したように対象者の理性人としての側面に着目せざるを得ないことになる。

[15] ドイツ以外の国々（特にラテンアメリカ諸国）では、国家による処罰を正当化の余地のない不当な権力の行使と捉える刑罰廃止主義（Abolitionismus）が有力に主張されている。このような考えからすれば、正当な刑罰に関する諸条件を論じること自体が無意味となるのかもしれない。グレコは、刑罰廃止主義の主張が孕む矛盾を詳細に論証している（S. 207 ff.）。

を後退させて、正義に基づく義務論的な応報の観点を強調するカントの考えなどは、実はむしろ例外であったという事情が影響している。

　グレコは、帰結主義的な刑罰の目的とその追求に対する義務論的な制限の関係を見直して、刑罰論内部での後者の意義を基礎づけようとするが、カントが主張したような絶対的応報刑論の形での義務論的な観点の強調は退けられている（S. 233 f.）。やはり、犯罪予防を念頭に置く帰結主義的な合目的性の観点こそが、刑罰論の出発点でなければならないからである。ここで、グレコが帰結主義及び義務論の用語を用いて表現した問題は、予防と応報の関係の捉え方として啓蒙期以来議論されてきたものに他ならない。この点について、多くの見解は、正義に適った応報的な刑罰こそが予防の目的を効果的に達成できるとして、帰結主義的な観点（予防）に還元させる形で義務論的な観点（応報）を基礎づけてきた。しかし、それでは、予防の目的を達成するために他のより効果的な手段がある場合には、刑罰に対する応報的な制限は不要とされることになり、義務論的な観点に認められるはずの絶対的な妥当性は失われてしまう（S. 244）。

　そこで、グレコは刑罰論における義務論的な観点を先ほど述べた道具化の禁止原則と同様のもの、つまり、国家による目的追求活動に課される外在的な制限枠として捉えようとする。例えば、罪刑の均衡性、罪刑法定主義、裁判官の中立性といったものも、犯罪予防目的の追求の際に要求される義務論的な制限枠に他ならない（S. 250）[16]。犯罪予防の必然性を欠く処罰はリベラルなものではないとして、当該の必然性に基づいた刑罰権の行使が歴史上求められてきた。しかし、単に必然的であるだけでなく、同時に義務論的に正当な範囲へと制限を受けた刑罰だけがリベラルな内容を保持できる。こうして、刑罰の正当化のための諸条件は、帰結主義的な刑罰目的と外在的な義務論上の制限枠から二元的に構成されることになるが、統一的な刑罰論の基礎づけは放棄される。しかし、グレコからすれば、このように義務論的な観点を帰結主義的な観点から切り離して初めて、前者の絶対的な妥当性も維持し得るのである（S. 252）。

16　厳密には、罪刑法定主義や罪刑の均衡性は、道具化の禁止とは異なる次元に位置づけられる義務論的な制限枠とされている（S. 265 ff.）。道具化の禁止は、権力の対象者を真摯に取り扱うことを内容とする制限枠であった。これに対して、罪刑法定主義や罪刑の均衡性では、―いわばそれ以前の段階で―正当な形で支配を実行するために自己の権力を拘束しておくことが国家に求められている。なお、いわゆる ultima ratio 原則は専ら帰結主義の観点に基づいた制限枠とされている（S. 268）。

第2節　グレコの著書の概要　257

　フォイエルバッハ自身は、威嚇を効果的に達成するために罪刑法定主義を要求していた。つまり、帰結主義の観点から罪刑法定主義という義務論的な制限枠を基礎づけていたわけであるが、上記のようにグレコからすれば、これでは、罪刑法定主義の必要性は経験的な問題に貶められてしまい、絶対的な妥当性を示せなくなる。罪刑法定主義は、威嚇の必要性、責任主義、民主主義、三権分立といった事柄を根拠とするものではない（S. 256 ff.）。何故なら、単にそれらを達成するためだけに必要なのであれば、より効果的な別の手段がある場合には、容易に放棄されてしまうからである。むしろ、罪刑法定主義はそれ自体で内在的な価値を有する義務論的な制限枠として想定されなければならない（S. 263 ff.）。義務論的な制限枠の独自性に対して配慮が欠けていたフォイエルバッハの見解は、グレコによって修正を受けることになる（S. 274）。

　フォイエルバッハは、刑罰の概念を日常的な意味で理解し、違反行為に対して国家によって課される害悪であると定義していた。このような日常的な意味による定義は、刑罰概念の内容を拡散させてしまう。そこで、多くの学説が目的論的な概念構成を試みてきたが、当該の見解は、刑罰の正当化に関わる諸条件を不当にも先取りし、それらに適した内容のみを刑罰の概念とする考えに他ならなかった。これに対して、グレコは、やはり正当化のための諸条件とその適用対象である刑罰概念は明確に分離されるべきとして、むしろフォイエルバッハ的な刑罰概念を肯定的に捉えている。但し、フォイエルバッハは、刑罰による害悪を専ら感性的な（sinnlich）ものに限定していたが、グレコは、有罪宣告の意味での国家による非是認（Missbilligung）の判断[17]もコミュニケーション的な害悪として刑罰による害悪の中に含まれるとしており、刑罰概念の内容自体は拡張されている（S. 299 ff.）。

　犯罪による侵害の対象の確定は、実質的犯罪概念（materieller Straftatbegriff）という標語の下で論じられているテーマであるが[18]、グレコからすれば、これも刑

---

[17] グレコは「宣言的な非是認」と価値判断を含む「構成的な非是認」を分け、正当化され得るのは前者の価値中立的なコミュニケーション的害悪だけであるとする。つまり、犯罪に対する価値判断を表す「非難」は、グレコの見解では正当化され得ないことになる（S. 298 f., 501）。

[18] 但し、犯罪による侵害の対象を一般的に確定する試みに対しては、ドイツでは伝統的に否定的な態度が示されている。当該の対象を権利として捉えたフォイエルバッハのように、当時の多くの論者は、自然法論に依拠して前実定的な形で侵害の対象を確定しようとしていた。そこでドイツでは、自然法論に対して批判がなされるようになると同時に、実質的犯罪概念についても疑問が呈されるようになったのである（S. 308）。しかし、グレコからすれば、犯罪によって侵害さ

罰の目的に関する議論に他ならない。何故ならば、侵害される対象の保護のために刑罰も投入されるからである。犯罪予防という従来の刑罰目的は、その対象をどのように保護するのかという問題に関わる二次的な目的であり、対象の保護そのものは刑罰の一次的な目的となる (S. 303 f.)。そこで、犯罪によって侵害される（刑法によって保護される）対象の内容を確定することが重要となる。この問題は、法益侵害説と権利侵害説の対立となって具体化するが[19]、両説のどちらも、自説の方がよりリベラルな内容を有するとの主張を基礎づけるために、自説と啓蒙思想との連続性を強調している。グレコは、連続性について法益侵害説の側により多くの有利な証拠の存在を認めてはいるが (S. 322)、そもそも啓蒙思想との連続性だけでは、リベラルな内容の担保にはならないとする。何故ならば、最近の啓蒙思想に関する研究によって、同思想がリベラルな個人主義だけを内容としていたわけではなく、むしろ全体主義、アナーキズム、ニヒリズムといった様々な要素の複合体であったことが解明されているからである (S. 326 ff.)。つまり、リベラルで個人主義的な啓蒙思想というイメージは、歴史的な事実とは異なる一種のフィクションでしかない。

　そこで、法益侵害説と権利侵害説のどちらに依拠した方がよりリベラルな刑法になるのかという問題は、啓蒙思想との連続性とは無関係に決定されなければならないことになる。経験的には把握し難い集合的な（超個人的な）保護対象の存在 (S. 334 ff.)、抽象的危険犯 (S. 338 ff.)、単なる道徳違反の処罰 (S. 342 ff.) の是非を素材にして検討を行うグレコは、法益侵害説及び権利侵害説の双方ともにそれらの許容を排除できないとして[20]、どちらの考えも他方と比較してよりリベラルな内容を有しているとはいえないと結論づける。そもそも、グレコからしてみれば、法益侵害説と権利侵害説のどちらも帰結主義的な思想の表れに他ならないのであるから、処罰を制限する観点などはそれらには内包されていない[21]。市民

　　れる対象の内容を確定しておかなければ、国家が恣意的に処罰の対象を決めることにもなりかねないため、実質的犯罪概念は不可避となる (S. 311 f.)。
19　現代におけるフォイエルバッハ的な権利侵害説の代表的な論者として、特にナウケと E. A. ヴォルフの名前が挙げられている。
20　例えば、道徳違反の行為が法益乃至は権利に対して間接的に侵害作用を及ぼす点を経験的に否定できないため、法益侵害説と権利侵害説の双方とも、道徳違反に対する処罰を排除することはできないとされている (S. 343 ff.)。
21　従って、法益乃至は権利の内容をどのように明確に定義しようとも、それは処罰の限定というリベラルさにとっては二次的な問題にしかならない。むしろ、法益或いは権利の保護という合目

の私的領域への刑罰の介入を防いでリベラルな刑法を担保するためには、むしろ義務論的な制限枠を国家権力に課して、法益或いは権利に対する侵害の存在とは無関係に、処罰を外在的に制限することが肝要であるとされている（S. 351）。但し、現行の刑法典は一般的に法益概念に基づいて体系化されているため、専ら学問上の実用的な（wissenschaftspragmatisch）理由から、刑罰論の構想は──フォイエルバッハとは異なり──法益概念に依拠すべきであると、グレコは結論づけている（S. 353）。

　法益の保護が刑罰の一次的な目的であるとすると、次にその達成方法に関わる二次的な目的が問題となる。フォイエルバッハの心理強制説では、刑罰による威嚇を通じた恐怖心の喚起に基づく犯罪予防が念頭に置かれていた。このような主張がフォイエルバッハの思想の根底にあるリベラルな立場と如何にして調和するのかは問われざるを得ない。グレコによれば、刑法が道徳的な理由の洞察に基づいた犯罪の回避を人々に要求してしまうと、刑罰によって道徳的な心情を強制することになってしまう。そこで、フォイエルバッハも刑罰によるモラリズムを排斥するために、恐怖心を理由とする犯罪の回避で十分であるとしたのである。グレコは、心理強制説の背後にあるこのようなリベラルな意図を堅実なものであるとしながらも、法定刑の提示による威嚇（Strafandrohung）の際に重要なのは、対象者に一定の心理状態を喚起させることではないとして[22]、心理強制説を機能的威嚇（funktionale Abschreckung）の理論へと修正する（S. 358 ff.）。

　同理論によれば、刑罰による威嚇は、犯罪を回避させるための賢さに関わる理由（Gründe der Klugheit）を提示するものである。つまり、賢い合理的な行動である適法行為を選択すべき理由として、犯罪行為が処罰という望ましくない帰結を招く点を明らかにすることが刑法では重要だとするのである。このような理由が動機となって犯罪が回避されれば十分なのであるから[23]、その際の心理状態の具

　　的性の観点が国家によって追求される際に、義務論的に介入が禁じられる私的領域の範囲を確定しておくことが重要であるとされている（S. 352）。
22　刑罰による一般予防論は、社会のマクロの次元に働きかけを行うものであり、ミクロ的に個々人が適法行為へと動機づけられる際の動機の内容は重要ではないとされている（S. 361）。なお、S. 389 f., 391 ff.も参照。
23　グレコは、賢さに関わる理由が犯罪を回避する動機になる点をあくまでも日常的な経験に基づかせて基礎づけており、その際に快と不快を合理的に計算できる人間像を前提にするわけではない（S. 360）。グレコは、刑罰による威嚇を受けた市民も自発的に適法行為へと自己を動機づける意思の自由を有すると主張するが、当該の自由も専ら日常経験的な論拠から導き出されている

体的な内容は重要ではなくなる。これに対して、招来される帰結とは無関係に、犯罪の回避がそれ自体で正当なものであるとされてしまうと、犯罪を回避させるための道徳的な理由を刑罰が示すことになってしまう[24]。グレコからすれば、これは、国家が正当と見なす事柄への洞察の促進を刑罰によって人々に強制する考えに他ならないため、市民の道徳的自律性を保障すべきであるリベラルな刑法の下では排斥されなければならない。つまり、刑罰によって人々に強制できるのは、賢さに関わる理由の受容だけとなる。

　グレコが依拠する威嚇予防論に対しては、犯罪行為と均衡しない過剰な刑罰をもたらすとの批判が一般的になされている（S. 381 ff.）。しかし、グレコによれば、威嚇予防論も効果的な予防を行うために、既に帰結主義の観点から実は罪刑の均衡性を事実上要請するし（S. 385 ff.）、そもそも罪刑の均衡性（S. 384）や責任主義（S. 391）を処罰に対する義務論的な制限枠として想定しておけば問題も回避可能となる。グレコからすれば、現在有力に主張されている積極的一般予防論も、規範に適った行動が正当なものであるという道徳的な理由を刑罰によって強制的に洞察させる考えに他ならない。このような考えは、市民の自律性及び心情に対する、いわば強制を通じた教育の形態での国家の干渉を許容するものであるから、法定刑の提示に関する刑罰の目的（刑罰の規範的な正当化条件の一つ）としては認められないことになる（S. 396 ff.）[25]。

　次にグレコは、刑罰を賦課する段階での刑罰の目的について検討を加える。フォイエルバッハは、刑罰による威嚇の現実性を確証することが同目的であるとしていたが、グレコもこのような考えに従う（S. 420 f.）。確かに、予告された刑罰が執行されないままであると、賢さに関わる理由の提示を通じた行動のコントロールも真摯に受けとられなくなる可能性が出てくる。しかし、具体的な刑罰の賦課を欠いたとしても、法定刑の提示自体はなされているのであるから、威嚇の

（S. 368）。

24　賢さに関わる理由に対置される道徳的な理由は、狭義の道徳に関するものだけに限定されない。帰結とは無関係に、法的な規則との合致が正当であるとの理由だけから、法に適った行為が刑法において要請される場合には、犯罪の回避に関する道徳的な理由が刑罰によって市民に示されていることになる（S. 358 f.）。

25　国家が、刑罰によって市民の道徳或いは法に対する洞察を改善することは許されない。しかし、同時に刑罰が当該の洞察を悪化させる事態も禁じられる。つまり、刑罰が市民の洞察の悪化を惹起する場合には、刑罰は控えられなければならない。この意味で、積極的一般予防論も消極的な刑罰目的の理論としては主張可能であるとグレコはしている（S. 418 f.）。

効果はそれで十分に達成できるといえなくもない。つまり、刑罰の執行の有無・程度などは柔軟に運用すれば良いとする見解も、威嚇予防論の立場からは主張され得るはずである。そこでグレコは、刑罰の賦課の目的を上記のように考える前提として、義務論的な罪刑法定主義の観点を強調する（S. 423 f.）。つまり、可罰的なものの範囲を決定できるのは立法者のみであり、一度処罰規定が創設された以上は、予定された犯罪行為が行われている限り、刑罰は執行されなければならないとする考えである[26]。刑罰が法定されているにもかかわらず、その執行の有無が警察、検察、裁判所の（法律上想定されている範囲を超える）裁量に委ねられるとしたら、罪刑法定主義の違反に他ならない。刑罰の賦課の目的が威嚇の現実性の確証として捉えられるのも、国家権力の行使に対する罪刑法定主義という義務論的な制約が前提として存在するからであり（S. 432 ff.）、グレコは、このように理解して初めてフォイエルバッハの見解も主張可能になるとしている。更に、再社会化[27]、無害化、積極的一般予防[28]、応報[29]といった観点が刑罰の賦課の目的になり得るのか否かが検討されており、全てについて否定的な結論が下されている。

刑罰が正当化されるためには、帰結主義的に正当な目的を追求するだけでなく、義務論的な制限枠である法的根拠を満たさなければならなかった。フォイエ

---

[26] 軽微犯罪の処罰のように、刑事政策的にはその必要性が疑わしい場合もある。しかし、グレコからすれば、それは刑罰賦課の段階の問題ではなく、そもそも刑罰による威嚇の段階で処罰の対象から除外されなければならない。罪刑法定主義を厳格に解する限り、法定されている以上は軽微犯罪に対しても刑罰の執行は行われるべきとされている（S. 424 f.）。なお、処罰を免れている「暗数」の問題については、S. 425 ff.を参照。

[27] 否定的に解される理由としては、改善乃至は再社会化が刑罰によって強制的に追求される場合に、市民の自律性が侵害されてしまう点が挙げられている（S. 436）。但し、国家には人道主義的な刑罰の執行が義務論的に課せられているため、刑罰が脱社会化の作用をもたらさないように配慮することは、法定刑の範囲内であれば、刑罰を賦課する際の目的として想定できるとされている（S. 447 f.）。

[28] 積極的一般予防を刑罰の賦課の目的にしてしまうと、間接的に刑罰による威嚇の目的としても認めることになってしまうからである（S. 457）。

[29] グレコは、応報の観点を詳細に検討し、特に義務論的な正義の要請から刑罰が応報的に正当化される場合に、国家権力の行使に関して帰結主義的な基礎づけが等閑視されてしまう点を批判している。また、最近の応報刑論のルネサンスの法哲学的な基盤である承認関係の理論については、刑罰の問題に特有の国家と市民の関係を射程に入れていない、市民同士の関係だけに着目する思想でしかないとするが（S. 458 ff., 474 f.）、不当な理解である。拙稿「最近のドイツにおける規範的な応報刑論の展開」香川法学26巻3・4号（2007年）101頁以下、127頁以下注（25）を参照（同論文は、本書21頁以下に所収されている）。

ルバッハ自身は、刑罰による威嚇の法的根拠として当該の威嚇によって何人の権利も侵害されないことを要求しながらも、この点を難なく肯定していた。しかし、これでは、威嚇の目的という帰結主義的な正当化条件に対する義務論的な正当化条件の独自性を示せなくなってしまう。そこでグレコは、国家権力の行使について一般的に要求される義務論的な制限枠の多くを刑罰による威嚇の法的根拠として妥当させるべきであると主張する。特に罪刑の均衡性、罪刑法定主義、市民の私的領域の核心部への配慮といった制限枠が重視されており（S. 482 f.）、これらに抵触する場合には、たとえ法益保護の必要性が帰結主義的に認められたとしても、刑罰による威嚇は正当化されないことになる。

刑罰の賦課については、まずフォイエルバッハは、犯罪の実行に基づく処罰への同意がその法的根拠になると考えたが、後に刑罰による威嚇が法律を通じてなされている事実そのものが法的根拠になると改説していた。グレコは、フォイエルバッハが最初に唱えた処罰同意論にこそリベラルな思想が現れていると見なし、それを刑罰の賦課を制限するための責任論へと再構成する。処罰への同意は、刑罰による威嚇を通じて自己の行為が処罰を招くことを知っていたにもかかわらず、敢えて犯罪を行った者について認められる。つまり、法に適った行動をすれば不利益が生じないという賢さに関わる理由が示されていたのに、これを動機とせずに犯罪を行なっているのであるから、当該の犯罪者は賢くないことになる。グレコによれば、刑法上の責任概念は、このような不賢慮（Unklugheit）の確定だけを問題にしなければならない（S. 490 ff.）[30]。これに対して、通説的な規範的責任論は、自己の行為が不法であることを洞察しなかった者に対する非難として責任を捉える見解である。つまり、刑法では、帰結と結び付いた賢さに関わる理由ではなく、義務論の領域に属する道徳的な理由が示されているとして、これを配慮しなかった者を処罰するわけであるから、規範的責任論は、道徳的な理由の洞察を刑罰でもって強制する考えに他ならないことになる。グレコが依拠するリベラルな立場からすれば、国家が刑罰によって強制できるのは、賢さに関わる理由に基づいた帰結主義的な行動だけであるため、道徳的な理由を主眼に置く規範的責任論は、個人の自律性を侵害する思想として退けられなければならなくなる。

---

[30] グレコの責任論では、非難ということは考慮されない。それは、あくまで刑罰に固有の特徴として捉えられるだけである（S. 500 f.）。

グレコは、この不賢慮の確定の意味での責任こそが刑罰の賦課に関する法的根拠に当たるとしており、国家が刑罰を賦課する際には、犯罪者の不賢慮が義務論的な制約としてまず確定されなければならないと主張する。何故なら、グレコからすれば、賢慮とは、一定の計画に基づいた生の追求という自己の幸福の実現に関して重要となる人間に特有の能力であるため、不賢慮を確定しなければ、処罰は人間性そのものを配慮しないことになり、そもそも人間の道具化の禁止という国家に対する義務論的な制約に抵触してしまうからである。なお、責任は帰結主義的な刑罰目的の追求に対する義務論的な制約であるため、刑罰の賦課を積極的に基礎づけるわけではなく、それを消極的に制限するものでしかない点が強調されている（S. 505 f.）。

　以上のように、グレコは、多少の修正の必要性を認めながらも、フォイエルバッハの刑罰論の個々の内容は、リベラルな刑法が当然に求められる現代においても主張可能な「生きているもの」であると結論づけている。但し、フォイエルバッハが様々な形で——特に罪刑法定主義を基礎づける際に——主張していた、義務論的な観点の帰結主義への還元だけは、絶対的な制限枠として刑法のリベラルさを担保するはずの義務論的な観点を骨抜きにしてしまいかねないため、誤りであるとしている（S. 509 ff.）。

第3節　若干のコメント

　グレコは、その著書において、フォイエルバッハの刑罰論の根底にあった「リベラルな思想」を首尾一貫させながら、同刑罰論を現代でも主張可能な形に再構成することを試みたといえるであろう。その際に重視されたのが、刑罰によって国家が市民に対して強制できるのは、帰結主義的な賢さに関わる理由だけであり、義務論の領域に属する道徳的な理由は、刑罰によっては強制できないとする考えである。この道徳的な理由には、法的な意味での正或いは不正ということも含まれている。つまり、ある行為が法に反する不正なものであるとの理由だけでは、国家は当該の行為を刑法で禁止できないことになる。刑罰によって強制できるのは、自己の行為がどのような処罰（不利益）を招くのかという賢さに関わる理由だけでしかないとする前提に立つ限りでは、確かに、グレコの刑罰論は内容的に首尾一貫しているといえるであろう。しかし、これで本当に市民の自律性を

保障するリベラルな刑法の基礎づけといえるのかについては、疑念を禁じ得ない。

　グレコは、帰結とは無関係な正当性に関する判断を国家が強制することは市民の自律性に対する侵害を招くと理解している。つまり、行為の正当性に関する判断は、各人に任される専ら道徳の領域に属する事柄とされ、国家が法の領域を通じて管轄するのは、利益或いは不利益に関わる判断だけとなる[31]。しかし、そうなると、国家は法秩序として正当な行動基準を個人に対して示せなくなってしまう。何が正当な行動なのかという判断を各人に任せきりにすることは、個人の主観的な理性に対する過信でしかないし、狭義の道徳とは異なる法独自の役割を等閑視することに他ならないと思われる。グレコは、正或いは不正に関わる個人の自律性を道徳の領域に属する事柄として捉えて、それへの刑法の干渉を極力排除する考えこそがリベラルな刑法の基礎づけに当たると解するのであろう。しかし、その反面、法が問題となる局面では、個人は専ら利益の追求との関係で賢い或いは賢くない存在としか見なされなくなってしまう。つまり、個人を自律的な主体として積極的に基礎づけることは、法の領域では軽視されているのである。確かにグレコも、刑罰を伴う賢さに関わる理由を提示されれば、それを合法的な行為を行うための動機にできる自発的な能力を個人に認めている。しかし、これは、不利益の招来が予想されれば、そのような行動を普通はしないであろう、というレベルの経験的な論拠に基づくものでしかない[32]。やはり、不安定な経験的な論拠に依拠するだけでは、本当の意味での自律性を個人に認めることにはならないはずである。

　また、グレコは法の局面における人間の存在を賢さに関わる利益追求と直截に結び付けているが、そもそも利益の追求という観点は、自律的な主体の存在を前提にして初めて意味を有するはずであるから、同観点を考慮する以前に、まずは利益とは切り離した形で法における人間の自律的な主体性を基礎づけなければな

---

[31] グレコは、責任概念を刑罰と結び付けて、不利益を選択した不賢慮として同概念を規定していた。おそらくは、不法概念も同様に捉えられるのであろう。つまり、不法な行為及びその結果である法益侵害は、専ら刑罰という不利益をもたらす原因として把握されてしまい、賢さの観点に基づいた評価だけを受けることになると思われる。しかし、これでは、法益侵害は不正との評価を受ける事象として人々に提示されなくなってしまう。

[32] グレコは、多くの箇所で（例えば、S. 215, 224, 249, 281, 334, 346, 359, 365 ff., 370 f., 386, 394, 419, 420, 426, 470, 492 Fn. 1149, 502)、日常的経験或いはコモンセンスといったものに自説の妥当性の論拠を求めており、このような論拠づけの方法論を「日常的リアリズム」と名づけている。

らないはずである。法における自律性の積極的な基礎づけが欠けたままだと、刑罰論を構想するときに、刑罰が自律性を侵害する可能性に対しても真摯な関心が払われなくなってしまうのではなかろうか。例えば、グレコは、刑罰による威嚇については、刑罰に対する恐怖心が犯罪行為を避ける動機となることで十分であるとしていた。明らかに、この点は、利益とは無関係に法的な意味での正当性の有無を洞察できる（潜在的な）自律的な能力を個人に認めないことと関係しているはずである。しかし、刑罰による威嚇を通じて恐怖心を喚起させる刑法が果たして本当にリベラルなものといえるのであろうか[33]。また、刑罰の賦課については、その目的は刑罰による威嚇の現実性の確証にあるとされていた。これは、具体的な犯罪者の処罰を一般人に対する威嚇の効果を維持するための手段として捉える考えに他ならないはずである。不賢慮の確定の意味での責任が要求されるとはいえ、義務論的な制限枠として妥当するはずの道具化の禁止に抵触することは避けられないと思われるが、何故かグレコはこの点については道具化の禁止を限定的に解しており、手軽くその抵触を否定してしまう[34]。

確かに、法が現実の世界での人間の行動を対象とするものである限り、グレコが主張するように、刑法についても帰結主義の観点は不可避である。しかし、リベラルな刑法といえるためには、その前提として、人間が法における自律的な主体、つまり、自発的に法的な意味での正或いは不正を洞察し得る能力を備えた主体であることを積極的に基礎づけなければならない[35]。やはり、この点を欠く限り、グレコがフォイエルバッハの刑罰論から導き出そうとした「リベラルさ」も不十分なものにしかならないであろう。

以上のような疑問はあるものの、法の対象となる人間存在の捉え方、義務論的な道徳の観点と帰結主義的な賢さに関わる観点の関係といった基礎理論の次元か

---

[33] グレコは、合法的な行為を行う動機の内容としては処罰に対する恐怖心で十分であるとしている（S. 357, 487, 500, 508）。しかし、他方で、同様の立場をとるフォイエルバッハの心理強制説を道具化の禁止に抵触する考えであると批判している（S. 379）。グレコは、自説である機能的威嚇の理論が人間を動物と同じ次元で捉えるフォイエルバッハの連想心理学を受容していない点を挙げ、道具化の禁止には抵触しないとするが、恐怖心の喚起を許容する限り、果たして本当にそういえるのか、再考の余地がある点は否定できないはずである。

[34] 刑罰の賦課の目的として想定される積極的一般予防の是非について論じた文脈での叙述ではあるが、S. 455 f.を参照。

[35] そのためには、カント的な意味での homo noumenon の側面に着目して、人間の存在を把握せざるを得ないと思われる。また前掲注14も見よ。

ら、刑罰論を中心にしてリベラルな刑法のあり方についての再考を促してくるグレコの著書の内容が、刑法に携わる全ての者にとって検討に値する有意義な知見に満ちていることは確実である。

著者紹介

飯島　　暢（いいじま　みつる）
1971年　東京都生まれ
1994年　慶應義塾大学法学部卒業
2004年　慶應義塾大学大学院法学研究科後期博士課程単位取得退学
　　　　法学博士号（Dr. iur.）取得（ドイツ・トリアー大学）
　　　　香川大学法学部助教授・准教授を経て、
2010年　関西大学法学部准教授
2011年　関西大学法学部教授（現在に至る）

著　書

Die Entwicklung des strafrechtlichen Unrechtsbegriffs in Japan, Frankfurt a. M. 2004（Peter Lang）.

自由の普遍的保障と哲学的刑法理論

2016年1月20日　初版第1刷発行

著　者　　飯　島　　　暢
発行者　　阿　部　成　一

〒162-0041　東京都新宿区早稲田鶴巻町514番地
発行所　　株式会社　成文堂
電話 03(3203)9201　Fax 03(3203)9206
http://www.seibundoh.co.jp

製版・印刷　藤原印刷　　　　　製本　弘伸製本
© 2016 M. Iijima　　Printed in Japan
☆乱丁・落丁本はおとりかえいたします☆　検印省略
ISBN978-4-7923-5169-4　C3032

定価（本体6,000円＋税）